Ueber die Vorsorge für Waisen, Arme und Nothleidende,

vom

Regierungs-Rath **von Türk.**

Zum Besten der Waisen aus der Provinz Brandenburg, deren Väter den Befreiungskrieg mitgemacht haben, die in der Waisen-Versorgungs-Anstalt zu Klein-Glienicke bei Potsdam erzogen werden.

Berlin, 1839.
Verlag von Veit und Comp.

Vorrede.

Wir leben in einer Zeit, in welcher die Theilnahme für die Leiden und Drangsale unserer Mitbürger sich überall da auf eine erfreuliche Weise kund giebt, wo die Segnungen des Friedens eingetreten sind.

In unserem deutschen Vaterlande insbesondere bilden sich allenthalben, in großen und kleineren Staaten, in Residenzen, in freien Städten, in Landstädten und selbst hie und da auf dem Lande Vereine für menschenfreundliche Zwecke. — Vereine zur Unterstützung und Beihülfe der Armen und Nothleidenden, zur Erziehung und Pflege der Waisen, zur Unterstützung armer Wöchnerinnen, zur körperlichen und geistigen Pflege der Kranken beider Geschlechter, zum Zweck des bessern Unterrichts der Jugend, zum Schutze der kleinen Kinder der ärmeren Klasse vor Verwahrlosung, zur Besserung der verwahrloseten Jugend, der Straf-Gefangenen und Züchtlinge. Dennoch fehlen ähnliche Vereine noch an vielen Orten; an manchen ist gewiß der Sinn dafür rege, aber man mißtraut seinen eigenen Kräften, man denkt sich die Schwierigkeiten größer, als sie sind, man glaubt, daß Aehnliches nicht ohne bedeutende eigene Mittel auszuführen sei, oder daß es sich nicht der Mühe lohne, im Kleinen anzufangen. Würde man sich überzeugen, daß die Sache weniger schwierig ist, daß fester Wille und Beharrlichkeit fast immer den zum Ziele gelangen lassen, der das Gute ernstlich und redlich, ohne Neben-Rücksichten will, daß ähnliche Unternehmungen desto sicherer gedeihen, wenn sie im Kleinen anfangen, so würde bald an vielen Orten, wo für Arme, Nothleidende, für Wittwen und Waisen und Verwahrlosete Hülfe Noth thut, diese ihnen zu Theil werden.

Diese Betrachtungen haben mich veranlaßt, einige diesen Zwecken gewidmete Anstalten zu schildern und meine Ansichten über diesen Gegenstand mitzutheilen. Sollten die hier niedergelegten Erfahrungen über das Gedeihen dahin zweckender Bestrebungen auch nur hie und da ähnliches Streben hervorrufen, so ist der Zweck dieser Blätter erfüllt.

Selbst Mitglied mehrer und Stifter einiger jenen Zwecken gewidmeten Vereine, habe ich die Schwierigkeiten kennen gelernt, mit denen man bei solchen Unternehmungen zu kämpfen hat; aber auch die Freude, die deren Ueberwindung und das Bewußtsein, die Leiden und Sorgen der Mitbürger gehoben oder wenigstens gemildert zu haben, gewährt. Gerne mögte ich daher recht vielen gut denkenden deutschen Mitbürgern ähnliche Freuden gesichert sehen.

Die heilige Schrift empfiehlt die Nächstenliebe als die heiligste Pflicht.

„Du sollst lieben Gott deinen Herrn von ganzem Herzen, von ganzer Seele und von ganzem Gemüthe. Das ist das vornehmste Gebot. Das andere aber ist dem gleich: Du sollst deinen Nächsten lieben als dich selbst.“ Matth. Cap. 22. V. 37–39.

„Ein neu Gebot gebe ich euch: daß ihr euch unter einander liebt, wie ich euch geliebt habe.“ Johannes, Cap. 13. V. 34.

Es fragt sich nun: Wie sollen wir die Nächstenliebe üben? Wer ist unser Nächster?

Ist nicht jeder Arme, Verlassene, Verwaisete, jeder Kranke und Leidende, ja selbst jeder durch Verirrungen und Laster Gefallene unser Nächster? Sollen wir nur ruhig abwarten, bis er Hülfe bei uns sucht, bis er an unsere Thüre pocht und um eine Gabe, um Rath, um Beistand bittet? Oder sollen wir ihn aufsuchen? Sollen wir nicht vielmehr uns die Frage stellen:

„Wie steht es um unsere Nebenmenschen? Sind sie alle im Wohlstande, oder sind unter ihnen einige, die da Noth leiden? Bedürfen sie Hülfe und Beistand? Und wie kann, durch uns, ihnen geholfen werden?“

Finden wir nun, sie bedürfen Beistand, ihnen könnte,

ihnen sollte geholfen werden, so werden wir uns weiter fragen:

Vermögen **wir allein** ihnen zu helfen oder müssen wir die Mitwirkung unserer Mitbürger zu Hülfe rufen?

Da werden wir gewöhnlich finden, daß **wir allein** wenig vermögen, **vereint mit mehren** — **viel**.

Laßt uns also zusammentreten und mit vereinter Kraft und Einsicht Hülfe bringen, wo sie Noth thut. Der eine ist reich und mildthätig und giebt reiche Spenden — die arme Wittwe giebt ihr Scherflein, das Segen bringt — der Andere giebt das Kostbarste, was er geben kann, seine Zeit, — ein Dritter seinen Einfluß, — ein Vierter seine Erfahrung und seine Einsichten; indem auf diese Weise **Viele** sich vereinigen, erreichen sie allmählich ein Ziel, das der Einzelne nie hätte erreichen können, und jeder Einzelne freut sich dann des Werkes, das er mit aufbauen half; er lernt zugleich diejenigen achten und lieben, die sich mit ihm vereinigt haben, während daß er sonst vielleicht kalt und untheilnehmend an ihnen vorübergegangen wäre. Jeder fühlt sich durch das Bewußtsein der thätigen Nächstenliebe gehoben und beglückt. — Das ist der Seegen solcher Vereine! —

Diese Betrachtungen haben mich, wie gesagt, bestimmt, einige der neueren und älteren Stiftungen und Vereine hier darzustellen und dabei ihrer Veranlassung, ihrer Einrichtung und ihrer Leistungen zu erwähnen; hauptsächlich in der Absicht, um eines Theils zur Theilnahme an den schon bestehenden zu ermuntern, anderen Theils die Einrichtung ähnlicher Vereine und Stiftungen da zu veranlassen, wo es deren noch bedarf.

Oder ist vielleicht schon überall bei uns für Nothleidende, Kranke, Wittwen und Waisen hinreichend gesorgt? Da frage ich: Sind z. B. etwa schon Anstalten für Landleute, die an solchen langwierigen Krankheiten leiden, welche einer täglichen ärztlichen Behandlung bedürfen, in den landräthlichen Kreisen vorhanden? Ich kenne keine einzige. Sind etwa alle Waisen versorgt, ist kein verwaisetes, armes Kind der Verwahrlosung Preis gegeben? (Im Jahre 1838 konnte ich von 20 mir für Glienicke angemeldeten Waisen nur 2 aufnehmen — 15 sind noch unversorgt.) Also ist noch für viele Nothleidende zu sorgen.

Stiftungen, wie das Schindler'sche Waisenhaus in Berlin, das Civil-Waisenhaus in Potsdam, die Waisen-Versorgungs-Anstalt zu Klein-Glienicke, sind überall Bedürfniß — Waisen-Versorgungs-Anstalten, wie die von Auerbach in Berlin, überall, wo zahlreiche jüdische Gemeinden sind; Vereine, wie der Frauen-Verein zu Hamburg; die Frauen- und Männer-Kranken-Vereine zu Berlin; der Wohlthätigkeits-Verein zu Potsdam, werden überall wohlthätig wirken; durch die Darstellung ihrer Entstehung, ihrer Einrichtung und ihres Erfolges ist die Art und Weise bezeichnet, wie dergleichen Anstalten da, wo sie noch fehlen, begründet werden könnten.

Es ist dabei auch meine Absicht, Wittwen und Vormünder, die für Waisen zu sorgen haben, mit dem Vorhandensein und der Einrichtung derjenigen Anstalten bekannt zu machen, an die sie sich wegen der gewünschten Aufnahme, oder Unterstützung der Waisen, die sie versorgt zu sehen wünschen, zu wenden haben, denn oft ist es mir vorgekommen, daß Wittwen und Vormünder nicht einmal das Vorhandensein der Stiftungen kannten, an die sie sich hätten wenden können und wo sie Hülfe gefunden haben würden, hätten sie sich zu rechter Zeit gemeldet.

Der Verfasser.

Inhalt.

Seite

Erster Abschnitt.

Von der Vorsorge für Waisen im Allgemeinen.

§. 1. Von der Verpflichtung zur Versorgung der Waisen 1
§. 2. Von der Unterbringung der Waisen in einzelnen Familien ... 2
§. 3. Die Waisen-Versorgung im Großherzogthum Sachsen-Weimar 3
§. 4. Gutachten der Waisenhaus-Commissarien, der Ober-Consistorial-Räthe Schulze und List 4
§. 5. Leitung der Waisen-Versorgung in Familien im Großherzogthum Sachsen-Weimar 7
§. 6. Verwahrlosung der Waisen in manchen Gegenden 13
§. 7. Mittel, der Verwahrlosung vorzubeugen 14
§. 8. Die Nachtheile der Erziehung der Mädchen in Waisenhäusern 16

Zweiter Abschnitt.

Von einigen Waisen-Versorgungs-Anstalten insbesondere.

§. 9. Das Elisabeth-Stift zu Pankow bei Berlin, zur Pflege von Säuglingen 25
§. 10. Die Wadzeck-Anstalt 31
§. 11. Das Waisenhaus zu Langendorff bei Weißenfels 35
§. 12. Das große Friedrichs-Waisenhaus zu Berlin 40
§. 13. Das Waisenhaus zu Halle 45
§. 14. Das Waisenhaus zu Bunzlau 50
§. 15. Das Pieschelsche Waisenhaus zu Burg bei Magdeburg 55
§. 16. Das jüdische Waisen-Erziehungs-Institut zu Berlin 95

Seite
§. 17. Das Civil-Waisenhaus zu Potsdam 107
§. 18. Die Waisen-Versorgungs-Anstalt für die Provinz Brandenburg zu Klein-Glienicke 128
§. 19. Das Waisenhaus der Martinetti zu Mailand 142
§. 20. Girard's Waisen-Erziehungs-Anstalt zu Philadelphia 143
§. 21. Die Waisen-Versorgungs-Anstalt zu Soest 147
§. 22. Die Waisen-Versorgungs-Anstalt für einige Gebietstheile des Herzogthums Sachsen-Meiningen 149
§. 23. Das Schicksal der unehelichen Kinder 155

Dritter Abschnitt.

Von den Anstalten zur Verhütung der Verwahrlosung und zur Rettung bereits verwahrloseter Kinder.

§. 24. Pflege-Anstalten und Klein-Kinder-Schulen 164
§. 25. Der Wohlthätigkeits-Verein zu Potsdam und dessen Statuten 165
§. 26. Die Vorsorge für sittlich-verwahrlosete Kinder 187
§. 27. Die Rettungs-Anstalt für sittlich-verwahrlosete Kinder im rauhen Hause bei Hamburg 189
§. 28. Die Anstalt zur Erziehung sittlich-verwahrloseter Kiuder zu Berlin 210
§. 29. Die Erziehungs-Anstalt für Vagabunden-Kinder im Land-Armenhause zu Strausberg 220

Vierter Abschnitt.

Die Unterstützung der Armen auf Kosten des Staates und der Staatsbürger 226

Anhang.

Ueber die Armen- und Krankenpflege in den Städten.

Der weibliche Verein für Armen- und Krankenpflege zu Hamburg ... I
Der Frauen-Kranken-Verein zu Berlin LXXIII
Der Männer-Kranken-Verein zu Berlin LXXVII

Erster Abschnitt.

Von der Vorsorge für Waisen im Allgemeinen.

§. 1.

Von der Verpflichtung zur Versorgung der Waisen.

Es fragt sich vor allen Dingen: Wem liegt die Verbindlichkeit ob, für arme, unbemittelte Waisen, für ihren Unterhalt, für ihre Bekleidung, Ausbildung zu sorgen? Zunächst natürlich der Mutter — ist diese selbst arm, vielleicht krank, unvermögend, sich ihren Unterhalt zu erwerben, geschweige denn noch ein oder einige Kinder zu speisen, zu kleiden, zur Schule zu schicken, oder ist auch sie gestorben — dann haben die Groß-Eltern diese Verpflichtung — sind auch diese nicht mehr am Leben oder unvermögend, dann treten wohl im Einzelnen Geschwister, Anverwandte, Freunde hinzu. Oft aber weigern sich diese, sich der Verwaiseten anzunehmen; dann geht die Verbindlichkeit auf die Gemeine über, in welcher der Vater seinen Wohnsitz hatte.

Treten Unglücksfälle ein, verheeren Krieg und pestartige Krankheiten das Land, dann mehrt sich die Anzahl der verwaiseten, unbemittelten Kinder oft so bedeutend, daß das Land selbst, die Regierung oder edle Menschenfreunde zutreten müssen, um diese Kinder nicht in Hunger und Elend umkommen zu lassen, wie das im Jahre 1802 in Unterwalden in der Schweiz, nach dem unglücklichen Kriege der kleinen Cantone gegen Frankreich der Fall war, wo Pestalozzi in Stanz der

Retter der hülflosen Waisen wurde, und in den Jahren 1813 und 14, wo der edle Falk in Waimar sich der durch tödtliche Seuchen Verwaiseten annahm. Indessen gab es von jeher, auch ohne solche unglückliche Ereignisse, verwaisete Kinder, und es ist nun die Frage: Auf welche Weise am besten für sie gesorgt werden kann? Ob durch die Erziehung in besonderen Anstalten, Waisenhäuser genannt, oder durch Unterbringung in Familien?

§. 2.

Von der Unterbringung der Waisen in einzelnen Familien.

Wenn man die Zweckmäßigkeit dieser Art der Erziehung der Waisen beurtheilen will, so muß man vor allen Dingen die Verhältnisse des Ortes, der Stadt, des Landes, dem die zu versorgenden Waisen angehören, berücksichtigen. Man muß ferner einen Unterschied machen zwischen Knaben und Mädchen. Die Erziehung der Mädchen anlangend, so ist dieselbe in Waisenhäusern, wo deren viele beisammen sind, durchaus verwerflich, eine Behauptung, die ich im Verfolg dieser Abhandlung hinlänglich rechtfertigen zu können glaube. Hinsichtlich der Unterbringung der verwaiseten Knaben müssen wir vor allen Dingen die Verhältnisse berücksichtigen, in denen ihre Väter gelebt haben. Für die Söhne der Staats- und Communal-Beamten, der Prediger und Schullehrer, des Mittelstandes in den größeren Städten bedarf es einer anderen Erziehung, als für die Söhne des Dorfbewohners, des Handwerkers. Wie für jene gesorgt werden sollte und für sie hie und da wirklich gesorgt wird, davon wird später besonders die Rede sein. Hinsichtlich der Letzteren aber entsteht die Frage: Ob es besser ist, sie in einzelnen Familien oder in eignen Anstalten erziehen zu lassen? Man hat nämlich im Großherzogthum Waimar und in der Stadt Naumburg die früher errichteten Waisenhäuser aufgehoben und die verwaiseten Knaben entweder ihren Müttern, wenn man diese dazu geeignet hielt, oder wenn das nicht der Fall war, andern Familien in Kost und Pflege gegeben.

§. 3.
Die Waisen-Versorgung im Großherzogthum Sachsen-Waimar.

Der Großherzog von Sachsen-Waimar hatte schon früher diese Maßregel beabsichtigt, jedoch wegen der Bedenklichkeiten des Ober-Consistorii nicht sogleich ausgeführt. Nach reiflicher Erwägung erließ derselbe indessen im November 1782 ein Rescript folgenden wesentlichen Inhalts an das Consistorium:

„Da theils aus mehreren öffentlichen Nachrichten zu ersehen, und theils sonst zu vernehmen gewesen, daß bereits an verschiedenen auswärtigen Orten und besonders zu Gotha mit einer eben dergleichen, in Ansehung der Waisenverpflegungs-Anstalten getroffenen Einrichtung, als worauf obgedachte Unsere Idee abzielt, ein Versuch mit dem besten Erfolg gemacht worden, da auch der Vorzug dieser Einrichtung vor der Verpflegungs- und Erziehungs-Weise in den Waisenhäusern schon an und für sich selbst sich nicht verkennen läßt, vornehmlich wegen ihres vortheilhaften Einflusses auf die Gesundheit und Constitution der Waisenkinder; wie nicht weniger in dem Betracht, daß diese letzteren bei den Familien, wo sie einzeln untergebracht werden, von Jugend auf, besser, als in einem öffentlichen Waisenhause, geschehen kann, zur Arbeitsamkeit und zu einer, zur Entwickelung ihrer bürgerlichen und Geisteskräfte dienenden thätigen Lebensart angewöhnt werden; daß ferner bei dem Detail einer solchen Einrichtung mancherlei beträchtliche Ersparnisse gemacht werden können, wozu auch diese mit zu rechnen, daß sich wahrscheinlicher Weise viele Familien, besonders auf dem Lande, finden dürften, welche Kinder von 10 — 12 Jahren, die sie schon in ihrem Hauswesen mit gebrauchen können, um ein Geringes in die Verpflegung zu nehmen, geneigt sein würden; da endlich dadurch die Versorgungsanstalten auf eine größere Anzahl von armen Waisen erstreckt werden können, auch denen die Verpflegung solcher Kinder übernehmenden Unterthanen selbst durch das, was sie dafür aus dem Waisenhaus-Aerario erhalten, eine nützliche Beihülfe verschafft werden kann; da nun die von Euch bei der Sache geäußerten Bedenklichkeiten so beschaffen sind, daß selbigen durch eine, in Anschauung derjenigen Familien, welchen die Kinder zur Verpflegung zu übergeben, sorgfältig zu treffende Auswahl und durch Führung einer genauen Aufsicht darüber, daß die Verpfleger ihre Schuldigkeit thun, und die Kinder den erforderlichen Unterricht in den öffentlichen Schulen mit erhalten, Unsers Erachtens gar wohl abzuhelfen sein wird: so glauben Wir, nicht Umgang nehmen zu können, Euch die Sache hierdurch zur nochmaligen reiflichen Erwägung anheim zu geben, und begehren daher gnädigst, Ihr wollet die nöthigen Nachrichten, von den hierunter bereits anderer Orten, und besonders im Fürstenthum Gotha getroffenen Einrichtungen zu Händen zu bringen suchen."

Das Ober-Consistorium zog nun von Gotha, Karlsruhe und anderen Orten Erkundigungen ein und die Waisenhaus-Commissarien sprachen sich hierauf gemeinschaftlich mit dem Hofrath Dr. Stark zu Jena in dem hier folgenden Gutachten für die Idee des Großherzogs aus.

§. 4.

Gutachten der Waisenhaus-Commissarien, der Ober-Consistorial-Räthe Schulze und List.

Die Waisen seien nicht in Waisenhäusern, sondern sowohl in Städten als auf Dörfern zu erziehen und zwar so viel es thunlich, immer an dem Orte, wo sie geboren und erwachsen sind.

Der Vortheil sei dieser: daß sie sodann bei der Lebensart bleiben, an die sie sich von Jugend auf gewöhnt haben, und in der Nähe derer fortleben, mit welchen sie von Jugend an aufgewachsen sind, und die sie zunächst kennen gelernt haben, indem jede Trennung, wie es in der Natur der Sache liegt, Schmerz erzeuge, und es auch durch die Erfahrung bewährt sei, was es öfters auf die Gesundheit der Kinder für nachtheilige Folgen gehabt habe, wenn selbige von ihren Müttern und Verwandten getrennt und in's Waisenhaus genommen worden sind. Das harte Schicksal älterloser Waisen würde ihnen doch erträglich werden, wenn sie wenigstens ihre Geschwister, Verwandten und Bekannten an dem Orte ihres Aufenthaltes wissen, und nicht von ihnen entfernt würden. Insbesondere seien vaterlose Waisen den eignen Müttern in Kost und Pflege zu überlassen, wenn selbige das Zeugniß der Rechtschaffenheit und Unbescholtenheit für sich hätten, und besondere Umstände nicht anders zu verfügen nothwendig machen sollten, indem mütterliche Liebe und Geduld mit den Schwachheiten ihrer Kinder durch Fremde schwer ersetzt werden könnte, und die kindliche Liebe gegen die leibliche Mutter stärker sei, als gegen eine Pflegemutter. Auch würde dadurch der Mutter die Erziehung ihrer übrigen Kinder erleichtert. Aelterlose Waisen würden bei Blutsfreunden oder Verwandten unterzubringen sein, indem zwischen beiden die Natur schon einige Verbindung geknüpft habe, und daher zu hoffen stehe, daß Letztere sich derselben mit mehr Treue und Sorgfalt annehmen würden, als Andere. Im Fall aber, daß diese fehlten, oder sonst nicht tüchtig dazu gefunden würden, so wären andere rechtschaffene und unbescholtene Leute dazu zu wählen, die das Zeugniß ihrer Obrigkeit und Prediger für sich hätten. — Auch sei, wo möglich, darauf zu sehen, daß Knaben solche Pflegeältern erhielten, die mit ihren verstorbenen Eltern einerlei Gewerbe treiben, — die Mädchen aber als vater- und mutterlose Waisen bei ordentlichen und fleißigen Hausmüttern untergebracht würden. Mit diesen Pflegeeltern sei ein förmlicher Alimentations-Contract nach Beschaffenheit des zu verpflegenden Kindes und anderer eintretenden Umstände, abzuschließen, in welchem nicht nur die Pflichten der Pflegeeltern, und was von ihnen hauptsächlich bei Erziehung der ihnen anvertrauten Waisen gefordert werde, sondern auch, was sie für Kostgeld aus dem Waisenhaus-Aerar bekommen, deutlich und bestimmt zu bemerken sei. Dagegen müßten die Pflegeeltern sich in diesen Alimentations-Contracten verbindlich machen, die Kinder als ihre eigenen zu halten, sie mit hinlänglicher Kost, Wäsche, Kleidung und Bette zu versehen, sie ordentlich und fleißig zur Schule und öffentlichem Gottesdienst anzuhalten, auch zur Ordnung, Reinlichkeit und Fleiß zu gewöhnen, ohne sie jedoch mit übermäßiger Arbeit zu beschweren. — Auch sie, so oft es verlangt würde, dem Prediger des Ort's zu stellen, und überhaupt die ihnen anvertrauten Kinder so zu behandeln, wie sie es vor Gott, ihrem eigenen Gewissen und der Obrigkeit verantworten könnten.

Was die Bestimmung betrifft, zu welcher die Waisen zu erziehen seien, so könnten, wenn sich nicht etwa bei einem Kinde ganz außerordentliche Fähigkeiten zeigten, die selbiges zu etwas Anderm zu bestimmen anrathen sollten, die auf dem Lande erzogenen wieder zu Landleuten, Knechten und Mägden, die in den Städten zu Handwerkern und Dienstboten bestimmt werden; indem die Erfahrung lehre, daß Kinder mehrentheils Hang zu der Lebensart und den Geschäften bekommen, die ihre Eltern trieben, indem sie vieles davon schon durch bloßes Zusehen lernen und begreifen, noch ehe sie selbst Hand anlegen oder ihre Lehrjahre antreten. Der Bauerjunge werde am liebsten wieder Bauer, weil er der Arbeit dieses Standes von Jugend auf gewohnt sei, und so sei es auch der Fall mit Handwerkern und Professionisten. Wenn Kinder und Pflegeeltern einmal an einander gewohnt seien, so werde es öfter geschehen, daß das Waisenkind in der Folge bei denen Knecht oder Magd wird, von welchen es anfänglich erzogen worden; ferner der Knabe in den Städten sich bei seinem Pflegevater in die Lehre begebe, um seine Profession zu erlernen. Sollten aber Kinder zu einem andern Stande oder Lebensart Lust bezeigen, oder es entwickelten sich in selbigen besondere und außerordentliche Fähigkeiten, so könnte auch hierauf Rücksicht genommen werden.

(Ich habe die hier aufgestellten Gründe für diese Art der Waisenhausversorgung ausführlich mitgetheilt, weil sie überall ihre Anwendung finden dürften, wo eine hinlängliche Anzahl rechtlicher Familien zu finden ist, denen man die Kinder mit gutem Gewissen anvertrauen kann. Leider! ist dies nicht in allen Gegenden der Fall, namentlich fehlt es daran in den großen Städten und in ihrer Nähe; auch hat in manchen Dörfern das Brandtweintrinken so überhand genommen, daß man, vielleicht, den Schullehrer allein ausgenommen, keine Familie würde auffinden können, der man ein Kind mit Sicherheit anvertrauen könnte; ein Umstand, der wohl zu beherzigen ist!)

Nunmehr wurde das Waisenhaus zu Waimar am 1. April 1784 aufgehoben, und die 37 vorhandenen Waisen theils ihren Müttern, theils einzelnen rechtlichen Familien gegen ein Pflegegeld übergeben. Diese Art der Waisenversorgung besteht dort noch heute und hat sich in einer Reihe von 53 Jahren vollkommen bewährt. Am Schlusse des Jahres 1836 waren 439 Waisen auf die angegebene Art versorgt. Die Einrichtung selbst und die Art und Weise, wie man sie leitet, wird sich am besten aus folgender Darstellung des Ober-Consistorialrath Schwabe beurtheilen lassen.

§. 5.

Leitung der Waisen-Versorgung in Familien im Großherzogthum Sachsen-Waimar.

„Die Orts-Geistlichen und Schullehrer sind es eigentlich, welchen das Geschäft der Waisen-Erziehung obliegt. Nur durch sie wirkt die Verwaltungsbehörde, und würde ohne sie nur gar wenig ausrichten. Aber mit ihnen und durch sie wird um so mehr erwirkt, da ihr Eifer, ihre Sorgsamkeit und Thätigkeit einer Behörde vorliegt und kund wird, mit der sie auch in anderweiter Beziehung stehen.

Die Art der Wirksamkeit ist aber nothwendig eine verschiedene, je nachdem es sich um völlig verwaiste elternlose, oder bloß vaterlose Kinder handelt; denn diesen ist bloß der Vater, jenen Vater und Mutter zu ersetzen.

Bei bloß vaterlosen Kindern, welche noch eine leibliche Mutter haben, ist unser Verfahren folgendes:

Wenn die Mutter oder der Vormund eines vaterlos gewordenen Kindes die Aufnahme desselben in das Waisen-Institut, gestützt auf ihre Bedürftigkeit, begehren, so wenden sie sich an den Ortspfarrer, und bringen diesem ein vom Gerichte, welches den Nachlaß regulirt hat, ausgestelltes Zeugniß der Armuth bei, mit der Bitte, ihr Gesuch an das Directorium gelangen zu lassen. Der Ortspfarrer erstattet hierauf an das Directorium umfassenden Bericht über die gesammten Verhältnisse der verwaiseten Familie, legt außer dem gerichtlichen Armuthszeugnisse auch ein kirchliches Zeugniß bei, in welchem der Tod des Vaters und das Alter sämmtlicher Familienglieder bescheinigt ist, erklärt sich auch darüber: „Ob die Mutter befähigt und würdig ist, daß ihr die Erziehung ihrer Kinder ferner anvertraut werden kann," auch ob keine nahen Verwandten vorhanden, von welchen Unterstützung und bezüglich Aufnahme der Waisen zu erwarten stehe. Alle diese gerichtlichen und pfarramtlichen Zeugnisse und Arbeiten werden kosten- und stempelfrei expedirt.

Hat das Directorium die Aufnahme verfügt, und waltet gegen die Mutter kein Bedenken ob, so überläßt man ihr das Kind um so mehr, weil hierdurch die Unterstützung der ganzen Familie zu Gute kommt, auch die nicht in die Anstalt aufgenommenen Kinder derselben, eine nähere Beaufsichtigung gewinnen. Dieser Mutter gewährt man nun für ihre Kinder, was der verstorbene Vater, in dessen Rechte und Pflichten die Anstalt eintritt, gewährt haben würde.

1) Nahrung und Kleidung durch eine hierzu bewilligte Geldsumme.

2) Unterricht, durch Bezahlung des Schulgeldes und der Schulbücher und anderer Bedürfnisse.

3) Aufsicht, durch die besondere Beachtung der Prediger und Schullehrer, welche insgesammt angewiesen sind, nicht nur den Schulbesuch genau zu bemerken, sondern auch auf die Kleidung, Beschäftigung und Haltung des Kindes in und außer der Schule zu sehen, und den Befund durch Zeugnisse, welche vierteljährig vom Schullehrer und halbjährig vom Prediger an das Directorium eingereicht werden, anzuzeigen. Ueberdem sind sämmtliche Diöcesan-Vorsteher und ihre Stellvertreter bei der Schulaufsicht, beauftragt, bei ihren Visitationen die Waisenkinder sich besonders vorstellen zu lassen, und über das, was und wie sie solche finden, alljährlich besondere Eingaben zu machen.

Wenn nun bei einer so geschärften und vervielfältigten Aufsicht durch pflichttreue und der Sache, wie bezeugt werden darf, in der Regel mit vieler Liebe zugewendete Personen, welche die empfohlenen Kinder als die ihrigen betrachten, ein Verbergen oder Verschweigen möglicher Unordnungen und Pflichtverletzungen schon nicht wohl möglich ist, so steigert sich doch diese Unmöglichkeit dadurch, daß ein tausendäugiges Publicum auf solche Kinder sieht. Bekanntlich ist der Neid nirgends größer, als unter den Armen, namentlich unter denen, die Almosen und Unterstützungen empfangen. Wie solche ihre etwaigen Fehler, Aufwände, Vernachlässigungen, Abweichungen von gestellten Bedingungen u. s. w. gegenseitig bewachen und zu denunciiren pflegen, das werden alle die wissen und bezeugen, welche je mit dem Armenwesen zu thun gehabt haben.

Also verborgen bleibt dem Directorium nichts, zumal endlich auch dasselbe selbst von Zeit zu Zeit, wenigstens ein

Mal im Jahre, bei Gelegenheit der Pensions-Zahlungen, sich die näher wohnenden Zöglinge vorstellen läßt, in die entfernteren Diöcesen aber je zuweilen selbst sich hinbegiebt, um an Ort und Stelle die nöthigen Kenntnisse sich zu verschaffen. Nur wenn sich ergeben hat, daß die Mutter ihrer Pflicht genügte, empfängt sie die Zahlung; ist dagegen etwas zu erinnern, so empfängt sie zuerst einen Vorbehalt, bei fortgesetzter Pflichtwidrigkeit wird die Zahlung suspendirt, und wenn alles nichts hilft, ihr das Kind genommen und in andere Pflege gegeben.

So bei vaterlosen Kindern, welche noch Mütter haben; größere Sorfalt noch muß in dem schwierigen Falle eintreten, wo Kinder zu versorgen sind, die beide Eltern verloren haben. Ihnen muß nicht nur der Vater, sondern auch die Mutter ersetzt werden, und es erfordert daher die Auswahl guter Pflegeeltern die größte Vor- und Umsicht.

Bei uns gelten hierbei folgende Regeln:

1) Alle diejenigen, welche sich erbieten, Waisenkinder in Erziehung zu nehmen, müssen ein Zeugniß ihres Beichtvaters beibringen, daß sie in sittlicher und ökonomischer Rücksicht hiezu befähigt sind.

2) Namentlich wird verlangt, daß sie durch ihre Besitzthümer oder ihren Beruf in die Lage versetzt sind, die Kinder gehörig ernähren, beschäftigen und unter den Augen behalten zu können.

3) Ganz Arme, ingleichen solche, welche selbst kleine Kinder haben, zu deren Wartung man die Waisen verwenden dürfte, werden ausgeschlossen.

4) Familien von mittlerem Vermögen, vorzugsweise kinderlose, auch ältere kinderlose Frauen, die einzeln stehend, gern etwas Lebendiges um sich haben, und in der Nacht nicht allein sein wollen, eignen sich ganz besonders dazu.

5) Am Besten ist es, die Kinder bleiben in ähnlichen Verhältnissen, wie die ihrer Eltern waren; daher Standesgenossen

und dergl. sich vorzüglich zu Pflegeeltern eignen; jedoch ist darauf nicht viel zu geben, daß sie in demselben Orte bleiben, vielmehr ist die Orts-Veränderung oft sehr heilsam; nur ist zu verhüten, daß die Kinder vom Lande nicht zu sehr in die Städte gezogen, und diese übervölkert werden, auch darauf ist zu sehen, daß die Kinder, wo möglich, zu dem Berufe erzogen werden, in welchem die Eltern lebten und zu welchem in der Regel auch sie bestimmt sind.

Daß es immer leicht sei, solche sittlich gute, gewisser Maaßen wohlhabende, kinderlose standesgemäße Pflegeeltern zu finden, läßt sich nicht behaupten; aber unmöglich ist es nicht, wenn man nicht auf einzelne Orte beschränkt ist, sondern über eine ganze Provinz zu verfügen hat. Aus der größern Zahl derer, die sich aus einem solchen Bereiche melden, werden immer so viele geeignete sich finden, als man deren bedarf; ja, die größere Auswahl bewirkt es, daß die Gewählten es als eine Auszeichnung und Begünstigung ansehen, gewählt worden zu sein, worin eine desto größere Aufforderung zu treuer Pflicht-Erfüllung liegt. Dadurch hat es sich als Erfahrungssache bewährt, daß die Kinder, welche Pflegeeltern anvertraut werden, in der Regel nicht schlechter als im Elternhause, ja oft viel besser sich befinden; auch ist nicht selten der Fall eingetreten, daß solche Pflegeeltern die Kinder, nach deren Entlassung aus der Anstalt, wie eigne Kinder unentgeltlich bei sich behalten, mitunter sogar an Kindes Statt angenommen und zu ihren Erben eingesetzt haben.

Nothwendig finden jedoch hiebei alle die Vorsichtsmaaßregeln, die ich oben bei den Müttern angegeben habe, und zwar in noch höherm Grade Statt, und das gesammte Verfahren erscheint daher im Allgemeinen vollkommen gerechtfertigt. Dieß Verfahren hat sich bewährt durch die Verbindung mit der Kirche, die Einfügung in den kirchlichen Dienst, und Uebertragung an die Kirchendiener; denn nicht nur, daß in diesem Verhältnisse sich die geeigentsten Besorger für diese Geschäftsführung finden, sondern das ganze Verhältniß und das Verfahren bekommt eine kirchlich-religiöse Weihe. Es ist nun nicht mehr ein bloß bürgerlicher Vertrag, welcher abgeschlossen wird, sondern es ist der Zuruf Christi:

„Wer ein Kind aufnimmt ꝛc., der nimmt mich auf!“ auf welchem die Verbindung fußt. Darum geschieht auch bei uns die Aufnahme neuer Zöglinge in die Waisen-Anstalt und deren Uebergabe an die Pflegeeltern, mit kirchlichen Feierlichkeiten, am Altare des Herrn, was nie ohne Eindruck geblieben ist.

Gleichwohl läßt sich nicht behaupten, daß diese Einrichtungen, mit so vieler Umsicht sie auch geordnet sind, für alle Fälle ausreichen. Es giebt nämlich doch noch Zöglinge, für welche passende Pflegeeltern sich nicht finden, oder für welche die Familien-Erziehung nicht genügt. Es sind nämlich die sittlich und natürlich Verwahrloseten, die Blödsinnigen, Gebrechlichen, Krankhaften, und mehr noch die im Laster schon vorgeschrittenen, die jugendlichen Verbrecher, so wie die im frühern Unterrichte gänzlich Vernachlässigten. Sie alle bedürfen der geschärfteren Aufsicht, der sorgsamern Pflege, des besondern Unterrichts, was Alles auch von den besten Pflegeeltern, insofern auch sich solche finden sollten, nicht zu erwarten steht. Dieß gilt namentlich von verwilderten Knaben, zumal Knaben überhaupt schwerer unterzubringen sind, als Mädchen.

Für solche nun, wenn sie auch überall die große Minderzahl bilden werden, ist es nicht nur wünschenswerth, es ist sogar nothwendig, daß außer und neben der Familien-Erziehung auch ein Erziehungs-Haus noch bestehe, in welchem alle oben bezeichnete, größerer Aufmerksamkeit bedürftige Zöglinge eine wenigstens augenblickliche Aufnahme und auf so lange finden können, bis die geeigneten Pflegeeltern ermittelt sind.“

Hiernach dürfte die hier getroffne Einrichtung als die zweckmäßigste erscheinen und überall nachgeahmt zu werden verdienen. Anstalten für verwahrlosete Kinder, wo also auch die, beim Tode des Vaters schon zu sehr verwilderten Kinder, die keine Familie gern in ihren Schooß aufnehmen würde, ein Unterkommen finden würden, sind überdem jetzt schon fast in allen Gegenden vorhanden.

§. 6.
Verwahrlosung der Waisen in manchen Gegenden.

In vielen Gegenden, z. B. in fast allen kleinern Städten und Dörfern der Provinz Brandenburg, hat man der Ortsgemeinde die Sorge für die Waisen überlassen, ohne daß sich irgend Jemand weiter um sie bekümmert. Nach meinen bisherigen Erfahrungen dürfte indessen diese Art der Waisen-Versorgung die mangelhafteste sein, denn die Kosten, die dadurch veranlaßt werden, sind der Gemeinde lästig; ihr Bestreben geht daher nur zu oft nicht dahin, möglichst väterlich für verwaisete Kinder zu sorgen, sondern nur dahin, sie möglichst wohlfeil unterzubringen. Die Familien nun, welche ein solches Kind gegen eine geringe und an sich in der Regel ungenügende Vergütigung aufnehmen, pflegen darauf zu rechnen, in den Arbeiten und häuslichen Hülfsleistungen des Kindes nicht blos einen Ersatz, ja vielleicht einen Vortheil, für das zu finden, was sie bei dessen Erhaltung zusetzen müssen. Daher werden die Kinder oft übermäßig angestrengt, zu Arbeiten angehalten, die ihre Kräfte übersteigen, dadurch verkrüppelt und für ihr ganzes Leben unglücklich gemacht, dabei aber möglichst schlecht gehalten. Es ereignet sich auch wohl, daß keine Familie im Dorfe das Kind bei sich aufnehmen will — dann geht es von Haus zu Haus, und wird überall ungern gesehen, auch wohl schlecht behandelt. Allerdings giebt es rühmliche Ausnahmen, aber sie dürften nicht oft vorkommen.

Man darf übrigens, wie schon früher gedacht wurde, nicht außer Acht lassen, daß es bei Beurtheilung dieses Punktes wesentlich darauf ankommt: Von welchem Lande, von welcher Gegend die Rede ist? Ob von großen Städten, wie Berlin und Hamburg, oder von kleinen Städten und von den

Dörfern? Sodann auch, welchem Stande die Väter der zu versorgenden Waisen angehört haben. Man könnte daher die Frage so stellen:

Was hat der Staat, und was haben die einzelnen Gemeinden in einem bestimmten Lande, Stadt oder Gegend zu thun, hinsichtlich der Vorsorge für vaterlose Waisen der verschiedenen Stände?

Daß die Bestellung eines Vormundes für das verwaisete Kind nicht hinreicht, das habe ich vielfach erfahren, wiewohl ich auch sehr achtbare Vormünder solcher Kinder habe kennen lernen.

§. 7.

Mittel, der Verwahrlosung vorzubeugen.

Die zweckmäßigste Einrichtung dürfte wohl eine der Waimar'schen ähnliche sein. Es würden überall eigne Waisen-Aemter zu errichten sein, die folgende Einrichtung haben müßten.

1) In den größern Städten würde für jeden Bezirk ein Geistlicher, ein oder zwei Schullehrer, eine Magistratsperson und ein Bezirks-Vorsteher dieses Waisen-Amt bilden. Ebenso in den Mittelstädten. Sodann auf dem Lande der Prediger mit dem Schullehrer, dem Schulzen und noch einem von dem Prediger zu wählenden Mitgliede der Gemeinde. Dieses Waisen-Amt hätte sodann die Verpflichtung, für die Unterbringung, gehörige Erziehung und Verpflegung der verwaiseten Kinder zu sorgen und würde jeden ersten Sonntag des Monats sich die zu seinem Bereiche gehörigen Waisen vorstellen lassen, um sich zu überzeugen, daß sie gehörig erzogen und verpflegt werden; ebenso müßte dieses Waisen-Amt mit den Pflegeeltern des Kindes einen Verpflegungs-Vertrag abschließen und die Befugniß haben, das Kind ihnen zu nehmen und anderweit unterzubringen, wenn es von den Pflegeeltern verabsäumt oder gar mißbraucht werden sollte. Der Vormund wäre dabei zuzuziehen und hätte vorzüglich für Erhaltung des allenfallsigen

Vermögens seines verwaiseten Mündels zu sorgen. Hat das Kind noch eine Mutter, so wird dieser, in sofern sie als eine ordentliche, rechtschaffene Frau bekannt ist, das Kind zu überlassen und ihr, wenn sie außer Stande sein sollte, das Kind selbst zu erhalten, die nöthige Unterstützung von der Gemeinde oder in den Städten aus dem Armen-Fond zu gewähren sein. Hat das Kind keine Mutter mehr, oder ist die Mutter nicht zur Erziehung des Kindes geeignet, so müßte es bei einer rechtlichen Familie untergebracht werden. Die Wirksamkeit des Waisen-Amtes würde sich in der Regel nur bis zu der Zeit erstrecken, da das Kind in Dienst oder in die Lehre tritt, in manchen Fällen aber auch noch über diese Zeit hinaus. Mädchen müßten nie und unter keiner Bedingung in Waisenhäusern erzogen werden, aus Gründen, die ich weiter unten näher entwickeln werde. Die verwaiseten Knaben, zumal diejenigen, die beide Eltern verloren haben, könnten allerdings in gut eingerichteten Waisenhäusern erzogen werden; da diese Anstalten aber immer nur eine geringe Anzahl werden aufnehmen können, so werden doch die meisten bei einzelnen Familien untergebracht werden müssen, und es wird nur von Seiten des Orts-Waisen-Amtes darauf zu sehen sein, sie bei rechtschaffenen Familien, wo weder Trunkenheit, noch Liederlichkeit, noch häuslicher Unfrieden Statt findet, unterzubringen; in manchen Gegenden wie in großen, volkreichen Städten allerdings eine schwierige Aufgabe; doch würden viele verwaisete Kinder bei Landschullehrern zweckmäßig unterzubringen sein. Am Schlusse des Jahres müßten übrigens die Waisen-Aemter an den Landrath des Kreises einen kurzen Bericht über die ihrer Obhut anvertrauten Waisen erstatten, worin ihre Anzahl, ihr Alter, die Art und Weise ihrer Unterbringung und der Beruf, dem sich die, der Aufsicht des Waisen-Amtes Entwachsenen gewidmet, zu bemerken sein würden. Sodann würden die Landräthe diesen Gegenstand in dem an die Regierung zu erstattenden Berichte aufnehmen. Sollte übrigens eine

Gemeinde zu arm sein, um für ihre Waisen sorgen zu können, so müßte der Land-Armen-Fond zutreten. Diese Einrichtungen würden bewirken, daß für die Waisen aus der Klasse der Dorfbewohner, der Handwerker und Tagelöhner in den Städten überall möglichst gut gesorgt werden würde.

Was die verwaiseten Kinder aus den gebildeten Ständen, vorzüglich aus der Klasse der Staatsdiener, der Geistlichen und Schullehrer betrifft, so wird weiter unten von deren Versorgung ausführlicher die Rede sein. Für die verwaiseten Söhne der Officiere ist im Preuß. Staate durch die Cadetten-Anstalten, für die der Soldaten durch die Militair-Waisen-Häuser gesorgt.

§. 8.

Die Nachtheile der Erziehung der Mädchen in Waisenhäusern.

Die Erziehung der Mädchen in Waisenhäusern, zumal in größeren wird und muß immer höchst mangelhaft bleiben und selbst nachtheilig für ihre künftige Bestimmung wirken, selbst wenn von Seiten der Behörden, des Erziehungs- und Lehrer-Personals aller mögliche Fleiß und die strengste Gewissenhaftigkeit angewandt werden sollte.

Es wird nicht schwer sein, dieß zu beweisen.

Wer je einen Blick in das Familien-Leben der niederen Stände gethan hat, der wird wissen, daß die Töchter eine ihrer künftigen Bestimmung als Dienstboten, Hausfrauen und erste Erzieherinnen der Kinder vollkommen angemessene Bildung nur im häuslichen Kreise erhalten können. Ueberall müssen sie dort helfen, im Garten, bei der Wäsche, in der Küche, beim Reinigen des Hauses, des Hofes, der Wohnstube, der Mobilien und der Ställe; sie müssen die jüngeren Geschwister warten und pflegen, eben so bei Krankheiten der Mutter oder des Vaters diese, sie müssen die Bedürfnisse des Hauses einholen rc. So lernt das Mädchen tausend kleine Geschäfte in einem Tage besorgen, alles überdenken, ihre Zeit gehörig eintheilen, sie lernt sich schicken in mißliche, bedrängte Lagen; sie lernt früh und spät unverdrossen arbeiten — was ihr künftig bevorsteht und ihr als Dienstmagd, als Ehefrau und Mutter einen hohen Werth giebt, das Vertrauen ihrer Herrschaft, die Achtung und Zufriedenheit ihres Ehemannes und das Gedeihen ihres Hauswesens und ihrer Kinder sichert; die wenigen Kenntnisse, die sie bedarf, erhält sie in der Schule des Ortes und es kommt ja bei der Tochter des gemeinen Mannes nicht darauf an, daß sie viel wisse, sondern darauf, daß ihr religiöser Sinn geweckt und richtig geleitet und daß sie früh zu einer anhaltenden, ausdauernden Thätigkeit im häuslichen Leben gewöhnt werde. So wie sie nun im Familien-Kreise alle Leiden, alles häusliche Ungemach mit tragen muß, so nimmt sie auch Antheil an den kleinen häuslichen Freuden — wenn die Familie Besuch von Fremden bekommt, wenn eine Kindtaufe, wenn ein Sonn- und Festtag eintritt, so feiert sie diese Tage mit der Familie, die ihrem Fleiße einen Theil ihres Wohlstandes oder eine Erleichterung ihrer Sorgen dankt.

Die fleißige, gute Tochter erndtet da mit, wo sie mit gesäet hatte und freut sich ihres Daseins.

Vergleichen wir damit die Erziehung der Mädchen in großen Waisenhäusern z. B. vormals im großen militairischen Waisenhause.

Aus allen häuslichen Verhältnissen herausgerissen, wurden die armen Mädchen in militairischer Ordnung zum Frühstück und vom Frühstücke, Paar und Paar geführt, eben so zu den Mahlzeiten, in und aus den Klassen und zum Spazierengehen.

Sie lernen nähen, stricken, spinnen und andere weibliche Arbeiten — aber der viel wichtigeren frühen Bildung für die Arbeiten und tausend kleinen Beschäftigungen des häuslichen Lebens entbehren sie gänzlich.

Für sie giebt es nun zwar keine häusliche Leiden, keine außerordentliche Anstrengungen, aber auch keine

Freude des häuslichen Lebens; Niemand nimmt an ihren persönlichen Leiden und Freuden Theil und sie nehmen wiederum nicht Theil an den Leiden und Freuden Anderer. Sie erndten, wo sie nicht gesäet haben. So verstreichen die Jugendjahre freuden- und sorgenlos und so wird ihr Gemüth nicht gebildet — sie sind und bleiben ungeschickt für die Erfüllung ihres künftigen Berufs als Dienstboten, als Ehefrauen und erste Erzieherinnen der Kinder. Daher die allgemeine Klage, daß die meisten Mädchen aus den Waisenhäusern, zumal aus den großen, als Dienstmädchen unbrauchbar sind und es fast immer bleiben — daher der öftere Wechsel der Dienstherrschaft, weil keine ein solches untaugliches, unanstelliges, mehr zum Müßiggang als zu einer anhaltenden Thätigkeit geeignetes Mädchen lange behält.

Dieser Hang zum Müßiggang, welcher den Waisenhaus-Mädchen nicht selten eigen ist, führt aber zu noch schlimmern Dingen — nur in einer steten Thätigkeit, nur in der Theilnahme und dem Gedeihen der Familie findet die Dienstmagd eine Schutzwehr gegen die Verführung, gegen die Anreizungen der Eitelkeit und der Sinnlichkeit — eben darum hat man die Bemerkung gemacht, daß die in Waisenhäusern erzogenen Mädchen weit öfter einem liederlichen Leben sich ergeben, als es bei anderen, im Kreise einer Familie erzogenen Mädchen, der Fall ist.

Der Grund hiervon liegt nicht etwa in dem Mangel an Aufsicht, in der Unvollkommenheit des Unterrichts, für den vielmehr hier in der Regel vorzüglich gut gesorgt wird, nicht in einer sie verwöhnenden Kost und Behandlung; sondern einzig in dem Unnatürlichen ihrer Erziehung, in der Entbehrung des häuslichen Lebens.

So ist es gewöhnlich und so muß es nothwendig sein, auch wenn die Lehrer und Erzieher vollkommen ihre Pflicht thun und sich nichts zu Schulden kommen lassen.

Was soll aber nun vollends aus diesen armen Mädchen

werden, wenn Lehrer und Erzieher und andere Personen, die bei der Anstalt angestellt sind, selbst pflichtvergessen die Verführer der Unschuld werden?

Wehe dann den armen Mädchen, die von ihren Müttern und Verwandten getrennt, hier eine gute Erziehung erhalten sollen und an Leib und Seele verdorben werden!

Schützen können sie sich schwerlich gegen die Verführung, wenn sie von Lehrern und Erwachsenen der Anstalt ausgeht — woher nähme ein unwissendes, unerfahrenes Mädchen, das sich keiner Mutter anvertrauen kann, den Muth und die Stärke, der Verführung, die von dieser Seite kommt, zu widerstehen, wenn die gütige Vorsehung sie nicht etwa ganz besonders in Schutz nehmen sollte?

Man könnte sagen: durch strenge Wahl der Lehrer und Erzieher, durch strenge Bestrafung der Pflichtvergessenen könne ähnlichen Ereignissen vorgebeugt werden.

Es läßt sich dagegen einwenden, daß der Hang zur Sinnlichkeit oft erst eben durch den täglichen Umgang mit Mädchen, die im Aufblühen sind, und die es nicht selten, selbst unbewußt, darauf anlegen, dem Manne zu gefallen, der ihr Vorgesetzter ist, angeregt wird, daß daher, trotz aller Sorgfalt und aller Strenge, diese Gefahr nicht ganz abzuwenden sein dürfte.

Es möchte daher, um der oben gedachten unnatürlichen Erziehung der Mädchen und um der Gefahr Willen, der sie in Waisenhäusern ausgesetzt sind, am rathsamsten sein, alle größeren Mädchen-Waisenhäuser, wo mehr als 6 bis höchstens 12 Mädchen erzogen werden, gänzlich aufzuheben, die in ihnen vorhandenen Mädchen, in sofern sie noch nicht im Dienste untergebracht werden können, bei ihren Müttern, in sofern sich diese dazu eignen, und diejenigen, die keine Mutter mehr haben, bei rechtlichen Familien in kleinen Städten und auf dem Lande, als Kind vom Hause, gegen ein angemessenes Kostgeld, unterzubringen, sie unter die specielle Aufsicht der Geistlichen und Schullehrer oder der weiter oben erwähnten Waisen-Aemter zu stellen und so fortdauernd eine Controlle über dieselben zu führen, künftig aber keine Mädchen weiter aufzunehmen, sondern nur Erziehungsgelder für dieselben zu bewilligen. —

Man könnte dagegen einwenden, daß dieß eine Verletzung ursprünglicher Stiftungen sei, indem z. B. das Militair-Mädchen-Waisenhaus, vormals zu Potsdam, jetzt zu Pretsch, zugleich mit dem Knaben-Waisenhause, durch die Stiftungs-Urkunde Sr. Majestät des Königs Friedrich Wilhelm I. vom 26. Oktober 1730 gestiftet worden ist und zwar in folgenden Worten:

„Betreffend die Aufnahme derer Waisen-Mädchen, so sollen „Dieselben gleichfalls in dem vor ihnen a part in Potsdam „gebauten Waisenhause im Christenthume, Lesen, Schreiben „und Rechnen mit unterwiesen werden; die Zeit über, da „sie im Waisenhause sind, müssen sie, gleich denen Knaben, „neben ihren Schulstunden für das Waisenhaus arbeiten, es „sei im Nähen, Spinnen" u. s. w. —

Wenn man aber erwägt, daß

1) ein Verhältniß der Anzahl der Mädchen zu der der Knaben nirgends bestimmt worden ist; daß man

2) schon längst es anerkannt zu haben scheint, wie die Erziehung in öffentlichen Anstalten für Mädchen weniger angemessen ist, als für Knaben, weil schon längst die Anzahl der Mädchen viel geringer war, als die der Knaben, indem z. B. jetzt nur 200 Mädchen, dagegen 600 Knaben in der Anstalt vorhanden sind; daß man:

3) schon längst angefangen hat, die bei weitem größere Anzahl der Mädchen außerhalb des Waisenhauses erziehen zu lassen (es werden jetzt für ungefähr 2900 Kinder, wovon die größere Hälfte Mädchen, Erziehungsgelder bezahlt); daß endlich:

4) die Erfahrung gelehrt hat, wie der edle Zweck des erhabenen Stifters der Anstalt:

„die Kinder der Soldaten zu guten Unterthanen zu erziehen"

„welches diese, die Soldaten, Theils aus Unvermögen, Theils
„aus Sorglosigkeit, nicht vermögten,
hinsichtlich der Mädchen im Waisenhause nicht erreicht, sondern vielmehr gänzlich verfehlt worden ist und auch meiner innigsten Ueberzeugung nach nie zu erreichen ist, und daß:

5) die Erziehung der Soldaten-Töchter durch die Aufhebung des Mädchen-Waisenhauses keineswegs aufgehoben, sondern vielmehr durch die vorgeschlagene Unterbringung derselben bei rechtlichen Familien nur desto besser und dem Zwecke des erhabenen Stifters angemessener besorgt werden wird; so dürfte die vorgeschlagene Maaßregel, als der Absicht der Stifter des Militair-Waisenhauses zu Potsdam, des großen Friedrichs-Waisenhauses zu Berlin, des Waisenhauses zu Hamburg und aller Stifter ähnlicher Anstalten, vollkommen angemessen erscheinen. — —

Es dürften hier einige Bemerkungen eines verstorbenen Freundes, des Ober-Consistorial-Raths Schwabe, früher in Weimar, zuletzt in Darmstadt, die er mir bei einer ähnlichen Veranlassung mittheilt, an ihrem Orte sein.

„Mit dieser Veränderung trat zugleich die Erfüllung meines Wunsches ein, den ich lange genährt hatte, des Wunsches nämlich: daß sämmtliche Waisenmädchen von der Erziehungs-Anstalt entlassen und braven Bürgerfrauen gegen Entschädigung, unter Aufsicht der Armenpflege, zur Erziehung übergeben wurden. Ich bin ein Feind aller weiblichen Erziehungs-Anstalten, sobald diese sich über die Größe eines Familienkreises erweitern und das eigentlich häusliche Familienleben in ihnen aufhören muß; aber Waisenhäuser für Mädchen halte ich aus Ueberzeugung für Verziehungshäuser, für höchst verderblich. Ich schweige von den vielen sauberen Geschichten, die in allen weiblichen Waisenhäusern, wo männliche Officianten, Lehrer, Aufseher u. s. w., oder wohl gar auch Waisenknaben wohnen und zu thun haben, sie mögen bekannt werden oder nicht, vorkommen, bemerke aber ausdrücklich, daß nicht etwa bei unserer Anstalt dergleichen Dinge zur Sprache gekommen sind; aber erwiesen ist, daß die Erfahrung überall, wo man nur auf sich achtet, sich bestätigt, daß man Mädchen kaum zweckwidriger erziehen kann, als es auch in den besten Waisenhäusern geschieht. — Das Mädchen gehört dem stillen, kleinen Kreise des einzelnen Hauses an, und soll demselben lebenslang angehören, soll mit dem Sinne für Häuslichkeit erfüllt und gewöhnt werden, nur im kleinen häuslichen Kreise seine Thätigkeit und Freude zu suchen. In Waisenhäusern lebt es in großer zahlreicher Gesellschaft, das Leben in ihnen wird ihm zur Gewohnheit, zum Bedürfniß und schwer gewöhnt es sich an das stille Haus, in das es vielleicht nach seiner Entlassung als Dienstbote tritt; die enge Mädchenstube, in der es einen großen Theil des Tages über vielleicht allein sitzen soll, wird ihm unerträglich, es wird verdrießlich und verstimmt, es sucht und benutzt jede Gelegenheit, außer dem Hause verweilen zu können; der unhäusliche Sinn macht es untauglich zum freudigen Dienste, zu derjenigen Anhänglichkeit an das Hauswesen, welche die Herrschaft fordert und so wird es bald wieder von der Herrschaft entlassen. Dies ist wenigstens die Geschichte vieler Mädchen, die aus unserer Anstalt abgingen und mehrere hat ihr unhäuslicher Sinn in die Netze des Lasters geführt. — Die Bestimmung der mehrsten Waisenmädchen ist die, zu dienen und zuerst treten sie, wenn sie das Waisenhaus verlassen, gewöhnlich als Kinderwärterinnen oder Hausmädchen in einen Dienst. Wo aber konnten sie für diesen Beruf weniger oder schlechter vorbereitet werden, als im Waisenhause? Man antwortet mir: Wir beschäftigen die Mädchen in unserem Waisenhause ja auch mit weiblichen Hausarbeiten. Sie müssen in der Küche helfen, sie müssen Betten machen, die Zimmer reinigen, Strümpfe stricken, plätten, nähen, stopfen und Wäsche und Kleidung ausbessern. Recht gut, aber gewöhnt sich nicht das Mädchen da an eine Reinlichkeit, die von der Sauberkeit eines anständigen Hauses doch immer noch verschieden bleibt? Ist man nicht im Waisenhause mit groben Arbeiten zufrieden, wie sie keine ordentliche Hausfrau duldet? Wird da nicht das Mädchen verwöhnt? Glaubt es nicht nachher, daß ihm zu viel geschehe, wenn eine Hausfrau mit seinen Arbeiten unzufrieden ist? — Ueberdies aber lehrt es die Erfahrung, daß der strengere Zwang, der in einem Waisenhause zur Aufrechthaltung der Ordnung unter vielen Kindern nöthig ist, nur zu oft die Folge hat, daß die jungen Mädchen, die aus demselben entlassen werden, die größere Freiheit, die sie erlangen, nur zu leicht mißbrauchen, daß dieselben an zu viele Aufsicht gewöhnt sind und, wo dieselbe aufhört, sich selbst nicht leiten können; daß sie zu sehr an Schul-Arbeiten gewöhnt, keine Lust zu Haus-Arbeiten haben und, wenn sie früher durch Waisenkleidung sich Jahre lang als arme Kinder ausgezeichnet sahen, nun, nachdem sie das Waisenhaus verlassen haben, um sich zu entschädigen und recht bald nicht mehr für ehemalige Waisenmädchen gehalten zu werden, als andere Dienstboten und bei ihrer Armuth nur zu leicht sündliche Wege einschlagen, um auf denselben das nöthige Geld zur Befriedigung ihrer Putzsucht zu suchen. Ueberdies findet man an Mädchen, die aus Waisenhäusern kommen, entweder eine fast unbesiegbare Blödigkeit, wenn sie in andere Verhältnisse eintreten, oder, was noch übler ist, auf der anderen Seite eine Art Frechheit und Dreistigkeit, die kaum dem Knaben, viel weniger aber dem Mädchen ansteht; mit einem Worte: wie ein Baum selten gedeihet, der aus einem ganz anderen Boden und aus einem ganz anderen Klima verpflanzt wird, so auch selten ein Mädchen, das anderswo als im kleinen, engen, stillen Hause und Familien-Kreise erzogen wird. Es giebt gewiß der redlichen Bürgerfamilien genug, die um so lieber ein armes Mädchen für einige Entschädigung hinnehmen und es wie ein eigenes Kind zur Schule halten, aber auch zur häuslichen Arbeit benutzen, als sie sich die Hülfe, die ihnen ein solches Kind schon leisten kann, vielleicht durch keinen Dienstboten schaffen können.

Sucht man solche Familien, in denen Reinlichkeit, Fleiß und christlich fromme Sitte bei frommen Glauben wohnt, beobachten die Armenpfleger des Orts dann gehörig die Erziehung, achtet man in den Schulen besonders auf Schulbesuch, Kleidung, Sitten u. s. w. dieser Kinder, so ist gewiß für die armen elternlosen Mädchen und ihre zweckmäßige Erziehung weit besser, als durch ihre Unterbringung im besten Waisenhause gesorgt, und ihre Erziehung macht den städtischen Behörden weniger, wenigstens gewiß keine größeren Kosten."

Sehr zweckmäßig könnten meiner Meinung nach verwaisete Mädchen bei verheiratheten Land-Schullehrern untergebracht werden. In der Regel führen diese heut zu Tage einen streng-sittlichen Lebenswandel; sie stehen überdem unter der Aufsicht der Prediger, die von Seiten der vorgesetzten Behörde angewiesen werden könnten, über die gehörige Erziehung und Behandlung der dem Schullehrer in Kost und Pflege gegebenen Mädchen zu wachen.

Mit der Summe, welche der Unterhalt und die Erziehung der Mädchen in großen Waisenhäusern kostet, könnte wahrscheinlich die dreifache Anzahl derselben auf diese Weise und jeden Falls viel zweckmäßiger erzogen werden.

Zweiter Abschnitt.

Von einigen Waisen-Versorgungs-Anstalten insbesondere.

§. 9.

Das Elisabeth-Stift zu Pankow bei Berlin, zur Pflege von Säuglingen.

Diese in ihrer Art einzige Anstalt, von der Gattinn des Predigers Weiß zu Pankow bei Berlin gegründet, verdient hier vor Allen erwähnt zu werden, weil sie außerhalb der Residenz Berlin und deren Umgegend wenig bekannt sein dürfte und doch so sehr wohlthätig wirkt und überall nachgeahmt zu werden verdient.

Die Anstalt wurde im Jahre 1826 gegründet; die Stifterinn hatte oft erfahren, in welcher traurigen, hülflosen Lage sich Säuglinge der ärmeren Klasse der Stadt- und Dorf-Bewohner befanden, wenn die Mutter im Wochenbette starb, auch kleine wiewohl schon ältere Kinder, die aber noch nicht gehen konnten, oder wegen Kränklichkeit der mütterlicher Pflege bedurften, wenn die Mutter starb oder schwer krank darnieder lag.

Dieß bestimmte sie zu dem Vorsatze, solche kleine Kinder zu sich zu nehmen und durch sorgfältige Pflege die Säuglinge am Leben zu erhalten, die kranken, schwächlichen Kinder zu heilen. Eine fromme Hingebung, ein festes Ausharren und das theilnehmende Wohlwollen edler Menschen hat dieses so menschenfreundliche Unternehmen gesegnet, wie sich aus den früheren und besonders aus dem von der Stifterinn im Jahre 1836 abgestatteten Berichte ergiebt, woraus ich die hierher gehörigen Stellen hier mittheilen will.

„Indem wir dies Mal dem Publikum eine Darstellung der Leistungen des Elisabethstifts im so eben abgewichenen Jahre 1835 und die Berechnung über Einnahme und Ausgabe vorlegen, ist unser Gemüth ganz besonders von Dank und Freude bewegt, da sich diese Stiftung zum ersten April d. J. nun schon eines zehnjährigen Bestehens erfreuen wird. Wenn wir diesen Zeitpunkt überblicken, so treten die vielen Wohlthaten und unzähligen Liebeserweisungen, zu welchen die Gnade Gottes fromme und liebreiche Menschen gegen das Stift erweckt und angeregt hat, gleichsam in einem schönen Bilde vor unsere Seele; und mit der Erinnerung an die vielfachen Sorgen, Mühen und ausgestandene Bangigkeit verbindet sich zu gleicher Zeit das dankbarste Andenken an die jedesmalige Erleichterung, Trost und Durchhülfe, die uns widerfuhr; so daß wir wohl mit jenem frommen Sänger ausrufen können: Der Herr hat Großes an uns gethan, deß sind wir fröhlich! — Ja! Er hat Großes gethan auch an dieser dem Umfange nach geringen Sache, die nur den Kleinen und für Kleine eingerichtet und bestimmt ist. Er gab zur ersten Idee die Ausführung, zum Wollen das Vollbringen, gab Kraft und Stärke zur Ausdauer und Treue, ohne welche wir wahrlich bald ermüdet und muthlos geworden wären, bei den mannigfachen Hindernissen und großen Mühseligkeiten, die mit der Verpflegung so junger und meistentheils so elender Kinder, als das Stift sie aufnimmt, verbunden sind. Wir müssen aber im Gegentheil das freudige Bekenntniß ablegen: die Kraft ist mit dem Werke, die Liebe und Ausdauer mit der vergrößerten Wirksamkeit gewachsen. Klein und unscheinbar, nur Wenigen bekannt, war der Anfang dieser Stiftung; klein und schüchtern wurden die ersten Versuche mit wenigen Kindern gemacht, indem es an Geldmitteln nicht nur, sondern auch an Ueberblick und Gewandtheit bei denen fehlte, die sich dem Werke gewidmet hatten. Aber wie aus der kleinen, schwachen Pflanze ein kräftiger Baum mit Früchten, aus dem unbedeutenden

Bächlein ein mächtiger Strom werden kann, so ist bei uns auf einem wüsten Platze ein geräumiges Haus entstanden, gefüllt mit allem Nöthigen und vielen Kindern, deren Zahl von 6, womit wir anfingen, gegenwärtig auf 21 angewachsen ist. Wenn wir noch erwägen, daß dieses Unternehmen begann ohne irgend einen Fond, ohne den Schutz einer Behörde, ohne öffentlichen Aufruf und Bekanntmachung, ohne den Glanz eines großen Namens; und daß es jetzt nach zehn Jahren ein schuldenfreies Wohnhaus, einen geräumigen Hof und Garten besitzt; daß es sich des wohlwollenden Beifalls Einer Königl. Regierung erfreut; daß hohe und erlauchte Personen, in denen die Milde und Menschenfreundlichkeit alle Juwelen ihrer Kronen überstrahlen, diesem Kinderhause durch ihre Huld und fortgesetzte Gnadenerweisung das Bestehen und Gedeihen zugesichert, daß bald nach seinem Entstehen eine erhabene Prinzessinn des Königl. Hauses in Ihrer Freundlichkeit dem Stifte den Namen verlieh und sich damit zur Beschützerinn und Wohlthäterinn aller darin aufgenommenen Kindlein machte; daß angesehene Staatsbeamte sich hülfreich der Sache annahmen, für sie sprachen und sammelten, bei denen, die sie nicht kannten: ja wenn wir dieß alles zusammenfassen, so mögten wir sagen, daß es wie ein Wunder vor unseren Augen ist.

Unserem ersten Plane und Endzwecke, dieses Haus nur allein der guten Pflege und Heilung kleiner und kranker Kinder zu widmen, und alles was darüber hinausliegt als unvereinbar mit unserer Wirksamkeit, folglich als unerreichbar zu betrachten, sind wir in diesen zehn Jahren durchaus treu geblieben und durch die Erfahrung nur noch fester und sicherer in der Ueberzeugung geworden, daß wir unsere Mittel und Kräfte nicht zersplittern dürfen, wenn wir auf eine bestimmte Art wahrhaft Gutes stiften wollen und welche hier in der Rettung und Heilung kleiner oder kranker Kinder angegeben ist. Es wäre schon Vermessenheit, bei der Beschränktheit aller menschlichen Dinge das Größte erreichen, oder mit anderen

Worten allen helfen und alle aufnehmen zu wollen, die sich uns als hülflos und bedürftig darstellen; wie viel vermessener und unerreichbarer würde es sein, für die entlassenen Pfleglinge des Stifts noch später sorgen zu wollen, wenn sie es nicht mehr sind; oder mit ihrer Verpflegung im Hause Schule und Erziehung zu verbinden! So verfolgen wir mit Treue unser vorgestecktes Ziel, gehen nicht weiter als wir können und dürfen, bleiben aber auch nicht hinter demselben zurück."

Ich habe diese Anstalt mehrmals besucht und mich der sorgsamen, umsichtigen Pflege, welche hier den verwaiseten Kindern zu Theil wird, herzlich gefreut.

Aus der Nachweisung der hier im Jahre 1835 aufgenommenen Kinder mögen hier einige nähere Nachrichten, die Veranlassung der Aufnahme, einzelne Kinder und ihren Zustand zur Zeit der Aufnahme betreffend, an ihrem Orte sein.

Zuerst zwei Säuglinge.

1) Agnes Hammerschmidt, vom Gesundbrunnen bei Berlin, kam am 13. April im Alter von 11 Wochen in's Stift, weil die Mutter im Wochenbette mit Hinterlassung von acht Kindern gestorben war. Die Kleine gehört zwar nicht zu den sehr kräftigen Kindern, ist aber gesund und nimmt zu.

2) Caroline Charlotte Schwitzky aus Blankenfelde, war erst 4 Tage alt, als sie den 15. Februar wegen des Todes der Mutter in's Stift kam. Die Kleine war kränklich und es zeigten sich bald Krämpfe, an denen sie den 1. März verschied. Bemerkenswerth ist bei diesem Falle, daß grade vor einem Jahre das Kind der ersten Frau desselben Mannes in's Stift aufgenommen worden war, die im Wochenbette gestorben war, wie die zweite bei der ersten Entbindung.

Ferner einige ältere Kinder:

3) Otto Richter aus Berlin wurde im Alter von 9 Monaten, den 15. Februar aufgenommen, weil er mutterlos, höchst elend und mit einem Bruchschaden behaftet war; dieser ist noch

nicht geheilt, der allgemeine Zustand des Kindes hingegen hat sich gebessert. Er wird aber noch lange der ärztlichen Behandlung und guter Pflege bedürfen.

4) Louise Gärtner aus Berlin, kam den 1. März wegen anhaltender Kränklichkeit, fast zwei Jahre alt, in's Stift. Das Zahnen und ein abzehrender Husten verzögerten die Heilung sehr; doch fand sich, nach vielen angewandten Bädern, endlich ein ableitender Ausschlag am Kopfe ein, wonach sich der Zustand des Kindes bedeutend besserte und es merklich zunahm, so daß es die Eltern am 1. September genesend zurücknahmen.

5) Friedrich Eduard Krüger aus Berlin, war über 4 Jahre alt, als er den 1. Juli wegen eines langwierigen Augenleidens aufgenommen ward. Der Grund desselben scheint jetzt ganz gehoben zu sein, so daß er bald wird als geheilt entlassen werden können.

6) Gustav Adolph Zunckel aus Berlin hatte eben sein erstes Lebensjahr erreicht, als er den 14. Juli wegen Kränklichkeit und großer Schwäche aufgenommen wurde. Das Kind konnte sich aus Schwäche kaum aufrecht erhalten; sein Rücken war gebogen, die Gelenke aufgetrieben, die Muskeln welk. Dennoch ist eine merkliche Besserung eingetreten, der Kleine gedeiht und hat schon so viel Haltung und Kraft gewonnen, daß er auf einer Decke an der Erde sitzen und spielen kann, so daß wir alle Hoffnung zu einem vollständigen Gelingen der Cur haben.

7) Caroline Louise Schulze aus Berlin, wurde $1\frac{3}{4}$ Jahr alt, am 8. August aufgenommen, weil sie nach der Mutter Tode schlecht verpflegt und daher krank geworden war. Erst jetzt fängt sie an, sich wieder zu erholen und versucht den Gebrauch ihrer Füße.

8) Gottlieb Wilhelm Trennert aus Berlin, kam am 1. Januar in's Stift, sechs Wochen alt und von mütterlicher Seite verwaiset. Die Verdauung dieses Kindes war so schwach,

daß es fast alle Nahrungsmittel uud meistentheils auch alle Medikamente ausbrach; dieser Zustand währte, mit wenigen Unterbrechungen und sehr geringem Anschein zur Besserung, bis gegen den Herbst, wo er in völlige Abzehrung überging, das begonnene Zahngeschäft und der naturwidrige Durchbruch der Zähne, indem die oberen Seitenzähne zuerst und unter heftigen Zufällen erschienen, vergrößerte die Gefahr nur noch mehr; der Kleine war zum Skelett abgemagert und kaum wußten die Frauen, wie sie ihn anfassen sollten, da längs des Rückgrades alle Spitzen der Knochen von Haut entblößt waren und eiterten, so daß der großen Schmerzen wegen das Mitleid von Herzen eine baldige Auflösung wünschte. Und dieß Würmchen erholte sich dennoch, fing auf einmal wieder an Speise und Arzneien zu nehmen; es fand sich etwas Schlaf ein und die Wunden heilten. Jetzt ist es ganz gesund und hat in der letzten Zeit sehr zugenommen. Eine solche Erfahrung dient recht zur Ermunterung, daß man den Muth nicht verlieren darf, so lange noch ein Funke vom Leben da ist und lehrt uns, niemals zu ermüden, in der Behandlung und sorgsamsten Pflege auch des elendesten Kindes.

Die Nachrichten von diesem Trennert sind besonders merkwürdig, weil daraus hervorgeht, daß man, selbst bei einem anscheinend so hoffnungslosen Gesundheit-Zustand nicht die Hoffnung zur Herstellung aufgeben und es also nicht an sorgfältiger Pflege fehlen lassen sollte.

(Die Geschichte dieses Knaben ist mir, dem Verfasser, noch besonders darum merkwürdig, weil ich selbst in einem Alter von 5¾ Jahren, als ich meine Mutter durch den Tod verlor, in einem ähnlichen elenden Zustande mich befand, wo sodann ein Bruder meiner Mutter und seine Gattinn sich meiner erbarmten, mich zu sich nahmen und pflegten, so daß ich allmählig zu Kräften kam und genas.)

Mögten sich doch an mehreren Orten Frauen finden, die

sich der armen Säuglinge und kranken Kinder so erbarmten, wie die Pfarrerinn Weiß in Pankow!

§. 10.

Die Wadzeck-Anstalt.

Diese Stiftung ist eigentlich kein Waisenhaus, denn sie ist bestimmt für

„Kinder, die nicht vater- und mutterlose Waisen, deren „Vater oder Mutter aber der Unterstützung bedürftig sind;“

indessen nimmt sie Kinder auf, deren Vater oder Mutter verstorben ist (und versorgt also in diesem Falle Waisen); nur nicht solche, wo beide Eltern gestorben sind, und zwar in der Regel nur solche, deren Eltern in Berlin wohnen. Der Stifter ging dabei offenbar von der Idee aus, daß für eigentliche Waisen durch die Waisenhäuser Berlin's, namentlich das große Friedrichs-Waisenhaus, das Kornmessersche und das Waisenhaus der französischen Colonie hinreichend gesorgt sei und wollte daher vielmehr solchen Eltern, die in bedrängten Umständen leben, zu Hülfe kommen.

Die wesentlichsten Bestimmungen der Statuten sind folgende:

Zweck der Anstalt.

§. 1. Der Zweck der Wadzeck-Anstalt, gestiftet am 3. August 1819 von dem am 2. März 1823 verstorbenen Königl. Professor Friedrich Wadzeck, ist: In dem von ihr durch Kauf erworbenen Gebäude, von dem Vorstande der Anstalt frei gewählte Kinder beiderlei Geschlechts, die nicht vater- und mutterlose Waisen, deren Vater oder Mutter aber der Unterstützung bedürftig sind, unentgeldlich nähren, kleiden, unterrichten und ihrem künftigen Berufe gemäß erziehen zu lassen.

§. 2. Sie behält ihre Pfleglinge bis zur erfolgten Einsegnung, in sofern nicht früher beide Eltern derselben verstorben, in welchem Falle sie dem städtischen Waisenhause, nach der Communal-Verfassung, anheim fallen, oder in sofern nicht die Eltern in Verhältnisse gerathen, die es ihnen möglich machen, ihre Kinder selbst zu verpflegen und zweckmäßig zu erziehen. In diesen beiden Fällen scheidet der Pflegling sogleich aus der Wadzeck-Anstalt aus. Jedoch sollen vater- und mutterlose Waisen in dem Falle von der Anstalt nicht ausgeschlossen sein, wenn durch besondere Stiftungen für deren Unterhalt gesorgt ist.

§. 3. Sollte ein aufgenommenes Kind eine solche moralische Verderbtheit zeigen, daß dadurch die Moralität der übrigen Pfleglinge gefährdet werden könnte, so soll dasselbe, auf den Grund eines Beschlusses des Vereins, wogegen keine Berufung auf die Entscheidung einer obrigkeitlichen Behörde statt findet, sofort aus der Anstalt entlassen werden können.

§. 4. Die Kost und Bekleidung der Kinder sollen einfach, aber der Gesundheit zuträglich sein.

§. 5. Die Wadzeck-Anstalt macht es sich zur Aufgabe, ihre Kinder zu verständigen, sittlich-guten und frommen Christen zu erziehen und die Lebensweise und den Unterricht derselben so anzuordnen, daß die Knaben als Lehrlinge bei Handwerkern und die Mädchen als Dienende bei Herrschaften untergebracht werden können.

§. 6. Die Kinder bilden, unter der Pflege, Aufsicht und Erziehung der damit Beauftragten, gleichsam Eine Familie. Eine Trennung der Geschlechter findet weder in der Schule, noch bei ihren Arbeiten und Erholungen statt. Es versteht sich aber von selbst, daß jedes Geschlecht seine besonderen Schlafsäle hat und in jedem Saale eine mit der Aufsicht beauftragte Person sich befinden wird.

Bedingungen der Aufnahme der Kinder

§. 7. Die Qualifikation zur Aufnahme in die Wadzeck-Anstalt, welche übrigens auf das Gesuch der Eltern, Vormünder oder anderer, für das Kind sich interessirender, Personen geschehen kann, setzt zuvörderst die Bedingungen voraus, welche aus dem bezeichneten Zwecke der Anstalt sich von selbst ergeben. Außerdem müssen aber noch die aufzunehmenden Zöglinge

a) eheliche Kinder christlicher Eltern,

b) in der Regel nicht unter zwei und nicht über sechs Jahre alt sein,

c) in der Regel werden mit obigen Bedingungen nur Kinder solcher Eltern, Väter oder Mütter aufgenommen, welche in Berlin wohnen.

Im Jahre 1836 wurden in dieser Anstalt 100 Kinder erzogen und es ward für alle ihre Bedürfnisse gesorgt.

Es wurden 4 Mädchen entlassen, die als Kinder- oder Hausmädchen ihr Unterkommen fanden und 14 Knaben, die bei verschiedenen Handwerkern in die Lehre traten.

Eigenthümliche Einrichtungen sind die in den §§. 16, 27 und 28 enthaltenen Bestimmungen, folgenden Inhalts:

Verwaltung der Anstalt.

§. 16. Die Wadzeck-Anstalt wird durch einen aus 15 Mitgliedern bestehenden Vorstand verwaltet, der den Namen: „Verein zur Verwaltung der Wadzeck-Anstalt" führt und welchem durch die Cabinets-Ordre vom 10. März 1823 der Allerhöchste Schutz Seiner Majestät des Königs für die Wadzeck-Anstalt zugesichert worden ist.

§. 27. Der Verein wird in der Führung der Haushaltung und bei der Bekleidung der Kinder der Wadzeck-Anstalt von wohlthätigen Frauen unterstützt, welche die Anstalt Ehren-Mütter nennt, und die nach einem von ihnen selbst zu bestimmenden Rotulus täglich eine Dame in die Anstalt absenden, um die Haushaltung zu inspiciren und danach zu sehen, daß die ganze Oeconomie nach dem vorhandenen Reglement gehörig geführt und die nöthige Reinlichkeit überall und stets erhalten werde.

Sie halten monatlich eine Conferenz, um die Rechnungen

des Hausvaters über kleine zufällige Ausgaben abzunehmen, Bestellungen von Vorräthen für die Anstalt zu machen und selbige in Empfang zu nehmen, die Hand-Arbeiten der Kinder nachzusehen und dafür zu sorgen, daß das nöthige Material dazu angeschafft werde.

Die Ehren-Mütter erwählen eine Vorsteherinn, welche die Conferenzen der Damen leitet, und jeder Dame den Tag zuweiset, an welchem sie persönlich die Aufsicht in der Anstalt führt.

Mit der Vorsteherinn und zweien, durch die Mehrheit der Stimmen von den Damen deputirten Ehren-Müttern steht der Ausschuß des Vereins in allen Dingen, die zum Ressort der Ehren-Mütter gehören, in Berathung.

Die Ehren-Mütter haben eine consultative Stimme.

§. 28. Ein Verein von Jungfrauen, welcher sich ebenfalls selbst gebildet hat und sich selbst ergänzt, richtet seine Thätigkeit darauf, in den Schulstunden, welche zur Erlernung und Betreibung von Handarbeiten, nämlich des Strickens, des Nähens der Wäsche und der Kleidungsstücke, so wie des Zeichnens der Wäsche bestimmt sind, der Lehrerinn zur Hülfe und Unterstützung zu dienen.

Außer dem geräumigen Lokale der Anstalt besaß dieselbe am Schlusse des Jahres 1836 bereits an Kapitalien eine Summe von 22,700 Thlrn. Sie bezog außer den Zinsen, an Collecten und außerordentlichen Einnahmen eine Summe von 4676 Thlr.
und an Legaten — — — — — — — — 400 „
für die Beköstigung hatten — — — — — 2222 „
„ „ Bekleidung „ — — — — — — 634 „
ausgegeben werden müssen.

Nach einem neueren Beschlusse wird sie künftig nur Kinder vom zurückgelegten sechsten Jahre an aufnehmen.

Die Bestimmung des §. 2. daß die Kinder aus dieser Anstalt ausscheiden, wenn beide Eltern sterben, erscheint als etwas hart. Sie sollen dann nämlich dem großen Friedrichs-Waisen-

Hause anheim fallen. Da sie aber in dem letzteren weniger gut versorgt sind, als in der Wadzeck-Anstalt, so kommen sie dann offenbar aus besseren Verhältnissen in weniger gute, was um so schmerzlicher für sie sein wird, je liebevoller und theilnehmender sie bisher behandelt worden sind.

Es ist daher wohl zu hoffen, daß diese Bestimmung dereinst eine Abänderung erleiden werde.

§. 11.

Das Waisenhaus zu Langendorff bei Weißenfels.

Das Waisenhaus zu Langendorff hat eine sehr glückliche Oertlichkeit; es liegt eine halbe Stunde von der Stadt Weißenfels in einem anmuthigen Thale, das der Greißelbach durchströmt, an dem Abhange eines Berges; es besitzt Aecker, Wiesen und Gärten, wo die Waisen, die hier erzogen werden, hinreichende Beschäftigung und Anleitung zu Feld- und Garten-Arbeiten finden.

Die Art und Weise seiner Gründung verdient einer besondern Erwähnung, da es abermals ein Beispiel ist, wie ein ganz im Kleinen, von einem schlichten Manne, der nichts für sich, sondern nur Vorsorge für Arme, Verwaisete wollte, begonnenes Werk, unter Gottes Beistand, zu einer Stiftung von großem Umfange und von dem wohlthätigsten Einflusse heranwuchs.

Aus der Mitgabe an die scheidenden Zöglinge von dem Vorsteher der Anstalt, dem Prediger Hiesche, theile ich hier die Geschichte derselben kürzlich mit.

Kurzgefaßte Geschichte der Waisenanstalt bei Langendorff.

Der Stifter des Waisenhauses, Christoph Buchen, geboren den 27. Februar 1678 in Langendorff, war der Sohn eines Landmannes, Namens Hans Buchen. Er wurde von seinen Eltern, welche schlichte, aber ächt christliche Landleute waren, in der Furcht und Vermahnung zum Herrn erzogen, und nahm diesen von seinen Eltern sorglich genährten frommen Sinn mit in sein späteres Alter. Nach zurückgelegter Schulzeit, die für sein geistiges Leben nicht besonderes bildend gewesen war, da er öfters selbst bekannte, daß er es im Lesen, Schreiben und Christenthume nicht gar weit gebracht habe, ging er als Hausknecht in Diensten des hiesigen Kammergutes und sodann in den Gasthof zu Weißenfels, zum Schützen genannt. Als seine Eltern durch Alter schwach wurden, zog er wieder in sein Vaterhaus, und erfüllte mit treuem Eifer die Pflichten eines dankbaren Kindes. Zu dieser Zeit hielt er mit dem Prediger in Obergreißlau, M. Christoph Andreas Chryselius, einen fleißigen Umgang, welcher für sein ganzes künftiges Leben von sehr bedeutendem Einflusse war. Nach seines Vaters Tode zog Buchen nach Weißenfels und nährte sich von dem Geschäfte eines Landfuhrmannes. Seine Unterredungen mit dem Pastor Chryselius, welche besonders christliche Erziehung der Kinder zum Gegenstande hatten, setzte er fort und durch dieselben reifte in dem Buchen der Entschluß, sich, da seine Ehe kinderlos war, er selbst aber die Kinder sehr lieb hatte, verwais'ter Kinder anzunehmen. Zum glücklichen Beginnen dieses Unternehmens suchten Buchen und der Pastor Chryselius den Herzog Johann Georg in Weißenfels zu gewinnen. Beide erhielten von dem Herzoge auch den Platz, auf welchem jetzt die Waisenhausgebäude stehen, zum Geschenke. Und so wurde denn am 5. Mai 1710, als an dem Geburtstage der durchlauchtigsten Gemahlinn des Herzogs Johann Georg, das Werk mit Gott begonnen, und obwohl noch mit kleinen Mitteln versehen und im Kampfe mit manchen Schwierigkeiten, doch glücklich fortgeführt, und schon im Jahre 1712 konnte Buchen mit vier Kindern in das neue Haus einziehen.

Die Herzöge Johann Georg, Christian Johann Adolph und deren Gemahlinnen ließen fortgehend dem kleinen Waisenasyle reichliche Unterstützung an baarem Gelde zufließen, und noch mehrere Waisenfreunde schlossen sich hülfreich an. Nach Aussterben der Herzogl. Sächsisch-Weißenfelsischen Linie im Jahre 1746, nahm sich der König und Churfürst, Friedrich August, des Waisenhauses an und gewährte dieselben Unterstützungen, wie die Herzöge von Weißenfels. Schon im Jahre 1720 war die Anstalt so bemittelt, daß 57 Kinder darin unterhalten und erzogen wurden. Dem frommen Buchen führte Gott auch im Jahre 1819 einen eben so redlich denkenden und handelnden Gärtner zu, Namens Johann Adam Dunkel, welcher vater- und mutterlos, in seiner frühen Jugend betteln, und den Sommer über in Hirtendienste ging. Ein Herr von Dießkau, welcher in dem Knaben recht gute Anlagen entdeckte, nahm sich seiner an und ließ ihn die Gärtnerei erlernen.

In seiner 24jährigen Dienstzeit als Gärtner erwarb er sich durch wohlgeordnete Thätigkeit ein nicht unbedeutendes Vermögen, an 1000 Gulden betragend, das er, da seine Ehe kinderlos war, dem hiesigen Waisenhause zuwendete, selbst in dasselbe zog und einen herrlichen Garten, hinter dem Hause am Berge gelegen, anlegte. Durch reichlich eingehende Geschenke wurde Buchen in den Stand gesetzt, die Gebäude zu erweitern und die Feld-, Holz- und Wiesenbesitzungen zu vergrößern. So nahm Buchen bei seinem Werke wahr, wie es, in Gott gethan, auch von Gott so wunderbar gesegnet war, und wie er von dem Geber aller Gaben überschwänglich uber Bitten und Verstehen empfing. Mitten aus seinem Werke ließ Gott den Buchen durch den Tod abrufen, im Jahre 1729 den 19. December. Er geht nämlich nach der gehaltenen Morgenandacht nach Weißenfels, und unweit Langendorff fällt er, gerührt vom Schlagfluß, nieder und stirbt bald darauf. Den Tod ihres zweiten Vaters betrauerten 85 Waisen.

Diese Anstalt hatte nach Buchens Tode mancherlei, zum Theil widrige Schicksale, bis um das Jahr 1811 der Geheime

Finanz-Rath von Witzleben als Commissarius des Königl. Ober-Consistoriums, die Direction der Anstalt übernahm, der sich mit eben soviel Sachkunde als treuem Eifer diesem Auftrage widmete.

Eine bedeutende Veränderung stand der Anstalt dadurch bevor, daß das Torgauer Waisenhaus, weil Torgau im Jahre 1811 zu einer Festung umgewandelt wurde, mit dem hiesigen vereinigt werden sollte. Es wurden deshalb die nöthigen Vorkehrungen an Baulichkeiten, in Beziehung auf Einrichtung geräumiger Schlafsäle, eines Speisesaales, einer Backstube, eines Waschhauses, getroffen und das sonstige Triebelsche Stiftshaus zur Aufnahme der Mädchen eingerichtet. Die seit längerer Zeit bestandene Verbindung der Dorf- und Waisenhaus-Schule hörte auf. Das Jahr 1811 wurde durch die Verbindung mit dem Torgauer Waisenhause ein für die Anstalt sehr unruhiges Jahr. Den 11. Juni 1811 ging die erste Abtheilung der Waisenhaus-Zöglinge, an der Zahl 51 Knaben, nach Langendorff ab. Die zweite Abtheilung, bestehend aus 43 Mädchen nebst den bisherigen Lehrern und dem Verpflegungspersonale, begann ihre Reise nach Langendorff den 25. Juni 1811. Ein Vorsteher, zwei confirmirte Lehrer, zwei Hülfslehrer, ein Rechnungsführer, ein Hausschreiber, ein Knabenaufseher, eine Mädchenvorsteherinn, ein Institutsarzt, eine Krankenwärterinn und ein Hausmann machten nun das Hauptpersonale der Anstalt aus. Durch ein reges, wohlgeordnetes Leben kam die Anstalt immer mehr empor, und die unermüdete Thätigkeit des Pastor Würker und sein milder, väterlicher Sinn machte die Waisen vergessen, daß sie ohne Vater oder Mutter, oder ohne Beides in der Welt lebten. Die Anstalt wurde, nach Verfügung höhern Orts, auch auf solche Waisenkinder ausgedehnt, welche noch nicht das schulfähige Alter erreicht hatten, und deshalb bis zum zurückgelegten fünften Jahre auf Kosten der Anstalt in Bauerfamilien des Ortes untergebracht werden sollten. Obgleich das Kriegsgewühl in dem Jahre 1813 sich in das bisher so friedliche Thal des Greißelbachs, auch in das der friedlichen Stille so sehr bedürftige Langendorffer Waisenasyl ausdehnte, so ging doch die Anstalt in der nun wieder erlangten bessern Richtung ihren Weg fort, und das Leben und das Arbeiten in derselben wurde auf immer festere Regeln gegründet. Nach einem bessern, zeitgemäßeren Unterrichtsplane arbeiteten die Lehrer; eine festgestellte Hausordnung regelte die Tages-Arbeiten und Ergötzlichkeiten der Kinder. Der Pastor Würker und mit ihm so manches treu helfende Glied der Anstalt, war unablässig bemüht, die Aufgabe der Leitung eines Waisenhauses gehörig zu lösen. Doch mußte, um glücklich zum Ziele zu gelangen, auch gerade ein solcher biederer, pädagogisch-erfahrener, das Wohl der Waisen so thätig fördernder Mann, wie der Geheime Finanzrath v. Witzleben war, an der Spitze der Direction stehen. Durch seine aus so inniger Liebe zur Anstalt gemachten fleißigen, oft Tage langen, Besuche in derselben, war er mit allen Theilen derselben so ganz vertraut, und traf daher bei allen seinen Anordnungen das Zweckdienliche und Zweckfördernde. Durch die Vereinigung des Herzogthums Sachsen mit dem Königreiche Preußen im Jahre 1815, geschah in der Anstalt selbst dem Wesentlichen nach keine bedeutende Veränderung, nur daß von nun an die Oberaufsicht durch die Königl. Preuß. Regierung zu Merseburg geführt, und die jährlichen Prüfungen in Gegenwart des Schulrathes der erwähnten Behörde angestellt wurden. Die Zuschüsse an baarem Gelde geschahen und geschehen noch aus Königl. Kassen, und die Zahl der Zöglinge wurde, nach dem dermaligen Bestande der Gebäude, auf 160 festgesetzt. Die Festsetzung einer Zahl von Zöglingen wurde nöthig, da die Verwaltung der Anstalt vom Jahre 1816 ab nach einem Etat geschehen mußte. Die vier und zwanzigjährige Wirksamkeit des Pastor Würker wurde durch einen plötzlichen Tod geendigt; als er nämlich früh am 16. Februar 1824 zweien Knaben die entlaufen waren, nachging, fiel er unweit Langendorff in den Greißelbach, mit dem Fuße an einem

8 Ellen hohen, jähen Abhange abgleitend. Alle Rettungsversuche blieben fruchtlos, und er wurde am 19. Februar, innig betrauert von vielen Freunden und allen Zöglingen, begraben. —

Im Jahre 1822 habe ich diese Anstalt selbst besucht und mich der väterlichen Vorsorge, welche der Pastor Würker ihr widmete, herzlich gefreut; auch hegte ich damals schon den Wunsch, eine Anstalt in ähnlicher Art in ländlicher Umgebung zu begründen, was im Jahre 1829 auch wirklich geschehen ist.

§. 12.

Das große Friedrichs Waisenhaus zu Berlin.

Das Friedrichs Waisenhaus in Berlin war ursprünglich ein Hospital, bekam aber nachher die Bestimmung, die verwaiseten Kinder von Bürgern Berlin's aufzunehmen. Es hat diese Anstalt eine sehr schwierige Aufgabe zu lösen. In der Hauptstadt eines großen Staats von 13½ Millionen Einwohnern, die selbst eine Bevölkerung von 250,000 Menschen hat, ist natürlich die Anzahl armer Waisen sehr groß. Diese Anstalt hat vermöge ihrer Statuten die Verpflichtung, sie alle aufzunehmen. So wie ein Bürger unbemittelt stirbt oder davongeht und seine Frau und Kinder hülf- und mittellos zurückläßt, muß das Waisenhaus zutreten und die Kinder entweder selbst aufnehmen oder sie bei Pflegeeltern unterbringen.

Zu Ende des Jahres 1836 waren nun in dem Waisenhause selbst und dem Filiale — — — — 283 Knaben

	146	Mädchen
überhaupt	429	Kinder.
Außer dem Hause bei Pflegeeltern —	259	Knaben
	376	Mädchen
überhaupt	635	Kinder.

Die Anstalt sorgte also überhaupt für 1,064 Waisen.

Die Zusammenhäufung so vieler Kinder in einem Hause, das noch dazu keinen Garten, keinen Spielraum, nur einen, von allen 4 Seiten von dem Waisenhaus-Gebäude selbst umschlossenen Hof hat, ist offenbar nicht zweckmäßig; es wäre daher sehr zu wünschen, daß irgend ein wohlgesinnter, mit Mitteln begabter Bürger Berlin's der Anstalt ein anderes Lokal mit Garten und Land außerhalb der Stadt widmete oder daß die städtischen Behörden dafür sorgten und dagegen das jetzige Gebäude der Anstalt verkauften.

Die Anstalt hat übrigens neuerdings durch das sogenannte Filial mit einem Garten eine sehr zweckmäßige Verbesserung erhalten. Es verdient in dieser Hinsicht hier bemerkt zu werden, was der Jahres-Bericht vom Jahre 1835 über die Benutzung des Filials sagt:

„Wenn nun bei dieser Mehrzahl von 13 Hauskindern dennoch nur auf 19 Kindern ein Krankheitsfall sich herausgestellt, während im Jahre 1833 bei 14 Kindern ein solcher Statt fand, so mag dies günstige Resultat theils der für den Gesundheits-Zustand vielleicht vortheilhafter gewesenen Witterung, theils anderen unbekannten Ursachen zuzuschreiben sein; immerhin bleibt es aber nicht zu verkennen, daß alle zu Gebote stehenden Mittel zur Erhaltung des guten Gesundheits-Zustandes der Anstalt angewendet worden sind. — Dahin gehört die möglichste Benutzung des Filials. Nicht allein, daß die kleinen Kinder dort verpflegt wurden und durch den Einfluß der freien Luft gediehen, sondern es ist auch darauf Bedacht genommen worden, diese Wohlthat den größeren Zöglingen der Anstalt, so weit es nur irgend möglich war, zu Theil werden zu lassen. Zu diesem Zwecke sind die beiden Mädchen-Abtheilungen in den Sommer-Monaten abwechselnd einen Nachmittag um den anderen gleich nach Tische und bis zum Abend nach dem Filial gesandt worden, um sich daselbst im Garten unter ihren Aufseherinnen mit Nähen und Stricken im Freien zu beschäftigen und ihre Freistunden mit körperlicher Bewegung auf dem Spielplatze auszufüllen.

Auch die erste Knaben-Abtheilung hat an diesem Aufenthalte Theil genommen und unter Leitung ihres Aufsehers Garten-Arbeiten besorgt, womit sie in diesem Frühjahre 1835 wieder begonnen hat, so daß die Bestellung des Gartens für dieses Jahr keine Kosten verursachen wird.

Aber auch die schwächlichen und siechen Kinder der Anstalt sind hierbei nicht leer ausgegangen, indem im Einverständniß mit dem Hausarzte, davon 10 bis 12 in den Sommer-Monaten in das Filial versetzt worden waren, und erfreulicherweise zum größten Theil gestärkt und munter in die Anstalt zurück kehrten.

Hiernach liegt nun am Tage, von welchem wohlthätigen Einflusse die Erwerbung dieses Grundstückes für die Kinder beider Anstalten ist."

Indeß ist dies nicht hinreichend für die große Anzahl der Waisen und es wäre zu wünschen, daß insbesondere grade die jüngsten mehr im Freien sein könnten.

Was die Beschäftigung der Kinder außer den Unterrichtsstunden betrifft, so drückt sich eben jener Verwaltungs-Bericht von 1835 darüber folgendermaaßen aus:

„Was die längst gewünschte mehrseitige Beschäftigung der Kinder außer der Schulzeit betrifft, so sind darin wesentliche Vorschritte gemacht.

In der ersten Knaben-Abtheilung ist die Beschäftigung mit Buchbinder-Arbeiten unter Anleitung eines thätigen, auch durch Ausbildung im Singen ausgezeichneten Aufsehers eingeführt und hierzu das nothwendigste Handwerkszeug angeschafft worden. Da diese Beschäftigung nur zur nützlichen Ausfüllung der wenigen, dieser Abtheilung von der Schulzeit übrig bleibenden Stunden dienen soll, so kann sie auch nur mehr auf Vorübung und einfache Leistungen, welche der Anstalt jedoch zu Gute kommen, als auf Anfertigung von Gegenständen des Verkaufs gerichtet sein. Und hiemit ist schon viel gewonnen.—

Außerdem besorgt diese Abtheilung die Garten-Arbeiten im Filial, wie erwähnt worden, erspart der Anstalt auch hierdurch Kosten und stärkt sie zugleich im Genuß der freien Luft durch angemessene Thätigkeit.

Die zweite Knaben-Abtheilung hat durch die, seit 1. Oktober erfolgte interimistische Anstellung eines neuen Aufsehers während der Dauer der Krankheit ihres bisherigen, nunmehr zu emeritirenden, sich ähnlicher Vortheile zu erfreuen. Bei den technischen Kenntnissen des ersteren ist derselbe im Stande, den Kindern Anleitung in der Tischlerei, im Drechseln und anderen mechanischen Uebungen zu geben, auch haben sie darin bereits erfreuliche Fortschritte gemacht. Diese Beschäftigung dient gleichfalls nur zur Ausfüllung der, dieser Abtheilung vom Unterrichte und von den Hausgeschäften frei bleibenden Zeit.

Die dritte Knaben-Abtheilung wird mit dem Putzen der Gartengewächse und Verlesen der Hülsenfrüchte für die Küche, ferner mit dem Stopfen der Strümpfe, Putzen der Schuhe für alle 4 Knaben-Abtheilungen beschäftigt. Die von diesen Arbeiten erübrigte Zeit wird mit Anleitungen in Papparbeiten ausgefüllt.

Von der vierten Knaben-Abtheilung läßt sich ein Gleiches nicht sagen. Dies kann aber auch nicht gefordert werden, denn sie besteht aus den kleinsten und unwissendsten Knaben, welche zu häuslichen Verrichtungen zu schwach, der mehrsten Nachhülfe im Unterrichte bedürfen, so wie andererseits ihnen zur Ausbildung ihrer körperlichen Kräfte die längste Erholungszeit gewährt werden muß. Da diese Abtheilung auch stets die zahlreichste ist und von der Normal-Höhe einiger 40 nicht selten bis auf 60 und 70 erwächst, so nimmt ihre Beaufsichtigung die Kräfte ihres Aufsehers zu sehr in Anspruch, um anderweitige Beschäftigungen mit ihnen vornehmen zu können. Das Hauptbestreben des Aufsehers dieser Abtheilung muß überdies darauf gerichtet sein, die Ausbrüche der Verwilderung bei den mehrsten der neuen Ankömmlinge, aus welchen diese Abtheilung besteht, zu unterdrücken und sie nach und nach an

Ordnung und Sittlichkeit zu gewöhnen, und hierin kann ihm ein wohlverdientes Lob nicht versagt werden.

Noch bleibt uns zu bemerken, daß auch in der Flickschneiderei (Ausbesserung der Kleidungsstücke) in diesem Jahre durch Annahme eines tüchtigen Schneidergesellen an der Stelle des bisherigen vom Alter entkräfteten Flickschneiders, wesentliche Fortschritte für die hierbei beschäftigten Knaben herbeigeführt sind. Von den drei ersten Abtheilungen hat jetzt jede ihre eigenen Schneider-Knaben, welche die kleinen Ausbesserungen ihrer Abtheilung selbst besorgen, so daß nur schwierige Ausbesserungen unter Aufsicht des Flickschneiders auf der Schneiderstube von ihnen vollzogen werden.

Die beiden Mädchen-Abtheilungen sind mit Nähen und Ausbessern sämmtlicher Leib- und Bettwäsche für die Anstalt und Stricken der Strümpfe beschäftigt. Außerdem ist von beiden Abtheilungen eine bestimmte Anzahl bei der Wäsche und Hausreinigung angestellt, welche monatlich abgelöset und durch andere Mädchen ersetzt wird, wodurch sie sämmtlich zur Einübung aller häuslichen Verrichtungen gelangen."

Die Kinder, die außer dem Hause untergebracht sind, sind entweder Kost-Kinder oder
Pflege-Kinder.

Kostkinder sind solche, die einer Familie zur Beköstigung und Verpflegung übergeben werden.

Pflegekinder, die bei ihren Müttern bleiben, welche für sie ein Pflegegeld erhalten.

Die Kostgelds-Sätze sind verschieden. So waren im Jahre 1835 überhaupt 477 Kinder (das ganze Jahr) in Kost und Pflege gegeben worden; 263 Kinder auf einzelne Monate.

Für die Mehrzahl, d. i. für 416 wurde ein Kost- oder Pflegegeld von monatlich 1 Thaler 7 Sgr. 6 Pf. bezahlt; für 121 ein höheres von 1½ bis 3 Thlr.; für 3 ein geringeres.

Die Ausgaben des Jahres 1835 hatten überhaupt betragen:

59,096 Thlr. 16 Sgr. 9 Pf.

Im Waisenhause selbst hatten sich im Durchschnitt 381 Kinder befunden und es kam die Erhaltung eines Kindes im Hause mit Einschluß der Verwaltungs- und Bau-Kosten, der Gehalte der Lehrer und des gesammten Personals auf 67 Thlr. 7 Sgr. zu stehen.

Es waren zu gleicher Zeit 650 Kinder außer dem Hause beköstigt und verpflegt worden, mit einem Kosten-Aufwande, der im Durchschnitt für jedes Kind = 17 Thlr. 5 Sgr. betrug.

Hinsichtlich der Sterblichkeit ist zu bemerken, daß i. J. 1835 starben

1) von 381 W. Kindern im Hause 9, also von 100 $2\frac{1}{3}$
2) von 670 W. Kindern außer dem Hause 15, v. 100 $2\frac{1}{4}$

Also war die Sterblichkeit außer dem Hause etwas geringer.

(Die Sterblichkeit in dem Waisenhause zu Hamburg, die stärker, gewöhnlich zwischen 10—15 Procent betragen hatte und im Jahre 1814 selbst auf 19 Procent gestiegen war, beträgt seit dem Jahre 1822 nur zwischen 1 und 2 Procent.)

§. 13.

Waisenhaus zu Halle.

Zweck und Einrichtung dieser Stiftung des verdienstvollen Franke, die sich eines ganz vorzüglich gesegneten Fortganges von jeher zu erfreuen hatte, wird sich am besten aus der von der Direction herausgegebenen „Belehrung" beurtheilen lassen, die ich hier wörtlich mittheilen will.

I. Zweck der Anstalt.

1) Die Waisen-Anstalt in den Frankeschen Stiftungen hat zum Zweck, entweder ganz verwais'te oder doch vaterlose Kinder, vorzüglich Söhne, aus den mittlern Ständen, welche in der Ehe erzeugt, unvermögend, gesund und nicht verwahrlost sind, ganz kostenfrei zu erziehen und für den künftigen Beruf zu unterrichten.

2) Die, welche zu studiren wünschen, und nach sorgfältiger Prüfung dazu für fähig erkannt werden, genießen die Freistelle bis zum Uebergang auf die Universität; alle andere bis zum Eintritt ins bürgerliche Leben, nach zuvor erfolgter Confirmation und nach dem Alter von 14 Jahren.

3) Die Aufnahme in die Anstalt tritt erst mit dem zurückgelegten zehnten Jahre ein; das Alter von zwölf und mehr Jahren schließt verfassungsmäßig von der Aufnahme aus.

4) Diese kann aus jeder Familie nur einem Mitgliede gewährt werden.

II. Art und Bedingung der Aufnahme.

1) Die Gesuche um Aufnahme sind bei dem Directorium der Frankeschen Stiftungen schriftlich einzureichen und müssen eine möglichst genaue Schilderung der besonderen Verhältnisse des Aufzunehmenden enthalten.

2) Das Anhaltungsschreiben ist zu begleiten

a) mit dem Todtenscheine des Vaters,
b) mit dem Taufzeugnisse,
c) mit dem Impfungs- und Gesundheitsatteste,
d) mit dem Schulzeugnisse des Kindes und
e) mit einem gerichtlichen, von der betreffenden vormundschaftlichen Behörde ausgestellten Ausweise über das Vermögen desselben, so wie einem gehörig beglaubigten Atteste über die Unvermögenheit der Mutter.

3) Genügen die eingesandten Zeugnisse, so wird die Waise zunächst in das Verzeichniß der Aufzunehmenden oder in die Exspectantenliste eingetragen.

4) Wenn das aufzunehmende Kind einiges, jedoch nicht hinlängliches Vermögen besitzt, so muß zugleich die Erklärung gegeben werden, daß wenigstens die Zinsen dieses Vermögens, so lange das Kind auf der Anstalt ist, dieser regelmäßig zufließen sollen.

Eine gleiche Bewandtniß hat es mit dem Vermögen, welches Vaterlosen während ihres Aufenthalts zufällt; es müßte denn sein, daß dasselbe groß genug wäre, um die ganze Erziehung davon bestreiten zu können, in welchem Falle die Freistelle sofort aufhört.

III. Wirkliche Aufnahme.

1) Die wirkliche Aufnahme wird den Exspectanten nach der Zeitfolge ihrer Anmeldung zugestanden, wenn anders das Alter der früher Angemeldeten zu der Zeit, wo sie die Reihe des Eintretens trifft, dieses entweder schon erlaubt, oder, zu weit vorgerückt, nicht für immer daran hindert.

2) Sobald Stellen in der Anstalt erledigt werden, wird den Angehörigen derer, welche die Reihe trifft, dieses in Zeiten angezeigt und der Termin der Aufnahme bestimmt.

3) Wenn der Benachrichtigte zur bestimmten Zeit nicht eintrifft, auch keine Anzeige desfalls erfolgt, so wird angenommen, daß man auf das Recht der Aufnahme für immer verzichtet habe.

IV. Aufenthalt in der Anstalt und Abgang von derselben.

1) Die Angehörigen der in die Anstalt aufgenommenen Kinder haben sich jeder unmittelbaren Einwirkung auf die Erziehungs- und Unterrichtsverhältnisse derselben gänzlich zu enthalten. Gehörig angebrachte Wünsche werden indeß geprüft und möglichst berücksichtigt werden.

2) Es wird namentlich den Angehörigen zur Pflicht gemacht, den Kindern während ihres Aufenthaltes in der Anstalt durchaus kein Geld ohne Wissen des Inspectors der Anstalt zukommen zu lassen. Wollen sie den Kindern ein kleines wöchentliches Taschengeld verabreicht wissen, so kann dieß nur durch den Inspector geschehen, den sie darum angehen müssen. Die Erfahrung hat gelehrt, daß den Kindern sogar größere Summen heimlich zugeschickt worden sind. Diejenigen, welche sich dieß erlauben sollten, haben es sich selbst zuzuschreiben,

wenn die Kinder als solche, die Dürftigeren Platz machen müssen, zurückgeschickt werden.

3) Für die den Wissenschaften bestimmten Zöglinge muß die Festsetzung der Zeit, wenn sie die Universität beziehen sollen, lediglich dem Ermessen ihrer Lehrer überlassen bleiben.

4) Diejenigen Zöglinge, welche sich nicht zum Studiren eignen, können zwar von ihren Angehörigen zu jeder Zeit abgerufen werden; jedoch sind diese und besonders die resp. Vormünder verpflichtet, dieselben, nach vorher geschehener Anzeige und erfolgter Confirmation, unweigerlich zu der bestimmten Zeit zurückzunehmen.

5) Desgleichen sind die Angehörigen und Vormünder verpflichtet, die uns anvertrauten Zöglinge wieder zurückzunehmen, sobald ihnen die Anzeige zugekommen ist, daß dieselben nach angestellter sorgfältiger Untersuchung entweder für den Zweck ihres Hierseins gänzlich untauglich, oder für ihre Mitzöglinge geradehin schädlich befunden wurden.

6) Jeder Orphanus, der regelmäßig entlassen wird, erhält bei seinem Abgange eine vollständige Kleidung, oder wenn es ausdrücklich verlangt wird, statt derselben ein angemessenes Geschenk an baarem Gelde. Ersteres ist auch bei den Waisenmädchen der Fall.

7) Die Anstalt hat durchaus keine Verpflichtung, für die Kinder nach ihrer Entlassung zu sorgen, wird jedoch, wo sich ihr Gelegenheit darbietet die Kinder passend unterzubringen, die Angehörigen derselben davon in Kenntniß setzen.

Halle den 1. Januar 1836.

Directorium der Frankeschen Stiftungen.
Dr. H. A. Niemeyer.

Ich habe diese Anstalt öfters besucht und die Einrichtungen zweckmäßig gefunden. Nur will mir bei dieser und ähnlichen Anstalten die Einrichtung mit den Exspectanten nicht gefallen; da nämlich genau die Zeitfolge der geschehenen Anmeldung besorgt wird, so wird also derjenige Waisen=Knabe, der früher eingetragen ist, an die Reihe kommen, wiewohl bei einem später eingetretenen, vielleicht die Noth viel größer, das Bedürfniß der Aufnahme viel dringender ist. Nehmen wir z. B. an, daß der Sohn eines kleinen Eigenthümers früher in die Liste eingetragen sei, dessen Wittwe noch lebt, auf ihrem eigenen, zwar verschuldeten, Grundstücke wohnt, eine gute Schule im Orte und Verwandte hat, die sich ihrer und ihrer Kinder annehmen; dagegen später, das verwaisete Kind eines armen, aber wohl verdienten Land=Schullehrers, der, wie gewöhnlich, nichts hinterlassen, kein Eigenthum besessen hat; da wird nun zwar die Gemeinde von der Obrigkeit angehalten, für Wittwe und Kinder zu sorgen; allein diese verweiset sie dann in eine elende Stube des Hirtenhauses. Die Frau hat keine Verwandte im Orte, die sich ihrer und ihrer Kinder annehmen könnten; oder es ist auch die Mutter gestorben, so daß die Kinder ganz verwaiset sind. Hätte da die Direction die Wahl, so würde sie unstreitig das letztere Kind aufnehmen; allein ihr sind durch die Statuten die Hände gebunden.

Aus dieser Rücksicht habe ich es vorgezogen, in den Statuten der beiden von mir gegründeten Waisen=Anstalten zu bestimmen:

> daß zwar alle angemeldete Waisen eingetragen, bei Besetzung einer eintretenden Vacanz aber immer diejenige Waise vorzugsweise berücksichtigt wird, wo die Noth am größten, also das Bedürfniß der Unterbringung eines Knaben, oder der Bewilligung von Erziehungsgeldern für ein Mädchen am dringendsten ist.

So daß also wenn ein Fall einträte, wie in dem gegebenen Beispiele, das später angemeldete Kind, dem früher eingetragenen vorgezogen werden würde.

Sodann würde ich für das Waisenhaus in Halle wünschen, daß dort eine gut eingerichtete höhere Bürger=Schule, sowie eine Gewerbe=Schule eingerichtet würden, damit die

Zöglinge des Waisenhauses Gelegenheit hätten, sich zur Erlernung eines Gewerbes gehörig vorzubereiten, da sie dann bis zum vollendeten 16. oder 17. Jahre im Waisenhause bleiben würden, anstatt daß die nicht Studirenden, so viel ich weiß, in der Regel mit dem vollendeten 14. Jahre ausscheiden.

Ferner wäre zu wünschen, daß die Zöglinge des Waisenhauses im Schwimmen unterrichtet würden, wozu in Halle so vorzüglich gute Gelegenheit ist.

Uebrigens habe ich sie immer von gesundem Aussehen gefunden, was wohl mit ihrer einfachen, der Gesundheit angemessenen, Lebensweise zuzuschreiben sein dürfte.

Zum Frühstück erhalten sie ein Stück Brod.

Mittags 5 Mal Gemüse mit Brod, Mittwochs und Sonntags Fleisch.

Nachmittags ein Stück Brod.

Abends im Sommer Suppe oder Bier-Kaltschale, im Winter 5 Mal Suppe, 2 Mal Kartoffeln mit Butter.

Es wäre zu wünschen, daß sie auch Vormittags um 10 Uhr ein Stück Brod erhielten.

§. 14.

Das Waisenhaus zu Bunzlau.

Diese Stiftung ist gegenwärtig eine Staats-Anstalt.

Es sind hier mehrere Erziehungs- und Unterrichts-Anstalten vereinigt:

1) ein Waisenhaus, in dem im Jahre 1836, 54 Waisen auf Kosten der Anstalt erzogen und unterrichtet wurden. (Die Waisen müssen, mit Ausnahme von zweien, aus Schlesien gebürtig sein.)

2) eine Pensions-Anstalt, die 40—50 Knaben gegen Entrichtung einer Pension aufnimmt.

Die Pension beträgt 80 Thlr. für Knaben, die am zweiten Tische mit den Waisen und Seminaristen speisen; dagegen 100 Thlr. wenn sie am ersten Tische mit den Hülfslehrern speisen. Für Licht, Wäsche, Kleidung, Ausbessern, Schreibe-Materialien, Bücher, ärztliche Behandlung 2c. tragen die Angehörigen die Kosten, diese Kosten belaufen sich jährlich auf 30—50 Thlr.

3) eine Schul-Anstalt, die von 60 Schülern aus der Stadt Bunzlau benutzt wird.

4) ein Schullehrer-Seminar, für 132 Seminaristen.

Der Unterricht wird hier in der Art ertheilt, daß Schüler, die später ein Gymnasium besuchen wollen, so weit geführt werden, daß sie dann in Tertia oder Secunda des Gymnasii eintreten.

Im Jahre 1836 gingen von 54 Schülern 10 zu dem Gymnasio über, von denen aber nur 5 oder 6 studiren dürften.

Von den übrigen 44 Schülern und Waisen, die abgingen, gingen in andere Schulen über — — — — 10
Es widmeten sich dem Schulfache — — — — — 6
der Handlung — — — — — — — — — 8
dem Handwerks-Stande — — — — — — — 9
der Landwirthschaft — — — — — — — — 6
der Pharmacie — — — — — — — — — 2
dem Militair — — — — — — — — — 5

Ob diese Verbindung der Vorbereitung zu dem Gymnasial-Unterricht mit dem übrigen Schulunterricht zweckmäßig ist, lasse ich dahin gestellt sein; vielleicht wird sie durch die örtlichen Verhältnisse der Stadt Bunzlau bedingt.

Durch die Erbauung eines eigenen Speisehauses erhält die Anstalt im Laufe dieses Jahres eine sehr wesentliche Verbesserung.

Die von der Stiftung ausgegangene Nachricht folgt hier:

Kurze Nachricht

von der Einrichtung der Königlichen Waisen- und Schul-Anstalt zu Bunzlau, besonders für Diejenigen, welche derselben Kinder anvertrauen wollen. 1830.

Die Königliche Waisen- und Schul-Anstalt zu Bunzlau erzieht und unterrichtet 42 Waisenknaben, 25 Freischüler und

40 Pensionaire; sie unterrichtet außerdem noch bis 40 Stadtschüler, welche außer ihr wohnen und nur ihren Unterricht besuchen.

Unterricht.

Die Anstalt ist hinsichtlich des Unterrichts eine aus 4 Klassen bestehende höhere Bürgerschule, und ertheilt daher denjenigen Knaben, die sich Berufsarten widmen wollen, bei denen nicht Gymnasial-Unterricht erforderlich ist, die nöthige, allgemeine bürgerliche Vorbildung, vorausgesetzt, daß die Knaben mit der gehörigen Vorbereitung (für 8—9jährige Knaben wenigstens fertigem Lesen, nach Dictiren ziemlich richtigem Schreiben, und überhaupt Uebung im Beobachten, Auffassen und Denken) eintreten, und lange genug in der Anstalt bleiben, um den ganzen Lehrgang durchzumachen. — In Bezug auf den Gymnasial-Unterricht können Knaben von gewöhnlichen, guten Anlagen, wenn sie mit der erwähnten Vorbildung 9jährig eintreten, in 4—5 Jahren so weit gebracht werden, daß sie für die Mittelklassen eines guten Gymnasii sich eignen. So hat es die Erfahrung stets gezeigt.

Die Anstalt lehrt: Christenthum, Deutsch, Latein, Rechnen, Formenlehre und Geometrie, Naturgeschichte, Schreiben, Zeichnen und Singen in allen 4 Klassen, Französisch, Latein, Geschichte und Geographie in den 3 obern Klassen und Physik in der ersten Klasse. Um aus der 4ten, der deutschen Elementarklasse, in die 3te worin Latein, Geschichte, Geographie beginnt, versetzt, oder überhaupt in dieselbe gesetzt zu werden, soll der Schüler die wichtigsten biblischen Geschichten Alten und Neuen Testaments kennen, die 3 ersten Hauptstücke des lutherischen Katechismus können und den Wortsinn derselben verstehen, fließend und mit richtiger Aussprache lesen, das Gelesene verstehen, in sofern es ihm verständlich sein kann, ohne grobe orthographische Fehler schreiben, einen kleinen Aufsatz anfertigen, etwas Latein können, kleine Aufgaben aus den 4 Species mit ganzen, und benannten Zahlen, mit Bewußtsein der Gründe im Kopf, größere der Art auf der Tafel berechnen können. Auch soll er bei seinem Eintritte in die 3te Klasse eigentlich schon die wichtigsten Pflanzen und Steine des Vaterlandes äußerlich kennen, mit den wichtigsten geographischen Verhältnissen der Heimath, so wie mit den einfachsten mathematischen Formen und deren Bildung bekannt sein, und offne Sinne haben. Ein 10jähriger Knabe kann dieß, nach unsern Erfahrungen leisten, wenn er vom 6ten Jahre an im Nöthigen gut unterrichtet und mit unnöthigen Kenntnissen verschont wird. — Mögen alle Eltern, die uns Kinder übergeben wollen, dieses wohl beachten! Knaben, welche, ohne jene wesentlichen Elementarkenntnisse zu besitzen, in fremden Sprachen, Geschichte, Geographie ꝛc. künstlich, meist aber doch ungründlich vorwärts getrieben sind, können bei uns nicht besonders berücksichtigt werden, sondern müssen diese Dinge eine Zeit lang ruhen lassen und erst wieder ergreifen, wenn sie in unserer 4ten Klasse jene Elementarkenntnisse erworben haben.

In der Instrumentalmusik können Zöglinge, sobald ihre übrige Bildung ihnen die Zeit dazu gestattet, Privatunterricht erhalten, jedoch muß bemerkt werden, daß die Anstalt keine Instrumente für diesen Zweck besitzt. — So findet sich auch Gelegenheit zum Privatunterricht im Griechischen für einzelne Schüler, welche diese Sprache lernen müssen, weil es von dem Gymnasio, das sie besuchen sollen, auf ihrem Standpunkte gefordert wird.

Der Confirmationsunterricht wird den Zöglingen, wenn sie 13 — 14 Jahr alt sind, hier im Hause von dem Director ertheilt, worauf sie von den Herren Ortsgeistlichen in der Stadtkirche confirmirt werden.

Häusliches Leben.

Unsere Zöglinge wohnen, schlafen und leben überhaupt den ganzen Tag unter Aufsicht. Jeder Knabe hat einen Lehrer zum

Specialaufseher, mit dem seine Angehörigen sich, was durchaus nöthig ist, über seinen Zustand und seine Bedürfnisse in Privatbriefwechsel setzen müssen. Aller Briefwechsel hingegen, der die Aufnahme, die Verleihung von Beneficien, den Abgang, die Ertheilung von Privatstunden, die Confirmation, außerordentliches Verreisen und dergleichen amtliche Verhältnisse betrifft, wird mit dem Director geführt, der sodann diese Angelegenheit mit dem Lehrer bespricht, den es angeht.

Die Zöglinge stehen im Sommer um 5, im Winter um 5½ Uhr auf, gehen um 9 Uhr die Größern, bei vieler Schularbeit, um 10 Uhr schlafen, halten Frühstück um 7, Mittag um 12, Vesper um 4 oder 5, Abendessen um 7 Uhr, haben 4 Mal in der Woche täglich 7, NB. künftig wohl nur 6, 2 Mal täglich 4 Lehrstunden, nach Maaßgabe des Alters, der Jahreszeiten und anderer Umstände täglich 2, 3 — 4 Arbeitsstunden für die Schule, täglich wenigstens 2½ Freistunden, auf den Morgen, Mittag und Abend vertheilt. Sie beginnen und beschließen jeden Tag mit einem Gebete, gehen an Sonn- und Festtagen, wenn nicht zu schlechtes oder zu kaltes Wetter eine Haus-Andacht nöthig macht, in die Stadtkirche, zum Theil auch in die evangelische Kirche zu Tillendorff oder zu Gnadenberg. Für Reinlichkeit, für die nöthige Bewegung im Freien durch Leibesübungen, Spiele, Gartenbau, Baden, Schwimmen, das die Knaben gegen besondere Bezahlung bei einem geschickten Schwimmmeister lernen können, Schlittschuhlaufen, kleinere und größere Spaziergänge und dergleichen, Alles unter Aufsicht, ist hinreichend gesorgt.

Kranke werden, sobald es nöthig ist, in das Krankenhaus gebracht, gehörig verpflegt und ärztlich behandelt. Eltern, die es ausdrücklich wünschen und diesen Wunsch dem Director anzeigen, mögen ihre Söhne in Krankheitsfällen auch von einem andern, als dem Waisenhausarzte, dem übrigens die Gesundheitsaufsicht im Ganzen zusteht, behandeln lassen.

Was die Speisung betrifft, so hat der zweite Tisch, an

welchem sämmtliche Waisen, Freischüler und Seminaristen beköstiget werden, zu Frühstück Wassersuppe, zu Mittage 2 Mal Fleischspeisen, sonst Gemüse, Erbsen, Obst rc., zu Abend Suppe oder Kartoffeln oder Butterbrod. Der erste Tisch der Hülfslehrer zum Frühstück Milchsuppe, Semmelsuppe, zu Mittage wöchentlich 5 Mal Fleisch, darunter 2—3 Mal Braten, sonst Gemüse, Hirse, Obst rc., zu Abend Bier-, Milch-, Semmel-, Pflaumensuppe, Kartoffeln rc. — Brod bekommen alle Knaben gleich: zu Frühstück, Mittage, Vesper und Abend werden mit dem Suppenbrode für jeden täglich 1 5/8 Pfund gerechnet. An den hohen kirchlichen, häuslichen und Landesfesten wird Allen Suppe und Braten, an der Kirms dazu noch Kuchen gegeben. — Die Pensionaire essen, je nachdem die Eltern es bestimmen, am ersten oder zweiten Tische.

§. 15.

Das Pieschelsche Waisenhaus zu Burg bei Magdeburg.

Der zu London am 5. April 1821 verstorbene Carl Pieschel hat in seinem am 26. Oktober 1820 errichteten Testamente und in dessen Codicill am 1. April 1821 die Zinsen eines Capitals von 33,333 Pfd. Sterling (ohngefähr 220,000 Rthlr. Preuß. Courant) zur Begründung und Unterhaltung einer Erziehungs- und Verpflegungs-Anstalt für arme Kinder beiderlei Geschlechts, welche aus der Stadt Magdeburg und deren Nachbarschaft gebürtig sind, ausgesetzt.

Diese Stiftung ist im Jahre 1831 in das Leben getreten; es folgen hier die wesentlichsten Bestimmungen der Statuten:

Zweck.

Der Zweck dieser Anstalt ist, solche Kinder beiderlei Geschlechts, welche entweder elternlos oder in der Lage sind, daß die dürftigen Umstände ihrer Eltern sie Mangel an ausreichendem Unterhalte und gehöriger Erziehung leiden lassen, aufzunehmen, um sie zu gesunden, geschickten, thätigen und guten

Menschen zu erziehen, und durch Unterricht ihre Geistes- und Körperkräfte so weit auszubilden, daß die Knaben nach zurückgelegtem vierzehnten Lebensjahre, außer der allgemeinen Volksbildung, auch diejenigen Kenntnisse und Fertigkeiten besitzen, welche einem Handwerks-Lehrlinge nöthig sind, um mit Einsicht und Anstelligkeit die Arbeiten des Gewerbes erlernen zu können, die Mädchen aber mit den allgemeinen Kenntnissen versehen und in weiblichen Arbeiten geübt, aus der Anstalt entlassen werden, um häuslichen Diensten zur Zufriedenheit der Dienstherrschaft vorstehen zu können.

Zahl und Alter der aufzunehmenden Zöglinge.

Die aufgenommenen Kinder beiderlei Geschlechts werden Zöglinge genannt. Ihre Zahl ist zur Zeit auf 60, und zwar 48 Knaben und 12 Mädchen festgesetzt. Die Vergrößerung der Anstalt bleibt vorbehalten, wenn der Vermögenszustand der Anstalt solches gestattet. Das zurückgelegte siebente Jahr nur macht zur Aufnahme fähig. Die Kinder bleiben bis zum vollendeten vierzehnten Lebensjahre in der Anstalt. Ausnahmsweise soll jedoch einem solchen Kinde ein verlängerter Aufenthalt gestattet werden, das durch irgend ein Hinderniß in seiner vollständigen nothwendigen Ausbildung zurückgehalten worden ist, und noch nicht reif zur Confirmation befunden wird; denn für dessen ausreichenden Unterricht in der Religion muß gesorgt werden.

Erfordernisse und Bedingungen bei der Aufnahme.

A. Hinsichtlich des Geburtsortes.

Der Stifter hat in seinem Testament verordnet, daß die aufzunehmenden armen Kinder aus seiner Geburtsstadt Magdeburg oder aus deren Nachbarschaft gebürtig sein sollen. Da aber die Grenzen der letzten nicht angedeutet worden sind, so haben die Directoren angenommen, daß die Entfernung der Orte, welche zur Nachbarschaft von Magdeburg zu rechnen sind, nicht mehr als 7 bis 8 Meilen von dieser Stadt betragen darf, daß aber diese Orte zum preußischen Staate gehören müssen, und diejenigen, welche Theile des vormaligen Herzogthums Magdeburg gewesen sind, nächst der Stadt Magdeburg besonders berücksichtigt werden sollen.

B. Hinsichtlich der Religion.

Nur Kinder christlicher Eltern evangelischen Glaubensbekenntnisses finden Aufnahme. Die Ausschließung der Katholiken (insofern man für dieselben Beibehaltung dieses Bekenntnisses und Unterricht in demselben verlangen würde) ist nothwendiges Erforderniß, wenn Einheit des Religionsunterrichts und der religiösen Erziehung, welche in einer solchen Anstalt nicht fehlen darf, erhalten und jede Störung im Glauben entfernt werden soll.

C. Hinsichtlich des Körper- und Seelenzustandes.

Der Aufzunehmende muß:

a) körperlich gesund sein,

b) den vollen Gebrauch seiner Sinne und Geisteskräfte besitzen und

c) das Zeugniß eines gutartigen Kindes für sich haben, wenn auch demselben die sorgfältige Erziehung gemangelt hat. Am wenigsten darf es seiner Verderbtheit halber aus einer andern Anstalt schon entlassen worden sein.

Die Directoren entscheiden, ob ein Kind sich zur Aufnahme eigne, nachdem zuvor der Inspector der Anstalt und der Arzt ihr Gutachten abgegeben haben.

Jedes Kind soll bei der Aufnahme mit einem Taufzeugnisse und einem Impfscheine versehen sein. Der Mangel der Impfung kann indessen nicht unbedingt die Ausschließung bewirken, da er meistens unverschuldet ist, die Impfung muß jedoch unverzüglich vorgenommen werden.

Da die Anstalt die Stelle der Eltern beim Kinde vertritt, so haben dessen Angehörige und Verwandte auf keine Weise sich in die Erziehung zu mischen.

Austritt aus der Anstalt.

Bevor die Zöglinge beiderlei Geschlechts entlassen werden, ist dafür Sorge zu tragen, daß ihr Fortkommen in der Welt gesichert werde. Die Knaben sollen vorzugsweise Handwerke erlernen, oder auch zur Betreibung des Ackerbaues rc. in Dienst treten, je nachdem solches ihrer Neigung zuspricht und nach ihrer körperlichen Constitution zweckmäßig erscheint. Der Inspector der Anstalt hat dieß zu untersuchen und sich gutachtlich darüber gegen die Directoren zu äußern. Die Mädchen sollen in häusliche Dienste bei Herrschaften treten. Es ist die Pflicht des Inspectors und hinsichtlich der Mädchen auch die der Lehrerinnen, gute Lehrherren und Dienstherrschaften, namentlich solche, welche durch einen guten Haushalt und durch ehrbaren Wandel auf die religiöse und sittliche Fortbildung der Lehrlinge und Dienstleute wirken und sich ihrer in allen Fällen annehmen, für die zu entlassenden Zöglinge auszumitteln. Der Inspector hat den Erfolg seiner Bemühungen an die Directoren zu deren Genehmigung und Entschließung einzuberichten, und demnächst, wenn ein Zögling zur Erlernung eines Handwerks untergebracht werden soll, einen schriftlichen Contract nach der Anweisung der Directoren mit dem Lehrherrn abzuschließen.

Uebrigens sollen Zöglinge in der Regel in jedem Jahre nur Ein Mal und jedes Mal Ostern aus der Anstalt entlassen werden. Sollte das eine oder das andere Mädchen nach erlangter Confirmation noch nicht körperlich so beschaffen sein, daß es bei einer Herrschaft zu dienen im Stande ist, auch keine Verwandte haben, zu denen es zurückkehren kann, so behalten sich die Directoren vor, solchem den Aufenthalt in der Anstalt noch einige Zeit zu gestatten, bis ein angemessenes Unterkommen für dasselbe gefunden worden ist.

Eine außerordentliche Entlassung kann erfolgen:

a) wenn ein Kind in einen solchen Körper- oder Geisteszustand gerathen sollte, daß die Zwecke der Anstalt bei ihm nicht mehr erreicht werden können.

b) wenn ein Zögling eine solche sittliche Verderbtheit offenbart, daß er den Sitten der übrigen gefährlich werden kann.

c) wenn die Angehörigen eines Zöglings Ansprüche machen, welche von Seiten der Anstalt nicht zu erfüllen stehen.

d) wenn andere dringende und mit dem Zweck der Anstalt nicht zu vereinende Umstände die Entziehung der Wohlthat nöthig machen.

Ueber die Entlassung in allen Fällen haben die Directoren zu entscheiden.

Beim Ausscheiden aus der Anstalt nach erlangter Confirmation empfangen die Zöglinge die nöthige Wäsche und Kleidung.

Wenn der Zögling ein Handwerk erlernt, bestreitet der Fond der Anstalt die Ausgabe für die erste Anschaffung des nöthigsten Handwerkszeuges, in sofern der Lehrling sich solches halten muß.

Innere Einrichtung der Anstalt.

A. Pflege.

Ernährung.

Man muß den Kindern eine frohe Kindheit geben, wenn man mit glücklichem Erfolge erziehen, Lebenslust und Offenheit in den Kindern erwecken und alle die Fehler entfernen will, welche durch verstecktes Ringen nach verwehrten einfachen Genüssen entstehen. Das erste Augenmerk muß daher auf die Speisung gerichtet werden, welche vor allem andern bei den Kindern, deren Sinnlichkeit noch sehr vorherrscht, von vielwirkendem Einfluß ist. Die Speisen müssen daher naturgemäß, einfach aber nicht einerlei, sattsam, aber nicht überflüssig gereicht und so eingerichtet und vertheilt werden, daß sie durch die Abwechselung einen Reiz für das Kind behalten und ihm nicht zum Ekel werden, den es nur durch Hunger überwinden kann. Das Brod soll den Kindern bei jeder Mahlzeit nach dem Bedürfnisse und zur Genüge zugeschnitten werden; sie dürfen sich mehr erbitten, Mittags jedoch nicht eher, als bis sie das Gemüse aufgezehrt haben, es sei denn, daß ein Kind einen unbesiegbaren Widerwillen gegen eine gewisse Art der Speisen hat.

1. Zum Frühstück bekommen die Kinder Brod, welches mit Butter, Fett, Pflaumenmuß, Runkel- oder Möhrensaft überstrichen ist. Im Sommer sollen ihnen nach Maaßgabe der Jahreszeit und der Wohlfeilheit, Kirschen, allerlei Arten Beeren, Obst, Trauben rc. mitunter als Zukost zu trocknem Brode gereicht werden. Zum Getränk dient des Morgens kaltes Wasser *).

2. Zu Mittage bekommen die Kinder wöchentlich 2 Mal Fleisch, auf jedes $\frac{1}{3}$ Pfd. gerechnet, mit Gemüse, fünf Mal geschmelztes Gemüse oder Hülsenfrüchte, Milch und Hirse-Brei oder Klöse.

Mit dem Gemüse wird nach der Jahreszeit und den Umständen abgewechselt.

3. Das Vesperbrod wird nur im Sommerhalbjahre gereicht, und besteht in Brod mit Käse, Fett, Butter oder Obst rc. **).

4. Die Abendkost besteht in Suppe in mannigfacher Abwechselung, Milch oder Bierkaltschaale, gesottenen Kartoffeln rc. mit ausreichendem Brode oder auch in Butterbrode. An den Oster-, Pfingst- und Weihnachtsfeiertagen, am Neujahrs- und Stiftungstage (am 4. Juli) und am Erndtefeste wird zu Mittage Braten mit Sallat oder gewelktem Obste gereicht. An diesen Tagen erhalten die Kinder Kuchen zum Morgen- und Vesperbrode. Am Weihnachtsfeste erhält jedes Kind eine kleine Stolle, Aepfel, Nüsse und Pfefferkuchen.

Die Speisen werden des Mittags und Abends im gemein-

---

*) Ich bemerke, daß ich des Morgens eine gut zubereitete Suppe von feinem Rockenmehl und Milch, und dann um 10 Uhr zum zweiten Frühstück ein Stück gut ausgebackenes Brod mit Salz für angemessener erachte, weil Kinder sehr schnell verdauen.

**) Auch für den Winter ist ein Vesperbrod zweckmäßig, aus dem so eben angeführten Grunde.

schaftlichem Speisesaale genossen. Die Knaben sitzen an Tafeln, jede zu 24 Kindern, die Mädchen an einer andern. Die Speisen werden in bunzlauer Geschirr aufgetragen. Die ältesten Kinder vertheilen dieselben auf die irdenen Teller der Einzelnen unter Aufsicht des Inspectors und des Lehrerpersonals.

An Sonn- und Festtagen und Mittwochs wird den Kindern, jedem $\frac{1}{3}$ Quart, Braunbier beim Mittagsbrode verabreicht. Das Bier ist mit einer gleichen Menge Wasser aufzufüllen. Wenn in warmen Sommertagen die Knaben im Garten oder Felde arbeiten, soll ihnen ein dünnes Bier gegeben werden, welches aus 3 Maaß Bier und 7 Maaß Wasser zusammengesetzt ist.

Reinigung.

Die Wäsche der Zöglinge wird wöchentlich gewechselt, die Bettwäsche alle zwei Monate.

Die Kinder müssen ihre Kleider selbst ausklopfen und ausbürsten, auch die Schuhe putzen, wobei die älteren den kleineren beizustehen haben.

Das Waschen des Körpers findet im Sommer bei warmer Witterung auf dem Hinterhofe, des Morgens kurz vor dem Gebete und des Abends vor Tische statt. An Regen- und Wintertagen waschen sich die Knaben im Badezimmer, die Mädchen im Waschhause. Je sechs Kinder haben hierzu ein länglich rundes Wännchen; vor diesem waschen sie sich Kopf, Gesicht, Hals und Hände. Eben so viel Kinder haben ein Handtuch. Die älteren sind den jüngeren ebenfalls dabei behülflich, und ein Lehrer führt wechselsweise bei den Knaben, die Arbeitsaufseherinn bei den Mädchen die Aufsicht. In warmen Sommertagen müssen sich die Kinder des Abends vor'm Schlafengehen jedes Mal die Füße waschen.

Alle Sonnabende Nachmittags baden sich die Kinder; die Knaben im Sommer im Badehause des Gartens, im Winter in dem Badezimmer der Anstalt unter der Aufsicht des Arbeitsaufsehers; die Mädchen stets in dem gedachten Zimmer unter Aufsicht der Arbeitslehrerinn.

Jeden Morgen bürsten und kämmen die Knaben gleich nach dem Waschen die Haare; die Mädchen bringen sich dieselben wechselseitig in Ordnung. Mittwochs und Sonnabends, gleich nach der Frühschule, müssen sich die Kinder unter Aufsicht des Arbeitslehrers und der Arbeitslehrerinn mit Staubkämmen die Haare reinigen. Auch hier stehen die älteren den jüngeren bei. Die reine Wäsche zum Wechseln wird jedes Kind am Sonntage früh an seinem Bette finden; an denselben Ort legt es die ausgezogene.

Das Vertheilen der reinen Wäsche und Einsammeln der ausgezogenen ist das Geschäft der Arbeitslehrerinn mit dazu gewählten Mädchen. Daß alles, was bei der Reinigung der Kleider und des Körpers gebraucht wird, wieder an den angewiesenen Ort gebracht werde, darauf haben die Gehülfen, von denen weiter unten No. 9. besonders gesprochen werden wird, unter Oberaufsicht der Lehrer und Lehrerinnen genau zu sehen.

Die Nägel an den Fingern und Fußzehen werden Sonnabends bei der Hauptreinigung des Körpers verschnitten; doch dürfen solches nur diejenigen Kinder, welche hierin gehörig unterwiesen und geübt sind, verrichten. Das Verschneiden der Haare findet zu dieser Zeit, so oft es nöthig ist, statt.

Das Schlafen

Die Zöglinge schlafen in Sälen, wie sich von selbst versteht, nach der Verschiedenheit des Geschlechts abgesondert. Jedes Kind hat eine besondere eiserne Bettstelle mit einem hohen beweglichen Arme, an welchen dasselbe beim Ausziehen die Kleider hängt.

Es schläft auf einer mit Seegras gestopften Matratze und hat ein gleiches Kopfpolster, in dem jedoch das Seegras mit einem Pfunde Wolle überlegt ist. Das Lager wird mit einem weißen leinenen Bettuche überdeckt. Zur Decke erhält jedes Kind im Winter zwei wollene Schlafdecken, in den Sommertagen nur eine, mit einem bunten linnenen Ueberzuge.

Sämmtliche Kinder schlafen im Hemde.

Lehrer und Lehrerinnen sind verbunden, in dem Schlafsaale ihres Geschlechts zu schlafen. Ihre Bettstelle ist mit einem festen Schirm umgeben. Sie sind verpflichtet, über die Erhaltung der strengsten Ordnung beim Schlafengehen zu wachen, und ihre Aufmerksamkeit auf Entdeckung jedes Uebelstandes zu richten.

Nach dem Aufstehen werden die Betttücher und Decken wieder in Ordnung gelegt, und die Säle gelüftet. Letztere werden zwei Mal in der Woche gefegt. Die älteren Mädchen müssen unter Aufsicht der Arbeitsaufseherinn diese Geschäfte verrichten.

Krankenpflege.

Es sind 4 Zimmer für die Kranken bestimmt, damit die Zöglinge theils nach ihrem Geschlechte, theils nach der Ansteckungsweise der Krankheiten abgesondert werden können. Die Speisung und Pflege des Kranken richtet sich nach den Vorschriften des Hausarztes. Die verständigern Mädchen übernehmen bei Mädchen, die umsichtigeren Knaben bei Knaben in leichten Krankheitsfällen die Krankenpflege. In wichtigen Fällen und bei langwierigen Krankheiten hat der Inspector eine Krankenwärterinn auf Tagelohn anzunehmen. Der Arzt muß jedes Mal gleich benachrichtigt werden, wenn ein Kind krank wird.

Der Inspector hat täglich mehrere Male den Kranken zu besuchen, und sich nach dessen Zustande zu erkundigen.

Aufenthalt der Kinder in der Anstalt.

Die Arbeitssäle sind die gewöhnlichen Aufenthaltsorte der Kinder, in welchen sie zu jeder ihnen gestatteten freien Zeit verweilen können. Im Speisesaale und in den Schlafsälen wird ihnen kein Aufenthalt gestattet; in den Lehrzimmern nur denjenigen, die etwas Schriftliches zu arbeiten, und von dem Lehrer der Klasse Erlaubniß oder Befehl hierzu erhalten haben. Wenn es die Witterung gestattet, sollen die Kinder in den Freistunden im Freien sich bewegen, wo sie sich mit jugendlichen Spielen belustigen oder Körperbewegungen anstellen können, wenn sie sonst nicht mit leichten körperlichen Arbeiten beschäftigt werden. Einer der Lehrer muß jedoch, mit den andern täglich abwechselnd, die Aufsicht führen.

Es ist durchaus nothwendig, daß man den Kindern Erholung zugestehe, das heißt, ihre Thätigkeit nicht für ein bestimmtes Geschäft in Anspruch nehme, damit ihre Kräfte durch Ruhe sich von neuem stärken. Dergleichen Zeitpunkte müssen vor Anfang des Unterrichts am Morgen, in der Zwischenzeit vom Mittagsmahle bis zu Anfang des Unterrichts und nach dem Unterrichte auf einige Zeit eintreten.

Zur Erholungszeit darf man keine Arbeit von den Kindern verlangen und es ihnen selbst überlassen, sich Beschäftigung zu wählen, es sei denn, daß dringende Umstände Dienstleistungen im Hause oder im Garten nothwendig machen. Der Mißbrauch der Freiheit muß jedoch stets verhindert werden. Auch zum Schlafen muß die gehörige Zeit gestattet werden. Die Zeit des Schlafengehens soll Abends auf 9 Uhr zu jeder Zeit festgesetzt sein. Im Sommer wird um 5 Uhr, im Winter um 6 Uhr geweckt.

B. Erziehung.

Da alle Umstände und Verhältnisse, in welchem sich das Kind befindet, auf dasselbe erziehend einwirken, so sind dieselben nach bestimmten Grundsätzen so zu leiten und zu ordnen, daß sie wahrhaft erziehend werden, und der Inspector, so wie die Lehrer und Lehrerinnen haben ihre ganze Aufmerksamkeit mit Pflichteifer darauf zu richten, daß jeder nachtheilige Einfluß auf das Kind entfernt, dagegen das auf eine naturgemäße Art herbeigeführt werde, was die reine und edle Entwickelung des Menschen befördert.

1. Die erste und nothwendige Bedingung ist, daß die Kinder väterlich und liebevoll behandelt werden, damit sie Zutrauen zu ihren Führern, Lehrern und Aufsehern gewinnen, in der

Anstalt wie im Vaterhause heimisch werden und mit Liebe an derselben hangen.

2. Hierzu gehört besonders, daß der Frohsinn der Kinder erhalten, und nicht durch Anforderungen an ihre Leistungen, die in der Billigkeit nicht beruhen, unterdrückt werde. Vor allem ist die jedem Kinde inwohnende Geistes- und Körperkraft zu berücksichtigen, damit es über dieselbe hinaus weder bei geistigen noch körperlichen Arbeiten angestrengt werde und nicht die Lust zur Thätigkeit verliere, wodurch nur Unwille an allen Arbeiten und zugleich an der Anstalt selbst nebst so viel Bösem erzeugt wird. Hauptsächlich müssen die Anforderungen an körperliche Arbeiten eingeschränkt bleiben, weil die geistige Entwickelung, welche doch der Hauptzweck der Anstalt ist durch Uebertreibung der ersteren gehindert wird.

3. Andererseits darf der Ernst der Erziehung nicht fehlen und keine unzeitige Nachsicht die Kraft der Erziehungsmittel schwächen, und deren Anwendung vergeblich machen. So wie das gute Betragen der Kinder stets den Beifall und die Zufriedenheit der Erzieher zur Folge haben muß, so darf deren Mißbilligung und Rüge bei Unarten oder Vergehen nicht unterbleiben. Bei Ergreifung der Strafmittel müssen die Erzieher besonnen aber folgerecht verfahren, besonders aber bei Drohungen wohlbedächtig sein, damit diese, wenn es noth thut, auch erfüllt werden können.

4. Die Gewöhnung zum Guten und Verhinderung des Schlechten hängt sehr von der strengen Beaufsichtigung der Kinder ab: denn die Gegenwart des Erziehers, der alles bemerkt, ist dem Kinde ein lebendiges Gesetz und erhält in ihm die Scheu, wider das Gesetz zu handeln, in das Böse zu willigen und sich Unarten zu überlassen. Darum dürfen die Kinder nie ohne Aufsicht bleiben und sich selbst überlassen sein, die Lehrer müssen sich in diese Aufsicht theilen und bei der Führung derselben es den Kindern bemerklich

machen, daß sie nicht aus lästigem Zwange von der ihnen gegebenen Vorschrift, sondern aus Liebe zu den Kindern, um ihre Seelen zu behüten und ihr leibliches Wohl zu befördern, gern unter denselben sind und es sich selbst zur heiligsten Pflicht machen, die strengste väterliche Aufsicht zu führen.

5. Gute Ordnung erhält gute Zucht, daher ist streng darauf zu sehen, daß die Kinder sich nach der vorgeschriebenen Ordnung genau und pünktlich richten. Daß die Lehrer und Aufseher durch ihr gutes Beispiel den größten Einfluß gewinnen, und alles zerstören, wenn sie selbst die Ordnung nicht halten, darf wohl nicht erst bemerklich gemacht werden. Damit es dem Aufsichtsführenden erleichtert wird, sämmtliche Kinder an die sofortige Befolgung einer bekannten Vorschrift der Hausordnung zu erinnern, sollen gewisse Zeichen mit einer weitschallenden, an einem angemessenen Orte anzubringenden kleinen Glocke gegeben werden.
6. Es ist stets darauf hinzuwirken, daß die Kinder ihr Leben als ein Leben vor Gott betrachten lernen, daß sie zur wahren Frömmigkeit, sowohl bei jeder sich darbietenden Gelegenheit, als auch durch die ganze Erziehung geleitet, jedoch von Frömmelei und Heuchelei fern gehalten werden.
7. Das Augenmerk der Erziehung muß ferner darauf gerichtet sein, daß die Kinder Ehrfurcht und unverbrüchlichen Gehorsam ihren Vorgesetzten bezeigen, sich bescheiden und anständig gegen Jedermann betragen und unter sich selbst ein freundliches Benehmen beobachten.
8. Die Erziehung muß den Kindern Gelegenheit zu Ausübung der geselligen Tugenden geben, damit sie gegen einander gerecht, billig, gefällig, hülfreich, dienstfertig und liebreich sich zeigen können. Man überlasse z. B. das Austheilen des Obstes diesem und jenem Kinde unter Aufsicht; man suche einen Eifer in den älteren zu erwecken, daß sie den jüngeren und schwächeren nachhelfen 2c.

9. Nächstdem sollen von den Kindern 6 Knaben und 2 Mädchen, welche die bewährtesten sind, gewählt, und unter jedes Knaben besondere Aufsicht sieben andere, unter ein Mädchen fünf ihres Geschlechts gestellt werden. Für diese haben jene Aufseher ganz besonders zu sorgen.

Nämlich:

a) Am Morgen sehen sie nach, ob an dem Anzuge alles in Ordnung sei, ob der Körper gehörig gereinigt ist; sie helfen mit Freundlichkeit da ab, wo etwas vermißt wird.

b) Sie haben darauf Acht, daß die ihnen Untergebenen sich gehörig zur Schule vorbereiten und ihre Aufgaben fertigen.

c) Nach Beendigung der Schule richten sie ihr Auge auf dieselben, wenn die Erholungszeit eintritt, um sie von Vergehen und jedem ordnungs- und anstandswidrigen Betragen abzuhalten.

d) Beim Mittagsmahle haben sie die Unbehülflichsten neben sich sitzen, um ihnen sowohl beim Zerlegen der Speisen und Schneiden des Brodes behülflich zu sein, als auch ihnen zu zeigen, wie sie mit Anstand die Speisen zu sich nehmen müssen.

e) Auch die übrige Zeit des Tages sollen sie den ihnen anvertrauten Kindern ihre Aufmerksamkeit beweisen.

f) Beim Schlafengehen untersuchen sie, ob alles in gehöriger Ordnung sei, und legen sich nicht eher nieder, als bis die neben ihnen schlafenden Untergebenen im Bette liegen, damit sie sehen, ob jedes Kind die Kleider ordnungsmäßig hingehängt habe.

g) Beim Ausgehen ins Freie sollen sie sich ihrer Abtheilung besonders annehmen.

h) Sie haben die Verpflichtung, die entstehenden Streitigkeiten, ehe sie zur Kenntniß der Vorgesetzten gelangen, möglichst zu schlichten und Frieden zu stiften.

i) Von diesen Aufsehern der Knaben führt täglich einer die untergeordnete Aufsicht in der Anstalt. Ein solcher ist

5 *

dann von den körperlichen Beschäftigungen in- und außerhalb der Anstalt befreit, und besonders dazu bestimmt, dem Lehrer, der die Tagesaufsicht führt und dem Inspector als Gehülfe zu dienen und ihnen das anzuzeigen, was zu ihrer Kenntniß kommen muß. Besonders hat er eintretende Fremde zurecht zu weisen, wobei er zu unterrichten ist, wie er mit Artigkeit und Zuvorkommenheit sich gegen dieselben zu benehmen hat.

10. Jede Gelegenheit ist wahrzunehmen und geflissentlich herbeizuführen, die Kinder an den Umgang mit Menschen zu gewöhnen und von ihnen das Einseitige, Unbeholfene und zugleich Unfügsame unter Fremden, welches den Kindern in Erziehungsanstalten so oft anhängt, entfernt zu halten *).

11. Mit Umsicht und Sorgfalt muß den Kindern öfter Gelegenheit gegeben werden, sich in der Mäßigkeit, Enthaltsamkeit und Treue zu üben.

12. Es soll nichts geduldet werden, was der Gemeinheit angehört und dem Sinne für das Bessere und Edle entgegenwirkt.

Die Kinder sollen unter sich nicht gemein sprechen, sondern sich der Mundart der Gebildeten bedienen. Rohe Ausdrücke des gemeinen Mannes, Schimpfen, Schwören, Fluchen müssen den Kindern ein Gräuel werden.

13. Endlich sollen auch solche Andachtsübungen, die im kindlichen Sinne das Gemüth ergreifen, vorzüglich dazu beitragen, daß die Gottseligkeit reiche Nahrung habe. An jedem Morgen (im Sommer um 6 Uhr, im Winter um 7 Uhr) wird eine kurze Morgenandacht gehalten. Es sollen einige passende Verse gesungen werden; der Lehrer spricht dann ein kurzes kindliches Gebet. Gleiches geschieht Abends vor dem Schlafengehen. An Sonn- und Festtagen wird in dem Betsaale mit den Kindern eine besondere, ganz für sie

*) Es wird dieß seine Schwierigkeiten haben; die Besuche der Eltern und Anverwandten während der Ferien wird hierbei von Nutzen sein.

passende Erbauungsstunde, wechselsweise von dem Inspector und den Lehrern gehalten. Den öffentlichen Gottesdienst haben die heranwachsenden Zöglinge regelmäßig zu besuchen, außer, wenn im Winter die Kälte zu streng wird.

Zuchtmittel.

Strafen müssen sein, um den Ernst des Gesetzes demjenigen fühlbar zu machen, der dasselbe nicht achtet, den überwiegenden Hang zum Bösen durch die empfindliche Folge desselben zu zähmen, und der Unart die Furcht vor Schmerzen entgegen zu stellen.

Bei den Strafen kommt es aber auf den Character und das Gemüth des Kindes an. Wo das lenksame weiche Kind bei einem Vergehen schon durch den ernsten Blick des Lehrers und ein sanftes Vorhalten des gethanen Unrechts gestraft wird, da wirkt auf den trotzigen kaltsinnigen Knaben oft nur die empfindlichste körperliche Züchtigung. Jenes würde durch die strenge Strafe niedergedrückt, dieser durch Milde nur trotziger gemacht werden. Daher kann man über Strafen nichts genau bestimmen, und nur festsetzen, wer strafen soll und welche Strafmittel im Allgemeinen gestattet sind. Für Vergehen während des Unterrichts, die nur eine geringe Strafe nach sich ziehen, kann jeder Lehrer der Klasse strafen, nämlich: herabsetzen, besondersſetzen, stehen lassen, ins Klassenbuch schreiben. Eine nothwendige körperliche Züchtigung kann um so mehr verschoben werden, da die Kinder nicht blos der Schule, sondern nach Beendigung derselben der Erziehung angehören.

Vergehen außer der Schule können nur die Aufsicht führenden Lehrer, die Lehrerinnen und der Inspector bestrafen.

Die mildern Strafmittel sind: Verweis vor den andern Kindern, Entziehen der Freiheit auf kürzere oder längere Zeit, durch Verweisung in das Aufenthaltszimmer während der Erholungsstunden, Versagung eines Genusses, als: der Zukost zum Morgenbrode, des Fleisches beim Mittagsmahle.

Die strengeren Strafen sind: Entziehung der Mittagsspeisen außer des Brodes, körperliche Züchtigung mit einer Ruthe oder einem biegsamen Stabe. Nur der Inspector hat in Gegenwart der Lehrer die Knaben körperlich zu züchtigen, und die Strafe soll väterlich sein. Die erwachsenen Mädchen werden von der Lehrerinn gezüchtigt. Ganz verboten ist das Schlagen mit der Hand auf irgend einen Theil des Kopfes.

C. Unterricht.

Ziel.

1. Religion.

a) Vollständige Kenntniß der Lehren der christlichen Religion, wahre Erkenntniß derselben, Deutlichkeit der Begriffe, Sicherheit in der Anführung der wohlverstandenen biblischen Beweisstellen.

b) Bibelkunde: Bekanntschaft mit dem Inhalt der einzelnen Theile der Bibel, genauere mit den Evangelien und den wichtigen Stellen in den übrigen Büchern des neuen Testaments, verbunden mit der sichern Kenntniß der biblischen Geschichte und der zum Verstehen der Bibel nöthigen Kenntniß des Judenthums und des jüdischen Landes.

c) Kenntniß der Hauptbegebenheiten aus der Geschichte des Christenthums, besonders aus der Reformationsgeschichte und des Wesentlichen der übrigen Hauptreligion.

2. Lesen.

Im Lesen muß vollkommene Sicherheit und eine solche Fertigkeit erlangt sein, daß das Kind durch richtige Betonung den Sinn der Sätze und deren Verhältnisse zu einander auszudrücken und der Stimme die angemessene Haltung und Wohllaut zu geben vermag.

3. Der Unterricht in der deutschen Sprache soll zur Selbstfindung und sichern Erkenntniß der nothwendigen Sprachgesetze, zur Erweiternng und scharfen Bezeichnung der Vorstellungen, zur Unterscheidung der Begriffe, zur Auffassung

des Gedankens und zur Erlangung des zum Verstehen der Rede nöthigen Wortreichthums geführt haben.

Daher soll das Kind, welches das Ziel der Schule erreicht hat, die Redetheile sicher erkennen, mit der Abänderung der Wörter nach den sprachlichen Formen vertraut sein, die Regeln von der einfachen Wortverbindung wohl inne haben und über das Wesen des Satzes ausreichend belehret worden sein.

Es muß nicht allein die Fertigkeit haben, in einem vorgelegten Lesestücke, einer Erzählung, einem Liede, einer Rede ꝛc. die Gesammtsätze zu zergliedern, die einzelnen Sätze in ihre Bestandtheile aufzulösen und diese nach der Wortfolge zu ordnen, sondern auch den eigenen Gedanken zwar einfach, aber bestimmt und sprachrichtig, sowohl mündlich als schriftlich ausdrücken, und mehrere Sätze mit einander sinnrichtig verbinden können.

In der Rechtschreibung muß es Sicherheit und überhaupt die größte Fertigkeit im vollständigen und richtigen Aufschreiben erlangt haben.

4. Rechnen.

Der Schüler soll die Aufgaben, wie sie im bürgerlichen Rechnen vorkommen, mit ganzen Zahlen und Brüchen, auch in den zusammengesetzten Verhältnissen deutlich auffassen, die Gründe des Verfahrens bei der Auflösung mit Einsicht angeben und das Leichteste und Kürzeste selbst finden, auch die zusammengesetzten Aufgaben in ihre einfachen Glieder zerlegen können.

Diejenigen Knaben, welche Handwerke erlernen wollen, müssen mit den Decimalbrüchen und der Ausziehung der Quadrat- und Kubikwurzel bekannt sein.

5. Die Formlehre soll bei den Mädchen als geschlossen betrachtet werden, wenn sie im Anschauen und Nachzeichnen der geraden und krummen Linien, der Winkel, der grad- und krummlinigen Figuren und in der Theilung derselben in

gleiche Theile geübt sind. Die Knaben werden aber mit den Lehrsätzen der Elementar-Geometrie, welche praktischen Werth für den Handwerker haben, und mit der Berechnung der Flächen und Körper bekannt gemacht.

6. Geschichte.

Außer der oben 1. b) und c) angegebenen biblischen und christlichen Religions-Geschichte soll der Schüler auch einen Ueberblick der Weltgeschichte erhalten, und diejenigen Begebenheiten aufgefaßt haben, welche wichtige Veränderungen bewirkt haben und von großem Einflusse auf die Fortbildung des menschlichen Geschlechts und den jetzigen Zustand der wichtigsten Völker gewesen sind. Reichhaltiger muß die Kenntniß der Vaterlandsgeschichte seit Anfang des vorigen Jahrhunderts und der Verfassung des preußischen Staates sein, so daß sich an die Regenten die Hauptbegebenheiten und einflußreichen Veränderungen im Staate leicht anknüpfen.

7. Erdbeschreibung.

Diese soll das Nothwendigste von der Beschaffenheit, Bewegung und dem Verhältnisse der Erde zu den übrigen Himmelskörpern, hauptsächlich zu der Sonne und dem Monde und von den hiervon abhangenden Veränderungen und Erscheinungen auf dem Erdkörper umfaßt, daher auch die Kalenderkunde mit berücksichtigt haben.

Der Schüler soll eine allgemeine anschauliche Uebersicht von der Erdoberfläche und von deren Haupteintheilungen nach Meeren und Erdtheilen und nach deren besonderen Gestaltung durch Gebirgszüge, Stromgebiete und Meeresbegrenzung erhalten und das Wissenswertheste von der Natur der Länder und des Zustandes ihrer Bewohner kennen gelernt haben. Die Staaten Europa's müssen ihm näher bekannt sein, genauer Deutschland nach seiner natürlichen Beschaffenheit und Staaten-Abtheilung, am genauesten der preußische Staat, und zwar dessen Gebirge und Ströme, Naturerzeugnisse, verfassungsmäßige Eintheilung in Provinzen und

Regierungsbezirke, wichtige Städte und Bewohner, so wie die verschiedenen hervortretenden Richtungen ihrer Thätigkeit.

8. Die Naturgeschichte soll den Schüler dahin gebracht haben, daß er die Naturgegenstände nach ihren Hauptmerkmalen ordnen und nach den besondern Merkmalen in Klassen theilen kann. Er muß die zum Belage dienenden einzelnen Naturgegenstände genau kennen, besonders aber mit denjenigen bekannt sein, welche theils in der Nähe sind, theils im Gewerbsleben und in der Haushaltung öfter vorkommen. Hieran muß sich die Belehrung über die Zubereitung der rohen Stoffe zum Gebrauche für Gewerbe und den Haushalt schließen. Von den einheimischen Giftpflanzen, so wie von den mineralischen Giften soll er durch Anschauung sichere Kenntniß erlangt haben.

Von dem menschlichen Körper ist so viel mitzutheilen, als zur Bewunderung der weisen Einrichtung desselben und zur Sorge für die Erhaltung der Gesundheit dient.

9. Zu einer Volksnaturlehre gehört die, mit Verdeutlichung und Anschaulichmachung verbundene Belehrung über diejenigen Naturgesetze, welche den Haupterscheinungen in der Natur und den Wirkungen der gewöhnlichen Werkzeuge und Maschinen zum Grunde liegen, durch welche Belehrung jene vernünftig erklärt, diese besser gebraucht und mit Vortheil angewendet, berichtigt und verbessert werden können. So weit soll die Naturlehre die Kinder geführt haben. Die Kenntniß der Gasarten und elektrischen Erscheinungen, so wie der im Haushalt vorkommenden chemischen Wirkungen ist besonders zu berücksichtigen, damit die Jugend theils auf Gefahren aufmerksam gemacht, theils darauf hingeleitet werde, bei häuslichen Verrichtungen nachzudenken und mit Einsicht an's Werk zu gehen.

10. Im Schönschreiben soll Sicherheit, Gleichmäßigkeit und Gefälligkeit der deutschen, wie der lateinischen Schriftzüge erlangt sein.

11. Zeichnen.

Jeder Knabe soll nach Maaßgabe seiner Anlagen im freien Zeichnen der Umrisse aufgestellter einfacher und stufenweis immer mehr zusammengesetzter mathematischer Körper, dann im Schattiren der Zeichnung nach der Natur geübt werden. Ferner soll er mit Reißschiene, Reißfeder und Zirkel arbeiten, Grund- und Aufrisse machen und das Austuschen lernen.

12. Der Gesangunterricht soll die Kinder zum Treffen der Töne, zur Fertigkeit im Festhalten der am häufigsten vorkommenden Tonarten geführt, ihnen die Notenkenntniß gesichert und im Choralgesange, so wie im mehrstimmigen Gesange die möglichste Sicherheit bei ihnen erzielt haben.

13. Durch die Denkübungen sollen die Kinder in sichern Auffassen und Erkennen der Gegenstände, im Aufsuchen und Unterscheiden der nothwendigen und zufälligen Merkmale, im Feststellen und Ordnen der Begriffe, im Urtheilen und Schließen dergestalt geübt sein, daß sie ihre Denkkräfte wohl und gleichmäßig wirken lassen können.

14. Die Gedächtnißübungen sollen nicht allein das Gedächtniß bereiter, aufnahmfähiger und treuer, sondern besonders auch die Kinder mit dem besten Verfahren, etwas ins Gedächtniß leicht und sicher aufzunehmen, vertrauter machen.

D. Handarbeiten.

Wenn auch der Stifter der Anstalt nicht verordnet hätte, daß die armen Kinder zur Arbeitsamkeit erzogen werden sollten, so würde schon von selbst sich das Bedürfniß darstellen, den Kindern außer der Unterrichts- und Erholungszeit Beschäftigung durch körperliche Arbeiten zu geben, damit sie an die nützliche Ausfüllung jeder müßigen Zeit mit Werkthätigkeit gewöhnt, vor den schädlichen Folgen des Müßiggangs bewahrt, körperlich gestärkt und gesund erhalten, endlich zu den Arbeiten, denen sie künftig sich bestimmen wollen, vorbereitet und geschickt gemacht werden.

Allein wie verständige Eltern selbst die nothwendigste Beihülfe ihrer Kinder bei häuslichen Arbeiten einschränken, damit denselben weder der Schulunterricht, noch die Zeit für Arbeiten für die Schule verkümmert werde, so müssen, wie schon oben S. 65. No. 2. bemerkt worden ist, den Anforderungen an die körperlichen Arbeiten der Kinder, in Berücksichtigung der nothwendigen geistigen Ausbildung Schranken gesetzt werden.

Solcher Arbeiten wegen darf daher weder eine Aussetzung des gewöhnlichen Unterrichts statt finden, noch das Kind übermäßig angestrengt werden.

Um so weniger darf die Anstalt das Ansehen einer Zwangsarbeitsanstalt, wie dergleichen für verwahrlosete verbrecherische Kinder eingerichtet zu werden pflegen, gewinnen, noch der Schein gegeben werden, als ob die Kräfte der Kinder möglichst benutzt werden sollten, um Ersparungen für Arbeitslohn zu erlangen, da hierdurch das Gefühl der Dankbarkeit für die Wohlthaten, welche den Kindern zufließen, nicht erweckt und genährt, sondern durch den Gedanken, daß sie ja für die Anstalt auch angestrengt arbeiten müßten, leicht unterdrückt werden würde. Den Kindern soll daher stets die Ansicht gegeben werden, daß die Sorge der Anstalt für die körperliche Beschäftigung eine neue Wohlthat für sie, und das Arbeiten nur der Kinder selbst wegen aufgegeben sei, damit sie gesund sich erhielten, stark und ihres Lebens recht froh würden, ihre Köperanlagen gebrauchen lernten und sich Geschicklichkeiten erwürben, die ihnen einmal recht nützlich werden würden; auch daß sie die beste Gelegenheit erhielten, jetzt schon durch manche kleine oder wichtigere Dienste im Hauswesen, beim Garten- und Feldbau sich dankbar gegen die Anstalt zu beweisen, endlich, daß sie sich zeitig daran gewöhnen und es lernen müßten, alles was möglich wäre, sich selbst zu thun und nicht zu erwarten, daß andere für sie arbeiteten und sorgten.

Bei der Wahl und Aufgabe der Arbeiten ist folgenden Erfordernissen zu genügen:

a) Die Arbeiten müssen den Kräften der Kinder angemessen sein, eben so müssen die Werkzeuge bei der Arbeit in Hinsicht der Größe und des Gewichtes mit den verschiedenen Körperkräften der Kinder in richtigem Verhältnisse stehen, so daß die schwache Kraft nicht schon bei Handhabung des schweren oder unbehülflichen Werkzeuges verloren geht.

b) Die Arbeiten dürfen nicht so lange andauern, daß die Kräfte erschöpft werden.

c) Sie dürfen der Gesundheit und dem Wachsthum der Kinder nicht nachtheilig sein.

d) Sie müssen einen bestimmten und ernsten Zweck haben, so daß wirklich etwas Nützliches durch sie hergestellt werden soll.

Hinsichtlich ihrer Art sind die Arbeiten in gelegentliche und absichtlich gewählte einzutheilen.

Zu der ersten Art gehören alle die Handreichungen, Dienstleistungen und Beihülfen, welche im Haushalte erfordert werden, und wozu nur eine Anweisung, keine Unterweisung, erforderlich ist.

So soll z. B. den Knaben das Fegen des Hofes, das Legen des Holzes, Herbeitragen desselben zu den Feuerungen, das Wegbringen der Asche, das Auftragen der Speisen für ihren Tisch, das Putzen der Messer und Gabeln ꝛc., das Wasserholen, Einbringen der Vorräthe in den Aufbewahrungsort ꝛc. — den Mädchen hingegen das Fegen der Stuben, das Abwischen des Staubes von dem Geräthe, die Hülfe beim Bettmachen, das Decken des Tisches zur Mahlzeit, das Wegbringen des Tischgeschirres, das Verlesen der Küchenkräuter und Reinigen des Gemüses ꝛc. mit obliegen.

Zu den Arbeiten der zweiten Art gehören diejenigen, welche die Kinder in der Anstalt lernen sollen, in welchen sie daher unterrichtet und unterwiesen werden müssen.

Sämmtliche Kinder sollen mit der Axt und dem Beile hauen

und hacken, mit dem Messer schnitzen lernen. Die Knaben sind im Besonderen aber in der Führung der Säge, des Schnitzmessers, des Hobels, Bohrers und Hammers zu unterrichten und zur Anfertigung einfacher hölzerner Geräthschaften anzuleiten. Diejenigen, welche Anlagen besitzen, sind in Holz-, Papp-, Korbflechter-, Bürstenbinder-Arbeiten weiter zu führen.

Alle Kinder sollen in der Garten- und Feldarbeit unterrichtet werden. Sie sollen nicht allein Uebung in den gewöhnlichen Erdarbeiten erlangen, sondern auch säen und pflanzen, die Gewächse behandeln und sie pflegen lernen. (Daß bei diesen, unter Aufsicht der Lehrer zu leistenden Arbeiten die Knaben und Mädchen getrennt werden, dazu ist kein Grund vorhanden. Da sie im Hause sich unter einander frei bewegen, auch gemeinschaftlich zur Andacht, zum Unterricht, zum Speisen versammelt sind, so würden sie nur irre geleitet, oder gerade zu dem, was man vermeiden und abwehren will, gereizt werden, wenn sie den Grund aufsuchen wollten, aus welchem die ängstliche Trennung bei der Arbeit im Freien statt findet.)

Die Knaben sollen aber auch mit der Obstbaumzucht und allen dahin einschlagenden Arbeiten stufenweis nach Maaßgabe der erlangten Geschicklichkeit und Einsicht bekannt gemacht werden.

Sämmtliche Kinder sollen stricken, stopfen und nähen lernen, doch die Knaben in der Regel nur soweit, daß sie im Stande sind, ihre Leibwäsche und Kleidungsstücke auszubessern. Allein die Mädchen sollen auch noch im verschiedenartigem Stricken, im Weißnähen und im Zuschneiden der Leibwäsche und Unterkleider unterwiesen werden. Ferner sollen dieselben Anleitung und Unterricht im Scheuern, Waschen, Rollen, Plätten, Kochen und Backen erhalten.

Die meisten absichtlich gewählten Arbeiten sind in die nach der Hausordnung festzusetzenden Arbeitsstunden zu verlegen, und nur bei denjenigen ist eine Ausnahme zu machen, welche von einer andern Zeit, wie es beim Kochen und Backen der Fall ist, abhangen.

Aufsicht und Leitung der Anstalt.

Inspector.

Die unmittelbare Leitung und Erhaltung der Anstalt nach den hier festgesetzten Grundzügen ist einem Inspector übertragen. Die übrigen Lehrer und andere in der Anstalt selbst angestellte oder für dieselbe angenommene Personen haben ihn als den Vorsteher des Ganzen und als ihren Vorgesetzten zu betrachten. Er selbst aber ist für die genaue, pünktliche und gewissenhafte Ausführung der in diesem Einrichtungs-Plane gegebenen Vorschriften verantwortlich und hat sich im Uebrigen nach den nähern Bestimmungen der Directoren zu richten, auch zu denjenigen Handlungen, die ihm hierin nicht unbedingt aufgetragen worden, deren Genehmigung einzuholen.

a) Hinsichts des Unterrichtswesens ist er verpflichtet, nicht allein selbst wöchentlich sechszehn Stunden Unterricht zu ertheilen, sondern auch darauf zu sehen, daß der Unterrichtsplan vollständig ausgeführt werde, daß die übrigen Lehrer den vorgezeichneten Stufengang befolgen, das festgesetzte Ziel zur rechten Zeit erreichen und sowohl in Hinsicht des formalen als materiellen Unterrichts Einheit der Gesammtbildung vor Augen haben. Er hat daher in den Stunden, in welchen er nicht selbst unterrichtet, die andern Lehrer bei ihrem Unterrichte öfter zu besuchen und sich von den Fortschrittrn der Kinder in jedem Zweige des Unterrichtes, sowie von dem Wirken und Benehmen des Lehrers in genauer Kenntniß zu erhalten.

c) Die Beschäftigungen der Kinder in den Arbeitsstunden hat der Inspector allein zu bestimmen und anzuordnen. Ihm muß es dabei Gewissenssache sein, bei der Aufgabe der Arbeiten alles das zu erwägen und zu berücksichtigen, was oben über die von den Kindern zu leistenden und ihnen aufzutragenden körperlichen Arbeiten auseinander gesetzt worden ist.

d) Ueber die Ordnung in den Wiederholungs- und Vorbereitungsstunden hat sich jedoch der Inspector mit den Lehrern zu bereden, damit ein jeder derselben auf die für seine Aufgabe nöthige Zeit sicher rechnen kann und die Arbeiten in gehöriges Verhältniß zu dem Gesammtunterrichte gebracht werden. Derjenige Lehrer, welcher die Arbeit aufgiebt, führt die Aufsicht während der Vollbringung derselben.

e) Die Pflege der Kinder hat der Inspector allein, ohne irgend eine Einmischung eines andern Lehrers oder Angestellten, zu besorgen und zu beaufsichtigen. Er führt alles aus, was über Beköstigung und Kleidung der Kinder verordnet ist, und bleibt allein dafür verantwortlich, daß die Kost der Kinder so wie der Beamten reichlich und auf's Beste geliefert werde.

Daher steht auch der Einkauf und die Aufbewahrung der Lebensmittel unter seiner Direction.

Zum Behufe der Kleidung und Wäsche schließt er, unter Genehmigung der Directoren, Verträge mit Fabrikanten und Handwerkern ab und sorgt dafür, daß stets ein ausreichender Vorrath an Stoffen sowohl, als an angefertigter Wäsche und Schuhwerk vorhanden sei.

f) Ihm steht überhaupt die Leitung aller ökonomischen Angelegenheiten und die Obsorge für den ganzen Haushalt zu, daher er auch alle und jede Ankäufe der anderweiten zur Feuerung, Erleuchtung, Reinigung 2c. dienenden Vorräthe und der Geräthschaften im Einverständnisse mit den Directoren zu besorgen hat. Die Bewirthschaftung der Ländereien ist seiner Leitung und Anordnung nach der von den Directoren erhaltenen Anweisung überlassen.

g) Er besorgt das gesammte Rechnungs- und Kassenwesen der Anstalt und ist ermächtigt, die im Etat festgesetzten Ausgaben ohne weitere Anfrage und Genehmigung zu machen. Bei diesem Geschäfte steht ihm der Collaborator als

Controlleur zur Seite, der auch die vierteljährlichen Auszüge aus der Rechnung, so wie die Jahresrechnung, welche Arbeiten den Directoren pünktlich einzusenden sind, anzufertigen hat.

Mit Hülfe des Collaborators hat der Inspector auch alle schriftlichen Verhandlungen und den Briefwechsel der Anstalt zu führen.

h) Die Miethsverträge mit dem Gesinde schließt der Inspector ab.

i) Die Ehegattinn des Inspectors tritt in die Verpflichtung der Aufseherinn der äußern Einrichtung der Anstalt und hat besonders auf die Ordnung des Haushaltes und die Reinlichkeit der Gebäude, auf die Speisung, das Backen und die Behandlung des Bieres, auf die Anfertigung und Instandsetzung der Wäsche, auf die Aufbewahrung und gute Erhaltung der Vorräthe ihre Aufmerksamkeit zu richten.

Der Inspector speist des Mittags und Abends mit seiner Familie nebst dem Lehrer- und Aufseherpersonale in dem Speisesaale der Anstalt zu gleicher Zeit mit den Kindern an einem besondern Tische.

Die Kost besteht Mittags in Suppe, Gemüse und Fleisch, Sonntags wird noch Braten gereicht. Abends wird Suppe, kalte Schaale, ein Kartoffelgericht ꝛc. und Butter zum Brode vorgesetzt.

Zum Getränke werden auf die Person ein und ein halbes Quart Bier täglich bewilligt. Zum Frühstück und Vesperbrode wird Brod mit Butter oder einer anderen Zuthat geliefert.

Lehrer.

Die beiden jetzt angestellten Lehrer haben den ihnen übertragenen **Unterricht** zwar ohne Unterschied der Klassen zu ertheilen, doch soll der erste Lehrer die Hauptlehrgegenstände in der ersten Klasse vorzugsweise übernehmen. Sie werden nicht zu einer bestimmten Anzahl wöchentlicher Lehrstunden verpflichtet, sondern sind als Männer, die ganz der Anstalt angehören, verbunden, so viel Unterrichtsstunden zu übernehmen, als nach dem jedesmaligen Bedürfnisse für nöthig befunden und durch den Lectionsplan festgestellt wird. Doch sollen dem zweiten Lehrer oder Collaborator, welcher im Rechnungswesen der Anstalt mit zu arbeiten hat, vier Stunden Unterricht in der Woche weniger zugetheilt werden, als dem ersten Lehrer.

Beim Unterrichte haben sie sich streng nach dem festgestellten Lehrplane zu achten und gemeinsam mit dem Inspector darauf hinzuwirken, daß die Einheit des ganzen Schulwesens erhalten, überall das Ziel erreicht und das genaue Ineinandergreifen nicht zerrüttet werde. Die Aufgaben für die Vorbereitungs- und Wiederholungsstunden müssen die Lehrer nach der Kraft der Kinder und der verstatteten Zeit abmessen. Jeder Lehrer führt die Aufsicht in diesen Stunden bei seinen Schulkindern.

Beide Lehrer halten wechselsweise mit den Kindern die kurze Morgen- und Abendandacht. In der Haltung der Andacht am Sonntage im Betsaale wechseln sie mit dem Inspector, müssen jedoch jedesmal bei derselben zugegen sein.

Da aber die Lehrer nicht allein durch Unterricht ihrer Pflicht genügen, sondern auch als Erzieher besonders auf die sittliche Führung, Besserung und Veredluug der Kinder einwirken sollen, so hört mit der Leistung der so eben bezeichneten Dienste ihre Tagesarbeit nicht auf.

Bei Uebernahme ihres Amtes werden sie den großen Umfang ihrer Pflichten und die Verantwortlichkeit für ihr Einwirken auf die gesammte Entwickelung des einzelnen Kindes, oder für die Vernachlässigung der anzuwendenden Erziehungsmittel und sorgfältigen Wachsamkeit gewissenhaft ermessen und erwogen haben, daher würde hier ein ins Einzelne gehendes Verzeichniß ihrer Verpflichtungen am unrechten Orte sein. Nur das darf im Folgenden vorgeschrieben werden, was von der Zeit und der Tagesordnung abhängig ist. Die Directoren haben die Ueberzeugung von den Lehrern, daß sie im Uebrigen mit der Gewissenhaftigkeit desjenigen, dem so viel schwache Kinder, die gute Menschen werden sollen, anvertraut sind, alles anwenden werden, was zum Heile der Erziehungsanstalt dient, daß sie besonders durch ihr eignes Beispiel die Kinder zur Frömmigkeit und Pflichttreue führen und ihnen überall durch die That zu erkennen geben werden, wie es ihre Pflicht sei, mit und unter den Kindern zu leben, deren Seelen zu bewahren, deren Leben zu behüten und wie ihnen diese Pflicht leicht werde durch die Liebe zu Gott und zu den Kindern.

Am Morgen beim Aufstehen hat jeder Lehrer die Aufsicht über seine Abtheilung zu führen, damit das Ankleiden und das Reinigen mit Ruhe und Ordnung vollbracht werde.

Bei der Morgenandacht müssen beide Lehrer zugegen sein.

Dann übernimmt einer von ihnen nach dem Wechsel die besondere Tagesaufsicht, welche ihn verpflichtet, den Tag über in der Anstalt zu bleiben, die Knaben in den Erholungs- und Handarbeitsstunden unter Aufsicht zu haben, beim Austheilen des Frühstücks und Vesperbrodes gegenwärtig zu sein, zur Zeit der Feld- und Gartenarbeit die Kinder dahin zu begleiten, wo gearbeitet werden soll, und in Gemeinschaft mit dem Arbeitsaufseher über das Betragen derselben zu wachen, dann die Kinder wieder zur Anstalt zurückzuführen.

Nach der Abendandacht hat die Tagesaufsicht ihr Ende. Jeder Lehrer führt seine Abtheilung in den Schlafsaal, in welchem er selbst sich nicht eher zur Ruhe begiebt, als bis die Kinder ihre Sachen in Ordnung gebracht und sich zum Schlafen sämmtlich niedergelegt haben.

Am Sonntage führt derjenige Lehrer, welcher die Tagesaufsicht nicht hat, die Knaben, welche an dem Gottesdienste Theil nehmen sollen, in die Kirche und behält sie in derselben unter Aufsicht. Nach dem Ende des Gottesdienstes hat er sich in dem Betsaale mit diesen Knaben und denjenigen Mädchen, welche auch in der Kirche gewesen sind, über das zu unterhalten, was sie von der Predigt aufgefaßt und sich gemerkt haben, dann aber sie darauf hinzuleiten, daß sie den Inhalt der Predigt durch das Zusammenstellen der Theile und Erkennen des Hauptsatzes auffinden.

Wenn sämmtliche Knaben spatzieren gehen, werden sie von beiden Lehrern begleitet. Bleiben jedoch mehrere zurück, (was aus verschiedenen Ursachen leicht geschehen kann,) so darf sich der Lehrer, welcher die Tagesaufsicht hat, auch nicht aus dem Hause entfernen.

Es versteht sich von selbst, daß dem andern Lehrer, dem die Tagesaufsicht nicht obliegt, unbenommen bleibt, in jeder Beziehung sich der Aufsicht mit zu unterziehen; besonders aber ist er verpflichtet, sich der kranken Kinder vorzüglich anzunehmen, und zu ihrer Pflege möglichst beizutragen. Er darf jedoch sich auf einige Zeit aus der Anstalt entfernen, doch nicht ohne Vorwissen des Inspectors.

Der erste Lehrer hat die Bibliothek der Anstalt unter sich, und die Bücher, welche die Kinder lesen sollen, auszugeben. Tritt der Fall ein, daß einzelne Kinder auf eine erlaubte Weise zu Gelde gelangen, so hat er dasselbe ihnen aufzubewahren und für jedes ein besonderes Rechnungsbüchelchen anzulegen.

Der zweite Lehrer hat, wie schon oben p. 79. lit. 9. bestimmt ist, an dem Rechnungswesen der Anstalt mit zu arbeiten und den Inspector die der Führung des Briefwechsels zu unterstützen.

Arbeitslehrer und Aufseher.

Der Arbeitslehrer hat zwar im Allgemeinen die Verpflichtung, seinerseits auf das sittliche und ordnungsmäßige Betragen der Kinder einzuwirken, indessen sind ihm die Befugnisse eines Erziehers nicht übertragen; daher steht ihm auch kein Strafrecht zu, vielmehr hat er dann, wenn Zurechtweisung nicht fruchtet, von den vorgefallenen Ungebührlichkeiten und Unarten dem Inspector oder den andern Lehrern Anzeige zu machen.

Hauptsache für ihn ist, die Kinder in den Handarbeitsstunden zu beschäftigen und sie in den kunstmäßigen Arbeiten, welche er selbst versteht, zu unterweisen. Sollte er in der einen oder andern Arbeit nicht erfahren sein, besonders die bei derselben anzuwendenden sogenannten Vortheile nicht kennen, so wird der Inspector dafür sorgen, daß ihm und den Kindern von einem erfahrenen Handwerker einige Zeit hindurch Unterricht ertheilt wird, bis sich einige Kinder so weit geschickt gemacht haben, daß sie mit Hülfe des Arbeitsaufsehers andere wieder anlernen können, wodurch sich die Kenntniß der Bearbeitungsart in der Anstalt erhalten wird.

Dieses gilt sowohl von den mancherlei Arbeiten in Holz und Pappe, als auch vom Flechtwerke und Schneidern.

Von der Gärtnerei und dem Feldbaue muß der Arbeitslehrer ausreichende Kenntniß haben.

Die Felder und Gartenanlagen stehen unter seiner besonderen Aufsicht. Er hat für die gehörige Bestellung derselben, die Erbauung der erforderlichen Gemüse, die Erhaltung der Obstanlagen, die Anlegung einer Baumschule und die Gewinnung des nöthigen Saamens zu sorgen.

Zu diesem Behufe werden die anzunehmenden Arbeiter ihm untergeben, deren Beschäftigung er zu leiten hat, und für deren Thätigkeit er verantwortlich ist.

In der Anstalt selbst führt er die Aufsicht über die Knaben bei dem Fegen der äußern und innern Räume am Morgen, beim Reinigen der Schuhe und Kleider, beim Abholen und Abliefern der Wäsche, beim Holzhauen, Legen und Tragen, bei der Hauptreinigung der Haare und beim Bade.

Die Holzvorräthe und diejenigen Arbeiter, welche das Holz klein machen, stehen unter seiner alleinigen Aufsicht.

Ueberhaupt hat er alles das zu vollziehen, was ihm von dem Inspector hinsichtlich der Aufsichtsführung aufgetragen wird.

§. 16.

Das jüdische Waisen-Erziehungs-Institut zu Berlin.

Diese Anstalt wurde im Jahre 1833 von ihrem zeitigen Vorsteher, Herrn Baruch Auerbach, gegründet und erfreut sich eines gedeihlichen Fortgangs.

Es mögen hier einige Stellen aus dem Jahres-Berichte vom Jahre 1838 Platz finden, um den Geist und die Tendenz des Stifters und Vorstehers demnach zu beurtheilen.

Einleitung.

Das fünfte Jahr des Bestehens des Waisen-Erziehungs-Instituts ist nun unter dem Beistande Gottes zurückgelegt. Welche Fülle göttlicher Gnade, welche Fülle reiner Menschenliebe ist uns in dem zurückgelegten Jahre wieder geworden! Wo sollen wir Worte hernehmen um unsere Gefühle auszudrücken, die unser Gemüth heute bewegen, wo Worte hernehmen um unsern gerührtesten Dank gegen Gott auszusprechen! Eine unwiderlegliche Thatsache, die unser Gemüth in eine unbeschreibbare religiöse Stimmung versenkt, unser Knie zur ehrfurchtvollsten Anbetung beugt, unsern Eifer zur kühnsten Begeisterung entflammt, hat sich hier kund gethan, thut sich hier täglich und stündlich kund:

über dieses Institut waltet wunderbar sichtbar die göttliche Vorsehung!

Ohne alle, selbst die unentbehrlichsten Geldmittel, unter einem Heere unnennbarer oft zum Verzweifeln sich aufthürmender Schwierigkeiten, unter niederschlagenden Hemmnissen jeglicher Art; nur in Beziehung der reinen Absicht allgemein anerkannt, in Beziehung auf das Gelingen hingegen von vielen bezweifelt, ja von Mehreren sogar mit kühner Zuversicht verneint, hat das Institut seine Wirksamkeit begonnen; und nach Verlauf eines so kurzen Zeitraums, schon nach so wenigen Jahren, stehet es in seiner segensreichen Wirksamkeit fest begründet, allgemein anerkannt, da.

Ein Räthsel für die sebstsüchtige, fein berechnende Klugheit, eine Beschämung dem so leicht verzweifelnden Kleinmuth und Unglauben, ein Zeugniß der göttlichen Barmherzigkeit und Gnade gegen Waisen, eine Mahnung an die fernste Zukunft: nie bei einem guten Unternehmen, so düster sich auch die Aussichten gestalten, so groß auch die Schwierigkeiten sein mögen, zu verzweifeln, durch keine Gefahr, und gälte es selbst das eigne Wohl, sich einschüchtern und zurückschrecken zu lassen, sondern stets muthig im Vertrauen auf Gott die gute Sache durch alle Gefahren durchzukämpfen und zum erwünschten Ziele zu bringen.

Nicht nur von unserer würdigen und frommen, durch ihr Wohlthun rühmlichst bekannten hiesigen jüdischen Gemeinde wurde das Institut wieder auf alle mögliche Weise unterstützt und gefördert, sondern auch von unseren lieben christlichen Brüdern und Schwestern wurde demselben eine gesteigerte Theilnahme zugewandt, und so zwischen uns und ihnen das Band gegenseitiger Theilnahme und Liebe inniger und fester geschlungen. Aus der Nähe wie aus der Ferne, aus dem In- wie aus dem Auslande, von Hohen und Niedern, von Reichen und Armen, von den verschiedensten Ständen, von den abweichendsten Glaubensbekennern, sind dem Institute Wohlthaten geworden; unangegangen und unaufgefordert, rein aus eigener Herzensneigung, legte ein Jeder seine Gabe auf dem Altare der Waisen-Erziehung nieder.

Vorzüglich haben die Bewohner Berlins ihre edle hochherzige Neigung zum Wohlthun, die schon auf das Ehrendste von der verklärten unvergeßlichen hochseligen Königinn Luise von Preußen, mit den ewig denkwürdigen Worten anerkannt wurde:

„Neigung zum Wohlthun war von jeher ein hervorstechender Zug in dem Charakter der Berliner" *)

auch hier wieder auf das Glänzendste bewiesen.

*) Geschichte des Luisenstiftes von Theod. Heinsius. Berlin 1809.

Folgende Worte aus einem Briefe vom 26. September 1837 an uns, von einem hochgeachteten Christlichen Geistlichen in Wien, mögen hier eine Stelle finden:

„Der Himmel möge Sie lange, recht lange zum Besten der Unglücklichen und der heranwachsenden Generation überhaupt erhalten. Nicht jedem ist es gegeben, die entgegenstehenden Partheien, die Denk- und Gewohnheitsgläubigen zu Einem edlen Zwecke zu einigen; die Scheidewand zwischen Christen und Juden großen Theils niederzureißen. Ihre Schriften ... haben mir eine bessere Idee von Ihrer Gemeinde, von Ihrer trefflichen Regierung und von vielen Edlen verschiedenen Glaubens und Standes verschafft. Wenige Schriften können sich eines solchen Erfolges rühmen" ꝛc.

Wenn wir den gerührtesten Dank gegen Gott empfinden, daß er uns der großen Gnade gewürdigt, sich unser als schwachen Werkzeugs seines Erbarmens gegen Waisen und gegen Hunderte sonstig verlassener Kinder zu bedienen, so fühlen wir uns dafür nicht minder dankbar gegen Gott verpflichtet, daß er bei unsern geringen Fähigkeiten und beschränktem Wirkungskreise, dennoch uns befähigt hat, heilige Ehrfurcht und kindliche Liebe gegen Gott, König und Vaterland fördern zu können. Ja wir setzen in diese Befähigung, wie ein Jeder, der in wahrer Liebe für sein Vaterland und für Menschenwohl überhaupt erglüht, das ganze Glück unsers Lebens.

Dem Himmel sei Preis, Dank und Anbetung für die große Gnade, der er uns gewürdigt, eine Stätte zu gründen, aus welcher so mannigfaches Heil über so viele Familien sich ergießt; eine Stätte, die uns der Erde entzieht und zu höheren Bestrebungen aufruft; eine Stätte, welche so viele Gemüther für alles Gute, Heilige und Göttliche entflammt, aufwärts zu schauen und vorwärts für das Himmelreich zu ringen*).

---

*) Also strömet aus dem Feuermeer eines für das Götliche begeisterten Gemüthes ein Gluthauch, welcher aus einem Gemüthe in das an-

Haltet nie die Verfassung Eurer Anstalten, und wenn sie Euch noch so gut, noch so vortrefflich dünken, noch so schöne Früchte bringen, und der rühmlichsten Anerkennung sich erfreuen, für unverbesserlich.

„Wir müssen unaufhörlich uns erinnern, daß es nichts Vollkommenes auf Erden giebt und daß Irrthum und Mangelhaftigkeit der Antheil aller Menschen ist" *)

sagte der große König, von dessen Weisheit Denkmale zeugen, welche die späteste Nachwelt noch anstaunen und bewundern wird.

B. Wähnet nicht durch ängstliche Sorge für Aufrechthaltung Eurer Gewalt und durch kleinliche Sparsamkeit das Wohl Eurer Anstalten fördern zu können.

Darum vertrauet Eure Anstalten nicht solchen Personen an, die sie unter den beschränktesten Befugnissen und Besoldungen übernehmen, sie am billigsten leiten, am billigsten die Kinder erziehen, unterrichten und verpflegen wollen; die da versprechen, mit der untergeordnetsten Stellung, mit dem geringfügigsten Gehalte zufrieden zu sein, sich unbedingt in alle Eure Anordnungen zu fügen, wenn sie auch noch so sehr ihren persönlichen Ansichten widersprechen sollten. Ist irgend wo das Sprüchwort ein Wahrwort:

„was wohlfeil ist, ist theuer"

so ist es hier im vollsten Maaße der Fall.

---

dere wallet, fähig, die Sinnesart von den Schlacken der Selbstsucht zu reinigen, große Entschlüsse und kräftige Thaten am Feuer des Gemeingeistes zu entzünden, die Gefühle für öffentliche Wohlfahrt, die Anhänglichkeit an Vaterland und Verfassung zu läutern, durch Liebe für das Wahre und Rechte, für das Große und Gute, für das Schöne und Heilige, von welcher Liebe erfüllt der Gerechte und Fromme aus Tiefen und unter Dornen den Zeitgenossen und sich selber standhaft zuruft: Aufwärts! Vorwärts! (Ansichten der Gemüthswelt. Von Fr. Delbrück, Magdeburg, 1811. S. 279 und 280.)

*) Il faut nous souvenir sans cesse qu'il n'y a rien de parfait dans le monde, et que l'erreur et la foiblesse sont le partage de tous les hommes. Frédéric, Antimachiavell. Chap. 25.)

Von dem Leiter der Anstalt hängt das Gedeihen, das ganze Wohl derselben ab. Ist der Leiter der Anstalt nicht der rechte Mann, so vermögen alle sonstigen Mittel nicht, sie nur irgend nützlich zu machen, weil hier das Wesentlichste, das Haupt fehlt.

Der rechte Mann kann aber nur mit würdigen, umfassenden Befugnissen und mit vollkommen ausreichender Besoldung, die ihn jeder drückenden häuslichen Sorge überhebt, ein Amt übernehmen, das eine unbedingte Hingebung, die größte Selbstverleugnung und Aufopferung, die reinste Gluth für das Göttliche, die edelste Begeisterung für die erhabensten Zwecke der Menschheit fordert, um heilsam für Mit- und Nachwelt zu wirken. „Unmöglich aber kann derjenige große und kühne Gedanken hegen, der in Abhängigkeit und Elend lebt: denn wie die Lebensart der Menschen ist, so muß auch ihre Denkungsart sein *).“

Außerdem verbreitet, selbst bei der treuesten, gewissenhaftesten Pflichterfüllung, das gedrückte sorgenvolle Wesen des dürftig befugten und dürftig besoldeten Lehrers, jene unnatürliche, finstere, trübselige Stimmung über alle Glieder der Anstalt, wodurch alle schlecht geleitete und armselig ausgestattete Institute beim ersten Anblick sich charakterisiren. Jede unschuldige Freude, jede sanfte wie jede feurige Regung des Gemüths, jedes geistige Leben und heitere Aufschwingen der Jugend zu einer veredelten, beglückenden Lebensansicht wird im Keime vernichtet; ein tödtender Hauch durchwehet die Räume solcher Anstalten. Ernst, lautlos, wie Sclaven unter der Zuchtruthe ihres Treibers, bewegt sich Alles nach streng abgemessenen, vorgeschriebenen Regeln, harrend der Stunde der Erlösung, wenn die Pforten des Kerkers sich öffnen und man in Gottes Natur frei wird athmen können. Wie im Reiche des Lichts, so ist

---

*) Demosthenes Staatsreden; (Zweite olynthische Rede S. 266.) übersetzt und mit erläuternden Anmerkungen versehen von Fr. Jacobs. Leipzig 1805.

nur im Reiche der Freudigkeit des Berufs, Leben und Gedeihen. Erziehung und Unterricht bringen nur bei einer frohen heitern Jugend wahren Segen; mit Freudigkeit kann aber nur derjenige Lehrer wirken, der so gestellt ist, daß er seines Lebens und seines Berufes auch in der That froh sein kann.

Aber noch jetzt ist die würdige heitere Stimmung des Lehrers die Quelle aller wahren Erziehung und Bildung der ihm anvertrauten Jugend; und die Verbreitung dieser Stimmung unter seinen Schülern beim Unterrichte bekundet seinen wahren Beruf zu diesem Amte; sie ist für Lehrer und Schüler die Weihe zu den edelsten Bestrebungen, die Weihe für alles Gute und Göttliche, sie macht den Unterricht des Lehrers zu dem schönsten Feste für seine Schüler, ruft in beiden eines der süßesten Gefühle hervor, dessen man hienieden theilhaftig werden kann, sie befähigt den Lehrer aus seinen Schülern alles zu machen, was er will. Von ihm sagt die Schrift:

„Und der Geist des Herrn wird über Dich gerathen, daß Du mit ihnen weissagest; da wirst Du ein anderer Mann werden. Wenn Dir nun diese Zeichen kommen, so thue, was Dir unter Händen kommt; denn Gott ist mit Dir *).“

Wer je mit Entzücken am Mund eines geliebten Lehrers gehangen, wer je als Lehrer selbst eine solche Stunde der Weihe mit seinen Schülern gefeiert, der wird uns nachfühlen, der wird den großen Nachtheil ermessen den es bringt, den Leiter einer Anstalt auf eine unwürdige Weise unterordnen, ihn jeder freien Wirksamkeit berauben, ihn nichts ohne eingeholte Instruktionen thun lassen zu wollen, und durch einen dürftigen, schmal zugemessenen Gehalt drückenden häuslichen Sorgen ihn Preis zu geben; das hieße: dem Baume die Krone nehmen, und von ihm fordern: blühe und bringe Früchte zum Heil und Nutzen der Menschen. Darum suchet für Eure Anstalten nicht die billigsten, sondern die würdigsten Lehrer, und verleihet ihnen

*) 1. Samuelis 10, 6 bis 7.

eine solche Stellung, in der sie als Männer von Ehre zu leben und zu wirken vermögen.

Was nun die billige Verpflegung der Kinder betrifft, zu welcher sich gewisse Leute anbieten, so muß schon ein solches Anerbieten der gewichtigste Grund sein, ihnen am wenigsten die Verpflegung der Kinder anzuvertrauen, und wenn sie noch so edle Beweggründe angeben, die sie zu einem so wenig oder gar nichts abwerfenden Geschäfte veranlassen. Die Leute wissen schon, sich vor Schaden zu schützen und den ihnen gehörigen Verdienst zu sichern, so viel sie auch von Opfern reden, die sie dem wohlthätigen Zwecke bringen; gewöhnlich müssen die armen Kinder die vermeinte Sparsamkeit mit ihrer Gesundheit büßen, und die Kasse der Anstalt muß zweifach zahlen, für schlechte Nahrung wie für die dadurch nöthig gewordenen Medikamente und ärztliche Hülfsleistungen. Soll aus den Waisenhäusern eine tüchtige, kräftige Jugend hervorgehen, die fähig ist, jeder noch so schweren Arbeit sich zu unterziehen, jedes noch so mühselige Handwerk oder Gewerbe zu treiben, so muß auch die Verpflegung der Waisenkinder darnach eingerichtet sein; sonst bildet Ihr entweder Schwächlinge, die, weil sie jeder Anstrengung leicht unterliegen, zu keinem anstrengenden mühseligen Geschäfte gern genommen werden, oder Ihr bildet gar jene verhungerte und naschhafte Wesen, die, weil sie sich nie gehörig satt gegessen, mit einer widrigen Gier über alles, was Essen heißt, herfallen und die, kaum bei einem Lehrherrn aufgenommen, sofort wieder entfernt werden, weil nichts von Speisen vor ihnen geborgen werden kann.

Die Verpflegung der Waisenkinder muß aus mannigfachen Gründen möglichst einfach eingerichtet, aber sie darf darum nicht schlecht und sparsam zugemessen sein, ja sie muß sogar sorgfältig erwogen, muß sehr zweckmäßig angewendet und mit einem erfahrenen Arzte wohl berathen sein, wenn sie anders die Anstalt vor dem Heere der Krankheiten bewahren soll, die in so manchen Waisenhäusern heimisch sind. Die Kinder dürfen durchaus nicht alles und jedes zu essen bekommen; es kann und darf durchaus nicht der Willkühr der Oekonomen überlassen sein, welche Speisen, wie und wann sie solche den Kindern verabreichen wollen. Die Speisen müssen bestimmt, sie müssen gut, gesund, kräftig, wohl zubereitet und in genügendem Maaße, überhaupt wie in einer wohlgeordneten bürgerlichen Familie eingerichtet sein. Aber bei solchen gestellten Bedingungen kann die Verpflegung der Kinder nicht so billig geleistet werden, und diejenigen, die es dennoch versprechen und am billigsten übernehmen, — sie gestalten auch die segensreichsten Anstalten in jene traurige um, die der greise viel erfahrene Dichter treffend schildert:

„Wir kommen weiter hin zu einem solchen Raum:
Die goldne Inschrift sagt: Erbarmen
Und Mitleid weiht dies Haus den Armen.
Diese Inschrift gab mir Muth;
Sehn wir denn auch, was sie thut,
Um ihr goldnes Wort zu halten!
Und nun sah ich dort Gestalten,
Wohlgepflegt und wohlgemuth,
In bequemer Fülle walten.
Traun! das Elend wohnt hier gut!

Das sind die Pfleger, sprach bedenklich mein Begleiter;
Nun, dringen wir ein wenig weiter
In's Innere dieses Wesens ein!
Und ich hört' in wüsten Kammern
Halb erstickte Töne jammern;
Mich ergriff's, wie Flammenpein.

Die Pfleger, sagte man mit einem bittern Lachen,
Die Pfleger theilen hier die Sachen;
Von dem Erbarmen lebt bequem ihr eignes Heil.

Das Mitleid ist der Armen Theil,
Um sie recht mitleidwerth zu machen*).

C. Wirket für würdige Zwecke nur durch die würdigsten Mittel, und wähnet nie, der gute Zweck, den ihr vor Augen habet, könne schlechte Mittel rechtfertigen.

Wenn man im Leben überhaupt keinen guten Zweck, ohne sich schwer zu versündigen, durch schlechte Mittel fördern darf, so ist dieß bei Waisenhäusern vorzüglich der Fall, weil Waisenhäuser an und für sich auf jedes nur irgend fühlende Gemüth einen so tiefen Eindruck machen und zur Unterstützung auffordern, daß man am wenigsten der schlechten Mittel sich zu bedienen braucht, um ihnen Wohlthaten zuzuführen. Außerdem ist es die strafbarste Entweihung des heiligen Altars der reinen Menschenliebe, die der Herr nicht wird ungeahndet lassen, und so heilig auch der Zweck ist, so wird er dennoch den nicht vor der Strafe des Himmels schirmen, der auf unrechtem Wege ihn zu erlangen strebt **).

Was nicht der freie Wille, der eigene Antrieb des Herzens, was die Liebe Euch nicht reicht, das wollet nicht haben. Es fehlen in der Geschichte nicht Beispiele, daß wohlthätige Anstalten auf den Trümmern der Blutsverwandten der Stifter gegründet wurden, und um fremde Arme, Verlassene und Verwaisete zu unterstützen, man es verwandten Armen, Verlassenen und Verwaiseten auf die unverzeihlichste Weise entzog. Glaubet es uns, auch hier tönt warnend das Wort der Schrift:

---

*) Wanderungen durch den Markt des Lebens; von C. A. Tiedge. Halle 1835. Bändchen 1. S. 35.

**) Waisenhäuser sollten sich, da ihnen so viele rechtliche Wege offen stehen, sich ein Einkommen zu verschaffen, nicht einmal einen wählen, über dessen Billigkeit noch gestritten wird, am allerwenigsten aber einen entschieden unehrlichen. Es bringt sicherlich keinen Segen.
(G. C. Lichtenberg's vermischte Schriften 2c., gesammelt v. F. Kries. 3. Band. Göttingen 1801. S. 184.)

„Wehe dem, der sein Haus mit Sünden bauet, und seine Gemächer mit Unrecht *).“

Wollet nicht durch gewaltsame Ersparnisse, durch harte Beschränkungen der nothwendigsten Ausgaben und schwer zu entbehrender Lebensbedürfnisse, durch Verweigerung von Ausgaben für fördernde Lehrzwecke und bildende Geistesmittel, durch abgedrungene Abzüge von dem Gehalte Eurer Lehrer und sonst dienstthuender Personen, Euch um die Kasse Eurer Anstalten verdient machen. Eure Absicht ist gut, Eure Mittel aber sind verwerflich. Denn wisset, besser wird nie Geld verausgabt, als für die Bildung der Jugend, mühevoller und saurer wird keins erworben, als das eines Lehrers und der sonst in den Anstalten dienstthuenden Personen; ihr Blut haftet an dem, was ihr ihnen entziehet, und ihr werdet es einst vor Gott zu verantworten haben. Höret auch hier auf das warnende Wort der Schrift:

„Du sollst dem Dürftigen und dem Armen seinen verdienten Lohn unter keinem Vorwande verkürzen, er sei dein Glaubensgenoß oder von fremder Religion; an dem Tage, an welchem er ihn erworben, sollst du ihm auch solchen zukommen und nicht die Sonne darüber untergehen lassen, auf daß er nicht wider dich den Herrn anrufe und es dir zu einer Sünde gerechnet werde **).“

Haltet nie die reichsten Anstalten, die die größten Fonds haben, für die besten, Gott am wohlgefälligsten, sondern die, die am menschenfreundlichsten, am wohlthätigsten wirken.

„Die reichsten Stiftungen, die prächtigsten Hospitäler und die gesegnetsten Anstalten können den Blick Dessen, der die geheimsten Winkel des Herzens durchsucht, nicht ertragen, wenn er nach dem Wohlwollen geforschet, und es nicht gefunden hat***).“

---

*) Jeremias 22, 13.

**) 5 Mose 24. 14 bis 15.

***) Th. Abbts vermischte Werke. Vom Verdienste. Erster Theil. Berlin 1772. S. 12.

Wollet auch nicht Andere, die Eure Ansichten über Eure Anstalten nicht theilen, mit aller Gewalt zwingen, Eurer Ansicht zu werden, und so Ihr das nicht vermöget, sie darum anfeinden *). Es liegt oft weniger an den Personen, als vielmehr an ihren Verhältnissen, durch welche sie veranlaßt werden, wenn auch nicht geradezu Gegner, doch keine Beförderer Eurer guten Absicht zu sein.

Leistungen des Waisen-Erziehungs-Instituts im abgelaufenen Jahre.

Das Waisen-Erziehungs-Institut, das wir den 30. April 1833 mit der Aufnahme von vier Waisen-Knaben eröffneten, zählte am Schlusse des vorigen Jahres zehn Waisenkinder. Im dem abgelaufenen Jahre wurden wieder vier Waisen in dasselbe aufgenommen, so daß gegenwärtig im Institute vierzehn arme Waisenkinder unentgeltlich verpflegt, erzogen und mit Allem, was zu ihrem leiblichen und geistigen Gedeihen nöthig ist, versehen werden. Wir würden gerne noch mehr Waisenkinder, um deren Aufnahme man uns dringend anlag, aufgenommen haben, wenn nur irgend der Raum es gestattete. Dieser reicht leider nur spärlich für die vierzehn Kinder und deren Erzieher aus, und kann für den Augenblick nicht erweitert werden. Was nur irgend zur Abhülfe dieses Hemmnisses unserer Wirksamkeit geschehen konnte, ist geschehen; aber bei allen unsern unausgesetzten Bemühungen hat es uns nicht gelingen können, die großen und vielfachen Hindernisse aus dem

*) Muß ich durchaus träumen, wenn ich einen Gegenstand in einem weiten Raume erblicke, den zehn andere vielleicht mit zehnmal schärferem Auge doch nicht finden können? Aber ungerecht bin ich alsdann auf meiner Seite, wenn ich von den übrigen behaupte, daß sie blind seien, oder gar, daß sie nicht sehen wollen. Eine unmerkliche Verschiedenheit der Richtung, tausend und aber tausend geringe Umstände können verursachen, daß sie, mit dem besten Willen und den größten Fähigkeiten nicht im Stande sind zu sehen und zu erkennen, was sich meinem Auge deutlich offenbart. (F. H. Jacobi's Werke. II. Bd. Leipzig 1815. S. 416.)

Wege zu räumen, um dem Institute, schon jetzt, ein angemessenes, den gesteigerten Bedürfnissen genügendes, würdiges Local zu verschaffen. Doch sind wir unserm Ziele näher gerückt; die größten und schwierigsten Hindernisse sind unter dem Beistande Gottes beseitigt. Bald dürfte sich mit der göttlichen Hülfe ein Waisenhaus erheben, das jedem Bedürfniß genügen, kein Waisenkind abzuweisen nöthig haben wird. Ein Waisenhaus soll erbaut werden, würdig einer Gemeinde, durch deren frommen Sinn es hat entstehen, würdig einer Regierung, durch deren väterliche Weisheit und liebevollen Schutz es so weit hat gedeihen können. Ein Waisenhaus soll hier entstehen, ein Elternhaus für jedes verwaisete Kind der hiesigen jüdischen Gemeinde bis in die späteste Zukunft; daß wenn die Augen der Eltern und mit ihnen die Pforten ihres Hauses für ihre verwaisten Kinder sich schließen, die Pforten dieses Hauses sich für die Waisen aufthun, mit elterlicher Liebe sie aufnehmen und ein neues Elternhaus in demselben sie finden lassen mögen.

Wohl kennen wir die großen, großen Schwierigkeiten, die wir bis zur Verwirklichung aller unserer Absichten, die wir nicht einmal alle aussprechen mögen, noch zu besiegen haben werden; aber so groß und so zahlreich sie auch sein sollten, sie werden uns nicht im mindesten einschüchtern noch irgend abhalten, auf dem begonnenen Wege fortzuschreiten; wir sind gefaßt, gehörig vorbereitet, allen muthig zu begegnen. Größer als jedes Hinderniß, das sich uns darbieten möchte, ist unsere Begeisterung für die heilige Sache, der wir unser Leben geweiht. Größer als jede Macht, die uns hemmen könnte, ist unser Glaube an den allmächtigen Gott, daß er uns nicht verlassen wird, da wir nicht unser, sondern sein Werk in aller Demuth, in aller Treue und in aller Ergebung fördern wollen. Du weißt ja, Herr, was dein Diener dir schwur und gelobte:

„Ich will nicht in die Hütte meines Hauses gehen, noch mich auf das Lager meines Bettes legen, ich will meine Augen nicht schlafen lassen, noch meine Augenlieder schlummern, bis ich eine Stätte finde für den Herrn, zur Wohnung für den Mächtigen Jacobs *)."

Mensch, wo Du eine Stätte bereitest, daß ein aus dem Elternhause verscheuchtes Kind sein müdes Haupt ruhig niederlegen kann, diese Stätte ist heilig, hier ist Gottes Haus, hier ist die Pforte des Himmels **).

Was die körperliche Verpflegung der Kinder betrifft, so hat diese im abgelaufenen Jahre — wo ein Heer Kinderkrankheiten aller Art und die leidige Cholera wütheten — sich wieder als ganz zweckmäßig bewährt. Uns ist, dem Himmel sei Dank und Preis, kein einziges Kind erkrankt; so sind fünf Jahre, seit dem Bestehen des Instituts dahingegangen, ohne daß ein einziges Kind uns erkrankte, oder daß wir irgend etwas von den in solchen Anstalten gewöhnlich herrschenden Krankheiten verspürt hätten. Dieß zeigt am besten, daß die Verpflegung der Waisenkinder in unserm Institute die rechte ist, daß sie weder zu gut, noch zu schlecht sei, weil beides sonst seine bösen Folgen nicht verleugnet haben würde.

In Beziehung auf die geistige ***) Ausbildung der Kinder ging unser unausgesetztes Bemühen auf folgende zwei Punkte:

A. Ihren sittlichen Charakter auf das sorgfältigste zu beschirmen, nach allen Richtungen hin möglichst rein auszubilden und jede schlechte Neigung im Keime zu vernichten; unbedingten Gehorsam gegen ihre Lehrer und Vorgesetzte ihnen einzuflößen, eine redliche, edle und religiöse Gesinnung in Beziehung auf

---

*) Psalm 133, 2—5.

**) 1. Mose 28, 17.

***) Hiermit erfüllen wir den von so vielen Seiten, und namentlich von dem nachsichtsvollen Beurtheiler unseres vierten Jahresberichts im Eremiten Nr. 93. Jahrg. 1837. gegen uns ausgesprochenen Wunsch, in den ferneren Berichten über unsere Anstalt durch einige Angaben über Erziehung und Unterricht in derselben noch gemeinnütziger zu wirken; verweisen jedoch zugleich in dieser Beziehung auf unsere Programme zu den Prüfungen der Zöglinge der jüdischen Gemeinde-Knaben-Schule von 1832 und 1833.

alle Verhältnisse des Lebens, ihnen eigenthümlich zu machen und diese Gesinnung als den einzigen Grund festzuhalten, von welchem alle ihre Handlungen ausgehen müssen, mit einem Worte: Tugend, Wahrheit und Religion als die einzigen Dinge zu betrachten, die dem menschlichen Dasein Werth verleihen.

B. Sie zur Ergreifung jedes rechtlichen, bürgerlichen Gewerbes möglichst zu befähigen. Daher wurden sie in der unserer Oberleitung anvertrauten jüdischen Gemeide-Knaben-Schule mit aller Strenge dazu angehalten, sich eine tüchtige Elementar-Bildung anzueignen. Zugleich wurde ihnen Liebe zur Arbeit überhaupt und Achtung gegen jedes noch so untergeordnete bürgerliche Gewerbe eingeflößt, damit sie sich in der Folge keiner noch so anstrengenden Arbeit zu unterziehen scheuen, damit nie in ihnen der verderbliche Wahn aufkomme, man müsse sich Alles möglichst leicht machen, seinen Unterhalt sich möglichst leicht zu verdienen suchen und dürfe anders als nach dem Ausspruche der heiligen Schrift: sein Brod im Schweiße seines Angesichts genießen *); ferner, daß sie nach dem Ausspruche unserer weisen Lehrer sich durch Betreibung eines noch so niedrigen Handwerks, durch welches sie sich auf eine redliche und gesetzliche Weise ernähren können, nicht für erniedrigt halten; überhaupt die Würde des Menschen nie in seine äußere Stellung, sondern in die Art und Weise, wie er den ihm von der Vorsehung angewiesenen Platz ausfüllt, zu setzen **).

---

*) 1. Mose 3, 19.

**) Das sehen wir, daß Glück und Macht, bei Staaten und Partikularen, das Werk festen Willens, großer Thätigkeit und richtigen Urtheils sind, wo hingegen Schwäche, Furchtsamkeit und alles was die Entwickelung inwohnender Fähigkeiten hindert, Staaten und Einzelne stürzt. Man findet in der Geschichte nicht sowohl, was in einzelnen Fällen zu thun sei, (die Umstände ändern alles unendlich), als das Generalresultat der Zeiten und Nationen: Erfülle trefflich die von dem Schicksal Dir angewiesene Stelle: hierin scheine Dir nichts so gering, daß Du es nicht erreichen könntest, nichts so gering, daß Du es

Aber indem unser Zögling einerseits zur frommen Bescheidenheit angeleitet wird, mit jedem ihm zugefallenen Loose zufrieden zu sein, gern manchem Genuß zu entsagen, mit noch so wenigem, noch so sparsam zugemessenem Auskommen sich zu begnügen, nie über seine Sphäre hinausstreben zu wollen, in jeder noch so untergeordneten Stellung stets dankbar zu Gott aufzuschauen, für die vielen süßen Freuden, die Gottes Vaterhand in jedes Lebensverhältniß zu streuen gewußt, und so zufrieden, fromm und ergeben selbst als der unterste auf der Stufenleiter menschlicher Größe, Ehren und Würden zu stehen: so wird andrerseits unser Zögling mit aller Kraft ermuthigt und begeistert in Beziehung auf sittliche Größe und wahre Frömmigkeit, auf Seelenadel und hohe geläuterte Lebensansicht, auf reine Herzensgüte und beglückende Menschenliebe, mit einem Worte in Beziehung auf wahre Menschenwürde, so weit es geht, jede Schranke kühn zu durchbrechen und wo möglich sich zum Höchsten empor zu schwingen. Denn der niedrigste Standpunkt hienieden schließt uns nicht vom höchsten im Reiche Gottes aus. Vielmehr trägt ein jeder noch so untergeordnete Mensch die Vollmacht zur Vollendung in seiner Brust und der Niedrigste kann sich zum Höchsten erheben, zum Höchsten über Alles, was Menschen groß, edel und vollkommen nennen.

Drei Waisen-Knaben sind physisch und geistig herangereift und vollkommen befähigt, die Anstalt sofort zu verlassen. Von diesen dreien besucht der erste — der älteste — nachdem er sämmtliche Klassen der jüdischen Gemeinde-Knaben-Schule mit Erfolg durchgemacht, und entschieden Anlagen und Willen zu einem wissenschaftlichen Berufe gezeigt — auf Kosten des Wai-

---

vernachlässigen dürftest. Dadurch werden Könige groß, dadurch erwirbt der Mann von Geist ewige Lorbeeren, dadurch erhebt der Hausvater seine Familie über Armuth und Niedrigkeit. (Vier und zwanzig Bücher allgemeiner Geschichten der Europäischen Menschheit. Durch Johannes von Müller. 3. Band. 3. Auflage. Stuttgart und Tübingen 1817. S. 531.)

sen=Erziehungs=Instituts, das Werdersche Gymnasium allhier, sitzt in Secunda und erfreut sich, sowohl in Beziehung auf seine sittliche Haltung als auf seine sonstigen Leistungen, der vollkommenen Zufriedenheit seines würdigen Directors, wie seiner sämmtlichen würdigen Herren Lehrer. Derselbe soll, sofern er unverrückt auf diesem lobenswerthen Wege fortfahren und unbedingt in die bestehende häusliche Ordnung der Anstalt sich fügen wird, nach den Statuten unserer Anstalt in Beziehung auf diejenigen Waisen, welche sich einem wissenschaftlichen Berufe widmen, bis zu seinem Abgange vom Gymnasio auf die Universität im Waisen=Institut bleiben und ungeschmälert, so wie bis jetzt, dessen Wohlthaten genießen. Derselbe ist auch versuchsweise zum Unteraufseher der jüngern Kinder befördert worden; wir wollen sehen, wie weit es uns gelingen wird, aus dem Institute selbst die Mittel zu seiner geistigen Förderung hervorzurufen. Der zweite, ein nicht minder hoffnungsvoller, durch seine sittliche Führung sich musterhaft auszeichnender Knabe, widmet sich dem Kaufmannsstande, und wird, da er in einer der ersten hiesigen Handlungen eine Lehrlingsstelle gefunden, in Kurzem die Anstalt verlassen. Der dritte, ein eben nicht minder gesitteter und hoffnungsvoller Knabe, der eine hervorstechende Geschicklichkeit im Zeichnen und in technischen Arbeiten an den Tag gelegt, hat sich entschlossen, Formschneider und Dessin=Maler zu werden und soll die Anstalt verlassen, so bald man für ihn einen tüchtigen Lehrherrn wird ausgemittelt haben. Die übrigen Waisenkinder sind noch zu jung, um über ihren künftigen Lebenslauf etwas sicheres sagen zu können; wir hoffen sie unter dem Beistande Gottes nicht minder, wie die erwähnten, zu guten und nützlichen Menschen auszubilden.

Durch die aufgeführten uns leitenden Grundsätze, „den Waisenkindern eine wahrhaft redliche und ächt religiöse Gesinnung einzuflößen, wie sie zur Ergreifung jedes bürgerlichen Gewerbes zu befähigen,“ glauben wir nicht nur den Zweck unserer

Stiftung vollkommen zu erreichen, sondern wir hoffen auch dadurch ein Scherflein zur Lösung der großen Aufgabe beizutragen, die jetzt die ganze civilisirte Welt so ernst beschäftigt. Diese Aufgabe ist: wie steuert man der mit Riesenschritten in allen Staaten überhand nehmenden Armuth *)?

Rechenschaft über Einnahme und Ausgabe im abgelaufenen Jahre, wie über den Bestand des Fonds des Waisen-Erziehungs-Instituts.

Gering, wenig versprechend, kaum beachtenswerth war der Beginn des Instituts, sein Bestehen sehr zweifelhaft, ja vielen kaum glaublich; denn es fehlte ja nach der allgemeinen Weltansicht dem Institute der eigentliche Nerv des Lebens: das Geld. — Was der feste unerschütterliche Glaube an den allmächtigen Gott, ohne alle Geldmittel vermag, der unerschütterliche Glaube an Gott, der aus Nichts das Weltall hervorgerufen, galt vielen als Schwärmerei, als Thorheit. Aber der wahre Glaube darf sich nicht irre machen lassen, zu zweifeln an dem, was über allen Zweifel erhaben ist, und er hat sich nicht irre machen lassen.

Und in den Boden der Herzen fühlender und erbarmender Menschen ward gläubig ein schwaches Körnlein gesenkt; Wind und Wetter, Stürme mannigfacher Art wollten sein Aufkommen hindern, ja im Keime es vernichten. Aber Wind und Wetter sind verbraust, Gottes liebe, kräftigende Sonne ist über das Körnlein aufgegangen; es hat eine so tiefe Wurzel geschlagen, daß kein Sturm, so wüthend er auch tobe, es zu entwurzeln vermag; einem Baume hat es Dasein gegeben, in dessen Schatten schon so viele aus dem Elternhause verscheuchte, verwaiste Kinder, Erquickung, Ruhe, Schutz und Schirm gefunden. Schöne Früchte sind an dem lieben Baume schon gereift, aber

*) Am Schlusse dieser Blätter wird von den Mitteln, der Verarmung zu steuern, ausführlicher die Rede sein.

noch schönere Früchte wird er in der Zukunft bringen. Groß ist der Segen des Instituts, aber noch größer als mancher glaubt oder auch nur ahnet, wird er in Zukunft sein. Sie liegt klar vor unsern Augen, so fern sie auch scheint. —

„Höret, ihr Kinder der künftigen Welt, was ich singe; urtheilen sollet ihr, ob ich recht gesungen habe.

Es muß noch kommen das Vollkommene; und wenn es kommt, so höret das Stückwerk auf. Es wird blühen in der Natur eine Lilie; wenn sie blühet, so genießet ihren Geruch die ganze Welt.

Das Reich der Güte wird immer größer und herrlicher werden; das Senfkorn wird zum großen Baum, daß die Vögel des Himmels unter seinen Zweigen wohnen.

Alles, was wachsen soll, hat einen kleinen Anfang; es gehet fort in der Ordnung; eins kann das andere nicht übereilen.

Ohne das Kleine ist das Größeee nicht, und ohne das Größere kann das Größeste nicht erscheinen. Doch ist das Größeste das Größeste, und das Letzte ist das Beste.

Um des Letzten sind alle vorigen Dinge; im Letzten sind begriffen alle vorigen Zahlen.

Die Erde bringt zuerst das Gras, dann die Aehren, danach in den Aehren den vollen Weizen. Wer hoffet nicht auf die Früchte, die der Baum endlich bringe? Wer will sich mit der Grüne, mit der Blüthe begnügen und mit der unzeitigen Frucht?

Ihr Thoren, wann wollt ihr klug werden? was läugnet ihr die bessern Zeiten in den letzten Tagen? Ihr werdet ja älter an Jahren, warum nicht auch am Verstande? Ihr sehet daß das Kind sich verliere in dem Jüngling, wie der Jüngling in dem Mann.

Das Gegenwärtige dünket uns groß, wenn das Größere noch nicht gekommen ist; doch ist das Größere klein gegen das Vollkommene.

Aus dem Vorhofe kommt man in das Heilige; durch das

Heilige geht man in das Allerheiligste. Die Vorbilder gehen dem Buchstaben voran; das Wesen des Geistes übertrifft beides.

Die Stadt Gottes wird inwendig gebauet; wenn es im Herzen helle wird, so wird es auch inwendig glänzen. Halleluja, das Vollkommene kommt, das Gute behält den Sieg*)."

Es ergiebt sich aus dieser Rechenschaft:

1) eine Einnahme an jährlichen Beiträgen von 1370½ Thlr.
2) ein Capital-Vermögen von — — — 10260 "

Familien-Stiftungen in dem Waisen-Erziehungs-Institut als integrirende Theile des Ganzen.

Es versiegen die heißesten Thränen, es verhallen die lautesten Klagen, spurlos schwinden dahin die prachtvollsten Leichenzüge aus den Augen der gaffenden Menge, die das, was unser Herz zerreißt, zum leeren Schauspiel herabwürdigt. Es zermalmt die Zeit den Staub, die größten und kühnsten Denkmäler, läßt Unkraut darüber wachsen, daß der forschende Wandrer kaum die Stätte zu entdecken vermag **), wo das

*) Petersen's Stimmen aus Zion. Psalm 15.

**) „Neben den Säulentrümmern, welche die Stätte des Tempels der Diana von Ephesus bezeichnen, verirrt sich der Wanderer leicht in dem Dickig der Dornen und Disteln, das den Hügel bedeckt, der einst das schönste der sieben Wunder der alten Welt getragen. Ein altes, festes Gemäuer, das neben dem Graus des Bergsturzes steht, unter welchem das alte Sardis begraben liegt, soll der einzige Ueberrest der einst goldreichen Burgen des Krösus sein. Da wo der Coloß von Rhodus gestanden, benetzet nun die Meereswoge ein nacktes Felsengestein; von dem Pharos von Alexandria kennt man kaum mit Gewißheit die vormalige Stätte; die Säulenhallen jener weltberühmten Bibliothek, welche die Herrscher aus dem Hause der Ptolemäer so reich begabten, so wie das Gemäuer der hochgepriesenen Sternwarte der Alexandriner, liegen tief in dem Schutt und Schlamm der späteren Verwüstung verborgen. Ein Erdwall, nahe am Saume der Wüste, ist das einzige Denkzeichen geblieben, das an Sais erinnert; einsam steht der Obelisk des Osirtesen I. auf dem grünenden Felde, das den Boden der Priesterstadt On, den Boden von Heliopolis überkleidet."

(Von dem Feststehenden in der Geschichte der sichtbaren Natur, von G. H. von Schubert. Stuttgart 1837. S. 8. f.)

eherne Denkmal mit der in die weiteste Ferne flammenden Goldinschrift gestanden. Denn wechselnd und wandelbar ist Alles hienieden, nur das Eine nicht, das Göttliche und Ewige, die wahre Frömmigkeit, die wahre Tugend, die wahre Liebe. Und war es eben das Göttliche und Ewige, welches wir in den verstorbenen Personen verehrten und liebten, wie könnten wir ihr Andenken würdiger, entsprechender, dauernder und unvergänglicher erhalten, als daß wir Thaten der wahren Frömmigkeit, der wahren Tugend und der wahren Liebe, wodurch ihr Dasein uns allen so theuer geworden, fortdauern, fortwirken lassen. Was dein Vater, deine Mutter, dein Gatte, deine Gattinn Gutes und Edeles an sich hatten, durch ihr Leben darstellten; die Wohlthaten, die sie gespendet, das Erbarmen, das sie geübt, die Liebe, die sie den Unglücklichen geweiht, alles das, wodurch sie zur Beglückung ihrer Nebenmenschen gelebt, und was mit ihrem Tode aufzuhören droht, — alles das laß fortbestehen, laß fortwirken durch Sicherung der Mittel, welche die liebevolle Hand der Verklärten im Leben hienieden solchen edelen Zwecken geweiht. Das ist die würdigste Art sie zu verehren, das ist ein Denkmal, das durch keine Zeit vernichtet werden kann. Wohl sind die Menschen sterblich, und auch die, die das Edle an uns Andern verkünden könnten, auch sie gehen mit der Zeit dahin. Aber nimmer stirbt mit dem Menschen die Ehrfurcht für das Gute und Göttliche, und ein Geschlecht überliefert dem andern bis an das Ende der Tage: daß wahre Frömmigkeit, wahre Tugend und wahre Liebe die köstlichsten Güter der Menschheit sind, die aus der Vergänglichkeit alles Irdischen ewig sich erhalten und die Krone seiner göttlichen Natur bilden.

„So verliert die Begräbnißstätte ihre Schauer, das Seelenbild der Abgeschiedenen gewährt nur Genuß, ihr Sterbetag regt einen sanften Schmerz auf, ihr Geburtstag kehrt auch nach dem Tode jährlich nur als Fest der Freude zurück, und auf die stille Gedächtnißfeier des anhänglichen Herzens, wie auf den öffentlichen Nachruhm, ist anwendbar, was von der Nachwirkung des Nordlichts auf die übrigen Himmelerscheinungen gesagt wird: „Wenn auch das himmlische Feuer erloschen ist, bleibt dennoch die Nacht helle. Die Sterne erhalten einen erhöhten Glanz; man sieht sie durch die Lichtsäulen wie Diamanten funkeln." — So funkeln nach dem Tode der Edeln ihre Verdienste, frei von den Mängeln der Sterblichkeit, im reinerem Lichte, im ungetrübten Vorbilde wie aus einer höhern Welt. Die Gruft großer Männer und Frauen, welche ein würdiges Leben ihrer würdig beschließen, berechtigt nicht zur Trauer und Klage darüber, daß sie zu sein aufgehört; vielmehr nur zur Freude darüber, daß sie gelebt haben und zu leben nie aufhören, so lang' an ihrem Vorbilde Gemüther die edelsten Kräfte entwickeln, das Nachahmungswürdige sich aneignend, seltenem Verdienste mit Anstrengung nachstrebend, nach dem Schwersten mit Heldenmuthe ringend. Darum sei, auch wenn sie nicht mehr unter uns wandeln, die ihres Geschlechtes und Berufs Zierde und Stolz waren, die Freude an ihrem Leben dennoch stärker als der Schmerz über ihren Tod! — Eine Gedächtnißfeier, welche im Herzen unablässig vollzogen wird, giebt unserm Leben einen neuen Reiz. — In dieser Berührung der Lebenden und Todten ruht jenes Geheimniß der Gemüthsverwandtschaft, welche, das Dasein Abgeschiedener unablässig erneuernd und vergegenwärtigend, den Tod wie von der Erde wegnimmt. Denn, wenn wir lieben, was sie liebten, und suchen, was sie suchten, setzen wir dann nicht fort, was sie begonnen? Tragen wir nicht im Herzen die Kleinode ihrer Herzen? Wohnt nicht ihr Geist in dem Wirkungskreise, welchen unser Geist wählet und schafft? Und erhebt sich nicht in der Begeisterung für diese unvergänglichen Angelegenheiten der Menschen unser Gemüth in die höhere Welt, aus welcher auch dem Gemüthe der Verehrten Licht und Wärme zuströmte, in solcher Fülle, daß es selbst in den dunkelsten

Nächten der Prüfung hell um sie her blieb, und auf der rauhesten Bahn weder Kraft noch Freudigkeit von ihnen wich*)?"

Wehe daher dem, für welchen seine Verstorbenen vergebens gelebt, der von aller Liebe seiner Theuren, von allem dem, was sie mit Aufopferung ihrer selbst ihm hinterließen, nichts mehr als sein Erbgut betrachtet, als womit er seinen Leib warten und pflegen und ihm neue Genüsse bereiten kann.

Aber auch für unsere eigene Person können wir nichts Schöneres, nichts Würdigeres und nichts Dauernderes hinterlassen, als edle, fromme Thaten **). Kinder können sterben, mißrathen, aber Thaten, die unsere geistige Kinder sind', wir können sie mit aller möglichen Vollendung ausstatten, daß sie zum Heile der Menschheit und zum ewigen Nachruhme gereichen. Du, der du keine Kinder je gehabt; du, der du Kinder und doch keine hast, weil sie nicht in deiner Gesinnung leben und wirken, der du vielleicht in ernster Stunde, wo Gott seine Wohlthaten über dich ausschüttet, mit dem Urvater sprichst: „Herr, was willst Du mir geben? ich gehe dahin ohne Kinder. Wer wird mein Erbe sein?" Uebe Barmherzigkeit, übe Liebe, das sind deine Kinder. Was der Herr zu jener Zeit zum Abraham sprach: „siehe gen Himmel und zähle die Sterne, kannst du sie zählen?" — das rufen wir dir zu. Deine Wohlthaten, werden als deine Kinder an dem Sternenhimmel der Welt glänzen, dich hienieden und dort unsterblich machen!

Darum nicht leere Worte, sondern Thaten, Thaten auf jeder Stelle, die uns die Vorsehung angewiesen hat."

Die hier mitgetheilten Stellen des Berichts bedürfen keiner Erläuterung; möchten sie in anderen Gegenden, wo größere jüdische Gemeinden leben, die Stiftung ähnlicher Anstalten veranlassen!

---

*) Ansichten der Gemüthswelt. Von Dr. Fr. Delbrück. Magdeburg 1811. S. 24. ff.

**) Dieß wurde zu allen Zeiten von den erleuchtesten Personen anerkannt; so äußerte Epaminondas, als man ihn bedauerte, daß er keine Kinder hatte: „ich hinterlasse die Schlacht bei Leuctra."

§. 17.
Das Civil=Waisenhaus zu Potsdam.

Die von mir im Jahre 1821 gestiftete Waisen=Versorgungs=Anstalt zu Potsdam dürfte einem wesentlichen Bedürfnisse für den Potsdamer Regierungs=Bezirk mit Einschluß Berlins, dem Kreise, auf den sie sich beschränkt, abgeholfen haben; allein ähnliche Anstalten würden für jede Provinz, für jedes deutsche Land, sei es ein Königreich oder ein Fürstenthum, eine Wohlthat sein.

Die Einrichtung solcher Anstalten kann bei Befolgung der Grundsätze, die mich bei der Anstalt in Potsdam geleitet haben, nicht schwierig sein, und es sei mir daher vergönnt, die Ansichten, die mich geleitet, die Grundsätze, die ich befolgt, den Erfolg, den beides gehabt, hier darzustellen, in der zuversichtlichen Hoffnung, die Errichtung ähnlicher Anstalten anderwärts zu veranlassen.

„Erwägen wir zuerst, welche Anstalten für die Waisen=Versorgung in Berlin, Potsdam, in dem Potsdamer Regierungs=Bezirke bis dahin vorhanden waren?

In Berlin das Schindlersche Waisenhaus, für 22 Söhne, hauptsächlich von Predigern, Lehrern und Beamten der Provinz bestimmt; das Kornmessersche Waisenhaus für 12 Söhne aller Stände; das große Friedrichs=Waisenhaus für alle Waisen ohne Unterschied, jedoch nur der Stadt Berlin angehörig, das französische Waisenhaus für die Waisen der vormaligen Refugie's bestimmt. In Potsdam für Offizier=Waisen die Cadetten=Anstalt; für Soldaten=Waisen das große Militair=Waisenhaus. Sodann in der Provinz: das Waisenhaus zu Oranienburg für 12 Knaben und 12 Mädchen aus der Provinz Brandenburg.

Ferner das von einem Grafen von Schwerin zu Alt=Landsberg gegründete Waisenhaus für 2 Knaben und 2 Mädchen.

Offenbar waren diese Waisen=Versorgungs=Anstalten nicht hinreichend, zumal für diejenige Klasse von Waisen, für welche ich zu sorgen beabsichtigte, nämlich für die Söhne der Geistlichen, der Beamten, der Aerzte und Lehrer, die zur Erfüllung ihres Berufes einer sorgfältigen Vorbildun bedurft hatten.

1. Veranlassung der Gründung der Anstalt.

Zwei Söhne des verstorbenen Predigers Kohl zu Groß-Zischt bei Baruth, die ich bei einer Schul-Reise im Jahre 1819 in der dasigen Dorf-Schule unter den Kindern der Dorf-Bewohner fand, erweckten in mir den Gedanken zu der Stiftung des Civil-Waisenhauses. Der Vater war im letzten Kriege erst abgebrannt, dann rein ausgeplündert worden, und hatte den Söhnen nichts hinterlassen, als eine bis zu seinem Tode fortgesetzte sorgfältige und fromme Erziehung, mit dem Ablauf des Gnadenjahrs der Wittwe hatten alle Subsistenzmittel aufgehört. Was sollte nun aus den armen Knaben werden?

Dieser und ähnliche Fälle waren mir bekannt — wie viele verwaisete Kinder in gleichen Verhältnissen mogte es in Berlin, in Potsdam und in der Provinz geben, die mir unbekannt sind, und es bleiben würden, fände man keine Mittel, zu helfen! Schon bei meinem Aufenthalte in der Schweiz, in den Jahren 1808 — 1815, hatte mich Pestalozzi's Plan einer Waisen-Versorgungs-Anstalt sehr angesprochen, ohne daß ich daran gedacht hätte, Aehnliches zu unternehmen. — Bei dem Anblick der trostlosen Lage dieser Kinder erwachten diese früheren Ideen in mir. Ich sann daher nach, wie ihnen geholfen werden könne; meine eigenen Kräfte reichten nicht hin, um auch nur ein Einziges zu erziehen; gesetzt ich hätte es zu mir in das Haus genommen, so wäre nur diesem Einzigen und nur für den Augenblick geholfen gewesen — denn, was sollte aus ihm werden, wenn ich durch den Tod abgerufen wurde, ehe seine Erziehung vollendet war?

Hier fiel mir der unvergeßliche Franke in Halle ein, dem so viele Waisen eine gute Erziehung, so viele Gelehrte, vorzüglich Geistliche und Lehrer an höhern und niedern Schulen, auch selbst Staatsmänner ihre Bildung verdanken. Er hatte ähnliche Noth erkannt, hatte, im Vertrauen auf Gott, es unternommen, ihr abzuhelfen. — Gott hatte sein Gebet erhört, sein Werk gesegnet, und es stehet noch heute, nach mehr als hundert Jahren, da, versorgend und helfend, wo sonst die Hülfe fehlen würde. — Und ich gedachte des Nadlers Steinbart zu Züllichau und des Frachtfuhrmanns zu Langendorff bei Weißenfels. — Auch diese beiden Anstalten blühen noch heute, und wirken segnend in einem weiten Umkreise.

Was geschehen mußte, war mir klar. Ob auch unsere Zeit, gleich der frühern, einem solchen Unternehmen günstig sein würde, das war eine Bedenklichkeit, die ich mir allerdings aufwarf — allein tausend Erfahrungen, die ich gemacht, daß jeder, der das Gute ernstlich will, es auch erreicht, so wie, daß viele Menschen gerne Gutes thun, wenn ihnen nur die Gelegenheit dazu dargeboten wird, besiegten bald jene Bedenklichkeit und flößten mir theils den Glauben ein, es werde gelingen, theils die Ueberzeugung, es müsse wenigstens versucht werden. Es kam hier der Umstand, daß ich selbst meine Erziehung als Kind, die höhere Bildung als Jüngling, fremder Hülfe verdankte, indem nach dem am 3. September 1779 erfolgten Tode meiner Mutter einer ihrer Brüder, der Ober-Jägermeister von Bibra in Hildburghausen, mich, damals einen noch nicht sechsjährigen, schwächlichen, kränklichen Knaben, ein Bild des Jammers, in sein Haus aufnahm und mich mit seinen Kindern erziehen ließ; indem ich noch auf der Universität von einer Hand unterstützt wurde, die ich nie, auch heute noch nicht, kenne, sowie mir auch später in manchen schwierigen Verhältnissen stets Hülfe und Rettung geworden war, wenn ich ihrer am nothwendigsten bedurfte.

Ich glaubte hierin eine vorzügliche Aufforderung zu finden, die Liebe, die ich empfangen, durch ein Werk der Liebe zu erwiedern; so hoffte ich das Gelingen desselben zuversichtlich, und ging mit Glauben, mit Liebe und Hoffnung an's Werk.

2. Die ersten Schritte zur Ausführung.

Der Versuch, ein Waisenhaus für Kinder, die bis dahin eine sorgfältigere Erziehung genossen hatten, zu gründen, war jetzt fest beschlossen; ich entwarf nunmehr einen Aufruf zur Unterstützung bei diesem Unternehmen, datirt vom 16. April 1820, (daher dieser Tag noch jetzt als der Stiftungstag der Anstalt gefeiert wird,) den ich drucken ließ und ihn an Freunde und Bekannte versendete.

Es erfolgten sogleich einige kleinere und größere Beiträge — es erhoben sich aber auch von vielen Seiten Zweifel und Bedenklichkeiten. Diese kamen zum Theil selbst von Männern, die mir persönlich wohlwollten, und von solchen, deren Stellung das Werk im Entstehen hätte hindern können.

Allein mit den Schwierigkeiten, die sich mir entgegen setzten, wuchs mein Muth, und ich will als Belag meiner damaligen Stimmung hier einige Stellen aus einem Briefe einschalten, den ich im Jahre 1820 und zwar am Sylvester-Abend, wo ich mir gewöhnlich über das ablaufende Jahr Rechnung abzulegen pflege, an einen Freund schrieb, der mich dringend hatte mahnen lassen, von dem Unternehmen abzustehen.

„Potsdam, am Sylvester-Abend 1820.

Die letzten Stunden des Jahres seien Ihnen, mein verehrungswürdiger Freund! gewidmet, um des gütigen Antheils willen, den Sie an dem Gedeihen meines Wirkens nehmen.

Sie haben mich durch N. N. auffordern lassen, von meinem Plane, ein Waisenhaus zu gründen, abzustehen; ich will mich daher in Gedanken in die Lage versetzen, als sollte ich Ihnen Rechenschaft geben von meinem Thun.

Die Pflichten des Staatsdieners sind, meiner Ansicht nach, doppelt — er muß einmal thun, was seines Amtes ist, mit der größten Gewissenhaftigkeit, mit Aufopferung seiner Zeit und seiner Kraft.

Ich darf hoffen, dieser Pflicht genügt zu haben. Die zweite Pflicht des Staatsdieners ist, auf der Stellung, die ihm die

Vorsehung angewiesen hat, auch das Gute zu bewirken, welches nicht unmittelbar seines Amtes ist, und diesem Zwecke die übrige Zeit und selbst allenfalls einen Theil seines Vermögens aufzuopfern, insofern das letztere mit den Pflichten gegen seine eigene Familie vereinbar ist.

In dieser Ueberzeugung habe ich die Einrichtung von Schullehrer-Wittwen-Cassen im Frankfurter und Potsdamer Regierungs-Bezirk eingeleitet, ich habe hier die Friedensgellschaft, zur Unterstützung armer, talentvoller Jünglinge, die sich den Studien oder der Kunst widmen wollen, gegründet.

Beide Anstalten wachsen und gedeihen. Durch diesen glücklichen Erfolg ermuntert, konnte ich den Wunsch, ein Waisenhaus zu gründen, für Kinder von Staatsbeamten des geistlichen und weltlichen Standes, nicht unterdrücken.

Ich habe lange mit mir selbst gekämpft; ich sagte mir: Man wird dich verkennen, man wird glauben, du wollest dir einen Namen machen, u. s. w.

Dagegen fühlte ich die Nützlichkeit und Nothwendigkeit der Anstalt tief; ich sagte mir: „Irgend jemaud muß Hand an's Werk legen; du hast bei Vielen Vertrauen gefunden — darfst du es ungenutzt lassen für einen höheren Zweck? Nein! nimmermehr! du würdest dich des Vergehens schuldig machen, das Gute nicht vollbracht zu haben, was zu vollbringen dir von der gütigen Vorsehung beschieden war."

Diese Rücksicht entschied — es ist möglich, daß der Versuch scheitert — doch nein, nein, es ist nicht mehr möglich — er gelingt, er ist der Ausführung nahe.

Heute, da ich die Rechnungen schließe, beträgt das Vermögen der Anstalt schon

= 2970 Thaler. =

Die zum Besten der Stiftung veranstaltete Lotterie meiner Oelgemälde wird im schlimmsten Falle 3000 Thaler bringen*),

---

*) Sie hat wirklich, mit Einschluß des Verkaufs der auf nicht ab-

und käme auch kein Groschen mehr hinzu, so wären doch in acht Jahren, mit Zinsen und Zins von Zins, das Vermögen zu 12,000 Thalern angewachsen, und nach zwei und zwanzig Jahren würde es sich verdoppelt haben *).

Ich selbst würde es dann freilich nicht einrichten, aber was liegt daran! Es kommt nur darauf an, daß es sich gestalte; wer es schafft, ist für den Zweck einerlei."

Dieser Brief, aus der Fülle meines Herzens geschrieben, hatte einen unerwartet glücklichen Erfolg; jene Bedenklichkeiten waren verschwunden; ich ward nun von der nämlichen Seite her kräftig unterstützt.

3. Grenzen der Stiftung.

Es entstand die Frage: Welche Ausdehnung oder welche Grenzen der Stiftung gegeben werden sollten?

Hier traten manche nicht unwichtige Rücksichten ein. Bei den geringen Mitteln, die mir selbst zu Gebote standen, bei der Ungewißheit, welche Aufnahme mein Unternehmen bei meinen Mitbürgern finden würde, bei der unbezweifelten Gewißheit, daß, wenn überall das Werk zu Stande käme, dennoch die Kräfte im Anfange sehr beschränkt sein würden, mußte ich, für den Anfang wenigstens, vernünftiger Weise demselben möglichst enge Grenzen stecken. Erweitern ließen sie sich künftig wohl, wenn die wachsenden Kräfte es gestatteten. Daher für jetzt die Beschränkung auf die Städte Berlin, Potsdam und den Potsdamer Regierungs-Bezirk **).

Es wurden mir übrigens von mehreren entfernten Orten

---

gesetzte Loose gefallenen und nachher versteigerten Gemälde eine Summe von 3100 Thalern gebracht.

*) Man wird weiter unten sehen, daß der Erfolg meine Hoffnungen bei weitem übertraf.

**) Es war Anfangs mein Plan, auch den Frankfurter Regierungs-Bezirk mit aufzunehmen; allein die Rücksicht, daß in Züllichau bereits ein, mit einem Pädagogio verbundenes Waisenhaus vorhanden ist, hielt mich zurück.

her Anerbietungen bedeutender Beiträge gemacht, auf den Fall, daß ich die Stiftung auf den ganzen Preußischen Staat ausdehnen würde; allein ich lehnte sie ab, und zwar aus folgenden Gründen:

1) sind bei großer Entfernung die Verhältnisse der aufzunehmenden Kinder schwer zu ermitteln, daher denn die Stiftung, sie mögte ein Kind aus der Ferne aufnehmen oder es zurückweisen, leicht hier oder dort sich dem Vorwurf der Partheilichkeit ausgesetzt sehen würde;

2) würde ein Knabe, vom Rhein oder von Westphalen her gebürtig, indem er hierher nach Potsdam verpflanzt werden sollte, von seiner Mutter, seinen Geschwistern und seinen nächsten Anverwandten getrennt und aus allen frühern Verbindungen herausgerissen werden; er würde sie vielleicht Jahre lang nicht wiedersehen — dadurch aber ginge für ihn der wohlthätige Einfluß der mütterlichen und geschwisterlichen Liebe und Zuneigung verloren — ein hinsichtlich der Gemüthsbildung unersetzlicher Verlust, der aber die Zöglinge der Provinz Brandenburg nicht trifft, weil sie die Ihrigen, während der Schulferien, ohne großen Kostenaufwand, besuchen können. Wer jemals Zeuge der Freude war, mit der die Zöglinge der Anstalt sich in den Weihnachts-, Oster- und Sommer-Ferien zu der Reise nach der Heimath anschicken, wird mir beistimmen. — Eine unschuldige Freude und der Vorgenuß derselben sind Erziehungsmittel von dem wohlthätigsten Einflusse auf die Gemüthsbildung und selbst auf die Gesundheit; nur werden sie in öffentlichen Erziehungs-Anstalten in der Regel zu wenig berücksichtigt.

Endlich

3) würden die Zöglinge durch die weite Entfernung von der Heimath, dieser entfremdet — sie fänden also, bei ihrem Austritt aus der Anstalt, nicht die Theilnahme und den Beistand der Verwandten und der Freunde des väterlichen Hauses, die

ihnen nicht fehlen würden, wenn sie fortdauernd in der Nähe ihrer frühern Verhältnisse geblieben wären.

Zuletzt hoffte ich:

4) daß in den übrigen Provinzen des Preußischen Staates ähnliche Anstalten errichtet, und die oben bemerkten Nachtheile einer zu weiten Entfernung von der Heimath vermieden werden würden.

Es fragte sich ferner:

„Sollten alle Waisen, ohne Rücksicht auf die Verhältnisse, in denen der Vater gelebt, oder nur solche aus gewissen Ständen aufgenommen werden?"

Um diese Frage gehörig beantworten zu können, muß man in die häuslichen Verhältnisse der verwaiseten Kinder eingehen.

Stirbt der Eigenthümer eines Hauses oder einer Ackerwirthschaft, und hinterläßt eine Wittwe und Kinder, und diesen ein, wenn auch verschuldetes Grundstück, so erzieht gemeiniglich die Mutter die Kinder in der Art fort, wie es bei Lebzeiten des Vaters geschah — sie helfen arbeiten im Hause, im Felde und im Garten; stirbt ein Handwerker, so setzt die Mutter gewöhnlich das Handwerk fort, sie hält Gesellen, und die Kinder bleiben in dem bisherigen Verhältnisse. Eben das ist bei den Tagelöhnern der Fall; stirbt ein Kaufmann, ein Krämer, so wird gewöhnlich die Handlung, der Laden beibehalten, unter gleicher Firma, im gleichem Locale — die Söhne werden unter gleichen Verhältnissen erzogen, wie zuvor.

Nur dann, wenn der größere, wechselfähige Kaufmann in zerrütteten Vermögensumständen stirbt, wenn die Handlung verkauft, das Geschäft eingestellt werden muß, nur dann tritt Verlegenheit hinsichtlich der Erziehung der Kinder ein, — indessen treten dann nicht selten Männer hinzu, die mit dem Verstorbenen in Handelsverbindungen gestanden — die Lage der Kinder ist weniger hülflos.

Nehmen wir aber den jetzt so zahlreichen Stand der Staats- und Communal-Beamten aller Classen, so gestalten sich die Verhältnisse der hinterlassenen Waisen ganz anders. Nehmen wir z. B. den geistlichen Stand, den Stand der Lehrer an Gymnasien, Stadt- und Landschulen, so werden wir finden, daß sich diesen Ständen in der Regel nur junge Männer widmen, die wenig oder gar kein Vermögen haben; das geringe Vermögen, welches sie vielleicht besaßen, mußten sie auf ihre Studien und ihre Bildung verwenden. — Nun ist die Mehrzahl dieser Stellen in der Regel so gering dotirt, daß es ihnen, selbst bei der größten Sparsamkeit, kaum möglich ist, eine Familie mit mehreren Kindern gehörig zu erziehen, geschweige denn etwas zurückzulegen, um ihnen einiges Vermögen, und also die Mittel zu einer guten häuslichen Erziehung, nach ihrem Tode, zu sichern. So lange indessen der Vater lebt, erleichtern bei einigen selbst die Amtsverhältnisse die Erhaltung und Erziehung der Familie; mit dem Amte des Geistlichen insbesondere ist in der Regel eine geräumige Wohnung, die Benutzung eines Gartens, zuweilen auch einiger Felder und Wiesen, sodann einige Einnahme an Naturalien verbunden. Der Vater ist selbst Lehrer und Erzieher der Kinder, und so erhalten sie gewöhnlich eine gute häusliche Erziehung und zweckmäßigen Unterricht, ohne großen Aufwand von Kosten. — Allein nun stirbt der Vater und Versorger — er hatte kein Eigenthum; mit seinem Tode verliert die Wittwe die Wohnung, die Benutzung der Grundstücke, alle Einnahme an Naturalien und an baarem Gelde — bei dem Predigerstande geschieht dieß ein Jahr nach dem Tode des Gatten, bei dem Schulstande schon drei Monate nachher, oft noch in kürzerer Frist, bei den übrigen Staatsdienern sogleich. — Die Kosten der letzten Krankheit und des Begräbnisses haben in der Regel das geringe baare Vermögen schon verzehrt. Mit dem Vater ist der Ernährer und Versorger, nicht selten auch der Erzieher und Lehrer der Kinder zu Grabe getragen worden. — Was soll nun die arme Wittwe und Mutter beginnen mit den unmündigen Kindern? Die Wittwe des Predigers hat, wenn sie nicht in der allgemeinen Wittwenkasse eingekauft ist, wenn es hoch kommt, eine Pension von 100 Thalern aus der Synodal-Wittwenkasse. — Die Wittwe eines Schullehrers hatte bisher gar nichts zu erwarten, und wird künftig aus der Schullehrer-Wittwenkasse jährlich höchstens 20 Thaler erhalten. — Die Pensionen der Wittwen der anderen Staatsdiener aus der allgemeinen Wittwen-Societät sind selten hinreichend, den zurückgelassenen Wittwen die Mittel zu gewähren, den Kindern eine angemessene Erziehung zu geben. Wenn nun vollends die Mutter, die eine Pension von der Wittwenkasse zu beziehen hat, vor oder kurz nach dem Vater stirbt, so fällt auch diese Hülfe weg. Zuweilen finden sich Verwandte und Freunde, die sich der Kinder annehmen, — aber nicht selten ist Niemand, der sich ihrer erbarmt.

Die vielleicht recht glücklich begonnene Erziehung wird unterbrochen — es fehlt an Mitteln, ihnen eine gute Erziehung zu geben, und so bleiben manche treffliche Anlagen unausgebildet, sie gehen für den Staat und die Familie verloren, während daß sie, durch zweckmäßige Ausbildung und nothdürftige Unterstützung zum Nutzen beider wären erhalten und glücklich entwickelt worden.

Was ich hier vorstehend, insbesondere von den Geistlichen und Schullehrern, angeführt habe, gilt gleichfalls von allen andern Staatsdienern, die bei den Justiz-, Regierungs- und Communal-Behörden, beim Berg-, Hütten-, Forst- und Bauwesen, bei der Post und bei den Steuer-, Accise- und Rent-Aemtern angestellt sind, es gilt von den Professoren der Universitäten, von den Aerzten und Chirurgen. — Die Vorbereitung zu den meisten dieser Fächer ist heut zu Tage sehr kostbar. Besitzen jene Männer kein eigenes Vermögen, und sterben sie, ehe sie zur Verwaltung eines einträglichen Dienstes, einer bedeutenden Einnahme gelangten, so ist die Lage der Ihrigen nicht minder traurig. Schon der Besuch der Gymnasien, wenn sie nicht am Wohnorte des Vaters sind, ist mit großen

Kosten verknüpft; der Aufenthalt auf der Universität und andern höhern Bildungs-Anstalten nicht minder. Das elterliche Vermögen wird durch diesen Kostenaufwand nicht selten ganz erschöpft. — Wünschenswerth ist es daher in solchen Fällen, wo durch den Tod des Vaters die Erziehung der Kinder gehemmt oder erschwert wird, helfend zutreten und die Erziehung da fortsetzen zu können, wo sie unterbrochen wurde.

Das dachte ich mir als einen der Hauptzwecke der Stiftung.

4. Unterstützung verwaiseter Töchter.

In der Anstalt selbst sollten, meinem Plane nach, nur Knaben erzogen werden, dagegen würden, wenn es der Zustand des Vermögens der Stiftung erlauben sollte, auch verwaisete Mädchen, aus den Mitteln derselben, Erziehungsgelder erhalten; in der Regel würden sie von ihren Müttern erzogen; im Fall aber, daß sie auch diese verloren hätten, oder daß die Mutter sie nicht füglich selbst sollte erziehen können, so würden die gänzlich verwaiseten Mädchen vorzugsweise den Frauen anerkannt würdiger Geistlichen und Schullehrer, oder rechtschaffenen Wittwen, welche die Direction für dazu geeignet erachtet, gegen ein angemessenes Kostgeld, zur Erziehung übergeben werden. Hier würden sie, als ein Glied der Familie, einer guten häuslichen Erziehung sich erfreuen. Nur würde darauf zu sehen sein, daß an dem Orte ihrer Erziehung eine gut eingerichtete Mädchenschule oder wenigstens ein tüchtiger Lehrer sich befände.

Es ist mir zwar auch wohl der Gedanke gekommen, für sechs oder zwölf Mädchen, sobald es der Fond gestatten würde, eine eigene Erziehungs-Anstalt einzurichten, und diese zu Erzieherinnen bilden zu lassen; allein nach reiflicher Ueberlegung, habe ich geglaubt, mich für die hier erwähnte Art der Erziehung entscheiden zu müssen. Die mütterliche Liebe, Sorgfalt und Pflege kann der Tochter Niemand ersetzen — was durch einen vollkommneren Unterricht in wissenschaftlichen Gegenständen und in Kunstfertigkeiten auf der einen Seite gewonnen würde, das würde auf der andern Seite, durch den Mangel jener Liebe, durch die Entbehrung einer wirklichen Häuslichkeit verloren werden. Ein Mädchen muß im Hause überall Hand anlegen, Kranke pflegen, jüngere Geschwister warten und beaufsichtigen, in der Wirthschaft, bei der Wäsche, in der Küche, im Garten hülfreiche Hand leisten, wenn es eine tüchtige Hausfrau werden soll. Das läßt sich besser im häuslichen Kreise, als in einer Erziehungs-Anstalt bewirken.

Uebrigens ist durch §. 6. der Statuten bestimmt worden, daß für die Unterstützung verwaiseter Mädchen der zehnte Theil der Summe nicht überschritten werden soll, welche die Anstalt jährlich zur Unterhaltung verwaiseter Knaben verwendet.

5. Häusliche Einrichtungen für die Zöglinge der Anstalt.

Was nun die Art und Weise der Erziehung der Knaben betrifft, so ist offenbar eine möglichst einfache, die sich, so viel es thunlich, der häuslichen nähert, die angemessenste; daher ward beschlossen, was der §. 30. der Statuten darüber bestimmt, nämlich daß die Beköstigung und Verpflegung der Zöglinge der Stiftung an eine Familie in der Anstalt selbst verdungen werden solle.

Die Kost ist einfach, aber gesund; die Zöglinge sollen erhalten:

a) zum Frühstück Milch und Semmel oder Brod;
b) um 10 Uhr ein Butterbrod;
c) Mittags Suppe, Gemüse und Fleisch;
d) zum Vesperbrod Obst und Brod;
e) Abends eine Suppe oder ein einfaches Gericht.

Für jetzt wohnen die Zöglinge in vier geräumigen Zimmern und schlafen in zwei andern, die größern allein, die kleinern unter Aufsicht eines älteren Zöglings. Ein Lehrer der höheren Bürgerschule wohnt im Hause, hat die Aufsicht über die Zöglinge außerhalb der Lehrstunden, begleitet sie auf ihren Spaziergängen u. s. w.

Jeder Zögling hat übrigens eine Schreib-Commode mit einem Bücherbret, weil es wesentlich ist, daß jeder sein kleines Eigenthum gehörig verwahren und in Ordnung halten lerne.

6. Unterricht der Zöglinge.

Die Zöglinge besuchen, je nach ihrem Alter und ihren Fähigkeiten, entweder die höhere Bürgerschule, welche kürzlich zwei höhere Real-Classen erhalten hat, oder das Gymnasium, oder die Gewerbeschule.

Sie erhalten außerdem, wenn es für nöthig erachtet wird, auf Kosten der Anstalt, Privat-Unterricht in den alten und in den lebenden Sprachen.

Zur häuslichen Uebung in der Musik sind auf Kosten der Anstalt ein vorzüglich gutes Fortepiano, Violinen u. s. w. angeschafft worden.

Im Sommer benutzen die Zöglinge die, gleichfalls von mir nach der Methode des Generals von Pfuhl eingerichtete und unter meiner Leitung stehende Schwimm-Anstalt und den gymnastischen Uebungsplatz im Garten der Anstalt.

Im Winter werden diese Uebungen im Speisesaale der Anstalt vorgenommen.

Kein Zögling darf sich von diesen Uebungen ausschließen, es sei denn auf Anordnung des Arztes. Gegenwärtig besuchen fünf Zöglinge das Gymnasium, funfzehn die höhere Bürgerschule, einer die Gewerbeschule.

7. Erziehung der Zöglinge.

Bei Anordnung der Erziehung der Zöglinge der Stiftung kam mir die Erfahrung eines Zeitraums von vierzehn Jahren zu Statten, während welchem ich mehrere junge Leute, die mir anvertrauet worden waren, theils in der Schweiz, theils in

Frankfurt an der Oder, theils in Potsdam in meinem Hause erzogen hatte.

Dieselben Grundsätze, welche ich bei den Zöglingen in meinem eigenen Hause befolgt, habe ich auch bei den Zöglingen des Civil-Waisenhauses angewandt. — Sie sind sehr einfach und mögen hier eine Stelle finden.

Hinsichtlich der physischen Erziehung:

1) Reinlichkeit — tägliches Waschen des Gesichts, des Halses und des Nackens, der Brust und der Hände.

Im Sommer häufiges Baden und Schwimmen im Flusse. Im Winter zuweilen ein warmes Bad.

2) Nahrung — eine gesunde, reichliche Kost, fünf Mal des Tages.

3) Körperliche Bewegung — im Sommer: zwei Mal die Woche am Abend gymnastische Uebungen, ein Mal Exerciren, vier Mal Baden und Schwimmen und nachher Bewegung in freier Luft;

im Winter: zwei Mal wöchentlich gymnastische Uebungen und Exerciren im Zimmer. Die übrigen Tage Schlittschuhlaufen, Spaziergänge 2c., je nachdem es die Witterung erlaubt.

Durch die Anordnung der körperlichen Bewegung wird das gehörige Gleichgewicht zwischen der geistigen Anstrengung beim Unterrichte und der Sorge für die Gesundheit des Körpers bewirkt.

In moralischer Hinsicht wird der Ehrgeiz nie als Motiv benutzt; daher kein Lob, keine Auszeichnung, keine Prämien — der Zögling der Stiftung findet in der Zufriedenheit der Lehrer und Erzieher mit seinem Verhalten, in ihrem Vertrauen, in der größern Freiheit, die er genießt, wenn er sich ihrer würdig benimmt, seine Belohnung.

Beschränkung der Freiheit, Entziehung des Vertrauens sind die Strafen.

Die Zöglinge sind vaterlos, einige haben beide Eltern verloren. Außer dem Religions-Unterrichte, den sie erhalten, ist man bemüht, ihnen bei jeder Gelegenheit anschaulich zu machen:

daß Gott unser aller Vater ist, daß er will, daß wir das Gute um des Guten Willen thun, nicht um zeitlicher Vortheile Willen;

daß wir unsern Nächsten lieben sollen als uns selbst;

daß wir gehorsam sein sollen dem Könige, der Obrigkeit, unsern Vorgesetzten.

Vor allen Dingen wird von den Zöglingen strenge Sittlichkeit im Handeln und Reden, Ordnung in ihren Sachen, Pünktlichkeit im Besuch der Schul- und Unterrichts-Stunden, so wie in Anfertigung ihrer schriftlichen Arbeiten und unbedingter Gehorsam gefordert.

Der Besuch des Schauspiels, der Conditorladen und Wirthshäuser ist ihnen untersagt.

In den Sommer- und in den Weihnachts-Ferien besuchen sie ihre Mütter, Geschwister und Anverwandte; durch diese sorgfältige Pflege der Familienbande wird die Gemüthsbildung gesichert — schon die Freude auf das Wiedersehen der Ihrigen wirkt vortheilhaft auf diese Kinder, heitert sie auf und trägt so auch zur Erhaltung ihrer Gesundheit bei.

Außerdem wird den Zöglingen der Genuß jedes unschädlichen Vergnügens, z. B. der Besuch von Freunden und Bekannten des Sonntags, die Anlegung kleiner Sammlungen ꝛc. gern gestattet.

Möchten diese Andeutungen von allen denen, welche ähnliche Anstalten zu leiten haben, erwogen, geprüft und — wenn sie dieselben als wohl begründet anerkennen — benutzt werden!

Uebrigens darf ich hoffen, es werde aus Vorstehendem Jedermann sich überzeugen, daß für die Erziehung der hier aufgenommenen Waisen Alles geleistet wird, was bei den vorhandenen Mitteln irgend geleistet werden kann, und daß nicht leicht einer der Väter der jungen Leute, die hier erzogen werden, seinem Sohne eine vollkommnere Erziehung würde haben geben können, als er hier empfängt.

8. Künftige Bestimmung der Zöglinge.

Hinsichtlich der künftigen Bestimmung der Zöglinge halte ich es für nöthig, sogleich im Voraus zu bemerken, daß es nicht zweckmäßig sein dürfte, alle Zöglinge dem gelehrten Stande zu widmen. Ihre dereinstige Bestimmung wird vielmehr von ihren natürlichen Anlagen und von deren Entwickelung abhängen müssen. Alle werden bei ihrem Eintritt zuerst die höhere Bürgerschule besuchen. Die Einrichtung dieser Anstalt bezweckt hauptsächlich die formelle Bildung, die Entwickelung aller geistigen Anlagen im Kinde. Ist dasselbe bis zur höchsten Classe gelangt, wo Mathematik, Erdkunde, Naturkunde, deutscher Styl, die französische und lateinische Sprache gelehrt werden, dann wird sich beurtheilen lassen: ob der Knabe zu einer höhern wissenschaftlichen Bildung sich eignet — in diesem Falle wird er sodann entweder in das Gymnasium übergehen, wo die alten Sprachen vorzugsweise betrieben werden, oder in eine Real-Classe der höheren Bürgerschule, wo hauptsächlich die mathematischen und physikalischen Wissenschaften und die neueren Sprachen betrieben werden — sollte er aber vielmehr diejenigen Eigenschaften besitzen, die für den Beruf eines Schullehrers erfordert werden — dann wird er von da aus in das Schullehrer-Seminar übergehen, das auf diese Weise vorzüglich gut vorbereitete Zöglinge erhalten wird. Zeigen sich dagegen keine ganz vorzüglichen geistigen Anlagen, oder auch keine Neigung für den gelehrten oder für den Lehrerstand, so wird der Zögling nicht dafür, sondern für irgend ein Gewerbe zu bestimmen sein und deßhalb die Gewerbe-Schule besuchen — auch die Gewerbe bedürfen wohlerzogener, tüchtig vorbereiteter junger Leute, und erst dann, wenn dem Gewerbestande fortdauernd mehrere durch gute Sitten und Kenntnisse ausgezeichnete Jünglinge sich widmen werden, wird er seine wahre Stelle im Staate einnehmen, und ihm ein desto größerer Segen sein.

9. Der von den bis jetzt entlassenen Zöglingen gewählte Beruf.

Bis jetzt sind 33 Zöglinge, nach Vollendung ihrer Erziehung in der Anstalt, aus derselben entlassen worden. Von diesen haben:

1) Theologie studirt	3,
2) dem Büreaudienste sich gewidmet	6,
3) dem Schullehrerstande	2,
4) dem Studium der Musik, als Componisten	2,
5) der Landwirthschaft	2,
6) dem Apothekerberufe	2,
7) dem Kaufmannsstande	5,
8) den Baugewerben, als: Maurer, Zimmermann, Tischler, Stellmacher, Buchbinder &c.	4,
9) anderen Gewerben	4,
10) der Gartenkunst	1,
11) dem Forstfache	1,
12) der Thier-Arzneikunde	1,
zusammen	33.

10. Fürsorge für die Zöglinge der Stiftung nach ihrer Entlassung.

Für jetzt gestatten die Einkünfte der Stiftung noch nicht, die Zöglinge der Anstalt, auch nach ihrer Entlassung, zu unterstützen. Der §. 36. der Statuten setzt hierüber fest, daß dieß nicht eher geschehen soll, bis die Einkünfte der Anstalt es gestatten, eine Anzahl von funfzig Zöglingen zu erhalten. Indessen ist nach dem Inhalte des §. 11. der Stiftungs-Urkunde für die Stipendien-Anstalt, welche die Königl. Immediat-Commission zu Vertheilung der Prämien auf Staats-Schuldscheine für hülfsbedürftige Jünglinge errichtet hat, die auf der Universität in Berlin die evangelische Theologie studiren, d. d. Berlin den 13. October 1822, vollzogen zu Verona den 2. November 1822 dereinst, nach dem Abgange der jetzigen Collatoren der drei gestifteten Stipendien resp. von zwei Mal hundert und von neunzig Thalern jährlich, die Collation des einen Stipendii

„dem jedesmaligen Vorsteher der von dem Regierungs-„Rath von Türk gestifteten Civil-Waisen-Anstalt zu „Potsdam"

verliehen worden, wodurch also den Zöglingen der Stiftung, die sich dem Studium der Theologie widmen, die Erlangung eines Stipendii, insofern sie dessen würdig sind, für ewige Zeiten zugesichert ist.

Auch hat die Stiftungs-Versammlung im Jahr 1837 den Beschluß gefaßt, ganz armen Zöglingen insofern dieselben, bei ihrem Ausscheiden, einer Unterstützung nothwendig bedürfen sollten, eine solche zu gewähren, doch soll sie den Betrag der Unterhaltungs-Kosten eines Zöglings für ein Jahr nicht überschreiten und diese Stelle sodann ein Jahr lang unbesetzt bleiben.

11. Mitglieder der Stiftungs-Versammluug und ihre Rechte.

Es erschien als zweckmäßig, denjenigen, welche sich der Stiftung durch eine bedeutendere Unterstützung annahmen, gewisse Berechtigungen einzuräumen und sie, als Mitgründer und Beförderer der Stiftung, bei wichtigen Angelegenheiten zuzuziehen.

Daher wurde im vorläufigen Plane bestimmt und später durch §. 40. der Statuten festgesetzt, daß demjenigen, welcher der Stiftung ein Capital von funfzig Thalern Preuß. Cour. zuwendet, oder sich zu einem jährlichen Beitrage von fünf Thalern Preuß. Courant lebenslänglich verpflichtet, und denselben wirklich leistet, folgende Rechte zustehen sollen:

a) wenn er unbemittelt mit Tode abgehen sollte, so kann eines seiner Kinder vorzugsweise vor andern, gleich unbemittelten Waisen, die Wohlthaten der Stiftung in Anspruch nehmen;

b) es gebührt ihm Sitz und Stimme in der jährlichen Haupt-Versammlung der Mitglieder der Stiftung;

c) er kann Erinnerungen gegen die geführte Verwaltung erheben und darüber Rechenschaft fordern;

d) Zöglinge und Pfleglinge in Vorschlag bringen.

Bis heute, da ich dieses schreibe, haben 92 Personen durch Einzahlung einer Summe von wenigstens 50 Thalern, sodann 252 durch Leistung eines Beitrags von wenigstens 5 Thalern die oben angegebenen Rechte erworben.

12. Beamten der Stiftung.

Nach den Statuten bilden fünf aus den Mitgliedern des Stiftungs-Vereins von diesen, in der Jahres-Haupt-Versammlung zu wählende Männer die verwaltende Behörde,

„Civil-Waisen-Amt"

genannt.

Eines dieser Mitglieder bekleidet das Amt des Vorstehers (ein Amt, das ich bisher verwaltet habe).

Ein zweites muß der Rechte kundig sein, um das Syndicat der Anstalt zu verwalten.

Das dritte Mitglied ist, ein der Erziehung kundiges.

Das vierte Mitglied ist in der Regel ein Geistlicher, rücksichtlich der religiösen Bildung der Zöglinge.

Das fünfte, ein der Cassen-Verwaltung kundiger Geschäftsmann.

Jedes Mitglied hat einen Stellvertreter.

Diese werden ebenfalls von der Haupt-Versammlung gewählt.

(Unter dem 21. Februar 1825 erfolgte die Königliche Genehmigung der Statuten der Stiftung.)

13. Bildung des Vermögens der Stiftung und dessen Wachsthum.

Bei jedem Unternehmen, das, wie dieses, im Kleinen anfängt und erst Kräfte sammeln muß, ehe es wirklich ins Leben treten kann, pflegt man das allmähliche Fortschreiten ungefähr zu berechnen, so wie die Zeit, binnen welcher dasselbe zur Reife gedeihen dürfte; so hatte auch ich mir gedacht, ich würde, wenn alles nach Wunsch ginge, nach acht Jahren so weit sein, ein Capital von 12,000 Thalern gesammelt zu haben, wo ich denn vier Zöglinge würde aufnehmen können.

Allein das Unternehmen fand eine so günstige Aufnahme, daß ich schon nach 1½ Jahren, nämlich zu Weihnachten 1822, fünf Zöglinge mit Sicherheit aufnehmen konnte, daß jetzt nach 17 Jahren ihre Anzahl auf 22 gestiegen ist, wobei nach überdem 9 Mädchen Erziehungsgelder erhalten.

Dieses schnelle Wachsthum verdankt die Stiftung theils den zahlreichen, mitunter bedeutenden Beiträgen, theils dem Umstande, daß sie keine Verwaltungskosten zu tragen hatte und überhaupt bei den Ausgaben sehr erleichtert wurde. Was den ersten Punkt anbetrifft, so erfolgten eine Menge größerer und kleinerer Capital- und fortlaufender Beiträge; so erhielt die Stiftung von des Königs Majestät bei Gelegenheit der Vermählung der Königl. Prinzen und Prinzessinnen jedes Mal ein Geschenk von 500 Thalern.

Vorzüglich wohlwollend nahm sich auch der Stiftung der Herr Staats-Minister, Freiherr von Altenstein, an, indem er sich für dieselbe bei den hohen Ministerien und bei sämmtlichen Regierungen und Consistorien verwandte.

Was den zweiten Punkt betrifft, so vereinigte sich alles, um der Stiftung auf alle mögliche Weise Ausgaben zu ersparen.

Alle Beamten der Stiftung arbeiteten in den ersten Jahren unentgeltlich. So führte früher der damalige Regierungs-Director hierselbst, jetzt Minister des Innern, Freiherr von Brenn, das Amt eines Cassen-Raths; — (jetzt verwaltet es der Regierungs-Haupt-Cassirer Wentz.)

Eben so besorgte der Regierungs-Secretair Schlegel die Geschäfte eines Secretairs und Registrators von Anfang an bis zum Jahre 1826 unentgeltlich.

Der Regierungs-Haupt-Cassen-Buchhalter Baak das Amt eines Rendanten.

Der General-Staabs-Arzt Dr. Brettschneider besorgte bis zu seiner im Jahre 1835 erfolgten Pensionirung die ärztlichen Geschäfte ohne alle Vergütigung.

Der Hof-Apotheker Frank lieferte bis zu seinem am 31. December 1830 erfolgten Tode alle Medicamente unentgeltlich; eben so sein erster Nachfolger.

So wurden also überall die sonst unvermeidlichen Ausgaben entweder ganz erspart, oder doch sehr vermindert.

Ich sage dieß hier öffentlich in der Absicht, damit in andern Provinzen des Preußischen Staates und in andern Ländern das hier aufgestellte Beispiel Nachahmung finde.

14. Stiftung von Stipendien.

Späterhin dachte ich mir den Fall als möglich, daß einzelne Behörden, Corporationen oder Personen den Wunsch hegen könnten, ein Stipendium zu stiften, vermöge dessen ihnen sodann das Recht zustände, stets einen von ihnen dazu auserwählten Knaben in der Anstalt erziehen zu lassen, um dadurch für bestimmte Classen von Staatsdienern, oder für bestimmte Familien zu sorgen. Ich äußerte diesen Gedanken — er fand Beifall und eine Theilnahme, die meine Erwartung übersteigt; ungeachtet zur Stiftung eines solchen Stipendii die Summe von 3000 Thalern erfordert wird, (weil Verpflegung, Kleidung, Erziehung und Unterricht eines Knaben jährlich ungefähr 150 Thaler kosten,) so sind dennoch bereits dreizehn solcher Stipendien wirklich gestiftet.

Die Gründung eines vierzehnten wird von Seiten des

Gesang=Vereins zu Potsdam beabsichtigt, und es sind zu dessen Begründung bereits über 2000 Thaler abschläglich gezahlt worden.

15. Das Eigenthümliche der Stiftung.

Diese Stiftung hat die eigenthümliche Einrichtung, die sie von allen mir bisher bekannt gewordenen Waisen=Versorgungs=Anstalten unterscheidet, daß die Waisen nicht in der Anstalt selbst unterrichtet werden, sondern die Unterrichts=Anstalten der Stadt benutzen. Diese Einrichtung dürfte den Vorzug vor der gewöhnlichen verdienen, wo die Waisen in der Anstalt selbst unterrichtet werden, also von der übrigen Bevölkerung isolirt sind, mit andern Personen als ihren Lehrern und Erziehern nur selten in Verbindung kommen, wo also eine gewisse Einseitigkeit und Unbehülflichkeit kaum zu vermeiden sein dürfte.

Es hat sich diese Einrichtung in einem Zeitraume von 17 Jahren vollkommen bewährt, und es ist kein Nachtheil irgend einer Art bemerkbar geworden.

(Wenn ich nicht irre, so besuchen in der neueren Zeit auch die Zöglinge des Waisen = Hauses zu Oranienburg die Stadt=Schulen.)

Daß die Zöglinge auch noch nach zurückgelegtem zehnten Jahre und selbst noch nach znrückgelegtem dreizehnten Jahre aufgenommen werden, ist eine eigenthümliche Einrichtung der Stiftung, entspricht aber ihrer Tendenz, da zuzutreten, wo durch den Tod des Vaters die bisherige sorgfältige Erziehung des Sohnes, wegen Ermangelung der Mittel zu ihrer Fortsetzung, unterbrochen werden würde.

Ebenso, daß die Anstalt keine Exspectanz ertheilt, sondern daß bei eintretender Erledigung einer Zöglings=Stelle immer derjenige aufgenommen wird, dessen Verhältnisse die drückendsten sind.

16. Aufforderung zu Errichtung ähnlicher Anstalten.

Ob man mir gleich verschiedentlich eingewandt hat, daß es solcher Anstalten gar nicht bedürfe, indem in der Regel Verwandte und Freunde der Verstorbenen für die Hinterbliebenen sorgten, so bedarf es wohl kaum der Versicherung, daß viele Fälle zu meiner Kenntniß gelangt sind, wo dies nicht der Fall war, ja mehre, wo selbst reiche nahe Verwandte sich der Verwaiseten nicht annehmen wollten und da sie gesetzlich nicht gezwungen werden konnten, auch ihrer sich nicht angenommen haben.

Es wäre daher wohl zu wünschen, daß für jede Provinz des Preuß. und anderer deutschen Staaten eine solche Anstalt gegründet werde, und zwar immer in einer Stadt, wo sich die wichtigsten Bildungs-Anstalten ebenso vereinigt finden, wie in Potsdam, nämlich eine gute Bürger-Schule, eine Gewerbe-Schule und ein Gymnasium.

Wenn dann ebenso, wie hier, einige öffentliche Beamte sich der Verwaltung der Stiftung annehmen, einige bemittelte gutdenkende Menschen durch ihre Beiträge einen ersten Fond bilden wollten, so würden ähnliche Anstalten an mehreren Orten aufblühen, allmählich wachsen und gedeihen.

§. 18.

Die Waisen-Versorgungs-Anstalt für die Provinz Brandenburg zu Klein-Glienicke.

Veranlassung der Stiftung.

Mit der Leitung des Civil-Waisenhauses in Potsdam beschäftigt, gelangten eine Menge Gesuche von armen Müttern verwaiseter Kinder und von ihren Vormündern um deren Aufnahme an mich, die ich, in Gemäßheit der Statuten der Stiftung, zurückweisen mußte, weil die Väter zu Erfüllung ihres Berufs einer sorgfältigeren Vorbildung nicht bedurft hatten.

Ich lernte nun die große Noth vieler dieser Waisen kennen, und fand, indem ich den Ursachen nachforschte, daß in der That das Bedürfniß, für die Waisen zu sorgen, jetzt dringender, ihre Anzahl verhältnißmäßig größer war, als früher.

So lange nämlich die Zünfte und Innungen noch bestanden, konnte die Wittwe eines Meisters das Geschäft des verstorbenen Ehemannes mit Sicherheit fortsetzen, weil die Zahl der Meister-Familien eine geschlossene war; das ist jetzt nicht mehr der Fall — in der Regel muß die Wittwe das Geschäft aufgeben, und verliert mithin die Mittel zur Erziehung und Ernährung der Kinder.

Also ist die Lage der Wittwen und Waisen der gewerbtreibenden Classe jetzt weit schlimmer, als früher. Noch schlimmer war von jeher und ist noch jetzt die Lage der Wittwen und Waisen der Land-Schullehrer. — Der Bürger, Eigenthümer, Gewerbetreibende 2c. hinterläßt nämlich eine Wittwe und Kinder an dem Orte, wo er lebte, oft selbst an seinem Geburtsorte, wo er in der Regel Anverwandte und Freunde hatte, die dann mehr oder weniger sich der Seinigen annehmen. Der Schullehrer aber wird oft in weiter Entfernung von seinem Geburtsorte angestellt; die Bande von Verwandtschaft und Freundschaft in der Heimath werden lockerer, lösen sich wohl ganz auf; bei seinem Tode hat er also da, wo er sein Amt bekleidete, nur selten Verwandte oder ältere Bekannte, die sich der Seinigen annehmen. Bei jenen kann die nachbleibende Familie doch noch zuweilen das Geschäft des Vaters fortsetzen, oder in dem Genuß der Wohnung, der Grundstücke, die der Vater benutzte, wo nicht für immer, doch noch längere Zeit bleiben, wenn diese auch verschuldet sind, — sie sind nicht ganz so hülflos. Allein die Familie des Schullehrers kann auf keinen Fall das Amt verwalten, das ihr bisher den Unterhalt gewährte; sie kann auch nicht im Genuß der Wohnung und der Grundstücke bleiben, — sie muß Haus, Garten und Acker spätestens nach 3 bis höchstens 6 Monaten räumen, und hat nirgends eine Zuflucht, als in der Verpflichtung der Gemeinde, für die Ortsarmen zu sorgen. Oft aber ist die Gemeinde selbst arm, und fast immer wird diese Zwangshülfe nur schwach und unzureichend sein, und so befinden sich die Hinterbliebenen der Land-Schullehrer nur zu oft in der allertraurigsten, hülflosesten Lage, wie ich es in meinem Amte als Schulrath vielfältig erlebt habe.

Sodann ist noch die zahlreiche Classe der niedern Staats- und Communal-Beamten zu bedenken, die, wenn gleich für den Staatsdienst ebenfalls unentbehrlich, doch nur gering besoldet zu werden pflegen, und daher großentheils in ärmlichen Umständen sterben.

Ich muß hier noch einer Classe von Waisen erwähnen, die unsere Vorsorge ganz besonders verdienen. Es haben nämlich viele Familien-Väter den Befreiungskrieg von 1813 bis 1815 mitgemacht. — Waisen, in jener Zeit geboren, sind zwar nicht mehr vorhanden; allein es starben in den letzten Jahren und sterben noch jetzt viele von diesen Familien-Vätern in Folge der Blessuren und ihrer durch die Anstrengungen jener Feldzüge und besonders der Bivouacs zerrütteten Gesundheit.

Die Militair-Waisenhäuser zu Potsdam und Annaburg nehmen sich dieser Waisen nicht an, weil verfassungsmäßig nur solche Kinder berücksichtigt werden, deren Väter zur Zeit der Geburt der Kinder noch im activen Militairdienste standen. Auch sonst nimmt sich, so viel ich habe erfahren können, Niemand ihrer besonders an, so daß in einzelnen Fällen, wo mein Rath und Beistand für solche Kinder in Anspruch genommen wurde, meine Bemühungen, etwas für sie zu bewürken, vergeblich gewesen sind.

Dennoch haben wir alle, vom Höchsten bis zum Niedrigsten, vom Reichen bis zum Aermsten, diesen Männern, die damals für das Vaterland gestritten, ihr Blut vergossen, ihre Gesundheit, oft auch ihren Wohlstand eingebüßt haben, viel, unendlich viel zu verdanken.

Es war also jetzt ein dringenderes Bedürfniß vorhanden,

sich der unversorgten, hülflosen Waisen anzunehmen, als in früheren Zeiten. Ich konnte daher den Wunsch nicht unterdrücken, vorzüglich für die Waisen, deren Lage ich so eben geschildert habe, zu sorgen, und es ist mir besonders erfreulich, daß ich hier in Glienicke bereits 16 Söhne von Vätern, die den Befreiuungskrieg mitgemacht, und 4 Söhne von Land-Schullehrern habe aufnehmen können.

Es kamen in neuerer Zeit noch die verwaiseten Kinder vieler Aeltern hinzu, welche die Cholera hinweggerafft hatte; (ich habe hier bereits 2 Knaben erzogen, die beide Vater und Mutter durch die Cholera verloren haben.) Es war dieß eine neue, dringende Aufforderung, die Waisen-Versorgungs-Anstalt, deren Errichtung ich bereits früher beabsichtigt hatte, sobald als möglich in's Leben treten zu lassen. — Aber, wie das anfangen? Woher die Mittel dazu nehmen? Zumal damals, in einer Zeit, wo wegen der Furcht vor dem Kriege und wegen der Cholera der Handel stockte, und so manche Quelle des Wohlstandes versiegte!

Woher sonst, als aus dem reichen Schatze des Wohlwollens gutdenkender Menschen, welche die herrliche Ermahnung das Apostels Paulus, Cap. 6. V. 9., des Briefes an die Galather beherzigen, wo er sagt:

> „Lasset uns Gutes thun und nicht müde werden; denn zu seiner Zeit werden wir erndten ohne Aufhören."

Aus diesem Schatze, der unermeßlich ist, sind die Frankschen Stiftungen in Halle, sind die Waisenhäuser in Oranienburg, das Schindlersche, das Kornmessersche Waisenhaus zu Berlin, das Civil-Waisenhaus in Potsdam hervor gegangen.

Wer da noch am Erfolge zweifeln und glauben könnte, daß heut zu Tage, bei der allgemeinen Klage über Nahrungslosigkeit, diese Quelle der Mildthätigkeit versiegt sei, der beherzige, was der Apostel Paulus in dem 2ten Briefe an die Korinther, Cap. 9. V. 8. sagt:

„Gott aber kann machen, daß allerlei Gnade unter euch reichlich sei, daß ihr in allen Dingen volle Genüge habet, und reich seid an allerlei guten Werken.“

Auch mir haben diese Worte des Apostels vielfach sich bewährt; auf diese Worte und auf meine bisherigen Erfahrungen, insbesondere auch auf den schnellen und glücklichen Fortgang der Civil-Waisenhaus-Stiftung, der Potsdamer Anstalt zur Versorgung armer kranker Familien mit Suppe während des Winters, und zur Verpflegung kleiner Kinder, deren Eltern außer dem Hause arbeiten müssen, u. s. w., baute ich die zuversichtliche Hoffnung, daß es mir gelingen werde, auch diese zweite Waisen-Versorgungs-Anstalt in's Leben zu rufen und fest zu begründen. So legte ich denn bereits unter dem 11. April 1828 dem Herrn Staats-Minister von Altenstein einen vorläufigen Plan zu Begründung einer solchen Stiftung vor, und suchte zugleich Freunde und Bekannte für diesen Plan zu gewinnen.

Indessen konnte von seiner wirklichen Ausführung nicht eher die Rede sein, bis hinlängliche Geldmittel dazu vorhanden, oder wenigstens mit Zuverlässigkeit zugesichert waren. Ich schlug daher denselben Gang ein, der früher bei Stiftung des Civil-Waisenhauses befolgt worden war; ich vermogte Freunde und Bekannte, der neuen Stiftung Beiträge zuzusichern, und veranlaßte sie zu einer Zusammenkunft, welche am 14. Mai 1829 statt fand. Hier wurde der Entwurf der Statuten der Stiftung, so wie die Zweckmäßigkeit des von mir dafür in Vorschlag gebrachten Grundstücks erwogen, ersterer, mit einigen Abänderungen, genehmigt, letztere anerkannt, insofern die zu dessen Ankauf nöthigen Mittel zu beschaffen sein würden.

Ich werde hier jedoch vor allen Dingen die Ansichten zu entwickeln haben, von denen ich bei Einrichtung dieser Anstalt ausgehen zu müssen glaubte.

Es war hier die Aufgabe zu lösen, für die Waisen, von

denen hier die Rede ist, auf eine angemessene Weise, d. h. so zu sorgen, daß sie achtbare Mitglieder der menschlichen Gesellschaft würden, ohne sie über die Sphäre hinaus zu führen, in der sie bis dahin aufgewachsen waren, (den Fall ganz vorzüglicher geistiger Anlagen natürlich ausgenommen,) denn der Andrang der Söhne der niederen Stände zum gelehrten Stande, zu den Schreibstuben 2c. darf meines Erachtens nicht befördert, ihm muß vielmehr möglichst entgegen gearbeitet werden.

Es fragte sich daher:

Wie die Erziehung und Bildung der in einer solchen Anstalt aufzunehmenden Knaben einzurichten sei, damit sie dereinst in der so nützlichen Sphäre ihrer Väter Vorzügliches leisten, und nicht über dieselbe hinausgeführt und ihr entfremdet würden?

Wir müssen, um diese Aufgabe mit Erfolg zu lösen, zuerst uns um die bisherige Bildung und Erziehung der Knaben aus den angegebenen Ständen und die jetzt für beides vorhandenen Mittel bekümmern.

Untersuchen wir daher zuerst, wie es um die Vorbildung der jungen Leute steht, die sich dem Gewerbestande widmen.

Was ist es, das jetzt am meisten Noth thut für mehrere Provinzen des preußischen Staats, für die meisten deutschen Staaten und für ihre Bewohner?

Ist es nicht ein höherer Grad von Gewerbthätigkeit? eine mannichfaltigere und zweckmäßigere Benützung des Grund und Bodens und seiner Erzeugnisse?

Wir dürfen hoffen, durch eine solche Stiftung dahin zu wirken. — Wie wenig vorbereitet treten jetzt in der Regel die jungen Leute in den Gewerbestand und in die Gewerbeschulen ein!

In den Gewerbestand ohne alle Fertigkeit in Handarbeiten, ohne alle Kenntniß derselben; in die Gewerbeschulen ebenfalls ohne erstere, wenn sie nicht schon bei einem Meister gearbeitet haben. Bestimmen wir nun aber in jener Versorgungs- und Erziehungs-Anstalt dem geistigen Unterrichte, dem Schreiben,

Zeichnen u. s. w. im Sommer täglich 3, im Winter 5 Stunden, so bleiben uns im Sommer 8, im Winter 5 Stunden zu den Feld- und Garten- und zu allen Arten von Handarbeiten übrig. Bei der Stiftung sind die nöthigen Anstalten für Betreibung des Seidenbaues und Ackerbaues vorhanden. Die jungen Leute werden im Pflanzen und Veredeln der Bäume, im Ackern, Pflügen und Säen unterrichtet, bei der Erndte beschäftigt, und zu allen ländlichen und Garten-Arbeiten angehalten.

Alles, was in dieser Hinsicht als gut und zweckmäßig anerkannt ist, soll hier praktisch gezeigt und gelehrt werden. Auch im Korbflechten, Strohflechten, Nähen, Netzeflechten, Schnitzen, Drechslen, Tischlern und Modelliren müssen die Zöglinge der Stiftung unterwiesen und zu einem gewissen Grade der Fertigkeit in einer oder mehreren dieser Handarbeiten gebracht werden. Selbst die Anleitung zu Schlosser-Arbeiten ist für diejenigen, welche die dazu nöthige Kraft und Anlage haben, sehr zweckmäßig *). Ueberdem sollten sie in den körperlichen Uebungen, im Schwimmen u. s. w. unterrichtet, und durch einen Unterofficier einexercirt werden.

Das wird den jungen Leuten Gewandtheit des Körpers und Anstelligkeit geben; es wird sie gesund erhalten, und es ist auch darum nöthig, weil jetzt bei uns alle junge Männer militairpflichtig sind, wo ihnen dann, beim Eintritt in das stehende Heer, diese körperliche Vorbildung sehr zu Statten kommen wird.

Es ist nun wohl keinem Zweifel unterworfen, daß so vorbereitete junge Leute, sie mögen nun irgend einem Berufe sich widmen, sie mögen den Land- oder Gartenbau betreiben, oder ein Handwerk erlernen, irgend einem Gewerbe sich widmen wollen, dazu eine bessere Befähigung mitbringen werden, als es gewöhnlich der Fall ist.

---

*) Ich habe in einer Erziehungs-Anstalt, der ich Jahre lang vorgestanden, die Erfahrung gemacht, daß die Arbeiten im Feuer die jungen Leute sehr anziehen, und daß sie es darin bald zu einiger Vollkommenheit bringen.

Untersuchen wir nun ferner, wie es um die Vorbildung der jungen Leute steht, die sich dem Stande der Elementarlehrer widmen.

Gewöhnlich sind es Söhne von Land-Schullehrern, zuweilen auch von Bauern, kleinen Eigenthümern und Handwerkern. Sie besuchen die Landschule (denn nur Wenige aus den Städten widmen sich dem Elementar-Lehrerstande) in der Regel nicht länger als bis zum zurückgelegten 14ten Jahre. Indessen können sie in das Seminar nur erst nach zurückgelegtem 17ten Jahre aufgenommen werden. Was sollen sie nun in diesem dreijährigen Zeitraume beginnen?

Ueber den Unterricht, den ihnen die Ortsschule giebt, sind sie hinaus; das elterliche Haus giebt ihnen in der Regel nicht hinreichende Beschäftigung. — Freilich sollten sie einen gründlichen Unterricht im Gesange und im Clavier- und Orgelspielen, als Vorbereitung für ihren künftigen Beruf, empfangen, — allein wo sollen sie diesen finden? und wovon sollen die Eltern die Kosten bestreiten, wenn auch in der Nähe ein guter Musik-Unterricht zu finden wäre? Eine wohl eingerichtete Stadtschule zu besuchen, reichen oft die Mittel der Eltern nicht zu.

Hier aber, in der beabsichtigten Stiftung, werden diejenigen Zöglinge, welche von der Natur mit den für den Lehrerstand erforderlichen Geistes- und Gemüths-Anlagen ausgestattet sind, und Neigung zu diesem Stande haben, eine zweckmäßige Vorbildung, auch die nöthige musikalische Ausbildung erhalten. Wenn auch im Anfange für die in Kenntnissen weiter Vorgerückten die Lehrkräfte der Stiftung dazu nicht ausreichen sollten: so können die jungen Leute die höhere Bürger- oder die Gewerbeschule in dem nahen Potsdam besuchen, wie es schon jetzt bei einigen der Fall ist.

Mögen nun die hier erzogenen jungen Leute dereinst dem Gewerbestande, der Landwirthschaft, dem Gartenbau, oder dem Schullehrerstande sich widmen, mögen sie die militairische Laufbahn betreten: so werden sie für alle diese Lebensverhältnisse eine tüchtige Vorbereitung erhalten haben und sich auszeichnen.

Wir dürfen dabei einen wesentlichen Punkt nicht übersehen.

Die meisten Waisenhäuser entlassen nämlich ihre Zöglinge mit dem vollendeten 14ten Jahre. — Auch fast aus allen Stadt- und Landschulen werden die Kinder mit dem vollendeten 14ten Jahre entlassen. — Das letztere erfordern bei vielen unbemittelten Eltern ihre Verhältnisse, die sie zwingen, die Kinder je eher je lieber aus dem Hause zu entlassen, um nicht länger für ihre Kleidung und Nahrung sorgen zu dürfen. Da nun das 14jährige aus der Schule entlassene Kind sich nun schon auf irgend eine Weise seinen Unterhalt selbst verdienen kann, z. B. der Knabe bei einem Meister als Lehrbursche, oder bei einem Landmann als Dienstjunge, Hüter des Viehes 2c., so eilen die Eltern, ihn aus dem Hause zu entfernen, so körperlich schwach und geistig unreif er auch immer sein mag.

Offenbar ist dieß ein großer Mangel, der höchst nachtheilig auf die Bildung des Volkes wirkt. Zuweilen nämlich sind die körperlichen Kräfte dem neuen Berufe noch nicht angemessen, — oft werden den 14jährigen Kindern zu schwere Arbeiten aufgebürdet, die ihren Körper zu Grunde richten; fast immer aber ist ihr Geist und ihr Gemüth noch zu wenig gebildet, ihr Charakter noch nicht hinlänglich fest, um der Sinnlichkeit und der Macht böser Beispiele zu widerstehen.

Daher hat man z. B. in Amsterdam die löbliche Einrichtung getroffen, daß alle Knaben, die in Waisenhäusern erzogen, oder in den Armenschulen unterrichtet worden sind, noch 2 Jahre nach ihrer Entlassung, bis zum vollendeten 16ten Jahre, täglich Abends von 6—8 Uhr in der Anstalt, in der sie bisher gebildet wurden, fortgesetzten Unterricht erhalten.

In der Anstalt nun, von deren Einrichtung hier die Rede ist, sollen die jungen Leute, insofern sie sich den Gewerben, der Landwirthschaft u. s. w. widmen, wenigstens bis zum vollendeten 16ten Jahre bleiben, auch, wenn sie die gehörigen Vorkenntnisse und Anlagen besitzen, in den letzten 2 Jahren den Unterricht der Gewerbeschule zu Potsdam benutzen. Diejenigen aber, die sich dem Lehrerstande widmen wollen, und dazu geeignet befunden werden, bleiben bis zum vollendeten 17ten Jahre in der Anstalt und gehen unmittelbar aus derselben in das Seminar zu Potsdam oder Neu-Zelle über.

Es ist zu hoffen, daß die jungen Leute bei dieser bis zum 16ten oder 17ten Jahre fortgesetzten sorgfältigen Erziehung und Vorbildung dereinst in den Gewerbeschulen gute Fortschritte machen, den Meistern durch die bereits erlangte Uebung in Handarbeiten und durch ihre Anstelligkeit sich empfehlen, bei Betreibung der Landwirthschaft sich nützlich erweisen und sich überall durch ihr sittliches Betragen auszeichnen werden.

Auf diese Weise werden alle hier aufgenommenen und ausgebildeten Waisen eine angemessene Versorgung finden, und durch den Nutzen, den sie in ihrem Wirkungskreise stiften, einen reichlichen Ersatz für die Wohlthaten einer zweckmäßigen Erziehung und Vorbildung gewähren, die ihnen hier zu Theil wurden. Sie werden die Versorger ihrer jüngern Geschwister, die Stützen ihrer Mütter sein, und so wird die Stiftung in jeder Hinsicht segensreich wirken. In ihr gebildete junge Männer werden jeden Stand, dem sie sich widmen, zieren.

Schon darin liegt ein Hebel zur Sittlichkeit und zu einem Gott wohlgefälligen Leben, daß, nach §. 6. der beigefügten Statuten, Rechtschaffenheit, ein vorwurfsfreier Wandel und Verdienstlichkeit des Vaters bei der Wahl der Zöglinge vorzüglich berücksichtigt werden; daß Kinder, deren Eltern sich der Lüderlichkeit, dem Trunke, dem Laster hingegeben haben, in der Regel ausgeschlossen sind.

Sollten wir denn nicht hoffen dürfen, daß mancher Familienvater, der im Begriff steht, die Bahn des Lasters zu betreten, durch den Gedanken, daß er dadurch seine Kinder, im Fall seines frühen Hinscheidens, einer angemessenen Versorgung beraubt, in sich gehen, den Weg der Rechtlichkeit und Tugend fortwandeln, — ja daß mancher, der schon den Versuchungen der Sinnlichkeit sich hingegeben hatte, durch eben diese Betrachtungen aus seinem Sinnenrausche erwachen und sich wieder ermannen werde?

Diese und ähnliche Stiftungen werden also auch mittelbar zu einem sittlichen, Gott wohlgefälligen Wandel der Eltern, sie werden zur Veredlung des menschlichen Geschlechts und mittelbar selbst der ganzen Bevölkerung des Landes oder der Provinz, wo sie sich befinden, mitwirken.

Ich muß indessen hier noch einiges über die Berechtigung zur Aufnahme in die Stiftung und über die Auswahl der Aufzunehmenden sagen:

Wir dürfen hier nicht übersehen, daß dieselbe einen doppelten Zweck hat; ein Mal

verwaisete Kinder zu versorgen,

sodann,

diese Kinder zu vorzüglich religiösen, gesitteten, dem Staate nützlichen Menschen zu erziehen, und auf die Veredlung des menschlichen Geschlechts hinzuwirken.

Hinsichtlich des ersten Zwecks könnte dieselbe alle Kinder ohne Unterschied aufnehmen, auch die unehelichen und die Kinder ruchloser Eltern; ja diese vor allen andern, weil sie gewöhnlich die am meisten verwahrloseten sind.

Behalten wir indessen den andern Zweck,

vorzüglich religiöse, gesittete, dem Staate nützliche Menschen zu bilden,

vor Augen, so müssen wir den Kindern armer, aber rechtlicher Eltern den Vorzug geben, — die Eltern müssen es auch wissen, daß ein rechtschaffener Wandel, ein Gott wohlgefälliges Leben ihren Kindern dereinst, wenn sie dieselben im Alter der Hülflosigkeit, wo sie der Erziehung noch bedürfen, zurücklassen sollten, durch Hülfe dieser Stiftung eine Versorgung, eine gute Erziehung sichert.

Für jene Kinder bedarf es anderer Einrichtungen.

Es werden also in dieser Anstalt nur eheliche, oder durch die später erfolgte eheliche Verbindung gesetzlich legitimirte Kinder von Eltern jedes Standes aufzunehmen sein, vorausgesetzt, daß die Eltern nicht etwa ein ruchloses Leben geführt haben.

Es werden aber nicht bloß solche Kinder als verwaiset betrachtet werden, deren Väter gestorben sind, sondern auch solche, deren Väter durch eine unheilbare Krankheit, als z. B. Wahnsinn, Epilepsie, Blindheit, Taubheit rc., zur Betreibung ihres Geschäfts, oder zur Erfüllung ihres Berufs unfähig geworden sind.

Ein Fall, der sich ereignete, wo ein Landschullehrer der 5 kleine, unversorgte Kinder hatte, wegen unheilbarer Epilepsie mit einer Pension von 30 Thlrn., die ihm der Adjunct zahlen mußte, emeritirt wurde, und andere ähnliche Fälle haben diese Bestimmung veranlaßt.

Am 1ten Mai 1829 ward der erste verwaisete Knabe, der Sohn eines Land-Schullehrers, aufgenommen — ihm folgten bald mehrere. Unter dem 25ten Februar 1833 erhielt die Anstalt die Königliche Bestätigung. Sie fand eine so thätige Theilnahme, daß schon 2 Jahre später eine vorzüglich dazu geeignete Besitzung, die sich vermöge ihrer geräumigen Gebäude und ihrer Lage mitten in einem großen Garten an einem Arme der Havel, ganz für die Zwecke der Stiftung eignet, für die Summe von 20,000 Thlrn. angekauft werden konnte und daß außerdem die Stiftung am 1ten April 1838 ein Capital-Vermögen von 12,000 Thalern besaß.

So erhielt ich von einem achtbaren Bürger Berlin's die Summe von 1,500 Thlrn., von einem solchen zu Potsdam 500 Thlr. und durch Sr. Excellenz den Herrn Ober-Präsidenten von Bassewitz von einem achtbaren Privatmann, dessen Namen ich nicht erfahren habe und auch nie erfahren soll, eine Summe von 3,000 Thlrn.

Auch hier sind Stipendien gestiftet, wie bei dem Civil-Waisenhause in Potsdam, und zwar von Seiten des Herrn General-Postmeisters 6, für Söhne von Postbeamten; von Seiten des Königl. Finanz-Ministerii 2, für Forstbeamten-Söhne; von Seiten der Königl. Regierung zu Potsdam 2, für Söhne von Vätern, die den Befreiungs-Krieg mitgemacht haben.

Zu Ende des Jahres 1837 stifteten Sr. Majestät der König unmittelbar eine 11te Stipendiaten-Stelle, wozu der Umstand, daß die Zöglinge in der auf Nikolskoë neu erbauten Kirche die liturgischen Chöre, zu Allerhöchstdesselben Zufriedenheit ausgeführt hatten, die Veranlassung gab.

Das zu Gründung eines Stipendii erforderliche Capital ist nach dem Beschlusse der Jahres-Haupt-Versammlung vom Jahre 1837 hinsichtlich des niedrigen Zinsfußes auf 2,500 Thlr. erhöhet worden.

Im Jahre 1838 stieg die Zahl der Waisen schon auf 14. — Unter ihnen befinden sich 16, deren Väter den Befreiungs-Krieg mitgemacht hatten, 6 die beide Eltern verloren haben.

Die Verwaltung ist übrigens auf ähnliche Art eingerichtet, wie bei der Civil-Waisen-Versorgungs-Anstalt in Potsdam; es bildet nämlich ein Waisen-Amt von 5 Mitgliedern den Vorstand.

Schon sind 2 Zöglinge dieser Stiftung als Schullehrer angestellt und verwalten ihr Amt zur Zufriedenheit ihrer Vorgesetzten. Ein dritter ist so eben in das Seminar eingetreten, und hat schon seit 2 Jahren die jüngeren Zöglinge in einzelnen Stunden unterrichtet; 2 erlernen die Handlung und haben die volle Zufriedenheit ihres Lehrherrn; einige haben ein Handwerk erlernt und verdienen sich bereits ihren Lebensunterhalt.

Ich bemerke übrigens, daß nach meiner auf sorgfältige Beobachtungen auf meinen Reisen in der Provinz Brandenburg gegründeten Ueberzeugung in unserem Grund und Boden ein Reichthum enthalten ist, der bis hierher noch lange nicht gehörig benutzt wird.

Es liegt wesentlich in meiner Absicht, in der, mit der Stiftung verbundenen Acker-Wirthschaft, die auf einer bis hierher nur als Weide benutzten, sogenannten Forstblöße, von sandigem Boden betrieben wird, einen augenscheinlichen überzeugenden Beweis zu führen, daß selbst ein solcher, dem Anscheine nach, unergiebiger Boden, bei gehöriger Behandlung, ergiebige Erndte liefern und fleißigen Familien einen hinreichenden Unterhalt gewähren kann.

Die jungen Leute nun, die hier erzogen werden, nehmen selbst Antheil an der Bearbeitung dieses Grundstücks und ihre Aufmerksamkeit wird auf alle zu dem vorgedachten Ziele hinführenden Maaßregeln hingeleitet; daher hoffe ich, daß wenigstens einige von ihnen dereinst, entweder als Landschullehrer oder als kleine Landwirthe und Gärtner auf ihre Umgebungen in dieser Beziehung vortheilhaft wirken werden und ich würde mich für alle Mühe, Sorge und Aufopferung, die ein Unternehmen dieser Art, mit sich bringt, reichlich belohnt erachten, wenn ich auch nur dieß Ziel erreichen sollte. —

§. 19.

Das Waisenhaus der Martinetti zu Mailand.

In einem ehemaligen Kloster, dem heiligen Martin gewidmet, ist unter Kaiser Joseph II. eine Versorgungs-Anstalt für 200 Knaben, die ihren Vater verloren haben, eingerichtet worden, die sich durch ihre eigenthümliche Einrichtung von allen Anstalten ähnlicher Bestimmung unterscheidet; man nennt sie Martinetti.

Die Knaben, welche vom zurückgelegten 7ten Jahre an, aber auch älter aufgenommen werden, erhalten da Wohnung, Kleidung, Aufsicht, Unterricht, unentgeltlich; allein sie werden sogleich bei Handwerkern aller Art, bei Kaufleuten und Krämern in die Lehre gebracht. Sie können sich das Gewerbe wählen, dem sie sich widmen wollen.

Sogleich des Morgens nach dem Frühstück, im Sommer um 6, im Winter um 7 Uhr, gehen sie zu ihren Lehrherren oder Meistern und arbeiten bis 12 Uhr. — Um 12 Uhr kehren sie zum Mittagsessen zurück; um 2 Uhr zu ihren Meistern und bleiben da, bis es dunkel wird. Dann kehren sie in die Anstalt zurück, wo sie im Winter noch 2 Unterrichtsstunden haben, im Sommer sogleich nach dem Nachtessen zu Bette gehen.

Die Lehrherren und Meister zahlen sogleich vom Eintritt des Knaben an einen monatlichen Lohn, der mit dem zunehmenden Alter der Knaben wächst; diese bleiben in der Anstalt bis zum vollendeten 18ten Jahre.

Von dem Betrage dieses Lohnes bezieht die Anstalt $\frac{3}{4}$, (so daß die Kosten der Beköstigung und Kleidung großentheils gedeckt werden). Das vierte Viertheil wird für den Knaben in die Sparkasse gelegt, so daß er bei seinem Austritt aus der Anstalt ein kleines Capital besitzt.

Uebrigens ist weder der Meister an den Lehrburschen, noch dieser an den Meister gebunden — beide können jeden Augenblick ihr Verhältniß auflösen und man hat Beispiele, daß ein Knabe siebenerlei Gewerbe erlernt hat.

Die Knaben der Anstalt sind sehr gesucht und finden bei ihrem Austritt leicht ihr Unterkommen, weil sie vorzüglich im Rechnen, Schreiben und Zeichnen gut unterrichtet werden und in der Regel viel Gewandtheit besitzen.

Je 50 Knaben haben einen Lehrer und Aufseher, der sie des Morgens zu ihrem Meister führt und sie Mittags wieder abholt.

Das Lokal ist sehr geräumig; die Beköstigung gut.

Dem Unterrichte habe ich nicht beigewohnt; ich sah indessen ihre Zeichnungen und Probeschriften, die meinen ganzen Beifall hatten.

Diese Einrichtung dürfte in größeren gewerbthätigen und Handelsstädten, wie Wien, Berlin, Hamburg, Bremen, Frankfurt a/M., Breslau u. s. w. Nachahmung verdienen.

§. 20.

Girard's Waisen-Erziehungs-Anstalt zu Philadelphia.

Eine der reichsten und in ihrer Bestimmung wohlthätigsten Waisen-Versorgungs-Anstalten ist kürzlich zu Philadelphia ins

Leben getreten; das Nähere darüber findet sich in einem Bericht, den Nicolaus Biddle unter dem Titel:

the Girard College for orphans

Girards-Collegium (höhere Erziehungs-Anstalt) für Waisen im Namen der mit Erbauung der für die Stiftung bestimmten Gebäude beauftragten Commission bei der Legung des Grundsteins am 4ten Juli 1833 erstattet hat.

Das Wesentliche mag hier eine Stelle finden.

Stephan Girard, geboren zu Bordeaux in Frankreich den 24ten Mai 1750, erwarb sich in Philadelphia ein großes Vermögen und bestimmte in seinem Testamente, die Summe von 2 Millionen Dollars, oder 2,900,000 Thlr. Preuß. Cour. (5,075,000 Gulden), zu Errichtung einer Erziehungs-Anstalt für Waisen.

Der Stifter war höchst einfach in seiner Lebensweise — sein langes Leben (er erreichte das Alter von 81 Jahre) war eine ununterbrochene Reihe von Thätigkeit. Sehr wohlhabend, ohne sich den geringsten Luxus zu gestatten — der Geselligkeit fremd — gleichgültig gegen die politischen Verhältnisse — schien er nur an der Besorgung seiner vielfältigen Geschäfte, von denen er der Mittelpunkt war, Freude zu finden.

Seine einzige Erholung fand er in Abwechselung seiner Arbeiten. Von seiner Jugend und bis zu seinem hohen Alter war sein Leben stets wohl überlegten und erfolgreichen Unternehmungen gewidmet.

Im Verlaufe der Zeit erregte das Leben eines Mannes allgemeine Bewunderung, der, ohne die gewöhnlichen Anreizungen zu solchen Anstrengungen, bereits im Besitze von Reichthümern, welche die kühnsten Hoffnungen des Geizes übertrafen, doch immer fortfuhr, nur neue Reichthümer zu erwerben und bei so großem Besitzthum immer noch so sorgsam strebte, es zu vergrößern, als besäße er nichts.

Niemand ahndete, daß er unter dieser kalten Außenseite und anscheinenden Gleichgültigkeit gegen die Außenwelt und ihr Urtheil, die innigste Theilnahme für menschliches Elend hegte und zum Wohle der Menschheit einen edleren Ehrgeiz nährte, als irgend Jemand, der jemals nach dem Beifall der Welt strebte. Erst bei seinem Tode offenbarte es sich, daß die durch ein langes, arbeitsames Leben erlangte Anhäufung von Reichthümern zu einem Erbtheil für Kinder bestimmt war; und daß die Früchte seiner Jahre langen Anstrengungen bestimmt waren, Wissenschaft und Sittlichkeit in seiner Adoptiv-Vaterstadt zu fördern.

Es erforderte die ganze Selbstverleugnung eines nicht gewöhnlichen Gemüths, der Versuchung zu widerstehen, selbst der Zeuge und Verwalter seiner wohlwollenden Stiftung zu sein.

Eben diese im Stillen gehegte Munificenz muß einen besonderen Reiz für ein Gemüth, wie das seinige, gehabt haben und man darf annehmen, daß der Gedanke an die fortdauernde Wohlthat, die er seinen Mitbürgern durch jene Stiftung hinterlassen werde, sein stilles zurück gezogenes Leben ihm versüßt hat.

Nach dem Willen des Stifters sollen die reichen ihr überwiesenen Mittel dazu verwendet werden, um den hier aufzunehmenden Waisen einen möglichst umfassenden und gemeinnützigen Unterricht zu gewähren.

Es soll diese Anstalt keine Frei-, keine Armen-Schule sein, wo nur die ersten Anfangsgründe gelehrt werden.

Er hat ausdrücklich verordnet:

daß die Knaben unterrichtet werden sollen in allen Zweigen des Unterrichts — dieser soll umfassen: das Lesen, Schreiben, Sprachlehre, Rechnen, Erdbeschreibung, Schifffahrt, angewandte Mathematik, Astronomie, Naturgeschichte, Naturlehre, Chemie, französische und spanische Sprache (Latein und Griechisch ist nicht untersagt, aber nicht empfohlen), und alle anderen Zweige der Wissenschaften, welche die Fähigkeiten der Schüler verdienen und deren sie bedürfen werden.

Innerhalb der Mauern der Stiftung soll sich alles vereinigt finden, was die Kenntnisse und Nachforschungen der Menschen gesammelt haben, um die Jugend zu erleuchten und sittlich zu heben.

Es ist mein Wunsch — sagt der Stifter — daß alle Lehrer und Erzieher sich bemühen sollen, den jugendlichen Gemüthern der Schüler die Grundsätze der reinen Sittenlehre einzuprägen, so daß sie bei ihrem Eintritt in die Welt aus Neigung und Gewohnheit durch Wohlwollen gegen ihre Nebenmenschen, durch Liebe zur Wahrheit, Mäßigkeit und Thätigkeit sich auszeichnen.

Noch bestimmt derselbe, daß die Zöglinge keine besondere sie auszeichnende Kleidung tragen sollen.

Uebrigens ist noch im Testamente bestimmt, daß wenn die Zinsen der 2 Millionen Dollars nicht hinreichen sollten, um alle Waisen aufzunehmen, die sich melden, sodann beinahe alle Einkünfte des übrigen Nachlasses zur Errichtung neuer Gebäude für diese Anstalt verwendet werden sollen, so daß mit der Zeit die jährliche Einnahme, die jetzt 102,000 Dollars beträgt, auf 200,000 Dollars (290,000 Thlr.) anwachsen wird.

Das der Stiftung bestimmte Gebäude steht auf einem Grundstück von 55 Acres (87 Magdeburger Morgen); es hat eine Fronte von 160 Fuß; die Seiten haben eine Länge von 217 Fuß.

In den Jahren 1837 und 1838 machte der Professor Bache, im Auftrage der Directoren der Stiftung eine Reise nach Holland und Deutschland, um die Schul-Unterrichts-, so wie die Waisen-Versorgungs-Anstalten beider Länder kennen zu lernen und die gesammelten Erfahrungen bei der inneren Einrichtung jener großartigen Anstalt zu benutzen. Ihm verdanke ich diese Mittheilungen, da er auch meine Anstalten besuchte.

§. 21.
Die Waisen=Versorgungs=Anstalt zu Soest.

Der verdiente Seminar=Director Zahn in Soest beabsichtigte, eine Waisen=Versorgungs=Anstalt für Söhne von Geistlichen und Schullehrern zu gründen, die zugleich für diejenigen Zöglinge, die sich für den Lehrerstand eignen, als Vorschule für das Seminar dienen soll.

Da die Verhältnisse der hinterbliebenen Wittwen und Waisen der Schullehrer in den Städten und auf dem Lande fast durchgehends sehr beschränkt, ihr Zustand sehr hülflos ist, da eben diese Rücksicht mich zuerst zu der Errichtung der Waisen=Versorgungs=Anstalt zu Klein=Glienicke veranlaßt hat, so wäre zu wünschen, daß Zahn's Beispiel in allen Regierungs=Bezirken des preußischen Staats und in allen deutschen Staaten Nachahmung fände, daher werden die von ihm in einer Aufforderung zur Unterstützung seines Vorhabens vom 10ten April 1837 enthaltenen vorläufigen Statuten hier an ihrer Stelle sein.

I. Die Bestimmung dieser Erziehungs=Anstalt ist, den Söhnen des christlichen Lehr= (Prediger= und Schullehrer=) standes eine wahrhaft christliche, gründliche, wohlfeile, und, wo nöthig, unentgeldliche Bildung zu geben.

II. Der aufzunehmende Knabe muß bildungsfähig sein, und darf in der Regel nicht unter acht und nicht über vierzehn Jahre alt sein, und bleibt in der Anstalt, bis er reif für ein Gymnasium, ein Seminar, oder zur Erlernung eines bürgerlichen Gewerbes ist. Von der der Anstalt werdenden Theilnahme wird es abhängen, ob sich die Sorgfalt für die ihr anvertrauten Knaben noch weiter erstrecken kann.

III. Nur in der That hülfsbedürftige Kinder des christlichen Lehrstandes, was durch gehörige Zeugnisse zu ermitteln, können auf ganz unentgeldliche Aufnahme Anspruch machen; Kinder der treuen Diener haben stets den Vorzug; weniger oder gar nicht hülfsbedürftige zahlen nach Maaßgabe das halbe oder das ganze Kostgeld. Gegen Entrichtung des ganzen Kostgeldes können auch Kinder anderer Stände aufgenommen werden, insofern die Verhältnisse der Anstalt es gestatten, und dadurch Kindern des christlichen Lehrstandes der Zutritt nicht versperrt wird.

IV. Das erste Stammvermögen der Anstalt ist die Rheinische Schulbuchhandlung nebst Druckerei, deren Bestimmung von Anfang an gewesen ist, gute, im Geist des Christenthums abgefaßte Schul- und Volksschriften zu liefern, und aus dem Ueberschuß für hülfsbedürftige Kinder zu sorgen. Das Nähere rücksichtlich der Rhein. Schulbuchhandlung bestimmt ein besonderes Statut.

V. Das Vermögen der Anstalt wird sich fernerhin bilden:

1) durch freiwillige jährliche Beiträge,
2) durch einmalige Geschenke und durch Vermächtnisse,
3) durch Uebernahme von Aktien gegen billige Verzinsung.

Ueber die richtige Verwaltung und sichere Unterbringung des Vermögens der Anstalt wacht ein Beaufsichtigungsrath. Art. VII.

VI. Dem Begründer der Anstalt oder dessen von ihm zu ernennenden Stellvertreter, steht die innere und äußere Leitung derselben zu. Allen theilnehmenden Freunden aber, auf deren Vertrauen vorzugsweise das Gedeihen der Anstalt beruht, wird bei den Jahresversammlungen, die ohne dringende Gründe nicht zu unterlassen sind, sattsame Gelegenheit geboten, ihre Wünsche und Erinnerungen rücksichtlich der Verwaltung der Anstalt auszusprechen. Außerdem steht dem Vorsteher der Anstalt ein Beaufsichtigungsrath zur Seite.

VII. Der Beaufsichtigungsrath, der wenigstens drei Mitglieder zählen muß, die in der Nähe der Erziehungsanstalt ihren Wohnsitz haben, soll dem Vorsteher mit Rath und That zur Seite stehen, und die Bürgschaft sein, daß Alles fein ordentlich zugehe vor Gott und Menschen. Er hat deßhalb namentlich die Jahresrechnungen der Anstalt zu prüfen, und über deren Veröffentlichung Beschluß zu fassen. Derselbe hat sich stets über den inneren und äußeren Gang der Anstalt zu unterrichten, und ist ihm jeder Zeit die Einsicht der dahin einschlagenden Papiere zu gewähren. — Der Beaufsichtigungsrath ergänzt und erweitert sich selbst, und entscheidet bei Meinungsverschiedenheit nach Stimmenmehrheit.

§. 22.
Die Waisen-Versorgungs-Anstalt für einige Gebietstheile des Herzogthums Sachsen-Meiningen.

Auch in meinem ursprünglichen Vaterlande, dem Herzogthum Sachsen-Meiningen, wird gegenwärtig eine Waisen-Versorgungs-Anstalt für diejenigen Gebietstheile des Landes errichtet, für welche eine ähnliche Stiftung bisher noch nicht bestand.

Als Beispiel zur Nachahmung, wo ein ähnliches Bedürfniß obwaltet, möge hier der Aufruf an die Bewohner des Herzogthums Sachsen-Meiningen und der Entwurf der Statuten eine Stelle finden.

Aufruf an die Bewohner des Herzogthums Sachsen-Meiningen zur Begründung einer Waisenanstalt.

Sr. des regierenden Herzogs Durchlaucht haben gnädigst geruht, einen von dem Unterzeichneten vorgelegten Plan, zur Errichtung einer Waisen-Versorgungs-Anstalt für jene Landestheile, wo ein solches Institut noch nicht besteht, zu genehmigen.

Höchstdieselben haben jedoch, um zur Bildung eines Fonds für das Institut einen Grund zu legen und überhaupt das Gelingen desselben zu befördern, mit landesväterlicher Fürsorge vorläufig jährlich 500 Gulden angewiesen.

Auf diese Art wird sich diese neue Schöpfung würdig jenen älteren Anstalten anschließen können, welche bereits die erlauchten Vorfahren des Herzoglichen Regentenhauses für das Meiningen'sche Unterland und das Herzogthum Hildburghausen in's Dasein riefen und die jetzt so segensreiche Früchte tragen.

Fast in allen Ländern werden die Waisen unbemittelt gewesener Eltern theils auf Kosten des Staats, theils aus den Mitteln wohlhabender Privatleute erzogen, welche sich zu diesem Zwecke in Gesellschaften vereinigten. Dieses letztere mußte namentlich da statt finden, wo die Zuschüsse aus den Staatscassen nicht hinreichten, dem Bedürfnisse vollkommen zu entsprechen.

Auch in unserm Lande ist dieses der Fall. Die bedeutenden Stiftungen, deren sich das Unterland und das Herzogthum Hildburghausen zu erfreuen haben, dürfen den Bestimmungen gemäß, nur auf die Versorgung der Waisen dieser Bezirke verwendet werden.

Das Oberland, das Fürstenthum Saalfeld, die Grafschaft Camburg, die Herrschaft Kranichfeld, die Aemter Themar und Römhild und das linke Steinachufer sind daher bis jetzt ohne Hülfsmittel zur Erreichung desselben Zweckes.

Nur wenn auch hier die nöthigen Mittel gefunden sind, kann das in dieser Beziehung getheilte Interesse des Landes ein gemeinsames werden.

Lassen Sie uns daher, verehrte Mitbürger, dahin streben, den uns gebotenen Wohlthaten unseres Durchlauchtigsten Herzogs durch eigene Beiträge eine größere Ausdehnung zu geben.

Auch die kleinste Gabe wird gerechte Anerkennung finden, da man sicher annehmen darf, daß Jeder nach Kräften giebt.

Die Bewohner der benannten Landestheile haben stets so hohen Wohlthätigkeitssinn an den Tag gelegt und bei jeder wichtigen Veranlassung einen solchen Gemeinsinn gezeigt, daß ich hoffen darf, sie werden den in dieser Beziehung begünstigten Landestheilen künftig auch hier nicht nachstehen. Ich wende mich daher, obgleich mein Gesuch an meine sämmtlichen Landsleute gerichtet ist, vorzugsweise an sie, um ihre Großmuth zu Gunsten vermögensloser Waisen in Anspruch zu nehmen.

So manche derselben werden, dem Elende entrissen, einer freudigern Zukunft entgegen gehen, wenn helfende Hände sie, wenn es noch Zeit ist, unterstützen.

Sie werden nicht mehr, wie dieses bei Vielen jetzt der Fall ist, den Einzelnen und den Gemeinden zur Last fallen und in reiferen Jahren ihr Dasein beklagen, weil sie durch mangelhafte Erziehung und schlechte Gesellschaft vom rechten Wege abgezogen wurden, sondern wir werden die Freude erleben, in ihnen den Keim zu nützlichen und brauchbaren Staatsbürgern geweckt zu haben, der gewiß auch reiche Früchte tragen wird.

Unsere volle Berücksichtigung aber verdienen auch jene bedauernswerthen Eltern, welche zwar sich und ihren Kindern den nöthigen Unterhalt geben können, so lange der Himmel ihnen Gesundheit und Leben schenkt, die aber außer Stande sind, für ihre noch unerzogenen Kinder auch nach ihrem Ableben zu sorgen.

Es kann nur tiefen Schmerz erzeugen, wenn wir die verlassenen Wittwen ehrenvoller Männer ihre Blicke sehnsuchtsvoll nach dem Grabe richten sehen, weil ihnen die Kraft gebricht, nach schlaflos und weinend vollbrachten Nächten, soviel zu erwerben, als dazu gehört, um ihren Kindern die kümmerliche Nahrung und den nothdürftigsten Unterricht zu verschaffen — wenn wir die vielleicht um Allmosen flehen sehen, die früher in einem gewissen Wohlstande lebten.

Nur gemeinsames Wirken kann diesem Unglücke Grenzen setzen und Freude in jene Wohnungen verpflanzen, die bisher nur Kummer und Thränen kannten.

Wohl uns, wenn wir diese zu trocknen vermögen und auch dazu beitragen, die Sterbestunden Jener zu erleichtern, welche in ein besseres Dasein abberufen werden, ohne die Ihrigen versorgt zu wissen.

Es war nicht blos unseren Voreltern überlassen, Einrichtungen ins Leben zu rufen, welche noch heute ihr Andenken verewigen und Segen über ihre Nachkommen verbreiten. Auch wir fühlen noch, wie sie fühlten, und auch uns ist der Nothleidende ein Bruder, dem wir gerne Hülfe reichen, wenn wir zu helfen im Stande sind.

Lassen Sie uns dieses durch die That beweisen!

Die höchsten Orts genehmigten Statuten sind diesem Aufrufe beigefügt.

Beiliegende Tabellen haben den Zweck die Namen Derjenigen aufzunehmen, welche durch milde Beiträge ihren Sinn für das Gute und Nützliche beurkunden wollen.

In diese bitte auch ich die Summen einzutragen, welche Sie dem frommen Zwecke bestimmen.

Nach vollendeter Einsammlung, welche für größere Gaben erst späterhin stattfinden wird, wird das Erlangte, unter Beifügung der Namen der Geber, durch das Regierungsblatt veröffentlicht und die Zeit bezeichnet werden, in welcher sich die Mitglieder des Vereins zur ersten Berathung versammeln sollen.

Meiningen, am 12. März 1836.

Speßhardt.

Statuten eines Waiseninstituts für das Fürstenthum Saalfeld, die Grafschaft Camburg, die Herrschaft Kranichfeld, das Verwaltungsamt Sonneberg, das Verwaltungsamt Römhild, mit Ausschluß des vormaligen Amtes Behrungen.

§. 1. Das Institut hat die Bestimmung, verwaiseten noch unerzogenen ehelichen Kindern beiderlei Geschlechts, aus allen Klassen der Einwohner der genannten Landestheile, unter möglichster Berücksichtigung des Standes und Berufs ihrer Eltern eine ihren Fähigkeiten angemessene Erziehung und Ausbildung zu geben.

§. 2. Unter verwaiseten Kindern werden auch jene verstanden, deren Mütter noch leben, aber ohne hinlängliche Mittel sind, ihren Kindern Unterhalt und Erziehung zu gewähren.

§. 3. Die Anstalt nimmt sich jener Waisen an, welche entweder gänzlich ohne Vermögen sind, oder deren Vermögen unzureichend ist zur Bestreitung des Aufwands für ihre Unterhaltung und Erziehung.

§. 4. Die Zahl der Zöglinge richtet sich nach den Einkünften der Anstalt.

§. 5. Das Alter der neu aufzunehmenden Kinder ist unbestimmt; die Unterstützung dauert in der Regel bis zum 14. Lebensjahre.

§. 6. Die aufgenommenen Kinder werden gegen Bezahlung aus dem Einkommen der Anstalt, bei rechtlichen Familien untergebracht.

§. 7. Rechtschaffenheit, ein vorwurfsfreier Lebenswandel der Eltern und Verdienste des Vaters geben ein vorzügliches Recht zur Aufnahme der Kinder.

Diesen Vorzug soll auch die Waise (§. 2. u. 3.) genießen, deren Vater Mitglied des Vereins (§. 11.) war, oder überhaupt Beiträge zu dem Institut gegeben hat.

§. 8. Das Vermögen der Anstalt wird gebildet:

1) durch Stipendien, wodurch der Stifter das Recht gewinnt, bestimmte Stellen zu besetzen,
2) durch Geschenke,
3) durch jährliche Beiträge von Privaten,
4) durch jährliche Beiträge aus öffentlichen Kassen,
5) durch Vermächtnisse mildthätiger frommer Menschenfreunde,

§. 9. Zum laufenden Bedarf können nur die Zinsen des von der Anstalt erworbenen Vermögens verwendet werden. Das Kapital bleibt unantastbar.

§. 10. Die Anstalt erwirbt Anspruch auf Ersatz der aufgewendeten Kosten, wenn einzelne durch dieselbe erzogene Kinder, während sie noch Unterstützung genießen, zu Vermögen kommen.

§. 11. Mitglied des Vereins wird Jeder, der eine Freistelle gestiftet; ferner der, welcher einen Kapitalbeitrag von 30 fl. oder mehr geleistet hat, und endlich der, welcher jährlich mindestens sechs Gulden giebt.

§. 12. Die Anstalt, sowie insbesondere das Vermögen

derselben, wird von einem Vorstande verwaltet und steht unter dem Schutze des Staates.

§. 13. Der Vorstand wird durch die Mitglieder des Vereins aus dessen Mitte gewählt.

Derselbe besteht aus drei in Meiningen oder der Umgegend wohnenden Männern, welche das allgemeine Vertrauen haben.

Durch den Vorstand erfolgt die Wahl des Rechnungsführers.

§. 14. In den verschiedenen Bezirken werden Filialvorstände gebildet.

§. 15. Alle das Institut betreffenden Beschlüsse werden durch Stimmenmehrheit erzielt.

§. 16. Die Filialvorstände haben das Recht, diejenigen Waisen zum Genusse der Unterstützung vorzuschlagen, welche in ihren Bezirken wohnen.

An sie ergehen daher auch alle betreffenden Gesuche. Ihr Amt bringt es mit sich, für die Unterbringung dieser Waisen zu sorgen und deren Wohlfahrt stets im Auge zu behalten. Daher werden sie es sich insbesondere auch angelegen sein lassen, daß die entlassene Waise einem bestimmten Lebensberufe entgegengeführt werde und die hierzu nöthige Unterstützung möglichst erhalte. Halbjährig geben sie dem Vorstande eine Uebersicht ihres Wirkens.

§. 17. Ein Mitglied der Vorstände übernimmt die Geschäfte des Secretairs.

§. 18. Alle Geschäfte, mit Ausnahme der des Rechnungsführers, werden unentgeldlich besorgt.

§. 19. Die Vorstände werden alle sechs Jahre gewählt, doch sind die füheren Mitglieder wieder wählbar.

§. 20. Alle drei Jahre wird dem Publikum eine vollständige Uebersicht aller das Insitut betreffenden Interessen gewährt. Die Rechnung wird öffentlich am Schlusse eines jeden Jahres gelegt.

§. 21. Die Namen aller Derjenigen, welche durch Beisteuern das Beste der Anstalt befördern, werden öffentlich bekannt gemacht und ebenso diejenigen Familien genannt, welche sich der Waisen-Versorgung annehmen, ohne dazu einen andern Beruf als den zu haben, der durch die Nächstenliebe geboten wird.

§. 22. Dem Verwaltungssenate Herzoglicher Landesregierung wird bei jedesmaliger Aufnahme einer Waise sofort Nachricht gegeben."

Seitdem haben die Stände des Landes eine Summe von funfzehntausend Gulden für diese Anstalt bewilligt und es ist daher ihre feste Begründung um so mehr gesichert.

§. 23.
Das Schicksal der unehelichen Kinder.

Unter Waisen verstehen wir Kinder, deren Väter oder denen beide Eltern gestorben sind.

Verwaiset aber sind in der Regel auch die unehelichen Kinder. Eine nähere Erörterung der Verhältnisse, unter denen sie gewöhnlich heranwachsen, und der Mittel, ihre Verwilderung vorzubeugen, dürfte daher hier an ihrer Stelle sein.

Man wird die Wichtigkeit des Gegenstandes zugeben, wenn man erwägt, daß z. B. im Preuß. Staate nach amtlichen Notizen in Nr. 81 und 82. der Staats-Zeitung vom Jahre 1837 während eines Zeitraums von 15 Jahren jährlich im Durchschnitt

= 30,808 =

uneheliche Geburten Statt fanden, eine Zahl, die mit dem Wachsen der Bevölkerung steigen dürfte.

Ferner, daß in Frankreich jährlich im Durchschnitt 33,000 Kinder in die Findelhäuser aufgenommen werden; wiewohl nun unter diesen auch ehelich geborene Kinder sein dürften, so werden dagegen auch unstreitig bei weitem nicht alle uneheliche Kinder den Findelhäusern übergeben; es dürfte daher die

Anzahl der unehelichen Kinder selbst größer sein, als die Anzahl der jährlich den Findelhäusern überlieferten.

Wir haben weder in Preußen, so viel mir bekannt, noch in irgend einem Deutschen Staate, außer im Oesterreichischen, zu Wien, Findelhäuser.

Man ist bei uns ziemlich allgemein der Meinung, daß diese Anstalten der Unsittiichkeit Vorschub thäten. Ich getraue mir nicht, darüber zu urtheilen. Ich will hier nur das Loos der unehelichen Kinder da, wo solche Anstalten nicht vorhanden sind, näher in Betrachtung ziehen.

Zuweilen erkennt der wirkliche oder vermeintliche Vater das Kind an und übernimmt die Sorge für dessen Unterhaltung und Erziehung ganz oder theilweise; dann steht es besser um dasselbe.

Sehr oft aber ist entweder der Vater nicht zu ermitteln, oder außer Stande für das Kind zu sorgen, oder die Mutter läßt sich durch eine Summe Geldes bestechen, den Vater zu verschweigen und ihn der Sorge für ihr Kind zu überheben.

Die Waisen-Versorgungs-Anstalten schließen dergleichen Kinder durch ihre Statuten aus. Es fällt also der Mutter anheim und wenn auch diese nicht mehr am Leben ist, der Gemeinde ihrer Heimath.

Betrachten wir nun das Loos der Kinder, deren kein Vater sich annimmt, die also der Mutter anheim fallen, so werden wir finden, daß die Mütter in der Regel der dienenden Klasse angehören. In den Städten bekommt ein Dienstmädchen, wenn sie in der Küche dient, 24—36 Thlr. Lohn, ein Hausmädchen 20—24 Thlr., eine Viehmagd eben so viel. Wenn nun ein solches Mädchen das Unglück hat, unehelich schwanger zu werden, so muß sie gewöhnlich ein Paar Monate vor ihrer Niederkunft ihren Dienst verlassen und kann höchstens 4 bis 6 Wochen nachher wieder in Dienst treten; sie muß also 3 Monate ohne Lohn auf ihre eigene Rechnung leben, für Miethe, Beköstigung, für die Ausgaben der Niederkunft und des Wochenbettes sorgen; wo dann, was sie sich etwa im Dienste erspart hat, darauf geht.

In der Regel vermiethet sich die Mutter nun als Amme gegen einen monatlichen Lohn von 4 — 6 Tha.ern. Sie kann dann aber ihr Kind nicht bei sich behalten, nicht selbst stillen; da finden sich aber wohl Frauen, welche das Kind gegen eine monatliche Vergütigung von 2 — 3 Thlr. zu sch nehmen und beköstigen, aufpäppeln, wie man zu sagen pfleg.

Diese Frauen stehen unter keinerlei Aufsicht und sind nicht für die Erhaltung des Kindes verantwortlich *). — Sie haben in der Regel nur einen Zweck im Auge, den – dabei zu gewinnen — also das Kind mit möglichst geringe Kosten zu ernähren und mit der wenigsten Versäumniß. Jedermann weiß, wie schlecht auf diese Weise für ein solches Knd gesorgt ist. — Das gewöhnliche Nahrungsmittel ist — da gröbste Roggenbrod (in Garnison-Orten, wie Berlin und Potsdam, das Soldaten-Commis-Brod). Es giebt keine unpssendere Nahrung für Säuglinge. Auch unterliegen bei Weitem die Meisten dieser ungesunden Kost und es ist aus en statistischen Tabellen bekannt, daß im Preuß. Staate vier Siebentheile der unehelichen Kinder das 1ste Lebens-Jahr nicht reichen, während daß von den ehelich geborenen nur ein Sechstheil vor vollendetem 1sten Jahre stirbt, oder: Von 100 helich geborenen sterben im ersten Lebens-Jahre nicht ganz17, von 100 unehelichen etwas über 57, also ist die Sterblhkeit der unehelichen Kinder $3\frac{1}{3}$ Mal größer, als bei den ehichen.

Nun haben aber diese unglücklichen Kind doch nichts verschuldet und es ist daher wohl zu beklagen, ß sie so fast absichtlich hingeopfert werden. Zwar können leine Kinder ihre Leiden nicht mit Worten klagen, aber daß s unbeschreiblich leiden bei jener Behandlung, ist wohl außer weifel.

---

*) Neuerdings hat man in Dresden diesem Uebel steuern versucht — hoffentlich wird dieß Beispiel Nachahmung finden

Beobachten wir nun das Schicksal der Kinder, welche diese Behandlung glücklich überstehen. Wenn die Mutter nicht etwa Eltern oder Verwandten hat, die sich des Kindes annehmen, so kommt sie in die größte Verlegenheit; denn ihr Lohn reicht kaun hin, um das Kostgeld für das Kind zu bezahlen, wenn es älter wird, geschweige denn es zu kleiden.

Ist nun de Mutter schwach genug, ein 2tes Mal denselben Fehler zi begehen, so ist ihr Unglück gränzenlos; dann muß sie wiede: außer Dienst gehen und während sie nichts verdient und ıur Ausgaben hat, noch fortdauernd für das erste Kind sorgn.

Wenn wi: nun das Schicksal derjenigen Kinder, welche die schlechte Vepflegung im ersten Jahre ihres Daseins glücklich überwunde: haben, weiter verfolgen, so finden wir, daß sie fast ohne Ausnahme in der Erziehung in hohem Grade verwahrloset wrden.

Wenn die Mutter stirbt oder außer Stande ist, für das Kind etwas zu thun, so fällt die Pflicht der Sorge für dasselbe auf die Emeinde, der sie angehört.

Untersuche wir nun:

Wie ,ier gesorgt wird?

Es ist gesͤzliche Vorschrift, daß jeder außerehelich Schwangeren und de: zu gebährenden Kinde ein Vormund bestellt werden soll. Allein dieser Vormund thut sehr selten seine Pflicht; kann der Vater nicht ermittelt oder der Ermittelte und Geständig wegen Unvermögens gesetzlich nicht angehalten werden, sich is Kindes anzunehmen, so überläßt er die Sorge der Unterbrinung des Kindes der Mutter oder der Gemeinde.

Wie die Mutter zu sorgen pflegt, ist weiter oben bereits gesagt worde. Fällt die Sorge der Gemeinde anheim, so wird in den rößeren Städten von der Armen-Direction darüber entschie:n (wie sich ein Mitglied derselben gegen mich äußerte:)

Ob das ind vielleicht leben oder unfehlbar sterben soll;

soll es sterben, so wird es in das Armenhaus aufgenommen; da es denn durch, für einen Säugling ungesunde Nahrung in der Regel schnell endet — oder es wird einer Frau gegen ein möglichst geringes Kostgeld zur Verpflegung übergeben.

Trifft es sich, daß die Pflegerinn ein mitleidiges menschliches Herz und nicht selbst mit zu großer Noth zu kämpfen hat, so bleibt das Kind wohl am Leben und kommt, wenn es das 5te Jahr zurückgelegt hat, dann wieder in das Armenhaus, um da erzogen zu werden.

In kleinern Städten und auf dem Lande werden solche Kinder öfter am Leben erhalten; wenn sie das 5te Jahr erreicht haben, werden sie dann entweder auf Kosten der Gemeinde einer einzelnen Familie zur Verpflegung übergeben, oder der Reihe nach täglich in den einzelnen Familien beherbergt und beköstigt. Da solche Kinder kein Vermögen besitzen, so nimmt man an; es sei auch nichts zu bevormunden.

Daß das Kind zum Zweck seiner Erziehung und damit es nicht verwildern, einer vormundschaftlichen Vorsorge bedarf, daran wird nur sehr selten gedacht — so erwachsen aus diesen Kindern der Gesellschaft nur zu oft Taugenichtse und selbst Verbrecher.

So sollte es nicht ferner sein in einer Zeit, die sich der Segnungen des Friedens erfreut und in der der Geist christlicher Liebe überall neu erwacht ist und sich in der Vorsorge für Arme, Nothleidende, Wittwen und Waisen offenbart.

Es fragt sich aber:

Wie soll hier geholfen werden?

Vielleicht dürften die Anordnungen, die ich in Vorschlag bringen werde, nicht unangemessen sein.

Sobald nämlich die Hebamme des Orts davon in Kenntniß gesetzt sein würde, daß eine unverehlichte Person sich im Zustande der Schwangerschaft befinde, müßte sie dieselbe über den angeblichen Vater des zu erwartenden Kindes befragen — es müßte dem zu erwartenden Kinde sofort ein Vormund bestellt und dieser gehalten sein, mit dem angeblichen Vater außergerichtlich Rücksprache zu nehmen; im Fall des Zugeständnisses ein Uebereinkommen wegen Verpflegung und Erziehung des Kindes mit ihm treffen — im entgegengesetzten Falle es der Mutter überlassen, den Vater gerichtlich in Anspruch zu nehmen; jedoch dürfte diese wohl über ihre persönlichen Ansprüche sich mit demselben vergleichen, nicht aber über die Ansprüche ihres Kindes an den Vater; eine desfallsige Verabredung dürfte nur mit Zuziehung des ihm gesetzten Vormundes getroffen werden und müßte ohne dessen Zustimmung ungültig sein.

Sodann hätte der dem Kinde bestellte Vormund darauf zu sehen und darüber zu halten, daß die Mutter ihr Kind wenigstens während der ersten 6 Monate selbst stille und pflege; dadurch wird das Kind am sichersten am Leben erhalten werden. Sollte die Mutter im Wochenbette oder kurz nachher sterben, so hätte der Vormund dahin zu sehen, daß die Person, der das Kind zur Pflege übergeben wurde, dasselbe gehörig verpflege, nicht verwahrlose oder mit ungesunden Nahrungsmitteln füttere.

In dem Falle nur, daß der Vater nicht hätte ermittelt werden können oder gänzlich unbemittelt und außer Stande sein sollte, die Kosten der Verpflegung des Kindes ganz oder theilweise zu tragen, müßte die Orts-Armen-Casse zutreten und die Mutter, während des Wochenbettes und in den ersten sechs Monaten, da sie ihr Kind selbst stillen und verpflegen muß, unterstützen; jedoch müßte dieser Casse immer der Regreß gegen den unbekannten Vater des Kindes, wenn er dereinst ermittelt werden sollte, oder gegen den bekannten aber unbemittelten, falls er dereinst zu Vermögen gelangen sollte, vorbehalten bleiben.

Der Vormund hätte nur mit dem Vormundschafs-Rathe zu verhandeln, von dessen Einrichtung sogleich die Rede sein wird.

Es müßte nämlich an jedem Orte eine eigene vormundschaftliche Behörde für die unehelichen Kinder eingerichtet werden.

In den Städten würde diese bestehen aus:

einem Prediger,
einem Magistrats-Mitgliede und
einem Bürger;

auf dem Lande, aus:

dem Orts-Prediger,
dem Schulzen und
einem Schul-Vorsteher.

Dieser Vormundschafts-Rath, wenn man ihn so nennen will, würde die Aufsicht über die Erziehung des Kindes führen und besonders dahin zu sehen haben, daß der Vormund seine Pflichten erfülle und wenn er sie verabsäumen sollte, ihn dazu anhalten oder einen anderen Vormund an seine Stelle wählen.

Wenn kein Vater die Sorge für das Kind übernommen hat oder dazu angehalten werden kann und die Mutter unvermögend ist, so müßte der Vormund das Kind, wenn es die Mutter nicht selbst bei sich verpflegen kann, bei Pflege-Eltern unterbringen und die Mutter, insbesondere wenn sie zur dienenden Klasse gehört, dazu anhalten, daß sie einen Theil ihres Einkommens, insbesondere ihres Lohnes, zur Bestreitung der Verpflegungs-Kosten des Kindes beitrage.

Was nun die unehelich geborenen Söhne betrifft, so habe ich für diese einen eigenen Plan. Ich würde sie nämlich alle, ohne Ausnahme, für den Militair-Dienst bestimmen.

Bekanntlich fehlt es jetzt überall, vorzüglich im Preußischen Heere, wo die zum Militairdienst Ausgehobenen in der Infanterie nur $1\frac{1}{2}$ bis 2 Jahre dienen, an länger gedienten Soldaten. Daher hat eine Königl. Cabinets-Ordre vom 26. Februar 1824 betreffend die besondere Dienst-Verpflichtung der Zöglinge der Königl. Militair-Bildungs-Anstalten bestimmt,

daß alle in den Militair-Waisenhäusern, also auf Kosten des Staats, erzogenen Söhne der Soldaten der beiden Militair-Waisenhäuser verpflichtet sind, außer der von ihnen abzuleistenden allgemeinen Militair-Dienstpflicht für jedes Jahr, das sie auf Kosten des Staats unterrichtet und erhalten werden, zwei Jahre im stehenden Heere zu dienen, jedoch soll diese besondere Dienst=Verpflichtung in keinem Fall das Maaß von neun Jahren übersteigen.

Diese Söhne sind in rechtmäßiger Ehe geboren. Warum sollte also den unehelich gebornen nicht dieselbe Verpflichtung auferlegt werden können? Ich glaube, daß sich diese Maaßregel vollkommen rechtfertigen ließe.

Da nun z. B. in Rußland aus den Findelhäusern, wo allerdings die Findlinge eine ausgezeichnet sorgfältige Erziehung erhalten, berühmte Officiere, Staats=Beamte und Gelehrte hervorgegangen sind, so ist es wohl keinem Zweifel unterworfen, daß unter den deutschen Söhnen unehelicher Geburt sich ebenfalls viele von ausgezeichneten Anlagen finden werden.

Das stehende Heer würde mithin dadurch einen bedeutenden Zuwachs tüchtiger, länger gedienter Soldaten erhalten.

Man kann annehmen, daß die Anzahl der unehelichen Geburten, nach dem bisherigen Anwachsen der Bevölkerung des Preußischen Staates, gegenwärtig jährlich wenigstens

= 40,000 =

beträgt. Darunter sind wenigstens die Hälfte Knaben; also 20,000. Wir wollen ferner annehmen, daß nur der 10te Theil das militairpflichtige Alter von 20 Jahren erreichen und zum Militair=Dienst tüchtig befunden werden würde, so giebt das jährlich 2000 Rekruten, die 9 Jahre länger dienen.

Dadurch würden im ersten Jahre 2000, im zweiten Jahre 4000, allmählich jährlich 18,000 für das stehende Heer gewonnen und eben so viele junge Männer weniger ihren Familien entzogen, also dem Ackerbau und den Gewerben erhalten werden; das stehende Heer würde aber einen Zuwachs von 18,000 gut einexercirten Soldaten und gedienten Unterofficieren erhalten und der Abgang würde jedes Jahr durch 2000 neu Hinzutretende ersetzt werden. Gewiß, ein wesentlicher Vortheil für das stehende Heer!

Uebrigens würde dahin zu sehen sein, daß die auf diese Weise zum Militair-Dienst bestimmten Knaben, wenn sie das Alter von 14 oder 15 Jahren erreicht hätten, vorzugsweise solche Gewerbe erlernten, die ihnen beim Militair-Dienst zu Statten kommen, nämlich das der Schuhmacher, Kleidermacher, Büchsenmacher, Sattler, Tischler, Stellmacher u. s. w. und daß sie sich eine gute Handschrift aneigneten.

(In den übrigen deutschen Staaten würde dieselbe Einrichtung zu treffen sein und im Verhältniß zur Bevölkerung dasselbe Resultat liefern.)

Wollte aber zum Beispiel ein Vater oder eine Mutter ihren Sohn von dem mehrjährigen Militair-Dienst befreit wissen, so müßte dieß durch Einzahlung einer angemessenen Summe an die Casse des Regiments, dem der Sohn überwiesen worden, bewerkstelligt werden dürfen. —

Was die Mädchen betrifft, so wäre vor allen Dingen dahin zu sehen, daß sie dann, wenn die Mutter vielleicht einen schlechten Lebenswandel führen sollte, bei Pflege-Eltern und wo möglich an einen etwas entfernten Ort auf dem Lande erzogen würden, damit sie nicht das schlechte Beispiel ihrer Mütter sehen und dereinst nachahmen.

Dritter Abschnitt.

Von den Anstalten zur Verhütung der Verwahrlosung und zur Rettung bereits verwahrloseter Kinder.

§. 24.

Pflege-Anstalten und Klein-Kinder-Schulen.

Durch die in den vorhergehenden §§. beschriebenen Waisen-Versorgungs-Anstalten wird in der Regel nur für die verwaiseten Kinder nach zurückgelegtem achten Jahre gesorgt oder die jüngeren verwaiseten Kinder werden bei Pflege-Eltern untergebracht; oft sind aber die jüngeren Kinder der ärmeren arbeitenden Classe unserer Mitbürger einer solchen Verwahrlosung Preis gegeben, daß für sie die heilige Pflicht der Nächstenliebe uns auffordert, sich ihrer ebenfalls thätig anzunehmen.

Diese Rücksicht hat schon zu Anfang dieses Jahrhunderts die verewigte Fürstinn Pauline von Lippe-Detmold veranlaßt, für Kinder, deren Eltern (vorzüglich auch die Mütter) ihren Lebens-Unterhalt sich außerhalb des Hauses verdienen müssen, eine sogenannte

Pflege-Anstalt für kleine Kinder

zu errichten, wohin die Mütter im Sommer-Halbenjahre des Morgens, wenn sie auf die Arbeit gehen, ihre Kinder zur Beaufsichtigung, Verpflegung und Beköstigung bringen und sie dann Abends wieder abholen.

Aehnliche Anstalten sind in vielen Städten Deutschlands, in Berlin, Hamburg, Frankfurth a/M., Frankfurth a/O, Dresden, in England und Frankreich errichtet worden.

Da man nun bald bemerkte, daß diese Kinder den Winter über, wo sie bei den Eltern ohne gehörige Aufsicht und Pflege waren, wieder zu sehr verwilderten, so war man darauf bedacht, für die 4- und 5jährigen auch im Winter auf gleiche Art zu sorgen und damit einigen, ihrem zarten Alter angemessenen Unterricht zu verbinden.

Solcher Anstalten bestehen jetzt z. B. in Berlin 25, die für mehr als 2000 Kinder sorgen.

In Potsdam überzeugte man sich durch die bei dieser Gelegenheit gemachten Erfahrungen von dem traurigen Zustande vieler armen Familien und faßte daher den Entschluß, durch Zubereitung und unentgeltliche Vertheilung einer gesunden, nahrhaften Suppe dafür zu sorgen, daß auch den Kindern, die nicht in die Pflege-Anstalt aufgenommen werden konnten, wenigstens eine gesunde Nahrung zu Theil werde.

Um zu ähnlichen Einrichtungen aufzumuntern, das Wohlthätige derselben gehörig ins Licht zu setzen, die dagegen hie und da erhobenen Bedenklichkeiten zu beseitigen, dürfte die Darstellung der Zwecke, der Einrichtung und der Leistungen des Wohlthätigkeits-Vereins für Potsdam hier auszugsweise eine Stelle finden.

§. 25.
Der Wohlthätigkeits-Verein zu Potsdam und dessen Statuten.

Man dachte sich eine Familie, wie es deren Tausende giebt, wo der Vater, sei es als Tagelöhner, Handwerksgesell, Holzhauer, Fischer, Schiffer u. s. w., außerhalb seines Hauses oder seiner Wohnung sich seinen Unterhalt verdienen muß, und erst spät am Abende oder Wochen und Monate lang gar nicht, oder doch nur des Sonnabends Abends nach Hause kommt; wo die Mutter, soll anders die Wirthschaft bestehen und alles zum eigenen und zum Unterhalte der Kinder Nöthige herbeigeschafft werden, auf dem Lande durch Tagelohn, in der Stadt durch Waschen, Gartenarbeiten und dergleichen zum Broderwerbe mit beitragen muß; man nahm an, daß diese Familie zwei, drei, vier, fünf Kinder in dem Alter von einem bis acht

Jahren hat, wie das häufig der Fall ist, oder man denke sich eine Wittwe oder eine Eheverlassene, die einzig mit ihrer Hände Arbeit ihre Kinder ernähren muß, was wird aus diesen Kindern in Abwesenheit der Eltern, vorzüglich der Mütter? Ist eine alte Großmutter oder eine ältere Tochter zu Hause, so kann allenfalls für die nöthige Aufsicht über die Kinder gesorgt werden; ist aber dieß nicht der Fall, so werden die Kinder in der Stadt zu Hause eingeschlossen, auf dem Lande entweder ebenfalls eingeschlossen, oder auf der Straße vor dem Hause sich selbst überlassen. (So hat es der Verfasser auf Reisen in der Provinz oft gefunden.)

Kinder von neun bis zehn Jahren, denen man allenfalls schon die Aufsicht anvertrauen könnte, sind oft entweder gar nicht vorhanden, oder wenn sie da sind, so müssen sie nach der Schule gehen, (auf dem Lande das Vieh hüten, den Eltern das Essen nachtragen.)

Die natürlichen, unvermeidlichen Folgen dieses Mangels an Aufsicht sind nun für die kleinen Kinder unter vier Jahren:

Mangel an Reinlichkeit und Pflege, Verwilderung, und nicht selten Unglücksfälle, als: Verkrüppelung und selbst der Tod.

Dieß erkennend wurde in Potsdam im Frühjahre 1829 eine sogenannte Pflege-Anstalt zur Beaufsichtigung und Verpflegung kleiner Kinder von 2 — 8 Jahren zuerst in einem gemietheten Locale errichtet.

Nachdem diese Pflege-Anstalt zwei Jahre hindurch bestanden hatte, ergaben sich folgende Resultate:

1) Die aufgenommenen Kinder gewannen zusehends an Gesundheit; denn Regelmäßigkeit in ihren Mahlzeiten, gesunde, leicht verdauliche, nahrhafte Kost, geweckter froher Sinn, gehöriger Wechsel von Bewegung und Ruhe, gesunde Luft und Reinlichheit wirkten vortheilhaft auf sie. Waren auch die Kinder bei ihrer Aufnahme von einem blassen, kränklichen Aussehen, so wandelte sich doch binnen

wenigen Wochen ihr Aeußeres ganz um; ihre Wangen wurden voll und roth, ihre Augen glänzten.

2) Die sittliche Bildung der Kinder gewann offenbar von manchen Seiten. Sie gewannen Freimüthigkeit zu antworten, wenn sie um etwas gefragt wurden, da sie mit so vielen Menschen bekannt wurden, die sich theilnehmend ihnen näherten. Wer es weiß, wie viel auf richtige Uebung des Sprechvermögens bei der Bildung eines Kindes ankommt, der wird dieß nicht unwichtig finden. Da ihrer Viele bei einander sind, so gewöhnen sie sich an manche gesellschaftliche Tugenden der Nachgiebigkeit, Verträglichkeit, Dienstfertigkeit. Sie lernen manches Liedchen auswendig und wissen es zu singen. Uebung der Gedächtnißkraft und frühes Einprägen mancher guten Lebensmaxime wird bewirkt, ohne daß man geflissentlich darauf ausgeht und ohne daß es die Kinder selbst merken und wissen.

3) Die Kinder lernten sich unter einander vertragen; oft war es den Besuchenden, die da wußten, wie lärmend zuweilen in einem Privathause der gebildeten Stände die Gegenwart mehrerer jüngerer Kinder ist, wie da oft Zank und Streit und ungestüme Bitten wahrzunehmen sind, die kaum beschwichtigt werden können, auffallend, daß hier wo in der Regel zwanzig bis dreißig Kinder aus den niedern, weniger gebildeten Ständen in einem Zimmer beisammen waren, alle so einig und verträglich sein konnten.

Vorzüglich zeigte sich ihre allmählig bewirkte Gesittung beim Essen. Alle warteten, nachdem ihnen vorgelegt worden war, ruhig ab, bis die Pflegerinn die Suppe oder das Gemüse gekostet hatte, und, wenn es nun gehörig erkaltet war, zum Zulangen aufforderte.

Nie sah man ein ungestümes Verlangen oder Trotzen nach dem Essen.

(Diese Gesittung der Kinder ist gewiß eine der wesentlichsten Früchte der Anstalt.)

Ein Herr Mayo in London sagt in seinen
„Bemerkungen über Klein-Kinder-Schulen"
[Infant's Schools], London 1827:

„Wenn der Einfluß der Schule nur zu oft für sittliche und religiöse Bildung unwirksam ist, dürfte das nicht großentheils der frühern schlechten Gewöhnung zuzuschreiben sein? Die Ablegung böser Gewohnheiten ist in der Regel weit schwieriger, als die Bildung guter; das Ausrotten schlechter Neigungen unendlich schwieriger, als das Einimpfen der Liebe zu dem, was gut und recht ist.")

Wir dürfen daher hoffen, daß die durch die Pflege-Anstalt zur Gesittung geleiteten Kinder auch von der Schulbildung mehr Nutzen haben werden, als Kinder, die ohne Aufsicht und ohne diese sorgfältige Pflege heranwuchsen.

Uebrigens bewährte sich der wohlthätige Einfluß dieser Anstalt am überzeugendsten im Sommer des Jahres 1831. Damals waren bösartige dreitägige und gastrische Fieber, eine Folge des lange anhaltenden, ungewöhnlich hohen Wasserstandes, wo beinahe alle Keller der Stadt unter Wasser standen, so allgemein, daß beinahe kein Haus verschont blieb — die Kinder der Pflege-Anstalt blieben davon verschont — Folge ihrer sorgfältigen Verpflegung.

Durch die Sorge für die Kinder der Pflege-Anstalt waren nun diejenigen, die sich ihrer vorzüglich angenommen hatten, mit der im Sommer und Herbst 1830 so traurigen Lage vieler Eltern aus der Classe der Handwerker und Tagelöhner, die durch Krankheiten heimgesucht und zurückgekommen waren, genauer bekannt geworden; sie erkannten das Mißliche ihrer Lage, die in dem bevorstehenden Winter noch trauriger werden mußte, und sannen auf Mittel, sie zu lindern und sie vor gänzlicher Verarmung und Verzweiflung zu schützen.

Auf den mildthätigen Sinn ihrer Mitbürger, der sich bei so vielen Gelegenheiten und ihnen selbst bei der Pflege-Anstalt bewährt hatte, vertrauend, faßten sie daher den Plan, arme kranke oder durch Krankheit zurückgekommene Familien durch unentgeltliche Darreichung einer gesunden und nahrhaften Suppe, die consistent genug sein sollte, um ihnen zugleich zur Sättigung zu dienen, zu unterstützen.

Zu dem Ende wurde eine Aufforderung zu milden Beiträgen in das Wochenblatt eingerückt.

Diese Aufforderung hatte den glücklichsten Erfolg. Zahlreiche, zum Theil bedeutende Beiträge machten es möglich, schon am 12. December 1830 mit der Vertheilung von Suppe anzufangen.

Es geschah dies anfänglich an einem, dann an zwei Punkten der Stadt, im Locale der Pflege-Anstalt und in einem von der Armen-Direction dazu eingeräumten im Ordonnanzhause. Achtundzwanzig Frauen verbanden sich dazu, jede ein Mal binnen 14 Tagen die Aufsicht bei Vertheilung der Suppe zu führen.

Allmählig wuchsen die Beiträge bedeutend an. Es ward eine Lotterie von weiblichen Arbeiten veranstaltet, wozu eine Menge kleinerer und größerer, zum Theil sehr werthvoller Arbeiten geliefert wurden, und so war es möglich, vom 12, December 1830 an bis zum 31. März 1832 die Austheilung der Suppe fortzusetzen, so daß in den letzten 8 Wochen 367 Haushaltungen, aus 1390 Personen bestehend, mit Suppe versorgt und täglich 564 Portionen an dieselben vertheilt werden konnten.

Die sorgfältige Aufsicht, welche die oben gedachten 28 Mitglieder des Vereins über die Zubereitung und Austheilung der Suppe führten, indem sie bei letzterer stets von Anfang bis zu Ende gegenwärtig waren und täglich die Suppe kosteten, hat unstreitig wesentlich zum Gedeihen dieser Anstalt beigetragen.

Auch hat nicht leicht ein Unternehmen ähnlicher Art so allgemeinen und einstimmigen Beifall gefunden.

Es ist zwar von verschiedenen Seiten auch wohl der Zweifel geäußert worden:

Ob nicht durch diese Vorsorge für die Armen die Nachlässigen und Arbeitsscheuen unter ihnen nur in ihrer Nachlässigkeit und Trägheit bestärkt, mehrere, die jetzt noch Alles aufbieten, um den nöthigen Unterhalt zu verdienen, verleitet werden mögten, gleichfalls die Hände in den Schooß zu legen, so daß zuletzt die Masse der auf Unterstützung Harrenden und sich darauf Verlassenden zu einer bedenklichen Höhe anwachsen dürfte.

Es ist nicht zu verkennen, daß hierin einiges Wahre liegt — daß allerdings einige Arme verleitet werden könnten, sich weniger anzustrengen, weil sie vielleicht hoffen, mit Gelde zur Bezahlung der Miethe, mit Holz und mit Suppe unterstützt zu werden.

Man muß jedoch, um hierüber ins Klare zu kommen, etwas genauer eingehen in die Verhältnisse der Familien und einzelnen Personen, die mit Suppe unterstützt werden; überhaupt wurden im Winter von 18$\frac{30}{31}$ 314 Haushaltungen unterstützt.

Darunter waren:

1) 153 Mütter mit 1 bis 6 Kindern;
2) 127 Ehepaare, wo entweder beide Eltern, oder der Vater oder die Mutter, oder mehrere Kinder krank waren;
3) 34 eheverlassene Personen mit Kindern, überhaupt 849 Kinder.

Für alle diese Verhältnisse ist das Wohlthätige der Suppen-Verabreichung einleuchtend.

Man könnte zwar einwenden, daß jene Männer und Frauen, die sich jetzt ihren Unterhalt nicht mehr verdienen können, jene Familien, wo jetzt Vater oder Mutter, oder beide krank sind, in bessern gesunden Tagen etwas hätten zurücklegen sollen.

Allein wir erleben es täglich, daß Leute ohne ihr Verschulden, durch Krankheit, Unglücksfälle, Betrug ꝛc. in ihrem

Vermögen zurückkommen, und daß selbst die kleinern Ersparnisse früherer Jahre aufgezehrt werden müssen. Und dann, können denn selbst Familien, die eine sichere Einnahme haben, stets etwas zurücklegen?

Ferner könnte man sagen: daß jene Wittwen im Sommer so viel von ihrem Verdienste hätten zurücklegen sollen, um im Winter Miethe, Holz, Kleidung und Nahrung für die Kinder bestreiten zu können.

Darauf läßt sich aber entgegnen: Was kann eine Wittwe von einem Tagelohne von 5 Sgr., den Frauen gewöhnlich erhalten, bei 2, 3, 4 Kindern, die sie kleiden und ernähren muß, wohl erübrigen?

Wir haben die Geschichte der Verarmung vieler von denen, welche die Hülfe des Vereins in Anspruch genommen, haben, erforscht; das Resultat ist Folgendes:

An Arbeit fehlt es während 8 bis 9 Monaten des Jahres nicht. Der Soldat, der seinen dreijährigen Dienst vollendet hat, der Handwerksbursche heirathet, in der Meinung, daß er und seine Frau, beide gesund, rüstig, an Arbeit gewöhnt, täglich so viel verdienen werden, als nöthig ist, um die Miethe zu bezahlen, sich zu kleiden, zu ernähren und im Winter zu erwärmen. Nun kommt das erste Wochenbett — der Verdienst der Frau hört für eine Zeitlang auf; statt dessen kommen ungewöhnliche Ausgaben — das war nicht berechnet — nun langt der Verdienst des Mannes nicht mehr; jetzt wird ein Kleidungsstück, ein Hausgeräth, ein Stück Bett versetzt. Das kostet im Jahre $16\frac{2}{3}$ pro Cent. — Es kommt ein zweites Kind — die Noth wird größer; wird nun gar die Frau krank, oder trifft den Mann ein Unfall, wie in den Jahren 1829 — 31 die Fieberkrankheiten, so daß er Wochen und Monate lang nichts verdienen kann, so ist der Ruin der Familie da; es wird Mehreres versetzt — es kann nicht wieder eingelöst werden — man bleibt die Miethe für den Winter schuldig — diese muß im Sommer für die Vergangenheit berichtigt werden; nun ist an kein Zurücklegen für den stets mit größern Ausgaben und geringerer Einnahme verbundenen Winter zu denken — auch können keine Vorräthe für den Winter angeschafft werden; also fallen die Unbemittelten den Hökern in die Hände und müssen alle ihre Bedürfnisse theurer, vielleicht doppelt und selbst dreifach so theuer bezahlen, als die Wohlhabenden, die sich Vorräthe anschaffen konnten. Der geringste Unfall bringt die Familie zurück — größere Unfälle, wie langwierige Krankheiten, richten sie rettunglos zu Grunde, weil auch das Letzte verpfändet werden muß, um nur die Miethe zu decken.

Ist nun vollends der Mann ein Trinker oder die Frau eine untüchtige Wirthinn, dann ist das Elend grenzenlos.

Gut, wird man vielleicht sagen, mögen der Trunkenbold und die untüchtige Wirthinn zu Grunde gehen!

Angenommen, man könne und müsse das als warnendes Beispiel zugeben, so kann man dagegen fragen: Was hat im ersten Falle die Ehefrau, im zweiten der Ehemann, was haben in beiden die Kinder verschuldet? Sollen die Unschuldigen mit den Schuldigen leiden?

Daß Familien, wo beide Eltern krank sind, oder wo entweder der Vater oder die Mutter oder mehrere Kinder krank sind, Hülfe bedürfen, wird wohl Niemand bezweifeln.

Es ist nun zu untersuchen:

Ob die Art und Weise der Hülfe, welche der Wohlthätigkeits-Verein gewährt, die Verabreichung einer nahrhaften, sorgfältig zubereiteten Suppe, die rechte ist?

Man hat auch hiegegen die Einwendung gemacht, daß eine Verabreichung von Geld oder von rohen Naturalien, als Kartoffeln, Grütze, Reiß rc. zweckmäßiger und den Bedürftigen willkommener sein würde, weil sie dann im erstern Falle durch Hülfe des Geldes ihre dringendsten Bedürfnisse befriedigen, im zweiten sich ihre Speisen selbst bereiten und den oft weiten Weg zur Abholung der Suppe sparen könnten.

Wer Einwendungen dieser Art macht, hat indessen wohl niemals den Zustand armer Familien selbst untersucht und ihre Lage mit eigenen Augen beobachtet.

Es läßt sich dagegen erwidern, daß man ohne Uebertreibung behaupten kann:

Eine arme Familie könne auch für das Doppelte dessen, was dem Vereine eine Portion Suppe kostet, ein so gesundes, kräftiges Nahrungsmittel sich nicht selbst bereiten, den Zeit-Verlust und die Versäumniß nicht einmal gerechnet.

Wir können uns in dieser Hinsicht auf das Zeugniß der Mitglieder des Vereins, welche täglich bei der Vertheilung der Suppe gegenwärtig sind und dieselbe jederzeit selbst kosten, so wie vieler anderer Personen, welche diese Anstalt unerwartet besucht haben, vorzüglich aber auch auf das Zeugniß der Familien selbst berufen, welche diese Wohlthat empfangen. Auch wird in der That bei der Bereitung die größte Sorgfalt angewandt, um diese Suppe möglichst nahrhaft und schmackhaft zuzurichten.

Nach den Statuten des Vereins ist jedes Mal eine der Frauen, die dem Vorstande angehören, bei Vertheilung der Suppe von Anfang bis zu Ende zugegen und giebt das Nöthige für die Suppe des kommenden Tages heraus, sowie die Mitglieder des Vorstandes auch den Einkauf des Fleisches u. s. w. selbst besorgen.

Durch diese Einrichtung wird bewirkt, daß die zu verabreichende Suppe immer gleich nahrhaft und gut zubereitet wird.

Fünf Mal wöchentlich wird mit den Zuthaten gewechselt. Den ersten Tag wird Reiß gegeben, den zweiten Graupen, den dritten Erbsen, den vierten Hirse, den fünften Linsen.

Stets werden Kartoffeln und Wurzeln reichlich hinzugefügt.

Die Suppe wird täglich mit Rindfleisch bereitet und zwar wie der in No. I. der Beilagen aufgeführte Anschlag zeigt.

Wurzelwerk wird um so reichlicher und mehr als das

Doppelte, was man für 4 Sgr. erhalten kann, geliefert, weil der Verkäufer die Kartoffelschalen in Kauf nimmt.

Sämmtliche Ingredienzien der Suppe sind stets von der besten Qualität.

Noch wird bemerkt, wie von den Fleischlieferanten täglich einige frische Rinderknochen zugegeben zu werden pflegen; auch von einigen Herrschaften werden dergleichen übersandt. Diese Knochen wurden klein gehauen und einige Male mit ausgekocht.

Während dreier Tage wird das Fleisch aufbewahrt und wöchentlich ein Mal den dritten, einmal den vierten an die eine Hälfte der Suppen-Empfänger vertheilt, so daß Sonntags die eine, Mittwochs die andere Hälfte derselben mit Fleisch bedacht wird, und zwar erhalten am Mittwoch $\frac{3}{7}$ und Sonntag $\frac{4}{7}$ der Theilnehmer auf jede Portion circa $\frac{1}{3}$ Pfund Fleisch *).

Diese Suppe erlangt durch die beigefügten Kartoffeln eine solche Consistenz, daß eine Portion, aus $\frac{3}{4}$ Quart bestehend, zur Sättigung einer erwachsenen Person vollkommen hinreichend ist, selbst nach dem Zeugniß der Empfänger.

Eine solche Portion kostete früher dem Vereine incl. Feuerung und Gehalt des Personals circa $5\frac{1}{2}$ Pfennig; jetzt, bei zweckmäßiger eingerichteter Feuerung und anderen Ersparungen, nur $3\frac{1}{2}$ Pfennig.

Es bedarf wohl keiner weitern Auseinandersetzung, um zu beweisen, daß es dem Einzelnen nicht möglich ist, für diesen Preis sich eine gleich gesunde und genügende Mahlzeit zu bereiten, selbst den Zeitaufwand ungerechnet, den jede einzelne Familie darauf verwenden müßte, wenn sie sich täglich eine Fleischbrühsuppe bereiten wollte.

Lebensmittel in Natura würden theils verkauft werden, eben um Branntwein und Kaffee dafür zu kaufen, oder die Empfängerinnen würden, wollten sie dieselben selbst zubereiten,

*) Bei reichlicheren Mitteln könnte allenfalls mehr Fleisch genommen werden, nämlich anstatt auf 20, lieber auf 10 Portionen Suppe 1 Pfund Fleisch.

sich Stunden lang versäumen müssen, statt daß sie jetzt mit Arbeiten in und außer dem Hause sich etwas verdienen können.

Oft würde es ihnen zu mühsam und zeitraubend sein, zu kochen; sie würden dann wöchentlich nur ein Paar Mal den kranken und schwächlichen Kindern etwas Warmes reichen; die übrige Zeit würden sie dieselben, wie bisher, mit Kommisbrod abspeisen, und so wäre ein Hauptzweck verfehlt.

Ein Hauptzweck ist aber eben der, den armen Familien dadurch eine Unterstützung zu gewähren,

daß kranke, kraftlose, ältere Personen und die Kinder eine gesunde, nahrhafte, warme Suppe täglich erhalten, damit die Kranken gesund werden, die Schwachen sich stärken, sodann die Kinder gedeihen und beide vor Krankheit bewahrt werden.

Es kommt hierbei noch eine sehr wichtige Rücksicht in Betracht.

Kann es nämlich dem Staate, kann es der Gemeinde gleichgültig sein, ob eine gesunde und starke Generation heranwächst, oder eine ungesunde, schwächliche?

Nun aber ist es gewiß, daß Kinder, die bei schlechten Nahrungsmitteln in engen, ungesunden Räumen, welches die Wohnungen vieler armen Familien in den größern Städten sind, aufwachsen, ungesund werden, schwächlich bleiben, skrophulösen Krankheiten unterworfen sind. Eine solche Bevölkerung vergrößert zwar die Zahlen in den statistischen Tabellen, allein sie bringt dem Staate kein Heil und ist für die Commune eine beschwerliche Last.

Ist dieser Zustand erst eingetreten, dann helfen gesunde Nahrungsmittel nicht mehr, dann müssen Arzt und Apotheker zutreten, und dann ist der Aufwand zehn Mal größer und die Arbeitskraft vieler geht verloren; diese würden dem Gemeinwesen erhalten, jene zehnfachen Kosten würden ihm erspart worden sein, hätten die nunmehr Kranken und Elenden früher und zu rechter Zeit eine gesundere Nahrung erhalten.

Wie viel aber eine gesunde Nahrung und gehörige Pflege

bewirken, selbst bei anscheinend elenden, schwächlichen Kindern, davon haben die Kinder der Pflege-Anstalt einen überzeugenden Beweis geliefert.

Hierzu kommt nun noch, daß in den Jahren 1830 und 1831 bösartige, langwierige Fieber fast alle Familien der Stadt heimgesucht haben. Wenn nun selbst die Wohlhabendsten, denen es weder an Pflege, noch an gesunden, stärkenden Lebensmitteln fehlte, Mühe hatten, sich zu erholen, wie müßte es den armen Familien ergehen, die einer sorgfältigen Pflege entbehren, die sich keine gesunde, nahrhafte Kost verschaffen können, die, noch entkräftet, wieder mit Arbeiten sich anstrengen mußten, um nicht zu verhungern?

Bei diesem von der Vorsehung über uns verhängten außerordentlichen Unglücke war nun allerdings eine außerordentliche Hülfe nöthig. Sie ist den Nothleidenden zu Theil geworden, und sie wird ihnen auch künftig, so lange diese Uebel fortdauern, nicht fehlen, dafür bürgt der so oft bewährte mildthätige Sinn der Bewohner Potsdams.

(Nirgends sollte sie den Nothleidenden fehlen.)

Um übrigens bei der Vertheilung der Suppe sicher zu sein, nur wahrhaft Hülfsbedürftige und unter diesen wiederum vorzugsweise die Würdigsten zu berücksichtigen, hat der Verein die von der Armen-Direction mitgetheilten Listen bei der Suppen-Vertheilung zum Grunde gelegt.

Einige einzelne Beispiele werden das Wohlthätige dieser Anstalt klar darthun. Es wurden z. B. bedacht:

Eine Soldaten-Wittwe ꝛc. 3 Kinder von 3, 4 und 9 Jahren, die Mutter und das jüngste Kind krank.

Eine sehr alte und kranke Wittwe.

Eine Familie, wo der Mann wegen Insubordination in Spandau gefangen sitzt, mit 4 kleinen Kindern, einer alten Schwiegermutter, die an 2 Krücken geht, und 2 kranken Kindern.

Desgleichen, wo der Mann an 2 Krücken geht, 3 kleine Kinder, die Frau und 1 Kind krank.

Desgleichen, der Vater und 2 Kinder krank, die Frau im Wochenbette, 6 Kinder von 5 bis 15 Jahren.

Eine Wittwe mit 5 Kindern,

Eine Familie, von der der Mann krank ist, 6 kleine Kinder.

Desgleichen, die Frau liegt krank, 4 kleine Kinder.

Desgleichen, der Mann hat den Arm gebrochen, die Frau erwartet ihre Niederkunft, 3 kleine Kinder *).

Aehnliche Verhältnisse fanden bei allen Unterstützten Statt. Alle unterstützte Ehefrauen und Wittwen waren entweder krank und konnten also nichts verdienen, oder sie mußten außer dem Hause arbeiten, um ihre Kinder ernähren zu können, hatten also keine Zeit, Holz aus der Haide zu holen und für die Kinder zu kochen; auch würde ihnen die nämliche Suppe, welche dem Vereine $5\frac{2}{3}$ Pfennige kostete, wenigstens das Doppelte gekostet haben, da sie das dazu Nöthige bei den Höfern in kleinen Portionen hätten einkaufen müssen.

Hierin liegt besonders das Wohlthätige dieser Einrichtung, so wie darin, daß nun eine große Anzahl von Kindern $3\frac{1}{2}$ Monat hindurch täglich eine gesunde, nahrhafte Kost erhielten, wodurch allein viele früher kranke Kinder wieder hergestellt und höchst wahrscheinlich vom Tode errettet worden sind, da sie ohne diese Vorsorge manchen Tag entweder nicht hinreichende oder wenigstens keine gesunde Nahrung, vielleicht nichts als ein für kleine Kinder unverdauliches Kommisbrod erhalten haben würden. (Im Winter von $18\frac{37}{38}$ wurden 98,000 Portionen Suppe vertheilt.)

Außerdem hat der Wohlthätigkeits-Verein auch noch den armen Wöchnerinnen eine besondere Aufmerksamkeit und Unterstützung gewidmet. Im Jahre 1837 wurden 40 Wöchnerinnen theils mit nahrhafter Suppe, theils mit Geld, Kinderzeug rc. unterstützt.

*) Alle Kinder der Wittwen, viele der Wittwer, sind als verwaiset zu betrachten; eben so alle Kinder eheverlassener Frauen. Folglich wird hier für viele Waisen gesorgt.

Was die Anstalt betrifft, so wurden im Jahre 1838 80 Kinder aufgenommen; da sich jedoch im Verlaufe der Zeit zeigte, daß die älteren Kinder von 3 bis 6 Jahren während des Winters, in Ermangelung gehöriger Aufsicht und Pflege, in körperlicher und sittlicher Hinsicht nur zu sehr vernachlässigt wurden, und daher die Früchte der ihnen den Sommer über gewidmeten Sorgfalt während des Winters wieder großentheils verloren gingen, so wurde schon im Sommer 1836 beschlossen, mit dieser Anstalt eine

Klein=Kinder=Schule

zu verbinden, so daß die älteren Kinder auch im Winter in der Anstalt verpflegt und beaufsichtigt würden und einigen, ihrem zarten Alter angemessenen Unterricht erhielten.

Da indessen das bisher für die Pflege=Anstalt benutzte Locale dazu nicht hinreichte, so wandte sich der Verein an Se. Majestät den König mit der Bitte: die Kosten zu Erbauung eines geräumigen Saales und einer Wohnung für den Lehrer der Klein=Kinder=Schule und seine Familie auf den Immediat=Baufond für Potsdam anweisen lassen zu wollen.

Se. Majestät geruheten, diese Bitte huldreichst zu gewähren, und so konnte schon am 1sten October 1837 das neue Local bezogen werden und wird jetzt für 100 Kinder den Winter über benutzt.

Berechnung

der Kosten einer guten, schmackhaften und nahrhaften Suppe, welche an arme, kranke Familien in dem Winter $18\frac{31}{32}$ in Potsdam verabreicht wurde, auf 440 Portionen à $\frac{3}{4}$ Quart berechnet.

	Einzeln-Beträge Thlr.	Sg.	Pf.	Haupt-Beträge Thlr.	Sg.	Pf.
Den ersten Tag.						
I. Reiß, $\frac{1}{4}$ Ctr. à Ctr. 11 Thlr. 20 Sgr.	2	27	6			
hierzu: a) 22 Pfd. Fleisch à 3 Sgr.	2	6	6			
b) 2 Scheffel Kartoffel	1	—	—			
c) Salz, welches tonnenweise gekauft wird	—	6	—			
d) Grünes und Wurzelwerk .	—	4	—			
e) Gewürz, vide in fine, Lorbeerblätter gratis				6	13	6
Den zweiten Tag.						
II. Erbsen, 1 Scheffel	2	4	—			
hierzu wie ad I.	3	10	—	5	14	—
Den dritten Tag.						
III. Hirse, 9 Mtz. à Schffl. 5 Thlr. .	2	24	9			
hierzu wie ad I.	3	10	—	6	4	9
Den vierten Tag.						
IV. Linsen, 17 Mtz. à Schffl. $2\frac{2}{3}$ Thlr.	2	25	—			
hierzu wie ad I.	3	10	—	6	5	—
Den fünften Tag.						
V. Graupen, 9 Mtz. à Schffl. $4\frac{1}{2}$ Thlr.	2	16	—			
hierzu wie ad I.	3	10	—	5	26	—
Summa in 5 Tagen . .				30	3	3
beträgt in 30 Tagen . .				185	13	6
Hierzu kommen: a) Gehalt der Köchinn				14	—	—
b) Feuerungs-Material				8	—	—
c) Gewürz circa 2 Pfd.				—	20	—
Ueberhaupt in einem Monat von 30 Tagen				208	3	6
beträgt auf eine Portion circa				—	—	$5\frac{2}{3}$

Statuten des Wohlthätigkeits-Vereins für Potsdam.

Zweck des Vereins.

§. 1. Der hiesige Wohlthätigkeits-Verein hat den Zweck, Arme, Nothleidende, vorzüglich aus der Klasse der Handwerker und Tagelöhner, besonders Eltern und Wittwen, die eine zahlreiche Familie haben, oder durch Krankheit und andere Unglücksfälle zurückgekommen sind, zu unterstützen, sodann Sittlichkeit und wahre Religiosität unter der ärmeren Klasse der Einwohner zu fördern.

§. 2. Diesen Verein bilden Frauen und Jungfrauen, Bürger und Einwohner der Stadt Potsdam und der Umgegend.

Erwerbung der Mitgliedschaft.

§. 3. Die Mitgliedschaft des Vereins wird durch Zusicherung eines jährlichen Beitrages von wenigstens 2 Thalern, oder durch eine jährlich zu liefernde weibliche Arbeit von gleichem Werthe, oder durch einen Capital-Beitrag von 20 Thalern erworben.

§. 4. Wer jährlich einen Beitrag unter 2 Thaler leistet, oder ein für alle Mal dem Vereine ein Geschenk von 5 Thalern oder weibliche Arbeiten dieses Werthes zukommen läßt, wird in dem Buche des Vereins als Wohlthäter aufgeführt, wenn er es nicht ausdrücklich verbittet.

Rechte der Mitglieder.

§. 5. Jedes Mitglied hat das Recht, den allgemeinen Versammlungen beizuwohnen und mitzustimmen; auch Hülfsbedürftige und Kranke dem Vereine zur Unterstützung zu empfehlen; zugleich aber die Verpflichtung, dem Vereine wo möglich neue Mitgleder zu gewinnen.

Engerer Ausschuß.

§. 6. Sechs von den weiblichen Mitgliedern des Vereins bilden den engern Ausschuß, der durch Stimmenmehrheit gewählt wird.

Vorsteherinn.

§. 7. Der engere Ausschuß wählt eine Vorsteherinn aus seiner Mitte.

Rechte und Pflichten der Vorsteherinn.

§. 8. Die Vorsteherinn hat das Recht, die Tage und die Stunde für die Versammlung des engern Ausschusses zu bestimmen, auch außerordentliche Versammlungen anzuordnen; sie führt darin den Vorsitz, revidirt mit einem Beistande, den sie erwählt, die Rechnungen des Rendanten und ertheilt demselben die Decharge.

Sie hat das Recht, den Mitgliedern des engern Ausschusses Aufträge zu ertheilen.

Sie wählt aus den Mitgliedern des engern Ausschusses eine Stellvertreterinn für den Fall der Abwesenheit und Krankheit. Uebrigens sorgt dieselbe auch für die Anschaffung der nöthigen Gegenstände, als: Kleidungsstücke, Kochgeräthe, Betten, Lebensmittel u. s. w.

Pflichten der Mitglieder des engern Ausschusses.

§. 9. Im Winter übernehmen 28, im Sommer 12 Frauen, die Mitgleder des Vereins sind, die Verpflichtung, im Winter alle 2 Wochen ein Mal bei Vertheilung der Suppe die Aufsicht zu führen, im Sommer eben so ein oder zwei Mal des Tages die Pflegeanstalt zu besuchen, darauf zu sehen, daß alles ordentlich und vorschriftsmäßig geschehe, und in dem Tagebuche die nöthigen Bemerkungen einzutragen.

§. 10. Eben so sind sie verpflichtet, auf den Fall, wenn in den Familien, die der Verein unterstützt, Krankheiten oder andere Unfälle eintreten sollten, die nöthige Hülfe entweder sogleich anzuordnen, oder in weniger dringenden Fällen, die Sache in der nächsten monatlichen Versammlung zur Sprache zu bringen, insbesondere aber sich der Wöchnerinnen anzunehmen.

Vereins-Beistand.

§. 11. Aus den Bürgern und Einwohnern der Stadt, die an der Wirksamkeit des Vereins Antheil nehmen, wird ein

Beistand gewählt, der immer aus einem Secretair, wenigstens zwei Beisitzern, einem Arzte und einem Rendanten bestehen muß.

§. 12. Der Secretair sorgt für den regelmäßigen Gang der Geschäfte des Vereins, führt das Protocoll in den Versammlungen, registrirt die Verhandlungen, besorgt die Correspondenz des Vereins, giebt auf Verlangen der Vorsteherinn oder nach den Beschlüssen des engern Ausschusses Anweisungen auf die Casse u. s. w.

Geschäfte des Rendanten.

§. 13. Der Rendant besorgt die Einnahme und Ausgabe und führt Rechnung über beide.

Pflichten des Arztes.

§. 14. Der Arzt besorgt die Kranken, deren sich der Verein annimmt, und erstattet Bericht über ihren Zustand, besucht auch im Sommer die Kinder in der Pflegeanstalt.

Pflichten der Beisitzer.

§. 15. Die Beisitzer haben hauptsächlich die Verpflichtung, den Zustand der männlichen Armen und Kranken, welche den Beistand des Vereins in Anspruch nehmen, zu untersuchen, sich überhaupt nach der Lage und den Verhältnissen der zu unterstützenden Familien und einzelnen Personen genau zu erkundigen und darüber zu berichten.

Zeit der Dauer der Mitgliedschaft.

§. 16. Die Mitglieder des engern Ausschusses und des Beistandes werden auf ein Jahr gewählt. Sollte vor Ablauf des Jahres ein Mitglied ausscheiden, so wird an dessen Stelle in der monatlichen Versammlung ein neues Mitglied gewählt.

Zeitpunkt der Versammlungen des engern Ausschusses.

§. 17. Der engere Ausschuß versammelt sich jeden letzten Donnerstag des Monats, wenn dieser Donnerstag nicht etwa ein Festtag ist, in diesem Falle Tags darauf; es steht indessen jedem Mitgliede des Vereins frei, diesen Versammlungen beizuwohnen.

Haupt-Versammlung.

§. 18. Jedes Jahr am 1. November findet eine Haupt-Versammlung Statt, bei der alle Vereins-Mitglieder erscheinen und die Wahl der Beamten vorgenommen wird.

Unterstützungs-Gesuche und ihre Erledigung.

§. 19. Die Gesuche um Unterstützung können bei jedem Mitgliede des Vereins angebracht werden, indessen müssen diese Gesuche in der Regel von einem Zeugniß des Bezirks-Vorstehers und Armen-Deputirten begleitet sein, und es haben die Vereins-Mitglieder entweder selbst den Zustand der Hülfesuchenden zu erforschen oder diese Untersuchung durch ein Mitglied des Beistandes zu veranstalten.

§. 20. Das Unterstützungsgesuch wird in der Regel in der nächsten Versammlung des engern Ausschusses mündlich vorgetragen, und wenn die Unterstützung gewährt werden soll, das Nöthige an den Rendanten verfügt.

§. 21. In dringenden Fällen, wo die Hülfe sogleich eintreten muß, kann die Anweisung auf Unterstützung erfolgen. In diesem Falle unterschreibt der Secretair und das das Gesuch unterstützende Mitglied diese Anweisung. In der nächsten Versammlung wird dieses vorgetragen und die Zustimmung des engern Ausschusses nachträglich bewirkt.

Art und Weise der Unterstützung.

§. 22. Um jeden Mißbrauch in Darreichung von Wohlthaten zu verhüten, wird die Armen-Direction um eine Liste derjenigen Personen, welche nach §. 1. die Unterstützung des Vereins bedürfen und verdienen, gebeten werden. Die Liste ist in der Zeit der Suppen-Vertheilung monatlich durch Zu- und Abgang zu vervollständigen.

§. 23. Die Unterstützungen werden auf keinen Fall in baarem Gelde verabreicht, sondern in Speisen, Holz, Kleidung, Wäsche, Kinderzeug, Betten und andern Gegenständen, woran die Hülfesuchenden Mangel leiden.

Unterstützung durch Darreichung von Suppe.

§. 21. Diejenige Unterstützung, welche in Verabreichung warmer, schmackhafter und nahrhafter Suppe besteht, soll zu Theil werden:

1) alten kränklichen Personen, die nicht mehr zu arbeiten im Stande sind,
2) Vätern und Müttern mit zahlreichen Familien, welche durch Krankheit, Zeitverhältnisse oder Unglücksfälle in ihren Vermögens-Umständen zurückgekommen sind;
3) unvermögenden Wittwen, die mehrere Kinder zu ernähren haben, und
4) unbemittelten, armen, ehelichen Wöchnerinnen.

Qualification der zu Unterstützenden.

§. 25. Bei Verabreichung von Unterstützungen jeder Art wird hauptsächlich auf ein sittliches Leben Rücksicht genommen. Daher sind alle Personen, die in wilder Ehe leben, und die Mütter unehelicher Kinder von allen Wohlthaten des Vereins ausgeschlossen.

Dauer dieser Unterstützung.

§. 26. Die Unterstützung durch Verabreichung von Suppe wird hauptsächlich nur im Laufe des Winters, von Mitte December bis Mitte oder Ende März, gewährt.

Pflegeanstalt.

§. 27. Eine zweite Art der Unterstützung ist die Aufnahme von Kindern armer Eltern in die bereits bestehende sogenannte Pflegeanstalt.

Zweck der Pflegeanstalt.

§. 28. Der Zweck dieser Anstalt ist: rechtlichen, aber unbemittelten Eltern oder Wittwern oder Wittwen, die sich ihren Unterhalt durch Arbeit außerhalb des Hauses verdienen müssen, die Pflege und Aufsicht ihrer jüngern Kinder im Alter von 1 bis 4 Jahren zu erleichtern, um zu verhüten, daß die Kinder in Abwesenheit der Eltern eingeschlossen werden und durch Mangel an der nöthigen Aufsicht und Pflege zu Schaden kommen.

Verhältnisse der Eltern, welche die Aufnahme ihrer Kinder in die Pflegeanstalt bedingen.

§. 29. Die Eltern müssen, nach dem Zeugnisse der Bezirksvorsteher und der Mitglieder der Armen-Commission, in einer rechtmäßigen Ehe leben und sich ihren Unterhalt durch Arbeit außer dem Hause auf eine rechtliche Weise verdienen. Auch Wittwen, die sich durch ihrer Hände Arbeit außerhalb des Hauses ernähren müssen, und Wittwer, denen ihre Ehefrauen kleine, unmündige Kinder hinterlassen haben, können die Aufnahme ihrer Kinder in Anspruch nehmen.

Verhältnisse der Kinder, vermöge deren sie zur Aufnahme geeignet sind.

§. 30. Die Kinder müssen das erste Lebensjahr zurückgelegt haben, von der Brust entwöhnt sein und schon ohne Hülfe gehen können. Sie dürfen auch das vierte Lebensjahr noch nicht zurückgelegt haben. Uebrigens müssen sie frei von Ausschlags-Krankheiten und epileptischen Zufällen sein. Mit einem oder dem andern dieser Uebel behaftete Kinder dürfen, um der andern willen, nicht aufgenommen werden.

Bedingungen zur Aufnahme.

§. 31. Für jedes Kind werden wöchentlich 2 Sgr. pränumerando bezahlt; doch steht es dem Vorstande der Stiftung frei, nach Befinden der Umstände, von der Zahlung zu dispensiren.

Die Kinder werden des Morgens, wenn die Mutter zur Arbeit außerhalb des Hauses geht, von ihr gebracht, und Abends, wenn sie von der Arbeit zurückkehrt, wieder abgeholt. Mütter, die sich hierin nachlässig bezeigen, werden zuerst gewarnt, und wenn dies nicht hilft, werden ihre Kinder ausgeschlossen.

Art und Weise der Verpflegung.

§. 32. Die Kinder bekommen sogleich bei ihrer Ankunft eine Suppe als erstes Frühstück, zwischen 9 und 10 Uhr ein zweites Frühstück, das aus einem Stück weißen Roggenbrodes besteht; Mittags Gemüse oder Suppe; Nachmittags zwischen

3 und 4 Uhr wieder ein Stück Roggenbrod; Abends eine Suppe. Bei ihrer Ankunft werden sie gewaschen, und es wird ihnen ein Hemde und ein Pohlrock angezogen, welche der Anstalt gehören; am Abende werden ihnen ihre eigenen Kleider wieder angelegt *).

Beschäftigung der Kinder.

§. 33. Die Kinder spielen, so oft es die Witterung erlaubt, im Freien im Garten, sonst im Zimmer unter Aufsicht.

Aerztliche Pflege.

§. 34. Der Arzt des Vereins besorgt die kranken Pfleglinge der Anstalt und untersucht wöchentlich wenigstens ein Mal in der Anstalt selbst den Gesundheitszustand derselben.

Dauer der Anstalt.

§. 35. Die Anstalt wird in der Regel mit dem 10. April eröffnet und mit dem 31. October geschlossen.

Anmeldung der Pfleglinge.

§. 37. Die Anmeldung zur Aufnahme eines Pfleglings geschieht bei dem Secretair des Vereins, der die Verhältnisse der Eltern notirt; die Entscheidung über die Aufnahme erfolgt durch den engern Ausschuß.

Aufsicht.

§. 37. Wenigstens zwölf Mitglieder des Vereins besorgen abwechselnd die tägliche Aufsicht, indem sie an dem Tage, da sie die Reihe trifft, in der Regel zwei Mal, nach den Pfleglingen sehen und ihre Bemerkungen, insbesondere auch die Anzahl der wirklich anwesenden Kinder in ein dazu bereit liegendes Buch eintragen.

Bekanntmachung der eingehenden Beiträge.

§. 38. Monatlich werden die eingehenden Beiträge durch das Wochenblatt bekannt gemacht, mit Nennung der Namen der Geber; es sei denn, daß diese ausdrücklich verlangen sollten, nicht genannt zu werden.

*) Neuerdings bekommen sie nur Mittags Suppe und müssen ihr Vesperbrod mitbringen.

Jährliche öffentliche Rechenschaft.

§. 39. Zu Anfang jeden Jahres wird über Einnahme und Ausgabe, so wie über die Leistungen des Vereins im Laufe des verflossenen Jahres öffentlich im Wochenblatte Rechnung abgelegt.

Bildung und Erhaltung des Vermögens des Vereins.

§. 40. Das Vermögen des Vereins bildet sich:

1) durch Geschenke;

2) durch jährliche Beiträge, und

3) durch Vermächtnisse.

Der Betrag der letztern und die allenfallsigen Ersparnisse der erstern werden zur Bilduug eines Stamm-Capitals bestimmt und daher zinsbar belegt.

Vorrechte der Anstalt.

§. 41. Der Anstalt gebühren im Allgemeinen alle Berechtigungen einer vom Staate anerkannten moralischen Person, und ihr steht daher jede rechtliche Erwerbung von beweglichen und unbeweglichen Gegenständen zu.

§. 42. Auch wird ihr in allen ihren Angelegenheiten Befreiung von Stempeln und gerichtlichen Kosten, als einer milden Armen-Versorgungs-Anstalt, beigelegt.

§. 43. Mit der einzuholenden landesherrlichen Bestätigung tritt dieses Grundgesetz in allen seinen Bestimmungen in Rechtsgültigkeit und Kraft.

Potsdam, am 10. April 1831.

§. 26.

Die Vorsorge für sittlich-verwahrlosete Kinder.

In unseren Tagen gewahren wir überall in großen Städten eine höchst traurige Erscheinung, nämlich: eine große Menge sittlich gänzlich verwahrloseter und entarteter Kinder.

Zum Theil mag diese Erscheinung hie und da ihren Grund in der unbeschränkten Gewerbefreiheit haben, in Folge deren

Gesellen und selbst Lehrburschen, viel zu früh heirathen; sodann in der großen Anzahl unehelicher Kinder, in dem immer mehr überhand nehmenden Branntweintrinken, da, wo dieses einreißt, von häuslicher Zucht und Ordnung, von guter Erziehung der Kinder nicht mehr die Rede sein kann.

Die Ursachen dieser Verwahrlosungen und Mittel zu ihrer Verhütung aufzusuchen, gehört indessen nicht hierher. Hier soll nur davon die Rede sein, was geschehen ist und geschehen sollte, um die Kinder vor gänzlicher Verwahrlosung zu schützen und die schon verwahrloseten noch zu erretten, wenn es möglich!

Ein kräftiges Mittel zur Verhütung der Verwahrlosung sind unstreitig die sogenannten Klein-Kinder-Schulen, oder eigentlich

„Klein-Kinder-Bewahrungs-Anstalten,"

deren jetzt z. B. in Berlin 25, in Hamburg und in vielen größeren Städten mehre bestehen.

Allerdings dürfte durch Hülfe dieser Anstalten, dieß schnelle Wachsen der Anzahl verwahrloseter Kinder verhütet worden sein — dennoch aber findet sich deren noch immer eine große Zahl. Man hat daher auf Errichtung von Anstalten gedacht, um entweder diejenigen unglücklichen Kinder, die von ihren schlechten Eltern der Verwahrlosung Preiß gegeben werden, durch Aufnahme in dieselben vor gänzlicher Verwilderung und Entsittlichung zu schützen, oder Kinder im jugendlichen Alter von 10—16 Jahren, die schon durch Verbrechen der strafenden Gerechtigkeit anheim gefallen sind, zu bessern und von dem Wege des Lasters ab-, auf bessere Wege zu leiten.

Da man jetzt überall die Nothwendigkeit und Nützlichkeit der Errichtung solcher Anstalten einsieht und darauf bedacht ist, so wird eine nähere Nachricht von Anstalten beider Arten von einem Augenzeugen nicht unwillkommen sein.

Eine Anstalt ersterer Art ist die, von der der folgende Paragraph handeln wird.

§. 27.
Die Rettungs-Anstalt für sittlich-verwahrlose Kinder im rauhen Hause bei Hamburg.

Diese Anstalt wurde am 1sten November 1833 eröffnet.

Ueber deren Endzweck sagt der darüber an die Theilnehmer der Stiftung erstatttee Bericht Folgendes:

Die Rettungsanstalt hat zur Absicht, verwahrloseten Kindern (beiderlei Geschlechts) bis zur Confirmation eine Zuflucht und diejenige Erziehung zu gewähren, welche die Stelle der elterlichen Fürsorge so viel als möglich vertreten soll.

Sie ist kein Waisenhaus, keine Armenschule, keine Strafanstalt für jugendliche Verbrecher, keine bloße Herberge für bettelnd umherstreichende Kinder; auch das nicht-verwais'te Kind den Einflüssen einer entschieden verderblichen Umgebung durch den liebevollen Ernst einer christlichen Hausordnung, nicht bloß vorübergehend zu entreißen, die Kräfte eines neuen Lebens, mit dem Evangelium, nicht an die Strafe, sondern an die Vergebung und den Entschluß fortschreitender Besserung zu knüpfen, ist die Aufgabe einer Anstalt, welche die Abhülfe äußerer Noth lediglich als das Mittel zu einem sittlichen Zwecke betrachtet.

Indem sie nun keinen Anspruch darauf macht, eine Lücke der vom Staat abhängigen Anstalten durch ein mehr als zufälliges Zusammentreffen auszufüllen, entsagt sie ausdrücklich der Unterstützung aus der Casse des Staates, oder bei einer andern, vermöge eines verwandten Zweckes bei ihrer Gründung, Erhaltung und Erweiterung betheiligten, wohlthätigen oder polizeilichen Anstalt; sie beschränkt sich auf den Umfang, welchen die ihr von christlicher Milde anvertrauten Mittel gestatten.

Folgende Stelle aus der trefflichen Rede des Syndicus Sibeking erläutert die Absichten und Hoffnungen der Stifter noch näher:

Der Zweck der Versammlung ist, sich in einem weiteren Kreise der Theilnahme für eine Anstalt zu versichern, deren dringendes Bedürfniß schwerlich noch verkannt werden kann. Wer freilich aus dem bloß polizeilichen Gesichtspunkt seine Blicke auf die Hefen der modernen Gesellschaft in einer volkreichen Stadt richtet, der wird Mühe haben, in der bewußtlos gährenden Fäulniß das verwischte Gepräge entwickelungsfähiger Menschheit zu erkennen. Das Resultat wohlthätiger, auf den schon versunkenen Theil der Bevölkerung gerichteten Bemühungen wird ihm zweifelhaft, ja es wird ihm bedenklich erscheinen, schuldloser wie verschuldeter Dürftigkeit ohne Unterschied den Sporn der letzten verzweiflungsvollen Anstrengung, und damit das Gefühl der Selbstständigkeit zu rauben. Mit welcher Weisheit auch zur Abhülfe wachsender Noth der öffentliche Pfennig verwaltet, mit welcher Umsicht auch die mildthätige Spende des Ueberflusses vertheilt werden möge, alles, was den Keim des Uebels nicht zerstört, scheint nur dazu zu dienen, es von Geschlecht zu Geschlecht in immer größerer Ausbreitung zu vererben, bis auch das strafende Gesetz alle Gewalt über eine zuchtlose Menge verliert. Und doch ruht auf der Armuth, ruht besonders auf der Jugend, die wir der Schamlosigkeit und dem Verbrechen entgegenreifen sehen, die Verheißung unsichtbarer Güter, sobald die Rettung nur in deren Sphäre gesucht wird. Der aufopfernden Liebe allein, die von dieser Zuversicht geleitet, in die dumpfen Wohnungen des Elends den Trost der zukünftigen Welt gebracht, verdankt auch der Wunsch seinen Ursprung, das heranwachsende Geschlecht dem ansteckenden Einflusse einer verdorbenen Umgebung zu entziehen. Solche Liebe mißt ihre Kräfte nicht. Möge diese auch den von ihr nicht mit Ergriffenen ohnmächtig erscheinen im Verhältniß zu dem Umfang des Zwecks; sie vertraut dem Zusammentreffen aller nicht bloß unsicher an der äußern Schale umherirrenden, bessernden Bestrebungen in dem Mittelpunkt der sittlichen Welt. Wirklich sehn wir in mehr als einem

Lande gleichzeitig, ohne von einander zu wissen, wie von demselben Frühling hervorgerufen, heilende Kräfte bemüht, nicht bloß äußere Noth vorübergehend zu lindern, sondern die Quelle des Verderbens zu verstopfen. Ueberall im deutschen Vaterlande entstehen, von sittlichem Segen gepflegt, Rettungsanstalten für verwahrlosete Kinder. Sich diesen, zuerst in bescheidener Ferne, anzuschließen, ist der Wunsch derjenigen, welche heute den Umriß einer solchen Anstalt ihren Mitbürgern vorlegen. Es ist nicht die Absicht, die vielen Denkmäler des wohlthätigen Sinnes dieser Stadt durch eine neue kostbare Caserne zu vermehren oder dem Staat, wenn auch in weiter Ferne, andere Lasten aufzubürden. Vom Staat verlangt die Anstalt nichts als den gesetzlichen Schutz, welchen er Privaten gewährt. Sie kann sich indeß dagegen auch nicht anheischig machen, die Stelle eines Waisenhauses oder eines Gefängnisses zu vertreten. Die vorhandenen Mittel genügen, eine kleine Zahl dem Verderben entrissener Kinder mit der sich zu ihnen herablassenden Liebe durch ein dürftiges Strohdach vor den Stürmen des nahen Winters zu schützen. Von der Theilnahme, welche sich zu verschaffen, diesem Anfang gelingen wird, muß es abhängen, ob nach und nach, so weit dieß möglich durch die eignen Hände der heranwachsenden Kinder, eine Hütte sich an die andere reihen, ob endlich nach dem Bilde, welches, wie ein Traum zwar, doch hoffentlich wie ein prophetischer, das heute vertheilte Denkblatt ziert, neben dem ersten Obdach des sogenannten rauhen Hauses, um die Betglocke der Vorsteherwohnung in reinlicher Armuth das Rettungsdorf erblühen soll."

Nachdem der Candidat Wichern, gegenwärtig Vorsteher der Rettungs-Anstalt, mehrere herzzerreißende Beispiele gänzlicher Verwahrlosung und Entsittlichung von Kindern als Augenzeuge aufgeführt hat, sagt er weiter: zweifelt aber Jemand, daß es dergleichen Dinge unter uns noch mehr gebe, so sind wir bereit, aus eigner Erfahrung an funfzig ähnliche Fälle hinzuzufügen, ja die Darstellung ganzer Höfe zu liefern, wobei noch entsetzlichere, noch mehr zu verabscheuende Dinge zur Sprache kommen müßten. Mit derlei Thatsachen ist der in der ersten Proposition enthaltene Text, welcher „von den Einflüssen entschieden verderblicher Umgebung redet, denen auch das nicht-verwais'te Kind entzogen werden soll," zu commentiren. Dieß sind die Orte und die Familien, woraus die Bettelkinder und Vagabunden erwachsen, dieß die Familien, welche als die Pflanzschulen der Laster, Schanden und Verbrechen bezeichnet werden müssen, dieß der Boden, auf welchem sich von Glied zu Glied die Gott- und Sittenlosigkeit, die, sich selbst und dem Ganzen zur Last fallende, Armuth unsrer untersten Volksclasse erzeugt. Wer in diesen Kreis des Volkes sich hineinbegiebt, trotz des Ekels und Verdrusses, und mit eigenen Sinnen wahrnimmt, was hier geschieht, oder wer denen glauben will, die selbst täglich solche Erfahrungen machen, der wird die Nothwendigkeit einer Veranstaltung zur Rettuug des heranwachsenden Geschlechts nicht mehr in Abrede stellen dürfen. Ob den Erwachsenen noch gründlich zu helfen sei und wie? — lassen wir dahingestellt sein; daß dem jungen Volk noch geholfen werden könne, glauben und wissen wir; wie ihm zu helfen sei, darüber Ihnen die Idee der Anstalt als Vorschlag vorzulegen, ist die Ursache, weshalb wir Ihre Gegenwart zu dieser Versammlung erbeten haben.

Soll unter diesen Umständen gründlich und an der Wurzel geholfen werden, so kann es von Privaten nur geschehen mit dem Versuch, die Kinder von den Eltern auf eine gütliche Weise zu überkommen, um dadurch möglichst den alten Familien-Stamm abzubrechen und in den Kindern ein mit gesunder, frischer Lebenskraft ausgerüstetes Geschlecht wieder darzustellen. Wir haben hierin den Hauptgesichtspunkt aufgewiesen, unter welchem sich die Idee der Rettungsanstalt, welche sich heute Ihrer Liebe darbietet, vornehmlich bewegt. Solche Anstalt, wie die projectirte, muß so angelegt sein, daß erkannt werden kann, sie erfasse mit klarem Bewußtsein und mit heilender Uebermacht die Grundbeziehungen des im Volke wirksamen Uebels; und dieß wird von dem Kundigen anerkannt werden, sobald die Anstalt dem entstellten Volksleben gegenüber sich dergestalt organisirt, daß sie einerseits zu dem Falschen und Verderbten den möglichst reinen und scharfen Gegensatz darstellt, andererseits das in den Lebensverhältnissen des Volkes noch ruhende und unaustilgbare Gute und Aechte mit Liebe und Achtung auffaßt, in sich aufnimmt und möglichst rein zu entwickeln wenigstens im Stande ist.

Nach diesem Grundsatz sollte das Leben der Anstalt nach unserer Hoffnung seine rechte Gestaltung im Innern und Aeußern erstreben. Hoffende Andeutungen dieser Gestaltung wollen wir zu geben versuchen.

Als die Grundrichtungen in welchen sich die Entartung unsrer untersten Volksklasse vornehmlich weiter bewegt, und die, nicht aufgehalten, immer weiter hineinführen müssen in die Rettungslosigkeit, nennen wir folgende sechs Momente als solche, denen vermittelst der Organisation einer Privatanstalt begegnet werden kann, und denen gegenüber die Anstalt sich gestalten muß, will sie nicht ihren Zweck verfehlen.

1) das unzüchtige Wesen der wilden Ehen und das durch dieselbe, wie begonnene so zerstörte und sich bereits regenerirende Familienleben.
2) Der Druck der schamlosen und verschuldeten Armuth; die äußere Noth der Familie.
3) Die Gewährung der sinnlichen Lust und Begier außerhalb der Familie; als Ersatz für die Leiden und Entbehrungen in der und für die Familie.
4) Das von bloß bürgerlichen und irdischen Verhältnissen unterdrückte religiöse höhere Bewußtsein.
5) Der Zwiespalt zwischen Schule und Haus.
6) Die mit allem diesem erzeugte und immer kräftiger wir-

kende Vereinzelungssucht; Eigensucht und Eigenliebe; mit einem Wort, das Aufhören der Gemeinschaft in der Liebe.

Das von diesen Uebeln und deren Folgen ergriffene und verderbte Kind, so wie dasjenige, welches in unabwendbarer Gefahr steht, davon ergriffen zu werden, sehen wir vornehmlich als ein zu rettendes an. Einem solchen Kinde tritt die Anstalt, wie unsere Proposition sagt, mit einer christlichen Hausordnung zur Hülfe entgegen und ist in sofern eine Rettungsanstalt für sittlich verwahrlosete Kinder. Auf welchem Wege die Anstalt dem Kinde zur Rettung zu verhelfen gedenkt, wird einleuchten am Faden der obenerwähnten sechs Punkte.

Die Familie ist der natürliche, sittliche Kreis, in welchem das Gute in das menschliche Gemüth hineingelegt, in welchem es gepflegt und geschützt werden soll. Das Leben im Kreise der Familien ist aber in der untersten Volksklasse durch Unzucht großentheils so entstellt, wir müssen sagen so geschändet, so zerrüttet in seinem Ursprung wie in seinem Fortgang, daß auf diesem Boden nur sehr ausnahmsweise ein gutes Gewächs gedeihen kann. Der hier zu Ihnen redet, kennt Familien, wo die Kinder auf Großeltern, Väter, Mütter, Geschwister und die nächsten Verwandten bereits nur als solche zurücksehen können, die allein durch dies heillose Unwesen verbunden oder geboren sind. Alle Schanden gehen hier mit frechster Stirn einher und spotten der Ehrbarkeit und Zucht; Krankheiten, Verkrüppelungen, inwendige und äußere Verwilderung paaren sich hier bis zur Unnatur. Hier muß durch Familienleben geholfen werden und der Geist der unbefleckten Keuschheit und häuslichen Zucht, der elterlichen und geschwisterlichen Liebe das Ganze wie verbinden, so regieren und beherrschen.

„So bringt, hören wir uns zurufen, solche arme, verkommene Kinder der unzüchtigen und so zu sagen entweiheten Familien bei einzelnen ehrbaren Familien unter, statt sie auf einen Haufen in einem Pallaste zusammen zu schaaren. Das erstere wäre der rechte Weg, der andere ist unnatürlich und wird auf ihm der Zweck nur schwerlich erreicht werden können."

Und wahrlich der Vorschlag bezeichnet die vortrefflichste Art, um für verwilderte Kinder zu sorgen. Stände nur hier die Praxis nicht hinter der Theorie zurück! Der Vorschlag ist unausführbar. Denn gesetzt, man wollte auf ihn eingehen, wo würde sich unter uns eine solche Reihe solcher rettenden Familien finden? und welche und wie viele Familien-Väter und Mütter würden sich entschließen, zu ihren eignen Kindern, seien diese gut oder selbst schlecht geartet, eins oder zwei solcher vagabondirenden oder verbrecherischen Kinder hinzuzunehmen? Welche neue Last und Verantwortung! Und — wäre auch dieß nicht der Fall — würden diejenigen, welche sich dazu entschlössen, gerade die geeigneten Leute sein, bei solchen Kindern die Erziehung nachzuholen, denn das ist hier die Aufgabe; und wäre auch diese Tüchtigkeit da, müßten nicht vielleicht gerade diejenigen, welche im Besitz dieser Fähigkeit wären und diese Kinder aufnehmen wollten, solche Knaben und Mädchen aus ihrem eignen Familienkreise ausschließen, um der Kinder selbst willen, weil diese sonst über ihren Stand der Armuth hinaus erzogen würden? Würde man bloß Kostleute suchen, so würden diese sich wohl unter den Aermeren finden lassen; bei diesen aber fehlen theils die zu solcher außergewöhnlichen Erziehungsthätigkeit nothwendigen innern Bedingungen am allermeisten (denn Aufziehen oder für den Leib und die rechte Schulzeit Sorge tragen, ist noch nicht Erziehen) theils mangelt hier Bürgschaft, daß nicht Eigennutz und heimliche Gewinnlust und Gewinnsucht, sondern erbarmende Liebe der Grund bei Aufnahme des Kindes ist; die Erreichung des ganzen Zwecks würde mindestens höchst ungewiß, weil das Prinzip an so vielen einzelnen Punkten gefährdet wäre.

Dennoch liegt diesem Rathschlag eine nicht zu übersehende Wahrheit zum Grunde. Unläugbar ist ein Hausstand von hunderten oder auch noch wenigern Kindern etwas unnatürliches.

Das Bewußtsein des Familienlebens wird dadurch dem Gemüthe der Kinder entzogen. Darum soll das Leben unserer Anstalt, gleich viel bis zu welchem Umfange sie sich durch Hamburgs Liebe entwickeln wird, nicht so sehr darstellen das Leben Einer Familie als vielmehr das Zusammenleben mehrer zusammengehöriger Familien, zu welchen der Vorsteher hernach nur in einem ähnlichen Verhältnisse, wie der Seelsorger zur Gemeinde stehen kann. Ein solches Zusammenleben von Familien ist, wenn auch nicht ganz, doch annäherungsweise zu erreichen durch Trennung der Wohnung, durch den Bau, nicht Eines großen, hunderte umfassenden, pallast- oder sonst wie-artigen Gebäudes, als vielmehr mehrer kleiner einfacher Wohnhäuser, die nach dem Geiste der Anstalt gleich beim ersten Ansehn das Gepräge der Liebe und Freundlichkeit tragen sollen. Diese einzelnen Häuser sind durch kleine Lustgärten, die den Kindern zur Freude dienen sollen, getrennt. In jedem der Häuser sollen drei bis vier Kinderfamilien, jede höchstens aus zwölf Kindern bestehend, in eben so vielen von einander getrennten Kammern beisammen wohnen; ihren Mittelpunkt findet jede dieser Familien in einem erwachsenen elterlichen oder geschwisterlichen Freund, und Einer, der zugleich der Lehrer des einzelnen Hauses ist, führt die speciellere Aufsicht über ein solches kleineres Ganze. An der einen Seite des Halbkreises*), den diese Häuser bilden, stehen die Knaben- an der andern die Mädchen-Häuser; die Geschlechter sind durch die besondere Hausordnung der Anstalt aus einander gehalten. Mitten in diesem Kreise soll sich ein Betsaal zu gemeinsamer Andacht am Morgen, am Abend und an den Feiertagen erheben; daran schließt sich ein geräumiger Speisesaal, welcher mit dem Hause des Vorstehers verbunden ist, in welchem nur die etwa erkrankenden Kinder eine besondere Pflege genießen und die neu auf-

*) Beim mündlichen Vortrag wurde diese Auseinandersetzung durch das vertheilte Bild anschaulicher.

genommenen eine vorübergehende Aufnahme so lange finden, bis der Vorsteher ihren Gemüthszustand hinreichend erkannt hat, um sie in die passenden Kinder-Familien und unter die geeigneten Aufseher oder Aufseherinnen vertheilen zu können.

Der Einwand, als würde durch diese Einrichtung der Kostenaufwand übermäßig vergrößert, ist nur scheinbar. Denn nie wird nun an ein irgendwie prächtiges, pallastartiges Gebäude gedacht; nur nach Maaßgabe der uns werdenden Unterstützung wird sich ein einfaches ländliches Haus, mit warmem Strohdach und vier schmucklosen Kammern, nach dem andern erheben. Oder fürchtet man die große Zahl des Aufsichtpersonals, so wird, wenn die Anstalt gedeiht, sich bald zu Tage legen, daß durch eine zur Hand liegende Einrichtung auch diese Besorgniß ohne viele Mühe beseitigt werden kann. Es ist dagegen der große sittliche Gewinn, welcher theils für die Anstalt im Ganzen, theils für die einzelnen Kinder aus dieser Anlage erwachsen muß, nicht zu verschweigen. Einmal kann auf diese Weise die Anstalt, wie alles Gute es muß, sich allmählich, nach dem Gesetz des Senfkorns, nach außen und innen entwickeln; sodann bleiben die Kinder nun auch mehr in ihren natürlichen r ä u m l i c h e n Verhältnissen; und das Familienbewußtsein kann auf diese Weise leichter in ihnen erhalten und mehr durchweg in Reinheit wieder in ihnen geadelt werden. — Außerdem findet sich hier für die kräftigen, die Freiheit so übermüthig liebenden, Bursche ein großes und mehr als irgend ein anderes für s i e geeignetes Arbeitsfeld; denn diese sollen unter Anweisung kundiger Arbeiter mit eigenen Händen helfen für sich und ihre schwächern Brüder und Schwestern die Häuser zu bauen, indem sie den Baugrund graben, Steine herbeitragen, Pfeiler aufrichten und ähnliche Handreichung thun. So mögen sie denn Häuser bauen, welche sie sonst zerstört oder zerbrochen haben würden. Falk hat mit Hülfe seiner Kinder zwischen den Schlachtfeldern von Jena und Leipzig einen hohen Betsaal errichtet, und sollte dergleichen nur in Weimar, und nicht auch in Hamburg erreicht werden können? — Wir hoffen im Vertrauen auf Gott und mit Hülfe Ihrer Liebe für unsre armen Kinder unter bauenden Knabenhänden das Rettungsdorf erstehen zu sehen, wo keuscher und züchtiger Sinn im häuslichen Kreise und bei ermuthigender Arbeit unter freiem, schönem Himmel Gottes nicht minder gebauet werden soll, als er in den Schlupfwinkel der schmutzigen Verworfenheit und Verwilderung schon seit zu lange zertreten und zernichtet worden ist. —

Als ein die Entartung der untern Volksklasse förderndes Haupt-Moment haben wir den Druck der verschuldeten, schamlosen Armuth, die oft nur als eine naturgemäße Folge des unreinen Ursprungs dieser häuslichen Kreise erscheint, genannt, den Druck der äußern Noth der Familien, die wie eine alle bessern Lebensregungen überwältigende, die Gemüther erdrückende Last, als das stets geöffnete Organ für neu einströmende Uebel sich darstellt. Das Leben dieser Familien ist meistens das einer dumpfen Verzweiflung, der sie sich selbst nicht bewußt werden wollen und die nicht selten mit dem Selbstmord endet; ihr ganzes Treiben erschöpft sich in dem Mühen, diesen Druck möglichst erträglich zu machen, und dies zu erreichen ist jedes Mittel willkommen. Gewinnsucht wird hier Lebenstrieb. Spiel in Lotto oder in Karten, Bettelei und Dieberei treten mit der Noth in einen vertrauten Bund, sind nur ein andrer Ausfluß aus einer und derselben unlautern Quelle. Die Kinder selbst sind, (wie oft schon als Säuglinge!) lediglich Mittel zum Geld- und Broderwerb. Dem Redenden sind mehre solche Bettelfamilien bekannt, welche widerum, je wie sie durch ihre Kinder einen gewissen ehrlichen oder einen diebischen Bettel treiben, classificirt werden könnten. Wie solche Armuth auf die Gemüther der Unmündigen wirkt, wird deutlich an jenem, mir seit länger bekannten, etwa zwölfjährigen Mädchen, welche des Bettelns und Herumstreichens halber schon öfter ist eingesperrt gewesen. In der Familie ist Trunk,

Faulheit und der ekelhafteste Schmutz zu Hause. Das zwölfjährige Mädchen, das Sommer und Winter ohne Wäsche auf den Straßen umhertreibt, und, mitunter mit Schwefelhölzer hausirend, einen Theil seines Brodes erbetteln muß, weiß sich den übrigen Theil desselben durch Diebstahl im elterlichen Hause zu ersetzen; sie stiehlt der Mutter die von dieser um des Mädchens willen versteckten Lumpen und Knochen, und dem Vater Ober- und Unterkleider und hat beides längst in Brod verwandelt, wenn darauf die Mißhandlungen der Eltern folgen, denen es nie in den Sinn gekommen ist, daß eben sie den größten Theil der Schuld am Unrecht des Kindes tragen *).

Solcher schamlosen, sich selbst aufgebenden Armuth, tritt die Anstalt in ihrer Hausordnung gegeuüber mit dem Grundsatz: daß in den Kindern das Bewußtsein, zum Stande der Armen zu gehören, durch das Leben in der Anstalt nicht aufgehoben werden darf; daß die Kinder hingegen erkennen sollen, daß die Armuth als solche kein Uebel ist, daß es vielmehr nur darauf ankommt, in welcher Gesinnung der Arme die Armuth trägt.

Nach diesem Grundsatz wird sowohl der Unterricht [welcher sich auf Lesen, Schreiben Rechnen und Singen beschränken wird **)], als auch die (möglichst einfache, aber gesunde) Kost, die Kleidung und Lebensweise des Hauses eingerichtet sein. Die Kinder sollen zwar lernen, ihr täglich Brod vom Vater im Himmel erbitten, aber eben so sehr, es im Schweiße ihres Angesichts von den Menschen treu und ehrlich und unverdrossen erarbeiten. Zugleich wird die ganze Lebensweise und Beschäftigung mit dahin abzwecken, die Kinder, wenn sie erwachsen sind, in den Stand zu setzen, sich mit Geschick und zu ihrer Genüge dasjenige durch eigne Fertigkeit zu verschaffen und zu bereiten,

---

*) Dieses zwölfjährige Mädchen sitzt seit acht Wochen wegen Diebstahls im Zuchthause.

**) Später Zeichnen. Der Unterricht in diesen Gegenständen soll etwa nur drei Stunden des Tages einnehmen.

wozu Andere fremder, manche Kosten erfordernder, Hülfe bedürfen. Gehörige Verwendung und mannichfache Uebung der Kräfte zu den Arbeiten, welche dem zum Stande der Unbemittelten Gehörigen obliegen, ist deswegen ein Hauptgesichtspunkt bei Anlage des Ganzen.

Als Hauptarbeit für die Knaben ist zunächst der schon erwähnte Hausbau zu bezeichnen, sodann die Bestellung des Kartoffellandes, des Gemüse- und Obstgartens. Der Feldbau, so wie die Erlernung verschiedener Gewerbe scheint für Kinder nicht geeignet. Dadurch soll aber nicht ausgeschlossen sein, daß die Kinder, sowohl Knaben als Mädchen, lernen, sich ihre Kleider durch gegenseitige Hülfe selbst zu verfertigen. Stehender Meister bedarf die Anstalt dazu nicht; diese Fertigkeit pflanzt sich wie ein Erbgut unter den Kindern fort *). Außerdem besorgen die Knaben einen Theil der groben Hausarbeit, spalten Holz, tragen Wasser u. dgl. Die Mädchen spinnen, stricken, nähen, reinigen die Häuser, bereiten das Essen, und sollen, wenn sie der Entlassung zum Dienst nahe sind, im Hause des Vorstehers mit dem Wesen eines bürgerlichen Hausstandes bekannt gemacht werden. — Die übrigbleibende Arbeitszeit wird, besonders an den langen Winterabenden und an regnichten Tagen, in einem eignen Arbeitsschauer ausgefüllt werden mit Anfertigung der nöthigen Gartengeräthe, (Schaufeln, Karren) mit Stroh-, Korb-, Matten-, Schuh- und Netzflechten, Knopfmachen, Hacken- und Oesenkneipen, und was sonst zu nennen wäre; lauter Dinge, durch deren Vertrieb sich für die einzelnen Kinder zugleich ein Sparpfennig zu ihrer nöthigen Ausrüstung beim Austritt aus der Anstalt darbieten könnte.

So werden die Kinder, womit sie sich kleiden und was sie genießen, mit eignen Händen bereiten, und steht die Anstalt, wenn noch hinzugenommen wird, daß sie ¾ Stunden von der Stadt

*) Wie dieß z. B. in Berlin der Fall ist.

entfernt ins Leben treten soll, begreiflicherweise in einem großen pecuniären Vortheil gegen manches andere derartige Institut. Worauf es aber am meisten ankommt ist, daß durch solche Beschäftigung, die stets mit Rücksicht auf das sittliche Leben der Kinder vertheilt und geleitet werden wird, bei den Kindern ein rüstiger, fröhlicher Sinn, in welchem ermunternde Lieder das Schwere erleichtern helfen sollen, mit bewirkt und erhalten werden könne und den Kindern der Unterschied zwischen jener schamlosen und dieser gesegneten Armuth ins Bewußtsein gebracht werde. Derjenige Arme ist glücklich zu preisen, und bei all' seiner Armuth dennoch nicht arm, der in Gütern der Seele seine Genüge und in Erreichung von diesen den Antrieb zur rastlosen freudigen Arbeit um des täglichen Brodes willen findet. Und den armen Kindern zu solcher reichmachenden Gesinnung zu verhelfen, soll unsere Aufgabe sein, je mehr solche Gesinnung fehlt.

Die wohlwollenden Absichten dieses Vereins sind vollkommen erreicht worden.

Ein zweckmäßiges Local ist für die Stiftung eigenthümlich erworben worden, das sogenannte rauhe Haus im Horn, einem Dorfe, das man als eine Vorstadt von Hamburg betrachten könnte, wo viele Hamburger Sommer-Wohnungen mit Gärten umgeben, besitzen.

Es sind die Gebäude mit Gärten und Aeckern umgeben, die hinlängliche Beschäftigung für die Zöglinge und zugleich die nöthigen Feld- und Garten-Früchte zu ihrer Ernährung gewähren.

Die Zöglinge selbst haben bei Erbauung der hierzu nöthigen Gebäude Hand angelegt und sie aufführen helfen.

Es lag im Plane, einzelne Familien-Kreise, je für 12 bis 20 Knaben zu bilden, deren jedem ein eigener sogenannter Gehülfe oder Lehrer und Mit-Arbeiter vorstehen sollte. — Dieser Plan ist auch glücklich ausgeführt und zwar vermittelst des Gehülfen-Instituts, worüber der Vorsteher der Anstalt im 3ten Jahres-Berichte Folgendes sagt:

Die Anstalt nimmt solche junge christlich gesinnte Männer als Gehülfen in sich auf, die ein Handwerk oder den Landbau betreiben können oder sonst sich practisch nützlich zu machen wissen, und gewilligt sind, aus Liebe gegen ihren Erlöser den frühern Beruf daran zu geben, um sich dem Dienste solcher verwahrloster Kinder zu widmen. Das rauhe Haus befolgt in Bezug auf diese Aufnahme denselben Grundsatz mit der Beuggener Anstalt. Die Gehülfen haben von der Anstalt kein Honorar zu erwarten; es wird ihnen aber statt dessen völlig freie Station, so wie ein Theil der nöthigen Kleidung und überdieß eine solche practische und intellectuelle Ausbildung zu Theil, daß sie nach durchgemachtem Cursus in ähnlichen Instituten oder auch in Volks- besonders Landschulen werden mehr oder weniger selbstständig weiter wirken können, wenn sie es nicht vorziehen, noch länger in unserm Hause mitzuarbeiten. Immerhin ist und bleibt die Erziehung der Kinder die Hauptsache und die Kinder sind hier nicht um der Gehülfen willen, um diese an jenen zu üben, sondern die Gehülfen werden hier zunächst nur ausgebildet um der hier zu erziehenden Kinder willen. Aus dieser Ursache kann ich auch den Gehülfen nicht so viel Zeit persönlich widmen, wie in ähnlichen Instituten geschieht; ich habe deswegen den Cursus auf 4 Jahre erweitern müssen.

Zur Erklärung der heiligen Schrift, deren Wahrheit für uns die einzige Wahrheit in der Erziehung ist, sind 5 Stunden verwendet worden; davon sind 2 Stunden der Auslegung des N. Test. und 3 Stunden einer erklärenden Einleitung in die einzelnen Bücher des A. Test. gewidmet. Für den deutschen Sprach-Unterricht sind 3, für die Geographie 1, Musik und Singen 1 und 2, für den Rechnenunterricht 2 Stunden hinreichend gewesen; die letzten beiden Unterrichtsgegenstände hat der Lehrgehülfe besorgt. Sodann habe ich den

Confirmandenunterricht (2 Stunden) für die Gehülfen mit eingerichtet. Bei den täglichen Hausandachten, die wesentlich nichts anders sind als practische Bibelauslegungen und theilweise Kirchen- und Missionsgeschichte, habe ich im letzten Jahre ebenfalls diesen Zweck nicht aus den Augen verloren; überdieß wohnen diese Gehülfen auch einem Theile des biblischen Geschichtsunterrichts bei, in welchem ich ohne Nachtheil für die Kinder auf das in den eigentlichen Unterrichtsstunden der Gehülfen Vorgekommene oder Vorzunehmende Rücksicht nehme.

Von Jahr zu Jahr werden sich die Unterrichtsgegenstände ändern oder erweitern. Die Erfahrungen des ersten Jahres, das freilich auch die besondern Schwierigkeiten einer solchen Ausbildung hat klarer werden lassen, ermuntern theilweise sehr zur Fortsetzung dieses Versuchs und die Anstalt darf hoffen, auch in dieser Beziehung durch des Herrn Hülfe, wenn auch nur zu einem geringen Theile, einem namentlich in unserer Gegend wohl fühlbaren Bedürfnisse wegen so practisch gebildeter Armen-Lehrer und Erzieher mit der Zeit entgegen zu kommen. Was die practische Seite der Ausbildung betrifft, so versteht es sich in Bezug auf den Unterricht von selbst, daß die Gehülfen auch zum Besten der Kinder mehr und mehr denselben selbstständig betreiben lernen; die unten angefügte Hausordnung wird darüber die nöthige Nachweisung geben. Aber schon die ganze Einrichtung des Hauses weiset auf eine weit ausgedehntere Praxis hin als die des Unterrichts. Dem Bedürfniß des Hauses folgend ist hier ein Weg eingeschlagen, mit welchem, wie ich hoffe, den Gehülfen eine Bildungsschule eröffnet ist, durch deren Gestaltung sie für immer von einer gewissen ekeln Pedanterei werden bewahrt werden. — Der Gehülfe ist hier wesentlich etwas anderes als bloß Lehrer, er ist Bruder unter den Kindern, unter denen er lebt und webt, die er leiten und pflegen lernt in Bezug auf die eigentlichen Interessen des Lebens, welches, weil er es mit diesen Kindern theilt, ein Leben voller Arbeit und Selbstverläugnung ist. Der jenige, der sich das Leben und den Stand hieselbst wie in einem Schulhause denkt, kann davon nur, wenn er weit über diesen Gesichtskreis hinausgeht, zu einer der Sache gemäßen Vorstellung gelangen. Wer nicht den Widerwillen vor dem Ekelsten zu überwinden im Stande ist, wer nicht von dem Einen, der allein es zu lehren vermag, die Kunst gelernt hat, seine Geduld auf die härtesten und langjährigen Proben stellen zu lassen, wer den leinenen Rock und die scheinbar gemeine Handarbeit für zu geringe hält, sie mit solchen zu theilen, die zuerst gar selten in der Theilnahme eine Ursache zur Gegenliebe verspüren, der lege die Hand nicht an diesen Pflug, ebenso wenig derjenige, der sich dadurch vornehmlich ein künftiges irdisches Glück zu bereiten hofft; die Gehülfen im rauhen Hause haben darauf gewissermaßen verzichtet; ihr Glück wird's sein, verlornen Kindern helfen zu können und sie sind entschlossen, den Dienst dazu im Namen des Herrn zu übernehmen, wenn die rettende Liebe um uns her erst kräftiger und thätiger sich regen und ihnen Arbeit in solchen Weinbergen, die vor der Welt nicht als Weinberge erscheinen können, darbieten wird. Darum kommt ihnen eine gewisse in die Hausordnung sich einfügende Selbstständigkeit hoffentlich noch auf künftige Tage zu gut. Indem ihnen hier einestheils die Leitung einer solchen Kinderfamilie von 12 Kindern überwiesen ist, und sie theils die verschiedenen Hauptgeschäftskreise des Landwesens, des Hauswesens, der Werkstätten u. s. w. beaufsichtigen, üben sie sich sowohl in der Anordnung und Führung eines solchen Hauswesens, wie es in einer kleinen Rettungsanstalt sich bilden muß, als sie auch unmittelbar auf Seelsorge und Seelenführung durch's wirkliche Leben hindurch angewiesen sind. Die in dieser Beziehung gemachten Erfahrungen sind der Gegenstand, der uns in in den wöchentlichen Conferenzen beschäftigt; sie gewinnen auf diese Weise eine Erziehungslehre in Praxi, wie sie nöthig ist, um über den schädlichen Wahn erhoben zu werden, als ob mit dem Unterricht, der freilich bei der Erziehung nicht fehlen darf, die Erziehung in ihren schwierigsten Beziehungen abgemacht sei.

Sowohl für ihren künftigen Beruf als zur Befriedigung eines von Seiten solcher Rettungshäuser und Armenanstalten tief gefühlten Bedürfnisses sind die Gehülfen hier so gestellt, daß jeder von dem andern die von ihm bis dahin nicht geübten Handfertigkeiten sich aneignet. Auf diese Weise kann ein Gehülfe aus dem Rauhen Hause, wenn er dasselbe verläßt und sich der Sache mit Eifer angenommen hat, den Hobel und das Spinnrad, den Schusterpfriemen und das Ziehmesser so gut als den Spaten im Garten und den Teig im Backtrog handhaben, wie er dabei Kinder zu unterrichten und zu erziehen im Stande sein wird. Ueberdieß übt er sich unter gütiger Anleitung unsers Herrn Dr. Radecke in der Krankenpflege und in den kleinen dem Krankenwärter zufallenden Dienstleistungen, wie Blutigel setzen u. dgl., doch alles dieses nicht ohne Aufsicht und Anordnung des ärztlichen Auges. Daß es bei jenen technischen Fertigkeiten nicht so sehr auf zunftmäßiges Erlernen derselben ankommt, versteht sich wohl von selbst; das ist uns die Hauptsache, daß sich eine solche practische Gewandtheit bilde, wie sie nöthig ist, um in einer Anstalt, die der unsern ähnlich, die für's practische Leben bestimmten Kinder auch practisch erziehen will, eine Anzahl von Kindern nützlich und zweckmäßig zu beschäftigen, was bekanntlich oft sehr große Schwierigkeiten hat, wenn man die sittlichen Gesichtspuncte nicht den ökonomischen nachsetzen will. Die lieben Gehülfen haben auch in dieser Beziehung die Anfänge gemacht und nicht ohne Erfolg, besonders deswegen nicht, weil einer den andern gern dabei unterstützt und unterwiesen hat.

Hausordnung für die Knaben.

Für den Sommer.

Von 5½—6½ Uhr. Aufstehen, Waschen.
„ 6 —7 „ abwechselnd 3 Mal Schreiben, 2 Mal Lesen, 1 Mal Auswendiglernen.

Von 7 —$7\frac{1}{2}$ Uhr.		Erstes Frühstück.
„ $7\frac{1}{2}$—8	„	Haus-Andacht.
„ 8 —9	„	2 Mal Alt- } Testamentliche Geschichte. 2 Mal Neu- } 2 Mal Confirmanden-Unterricht.
„ 9 —1	„	Arbeiten im Hause, in den Werkstätten und im Freien.
„ 1 —2	„	Mittag.
„ 2 —4	„	Arbeiten im Freien und in den Werkstätten.
„ 4 —$4\frac{1}{2}$	„	Vesperbrod.
„ $4\frac{1}{2}$—7	„	Arbeiten.
„ 7 —8	„	Freizeit.
„ 8 —$8\frac{1}{2}$	„	Abendgebet, Abendbrod.

Die Gehülfen bekommen besondern, ihrer Ausbildung angemessenen Unterricht.

Von Ostern $18\frac{37}{38}$ wurden 78 Kinder in der Anstalt erzogen. Ueber die Leistungen der Anstalt während dieses Zeitraums enthält der 4te Jahresbericht Folgendes:

10 Knaben und 2 Mädchen konnte ich um Michaelis für confirmationsfähig zu Ostern erklären, nachdem sie hier bereits 1, 2 oder 3 Jahre lang durch besondern Unterricht zur Confirmation vorbereitet waren. Je ernster und eindringlicher einerseits die Wahrheit dieser so nothwendigen als segensreichen kirchlichen Handlung den Zöglingen unsers Hauses vorgestellt werden muß, um je lockender und versuchlicher für ein jugendliches, leichtsinniges Herz die Anknüpfung bürgerlicher und geselliger Rechte und Vortheile an diese Handlung werden muß und ist, desto nothwendiger ist die Strenge und Gewissenhaftigkeit des Verfahrens gegen diejenigen, welche der Confirmation entgegen gehen. Je weniger nach der Confirmation eine bürgerliche oder kirchliche Zucht auf die nun vollberechtigten jungen Gemeindeglieder einwirkt, desto kräftiger muß die behütende und ausschließende Zucht vor der Confirmation wirken. Nur so kann die Kirche und der Staat mit wohlbe-

rechtigter Hoffnung seine neuen jungen Mitglieder in seiner Mitte begrüßen, und die Einsegnung, wie man die Confirmation so schön zu nennen pflegt, wird mehr und mehr aufhören zu sein, wozu sie in so vielen Fällen leider durch die Gesegneten gemacht wird, — das Handgeld und Losungswort für den Beginn aller Zuchtlosigkeit, die Ursache des Unsegens, der in dem Gemeinwesen in so vielen Fällen sichtbar wird. Ich glaube diesen Gesichtspunkt, der unter unsern Zöglingen vielfach als Leitstern der Jugenderziehung nicht bloß dem Wort nach, oder etwa einmal im Jahr, sondern durchstehend die ganze Wirksamkeit bestimmend herausgestellt wird, als eine freilich harte Wahrheit nicht stark genug betonen zu können; ich muß es, wenn ich Rechenschaft geben soll von dem Geiste der Anstalt und von der Praxis in Bezug auf die, welche als würdig Entlassene dem bürgerlichen Leben zurückgegeben werden sollen. Es liegt hiernach aber klar zu Tage, daß eine gewisse Stufe des Wissens oder des Alters für sich unmöglich die Zulassung zur Confirmation veranlassen können; neben jenen Bedingungen ist die eines ernsten Wandels eine unerläßliche; demgemäß mußten von jenen 12 genannten im Lauf des letzten halben Jahres 3 von der diesmaligen Confirmation ausgeschlossen werden, als sie sich nicht stark und ernst genug bewiesen, jenem oben dargestellten Geiste der Sünde den nöthigen Widerstand zu leisten. Für zwei von diesen ist der Ausschluß bis jetzt eine neue Segensquelle geworden.

Um so erfreulicher wird nun aber für uns, daß die übrigen 9, 2 Mädchen und 7 Knaben, zur Confirmation haben zugelassen werden dürfen. Sie sind am 1. April, am Sonntag Judica, in unserm Betsaal von meinem so innig verbundenen Freunde, Herrn Pastor Mumssen, in Gegenwart ihrer Eltern und mehrer theilnehmenden Freunde eingesegnet.

Hier kann ich auch unserer Winterarbeit erwähnen, insofern der Betrieb derselben wesentlich dazu gedient hat, die Einwirkungen der muthwilligen Uebertreter abzuwehren und im

Stillen und Verborgenen die Saat der Hoffnung im Glauben zu pflegen. Ich gedenke zunächst einiger äußern Resultate, dieselben vom ganzen Jahre zusammenfassend. Im Ganzen sind von den Kindern 484 Paar oder Stück Fußzeug theils neu angefertigt, theils geflickt. Gesponnen sind 175 Pfd. 21 Loth Wolle; in der Schneiderei sind von Knabenhänden 1810 Stück einzelne Kleider verarbeitet, darunter 895 Paar Beinkleider und 575 Jacken, wovon 155 Stück gänzlich neu gemacht sind. Der übrigen Arbeiten möge im Einzelnen nicht weiter gedacht werden. Der Arbeiten in den Werkstätten sind bedeutend mehr als im vorigen Jahre produzirt. Der Grund liegt theils in der verbesserten Hausordnung, theils in der größern Zahl der Arbeiter, die für jene Arbeiten verwendet werden konnten. Nach der ersteren habe ich nämlich die Einrichtung getroffen, daß auch den ganzen Winter hindurch um 5 Uhr aufgestanden, und so alle Hausarbeiten noch lange vor Tagesanbruch schon bis 6 Uhr zu Stande gebracht sind, so daß der ganze eigentliche Tag zu Arbeiten in den Werkstätten kann verwendet werden. Sodann sind für die Spinnerei 12 Knaben, für die Schusterei 4 bis 5, für die Schneiderei aber 6 bis 7 Knaben angestellt gewesen; letzteres war möglich, da unser zum Winter eingetretene Gehülfe, Bruder Bauer, früher die Schneiderprofession betrieben hatte. — Das innere, geistige Resultat dieser Beschäftigung entzieht sich dem Maaß und der Zahl; aber es darf nicht verschwiegen werden, daß wir dieses nicht von der Beschäftigung als solcher, sondern von dem Geiste, in welchem sie betrieben wird, erwarten und hoffen, wobei es besonders auf die unter den Kindern mitarbeitenden Gehülfen ankommt. Was könnte man von der Beschäftigung der Kinder erwarten, wenn diese unter Aufsicht solcher Personen geschähe, denen der heilige Zweck des Hauses ein fremder wäre! die nicht beseelt wären von dem Geiste, der auch durch die niedrigste Arbeit das Reich des erhöheten Heilandes dem jugendlichen Gemüth nahe zu bringen weiß! — wie neuerdings in einer fernen Anstalt jugendliche Verbrecher, um sie mannichfaltig und zweckmäßig anzustellen, unter die Aufsicht von erwachsenen Uebelthätern, die zufällig ein Handwerk verstehen, gestellt worden sind. Während und unter der Arbeit bleibt, gleichwie in unsern täglichen Bet- und Unterrichtsstunden, nur das Reich Christi der letzte Zweck, den wir unter den Kindern zu erreichen trachten. Dazu könnten für die Landarbeit angestellte Knechte oder Gärtner, und von fremden Meistern in die Anstalt geschickte Werkmeister und Gesellen, die von dieser Aufgabe nichts wissen, kein nütze sein. Aber wohl sind Jünglinge, die den Herrn und den Betrieb eines Handwerks in seinem Namen kennen, und die sich früher in der Welt schon versucht, und nun um des höhern Zweckes, der Seelenrettung willen, diesen Beruf verlassen haben, — wohl sind diese von dem Herrn dazu befähigt, und Ihm haben wir es zu danken, daß er uns solche in unsern Helfern zugeführt hat. Es gilt die Aufgabe, nach dieser Seite des Hauswesens hin das Wesen einer christlichen Werkstatt darzustellen und minder durch Worte als durch die That darzuthun, daß auch für den bürgerlichen Beruf das Reich des Herrn ein alles, wenn auch erst langsam, durchsäuernder Sauerteig ist. In diesem Geiste ist auch dieses Jahr in unserer Anstalt bei der Beschäftigung der Kinder gewirkt, und wir hoffen mit Zuversicht, weil wir auf den rechten Meister hoffen, auf diesem Wege nicht vergeblich im buchstäblichen Sinne mit Hammer, Nadel und Spaten gearbeitet zu haben.

Als allgemeines Zeugniß des jetzigen sittlichen Standes unserer Kinder möge auch dies gelten, daß jetzt an 25 bis 26 Kinder im Hause sind, denen erlaubt werden kann, in die Stadt und zu ihren Eltern zu gehen, eine Vergünstigung, die natürlich nur dem Gehorsam und der Treue zu Theil werden darf.

Von den 9 zu Ostern Confirmirten war bereits Einer seit $\frac{3}{4}$ Jahren beim Meister gewesen; für Eines der Mädchen und

2 Knaben hat sich noch kein passendes Unterkommen gefunden, wiewohl eine große Zahl von trefflichen Handwerksmeistern Bursche von unserm Hause verlangt haben. 4 der neuerdings confirmirten Knaben sind bereits ausgetreten, 3 sind Tischler, 1 ist Böttcher geworden; ihre Plätze sind oder werden in diesen Tagen wieder ausgefüllt.

Fassen wir die Summe der dem Hause angehörigen Kinder schließlich zusammen, so gehören, wenn wir die 4 in diesen Tagen eintretenden Kinder mitzählen, dem Rettungshause 78 Kinder, nämlich 14 Mädchen und 64 Knaben, an. Davon sind aus der Anstalt abgegangen 23: 1 Mädchen und 22 Knaben. Demnach bleiben als Bestand 55 Kinder, 42 Knaben und 13 Mädchen. Von diesen sind im verflossenen Jahr 9 an die Stelle von eben so viel Entlassenen getreten. Die Kinderzahl ist also auch dieses Jahr nicht vermehrt worden. — Von jenen 23 Abgegangenen ist 1 gestorben; 1 ist ausgeschlossen; 2 sind entlaufen; 2 den Eltern zurückgegeben, das eine dieser beiden Kinder nach der eigentlichen Entlassung, das andere vor derselben, weil es zum Heile des Kindes dienlich schien. Die übrigen 17 befinden sich bei Lehrmeistern und Lehrherren. Einer der Entlassenen ist als gänzlich rückfällig, und weil er ein Ausländer war, für den die Pension nicht weiter gezahlt werden konnte, seinen Eltern zurückgesandt.

Diese Ergebnisse sind gewiß höchst erfreulich, insbesondere, daß von 22 entlassenen Knaben, 17 bei Lehrmeistern und Lehrherren untergebracht sind und daß die Knaben aus dieser Anstalt von diesen gesucht werden, ist der triftigste Beweis, daß ihre Besserung eine *gründliche*, ihre Ausbildung eine *zweckmäßige* gewesen sein muß.

(Uebrigens betrug die jährliche Einnahme:

1) an Zinsen	366	Mk. Cour.
2) an Subscriptions-Beiträgen . .	4682	„
3) an Pension für mehrere Zöglinge	1031	„
4) an sonstigen milden Beiträgen .	3159	„
überhaupt	9238	Mk. Cour.)

§. 28.
Die Anstalt zur Erziehung sittlich-verwahrloseter Kinder zu Berlin.

Eine Anstalt der zweiten Art, nämlich zur Rettung solcher sittlich-verwahrloseten Kinder, die schon grobe Verbrechen oder Vergehungen sich haben zu Schulden kommen lassen, ist durch einen eigenen, diesem Zwecke gewidmeten Verein in Berlin gestiftet worden.

Die ersten Stifter des Vereins veröffentlichten unter dem 1sten Mai 1825 eine Nachricht über die Veranlassung und die Zwecke desselben, die hier auszugsweise an ihrem Platze sein dürfte.

„Die Akten der vormundschaftlichen und polizeilichen Behörden und die Listen der Straf- und Gefangnen-Anstalten geben den traurigen Beweis, wie zahlreich die Jugend ist, welche durch schlechtes Beispiel der Eltern oder Angehörigen, durch gänzlichen Mangel an Erziehung oder durch Verkehrtheit derselben, durch Noth und Verführung, schon früh sich dem Laster ergiebt und selbst zu Verbrechen herabsinkt.

Das Arbeitshaus hat innerhalb 3 Jahren 295 Sträflinge von einem Alter von 10 bis 18 Jahren aufgenommen; darunter befanden sich 32 die zum dritten, 17 die zum vierten bis sechsten, 8 die zum siebenten bis zehnten Male eingebracht waren.

Im verflossenen Jahre wurden 68 unter vormundschaftlicher Aufsicht stehende Kinder, 37 Bursche und 31 Mädchen inhaftirt, und darunter mehrere zum 5ten bis 8ten, einige sogar zum 18ten bis 20sten Male.

Im Criminal-Gefängnisse haben sogar innerhalb eines Monats 77 Personen in einem Alter von zwölf bis zwanzig Jahren gesessen.

In öffentlichen Straf-Anstalten kann für die Besserung solcher jugendlichen Sünder in der Regel nur sehr unvollkommen gewirkt werden, und die Gemeinschaft mit älteren Verbrechern, in welche sie bei der gewöhnlichen Ueberfüllung solcher Anstalten fast unvermeidlich gerathen, bringt sie nur noch tiefer ins Verderben.

Davon scheint das Publikum beinahe im Voraus überzeugt zu sein, und daher sieht man diese Unglücklichen nach ihrer Entlassung häufig als Ungerathene gleichsam aufgegeben, aus den Schulen und von Gewerksmeistern und Lehrherren zurückgewiesen. Kaum bleibt ihnen etwas Anderes übrig, als sich neuen Gesetzwidrigkeiten oder Verbrechen zu überlassen; und so fallen sie dann, nachdem sie der Gesellschaft erst noch manchen Schaden gestiftet haben, zuletzt unwiderruflich Gefängnissen und Zuchthäusern anheim.

Diese Erfahrungen, die in großen Städten leider nicht ungewöhnlich sind, haben uns zu dem Versuche vereinigt, solche Unglückliche zu bessern und sie zu nützlichen Gliedern der bürgerlichen Gesellschaft umzubilden.

Der anliegende Auszug aus dem von Seiner Majestät dem Könige genehmigten Statut vom §. 11. bis 30. incl. ergiebt die näheren Verhältnisse, unter welchen eine Aufnahme in diese Anstalt statt findet und in welcher Art wir uns bemühen werden, den Zweck derselben zu erreichen.

Wir glauben hierbei noch bemerken zu müssen, daß es keinesweges unsere Absicht ist, den Eltern und sonstigen Angehörigen unbedingt die Pflicht für die Erziehung der ausgearteten Jugend abzunehmen, und sie dadurch vielleicht sorglos in der Behandlung derselben zu machen.

Es sind jedoch nicht alle Eltern ꝛc. vermöge ihrer Verhältnisse, im Stande, die Aufmerksamkeit auf ihre schon ausgearteten Kinder zu richten, welche zur Besserung derselben erforderlich ist. Es fehlt ihnen oft an Zeit, Fähigkeit und Mitteln dazu.

Bei allem guten Willen und Eifer kann auch oft die häusliche Erziehung das nicht wieder gut machen, was frühere Versäumniß, Verführung und böses Beispiel verdarben.

Es muß daher in solchen Fällen eine Anstalt hinzutreten,

welche sich ausschließlich der Erziehung und Besserung solcher Jugend widmet und welcher alle dazu erforderlichen Mittel zu Gebote stehen. Für solche Fälle soll daher ganz besonders unser Erziehungshaus bestimmt sein.

Das Hauptprincip des Erziehungsplans soll dabei Gewöhnung der Jugend zum Gehorsam, zur Ordnung und Thätigtigkeit sein; eine regelmäßige Eintheilung der Zeit soll sie veranlassen, pünktlich ihre Pflichten zu erfüllen und nie müßig zu sein. Ihr Verstand und ihr moralisches Gefühl sollen mit besonderer Berücksichtigung ihrer eigenthümlichen Charakter-Fehler ausgebildet werden.

Wenn sie mit kurzem Gebet und Gesang ihr Tagewerk begonnen haben, so wird Unterricht und Arbeit so abwechseln, wie es die Jahreszeit und die Kräfte der Pfleglinge verstatten, bis sie mit Gebet und Gesang ihr Tagewerk wieder beschließen.

Ernste Behandlung und selbst Strafen werden freilich auch dem Institute nicht fremd bleiben dürfen, doch glauben wir, daß es, nach dem Beispiel anderer Institute, auch uns gelingen werde, in den Pfleglingen die Ueberzeugung zu erwecken, daß es ihr eigenes Heil erfordere, sich zum Besseren zu wenden, und dadurch der Wille und die Kraft in ihnen erregt werde, die ihnen dargebotene Gelegenheit zu benutzen, sich zu nützlichen und geachteten Mitgliedern der menschlichen Gesellschaft auszubilden.

Dem väterlichen Ernst, der kein Unrecht duldet, muß auch wieder die väterliche Liebe zur Seite stehen, und die Pfleglinge müssen in ihren Vorgesetzten die rettende Hand des Himmels dankbar erkennen lernen, die sie von dem Rande des Verderbens wieder auf den richtigen Pfad führt. So wie sie sich zur Besserung wenden, und darin fortschreiten, soll ihnen daher auch mehr Vertrauen geschenkt und es sollen ihnen mancherlei Vorzüge der Behandlung gewährt werden, durch welche sie sich wieder den gewöhnlichen Verhältnissen des bürgerlichen Lebens nähern, denen sie dereinst doch wieder zurückgegeben werden müssen.

Die Speisung in der Anstalt soll einfach, aber nahrhaft und zureichend sein und in allem die möglichste Ordnung und Reinlichkeit erstrebt werden.

Das Lager besteht aus einer Bettstelle mit Matratze und aus einer wollenen Ueberdecke.

Die Kleidung in einer Jacke und Beinkleidern, im Winter von graumelirtem Tuche, im Sommer von grauer Leinewand.

Die wesentlichsten Bestimmungen der Statuten sind folgende:

Es werden in dieses Erziehungshaus in der Regel nur Kinder von 6 bis 16 Jahren aufgenommen; doch ist diese Altersbestimmung nicht dergestalt bindend, daß dem Verein nicht freistehen sollte, in einzelnen Fällen auch davon abzuweichen.

Da der Zweck des Vereins nur dahin geht: so viel als möglich für die Besserung sittlich verwahrloseter oder verderbter Kinder zu sorgen, und sie zu nützlichen Gliedern der bürgerlichen Gesellschaft zu bilden, so können nur solche Kinder berücksichtigt werden, welche schon entweder von richterlichen oder polizeilichen Behörden zur Strafe gezogen sind; solche, deren Vergehen nicht bloß in Leichtsinn und jugendlicher Unbesonnenheit, sondern in wirklich böser Neigung ihren Grund zu haben scheinen; solche, an denen Eltern, Angehörige oder Vormünder, vergeblich Besserung versucht haben; solche, die durch Ausspruch der richterlichen oder vormundschaftlichen Behörden ihren Eltern oder Angehörigen entzogen sind, weil diese sich nicht in der Lage befinden, für ihre Besserung sorgen zu können, oder weil sie selbst ein so unsittliches Betragen gezeigt haben, daß ihnen die Kinder nicht länger gelassen werden konnten.

Die Aufzunehmenden müssen Unterthanen des Preußischen Staats sein. Uebrigens macht weder Stand, noch Herkunft, noch Geschlecht, noch die Religion, zu der sie oder ihre Eltern sich bekennen, einen Unterschied.

Ueber den physischen Zustand der Kinder haben diejenigen, die sie dem Verein übergeben, ein Attest eines Arztes einzureichen.

Diejenigen Kinder, die selbst, oder deren Angehörige, welchen ihre Verpflegung und Erziehung obliegen würde, durchaus kein Vermögen besitzen, und für deren Verpflegung und Erziehung auch nicht etwa einer Commune zu sorgen gesetzlich oblåge, werden unentgeldlich aufgenommen, und von dem Verein, so lange seine Obsorge für sie dauert, unentgeldlich verpflegt und erzogen. Besitzen aber die Kinder selbst, oder ihre Eltern, oder diejenigen, denen ihre Erziehung gesetzlich anheim fallen würde, hinlångliche Mittel, so geschieht die Aufnahme nur gegen Bezahlung, die in jedem einzelnen Falle von dem Verein bestimmt wird.

Der Verein tritt, sobald er die Sorge für ein Kind übernommen hat, und für die ganze Dauer derselben in die elterlichen Rechte.

Wie lange ein Kind in der Obsorge des Vereins bleiben soll, hångt in der Regel, und soweit darüber nicht bei der Aufnahme etwas Anderes verabredet worden ist, von der Bestimmung des Vereins ab, und die Eltern, Angehörigen, Vormünder und Behörden, welche demselben ein Kind anvertraut haben, müssen drei Monat, nachdem ihnen angezeigt worden, daß der Verein ein Kind nicht långer in seiner Aufsicht behalten wolle, solches unweigerlich zurücknehmen.

Dagegen können Kinder, deren der Verein sich einmal angenommen hat, wåren sie auch von den Eltern selbst ihm übergeben, ohne Genehmigung der vormundschaftlichen Behörde, seiner Aufsicht nicht willkührlich wieder entzogen werden, es wåre denn, daß bei der Aufnahme derselben kontraktlich etwas Anderes festgesetzt wåre.

Die Sorge des Vereins wird vornehmlich dahin gehen:

a) daß die von ihm aufgenommenen Pfleglinge, durch sorgfåltige Aufsicht und Aufmerksamkeit auf ihr Betragen, von ihren bösen Gewohnheiten und Neigungen wieder entwöhnt und dieselben durch strenges Anhalten zur Pünktlichkeit, Ordnung und Thåtigkeit möglichst ausgerottet werden.

b) daß die Mängel ihrer sittlichen und geistigen Bildung durch Belehrung gehoben, das Ehrgefühl in ihnen erweckt, und Achtung für Sitte und Recht, und ein wahrhaft religiöser Sinn ihnen tief eingeprägt werde;

c) daß sie in den nöthigsten Elementar-Kenntnissen, als: Lesen, Schreiben, Rechnen, unterrichtet und außerdem in technischen Fertigkeiten möglichst geübt werden.

Sind die Kinder eine Zeitlang im Erziehungshause gewesen, hat man sich dadurch die Kenntniß von ihnen verschafft, und ist ihre Besserung soweit fortgeschritten, daß man ohne Gefahr für die bürgerliche Gesellschaft sie aus der unmittelbaren Aufsicht des Erziehers und Lehrers entlassen zu können glaubt; so wird man bemüht sein, so viel als thunlich ist, sie bei rechtlichen und ordnungsliebenden Familien auf dem Lande oder in kleinen Städten unterzubringen, bei denen sie Gelegenheit haben, den Schulunterricht fortzusetzen, soweit es nöthig ist, und sich in körperlichen, ihrem Alter angemessenen Arbeiten zu üben."

Es sind übrigens demgemäß zwei verschiedene Anstalten gegründet worden, die eine für Knaben, die andere für Mädchen; die erste im Jahre 1825, die zweite 3 Jahre später, 1828.

Beide Anstalten fanden eine so wohlwollende Unterstützung von vielen gutdenkenden Personen, daß die Anstalt, nach dem Berichte über das 13te Jahr ihres Bestehens, d. h. in dem Zeitraume vom 1sten Mai 1837 bis dahin 1838, die Erziehung einer Anzahl von 79 Knaben und 29 Mädchen besorgen konnte.

Die Anstalt hat in dem Inspector Kopf einen Vorsteher von ausgezeichneten Kenntnissen und seltenen Lehr- und Erziehungs-Gaben.

Ihm ist hauptsächlich der geistige Unterricht der Knaben anvertrauet. Einem zweiten Lehrer vorzüglich die Anleitung zu Garten- und häuslichen Arbeiten.

Die Art und Weise der Arbeiten, zu welchen die Zöglinge angehalten werden, ergiebt sich aus folgender Uebersicht des Arbeitslohns, die dem 11ten Jahresberichte entnommen ist:

„Der Erwerb aus den Beschäftigungen der Zöglinge hat im abgelaufenen Verwaltungs-Jahre bis ultimo März 1836 betragen:

1) bei der Kupfer-Druckerei . .	495 Thlr.	25 Sgr.	— Pf.
2) für das Kopalsortiren sind eingekommen	40 „	6 „	3 „
3) dgl. für die Schrauben-Arbeiten	770 „	21 „	8 „
4) die Garten-Arbeiten sind wegen des Verbrauchs der Erzeugnisse in der Anstalt, mit Inbegriff einiger verkauften Gegenstände mindestens anzuschlagen auf .	105 „	23 „	9 „
5) und die Selbstverfertigung der Kleidungsstücke, so wie das Kleinmachen des Brennholzes mit .	187 „	26 „	— „
Es sind daher der Anstalt von den Zöglingen theils baar verdient, theils erspart worden	1600 Thlr.	12 Sgr.	8 Pf.

welches im Durchschnitt auf jeden Knaben einen jährlichen Erwerb von 19 Thlr. 1 Sgr. 7 Pf. ergiebt."

Was den Zweck der Anstalt betrifft, die hier aufgenommenen Zöglinge durch Erziehung und Unterricht zu bessern, so standen in dem letzten Jahre, nach dem Berichte des Inspectors, die Verhältnisse, wie folgt:

Von den 79 Knaben berechtigten

35 zu guten Erwartungen,

31 standen auf dem Wege der Besserung,

13 waren noch im Zustande der Verwahrlosung.

In sofern man im Allgemeinen eine Nachricht oder Aeußerung über das spätere Betragen dieser 239 ehemaligen Zöglinge erwarten möchte, die nunmehr der bürgerlichen Gesellschaft einverleibt, sich den mannichfachsten gewerblichen Beschäftigungen widmeten und ihrem jetzigen Aufenthalte nach, entfernt und zerstreut in den verschiedenartigsten Verhältnissen leben, so dürfte der Ausweg, den wir seit einigen Jahren in diesem schwierigen Puncte durch eine dreifache Klassificirung der Individuen einschlugen, nicht als der unangemessenste erscheinen. Zur ersten Klasse zählen wir diejenigen, die ihrem gewählten Berufe treu blieben, sich mehr oder minder lobenswerth, rechtlich und gut betrugen, sich wenigstens niemals grobe Verstöße gegen die Gesetze und bürgerliche Ordnung zu Schulden kommen ließen. In die zweite Klasse setzen wir alle, welche durchaus zu keinem geregelten Lebenswandel, zu keiner Festigkeit in der Führung gelangten, sich größtentheils schlecht betrugen, dabei aber noch nicht alle Hoffnung zur Besserung abschnitten. Der dritten Klasse hingegen verfallen Alle, für welche der Aufenthalt im Erziehungshause von gar keinem Nutzen und Einflusse gewesen zu sein scheint, die seit ihrer Entlassung von einem Verbrechen in das andere verfielen, der bürgerlichen Gesellschaft eine Plage und Last wurden und die Sicherheit derselben in dem Maaße gefährdeten, daß sie durch Beraubung ihrer persönlichen Freiheit unschädlich gemacht werden mußten. Nach dieser näher bezeichneten Klassification würden wir von den innerhalb dreizehn Jahren entlassenen Zöglingen

186 in die erste Klasse,
36 in die zweite Klasse und
17 in die dritte Klasse zu setzen haben.

Summa 239."

Es ist dieß ein höchst erfreuliches Ergebniß und dürfte zu Errichtung ähnlicher Anstalten ermuntern.

In Betreff des Erziehungshauses für Mädchen, so hat dasselbe seit seiner Eröffnung vom 1sten Mai 1828 bis zum 30sten April 1838 . . . . 85 Zöglinge aufgenommen, und in demselben Zeitraume nach beendeter Ausbildung entlassen . . . . . . 56 "

in Folge dessen betrug die Zahl der am 1sten Mai d. J. darin vorhandenen . . . . 29 Zöglinge.

So weit es möglich gewesen, über die innerhalb zehn Jahren entlassenen Zöglinge Nachrichten einzuziehen, befinden sie sich fast sämmtlich in mehr oder weniger günstigen Dienstverhältnissen; nur zwei derselben haben geheirathet und sind glückliche Hausmütter geworden, viere leben bei ihren Eltern und zwei haben sich leider auf eine schlechte Seite gewendet, mit Ausnahme welcher, von den übrigen größtentheils nur Rühmliches und nichts Nachtheiliges berichtet werden kann.

Die im Hause befindlichen 29 Zöglinge beweisen Folgsamkeit und Fleiß, werden zur pünktlichen Befolgung der eingeführten Hausordnung angehalten und berechtigen durch ihr Betragen zu der Hoffnung, daß sie sich diejenigen Eigenschaften und Kenntnisse, welche zu ihrer künftigen Empfehlung als brauchbare und tüchtige Dienstmädchen erforderlich sind, aneignen werden. Außer der Zeit, welche sie auf hülfreiche Handleistungen bei Bestreitung der Hauswirthschaft, der Küche, der Wäsche, so wie auf die Anfertigung ihrer gesammten eignen Bekleidung verwenden mußten, haben sie für die Knaben-Erziehungsanstalt genäht und respective gestrickt: 206 Hemden, 12 Bettüberzüge, 36 Bettlaken und 90 Paar Strümpfe; überdies aber für Fremde 220 Hemden, 12 Tücher mit Steppsäumen, 12 Handtücher, 17 Laken, 14 vollständige Bettüberzüge und 82 Paar Strümpfe gefertigt, woraus der Anstalt eine Einnahme von 48 Thlr. 14 Sgr. 9 Pf. erwuchs.

Der Schulunterricht wurde mit Sorgfalt und gesegnetem Erfolge durch den bei der Communal-Armenschule des 5ten Bezirks stehenden Hauptlehrer der Mädchenklasse, Herrn Schanze, bis zu Neujahr 1838 ertheilt. Als vermehrte Amtsgeschäfte demselben die Fortsetzung dieses Unterrichts versagten, übertrugen wir ihn seinem Amtsgehülfen Herrn Kinzel, der diesen Unterricht seitdem mit gleicher Liebe und Treue fortsetzt.

Ueber die Leistungen der beiden Hausmütter, denen seit anderthalb Jahren die Anleitung der Mädchen zu häuslichen und wirthschaftlichen Beschäftigungen, die Unterweisungen derselben in den nothwendigen Näh= und Handarbeiten, so wie die Aufsicht über deren sittliche Führung anvertraut wurde, haben wir zu berichten: daß wir in Allem, was die hausmütterliche Anleitung der Kinder zur Ausbildung für ihren künftigen Beruf betrifft, bis jetzt unsre Wünsche und Erwartungen durch sie erfüllt gesehen haben."

§. 29.
Die Erziehungs=Anstalt für Vagabunden=Kinder im Land=Armenhause zu Strausberg.

Die Landstände, d. h. die Abgeordneten der Rittergutsbesitzer, der Städte und des Bauernstandes der vormaligen Churmark, jetzt des Potsdamer Regierungs=Bezirks, haben vor ohngefähr 30 Jahren ein sogenanntes Land=Armenhaus in Strausberg erbaut und eingerichtet.

In dieser Anstalt werden auch viele verwaisete Kinder erzogen; sie verdient deshalb und wegen ihrer höchst zweckmäßigen Einrichtung und gemeinnützigen Wirksamkeit, hier einer näheren Erwähnung.

Es mag daher ein wörtlicher Auszug des Berichts der ständischen Land=Armen=Direction vom 13ten Oktober 1836 hier eine Stelle finden:

„Das Land=Armenhaus zu Strausberg besteht aus zwei verschiedenen, von einander getrennten Anstalten.

Die erste derselben, das eigentliche Landarmen= oder Provinzial=Arbeitshaus, ist zur Aufnahme und Beschäftigung der Bettler, der arbeitsscheuen zu Excessen geneigten und durch alle von den Ortsobrigkeiten zu ihrer moralischen Besserung angewandten Mittel nicht zur Ordnung zurückzuführen gewesenen Subjekte, ferner zur einstweiligen Aufnahme und Verpflegung der Vagabunden, deren Angehörigkeit nicht ohne weitläuftige und zeitraubende Nachforschungen zu ermitteln ist, endlich zur Bestrafung der obdachslosen Individuen bestimmt, welche in einem Orte ihren Aufenthalt ertrotzen wollen. Die bei dem

Vergehen der Bettelei ergriffenen Subjekte werden, sobald nur die Thatsache konstatirt worden, auf den dazu besonders angeordneten Transportstraßen ganz auf Kosten des Landarmenfonds, und selbst aus den entferntesten associirten Landestheilen, ohne daß den Abliefernden auch nur die geringste Ausgabe dafür zur Last fällt, zum Landarmenhause geschafft, dessen Inspection sie ohne Weiteres bei ihrer Ankunft recipirt. Die Aufnahme der einer moralischen Besserung durch Zwangsmittel nach dem Ermessen der Orts-Polizei-Behörden bedürftigen sogenannten Korrigenden, so wie der vorstehend näher bezeichneten Vagabunden, erfolgt dagegen nur auf vorhergegangene Genehmigung der Landarmen-Direction, der zu diesem Ende die Acten von den Ortsbehörden eingesendet werden müssen, aus denen die Verhältnisse und die, zur Erreichung des Zwekkes bereits angewendeten Mittel, so wie die Thatsachen unzweifelhaft hervorgehen, welche die Erfolglosigkeit dieser Mittel bewähren. In gleicher Art werden die Aufnahmen der obdachslosen Subjecte, welche eine Wohnung im Orte ertrotzen wollen, unter Einsendung der Acten bei der Landarmen-Direction in Antrag gebracht, und von dieser, nach zuvor eingeholter Zustimmung der betreffenden Königl. Regierung, verfügt.

Als Strafe für eine unordentliche, arbeitsscheue und umherschweifende, das Land und seine Bewohner belästigende Lebensweise, welche in den meisten Fällen auch zum Vergehen der Bettelei die Veranlassung gegeben hat, zugleich aber auch als Mittel zur moralischen Besserung, dient im Landarbeitshause eine zwangsweise, den körperlichen Kräften und den Fähigkeiten der Einzelnen angemessene Beschäftigung mit mechanischen Arbeiten, eine Gewöhnung der Detinirten an eine strenge Hausordnung und Disciplin, eine auf das geringste Maaß der Bedürfnisse beschränkte, wenn gleich ausreichende und ordnungsmäßige Verpflegung, und eine gänzliche Entwöhnung von geistigen Getränken, wogegen auf der anderen Seite für die Heilung körperlicher Gebrechen, wie für Pflege und ärztliche

Behandlung bei Krankheiten pflichtmäßige Sorge getragen wird. Unter jenen Straf- und Besserungsmitteln ist die den Häuslingen zuzutheilende Arbeit fast das wesentlichste, die Aufgabe jedoch, eine Gelegenheit dazu unausgesetzt zu beschaffen, wird dadurch erschwert, daß solche Arbeit nur auf die Räume des Hauses beschränkt werden kann, die körperlichen Kräfte und Fähigkeiten der unablässig und oft in kurzen Fristen zu- und abgehenden Individuen auch sehr verschiedenartig, und doch insgesammt nur für die gröberen mechanischen Verrichtungen geeignet sind. Man hat sich um jeder, wenn auch nur temporären Unthätigkeit der Detinirten, als dem größten Uebelstande, welcher in einem Zwangsarbeitshause eintreten kann, vorzubeugen, bereits seit mehreren Jahren eine Erweiterung der schon bestandenen Woll-Maschinen-Spinnerei, sodann aber auch eine Vermehrung der Arbeitsgegenstände angelegen sein lassen. Es sind in der ersten Beziehung die veralteten Maschinen nach und nach umgestaltet und vermehrt, hiernächst aber auch, was erst mit dem Jahre 1836 beendigt sein wird, sind sie den Fortschritten der Technik gemäß, so vollständig umgeändert worden, daß ihr Produkt den gegenwärtigen höhern Ansprüchen der Fabrikanten an die Qualität des Maschinengespinnstes gewachsen sein wird. Um die Gegenstände der Betriebsamkeit aber zu vermehren, hat man noch außer der Werkstatt zur Tuchmacherei und der zur Schuhmacherei, welche beide beibehalten worden, eine Leinwandweberei mit der dazu gehörigen Handspinnerei im Hause eingerichtet, und dadurch den großen Vortheil erlangt, die Frauenzimmer und die ältern und körperschwachen Männer völlig ausreichend und zweckmäßig beschäftigen zu können. Um auch die, bei der Maschinenspinnerei nicht füglich anzustellenden, obgleich kräftigeren Männer gleichmäßig in einer für sie geeigneten Thätigkeit erhalten zu können, werden sie mit dem Stampfen und der Bearbeitung des Gypses zum Dünger, wozu die nöthigen Vorrichtungen getroffen worden, beschäftigt, imgleichen werden die Kräfte der schwächeren und auch der Flachsspinnerei nicht zu überweisenden Subjekte, bei dem auch sonst schon gebräuchlichen Reißen der Federn, wie auch durch Verspinnen von Kälberhaaren nützlich gemacht.

Durch diese Mittel und die dazu ausgeführten Einrichtungen, ist die Verwaltung jetzt dahin gelangt, daß sie sämmtliche Detinirte zu jeder Zeit und selbst bei einer zufälligen Ueberfüllung des Hauses, oder auch bei ungünstiger gewerblicher Conjunctur, doch noch vollständig und ihrer Körperkraft angemessen zu beschäftigen im Stande ist, und dadurch dem Zwecke der Anstalt eben so wohl, als dem Interesse ihrer Fonds in möglichstem Umfange zu genügen glauben darf. Das Landarmenhaus fertigt sämmtliche Bekleidungsgegenstände, deren es bedarf, einschließlich der Fußbekleidung selbst, producirt aber auch schon gegenwärtig den Bedarf an Tuch für sämmtliche von der Kurmärk. Direction verwalteten drei Anstalten, imgleichen verkäufliche grobe Tuche, Gypsmehl zur Düngung, Wollenmaschinengarn gegen Spinnerlohn, in verhältnißmäßig ansehnlichen Quantitäten, und wird bis Ende des Jahres 1836, unter Mitbenutzung der neu eingerichteten Hülfsspinnereien zu Wittstock und Neu-Ruppin, den Bedarf sämmtlicher Anstalten an Leinwand zum größten Theile, vielleicht ganz und gar, aus den dazu angekauften Flachsvorräthen alljährlich zu fabriciren im Stande sein."

Diese Anstalt ist hinsichtlich ihrer Einrichtung und Verwaltung wahrhaft musterhaft und man kann annehmen, daß die hier auf längere Zeit Detinirten dieselbe nicht in einem sittlich-verschlimmerten Zustande verlassen, wie es bei so vielen Straf- und sogenannten Besserungs-Anstalten leider! der Fall ist, die man daher füglicher Verschlimmernngs-Anstalten nennen könnte.

Sie gewöhnen sich hier an Ordnung, Pünktlichkeit, Reinlichkeit und diejenigen, die keine sie nährende Hand-Arbeit verstanden, erlernen sie hier.

Die Behandlung ist gerecht und menschlich, aber ernst

und streng; die Arbeit angestrengt, so daß der Träge und Arbeitsscheue sich nach seiner Entlassung, möglichst anstrengen wird, um nicht dahin zurückkehren zu dürfen. —

Ein für die Provinz sehr wohlthätige Einrichtung ist die zweite Abtheilung dieses Hauses.

In einem nahe belegenen, jedoch vom Landarmenhause völlig abgesonderten, Gebäude befindet sich nämlich die zweite Abtheilung der Landarmenanstalt zu Strausberg — die Provinzial-Schul- und Erziehungs-Anstalt. Sie ist zunächst für die Kinder bestimmt, deren Verpflegung nach den bestehenden Landesgesetzen und Verordnungen dem Kurmärkischen Landarmenfond zur Last fällt, demnächst aber auch für ortsangehörige Kinder, deren Erziehung und Versorgung den verpflichteten Communen auf Veranlassung besonderer Umstände übermäßig lästig fällt. Die Reception wird durch die Landarmendirection, sobald der Antrag unter Einsendung der ihn ordnungsmäßig begründenden Acten an sie gerichtet, und, wenn die Aufnahme eines ortsangehörigen Kindes gewünscht wird, zugleich die Zahlung eines Pflegegeldes von 12 Thlrn. jährlich versprochen worden ist, unter möglichster Berücksichtigung der Specialverhältnisse genehmigt, sofern die Zahl der vacanten Plätze dieß gestattet.

Wenn die Noth es gebietet, oder die Verbindlichkeit des Landarmenfonds außer Zweifel ist, werden die Kinder schon im frühesten Alter, sonst nicht leicht vor dem fünften oder sechsten Jahre aufgenommen. Haben sie dieses Alter noch nicht erreicht, so werden sie in der Kinderstube der Anstalt gepflegt und gewartet, demnächst aus dieser der Schulanstalt überwiesen, in welcher sie zur Ordnung angehalten, an Gehorsam und Disciplin gewöhnt, soweit es die Bodenfläche gestattet, mit Garten- und Feldarbeit beschäftigt, in zwei Klassen aber abwechselnd durch den Schulunterricht geistig ausgebildet, in mechanischen Arbeiten geübt, die Mädchen in weiblichen Handarbeiten unterwiesen, die Knaben aber insbesondere zur Handhabung der gewöhnlichen schneidenden Werkzeuge geschickt gemacht werden.

Die Verpflegung wird ihnen ausreichend, aber nur den Bedürfnissen des dienenden Standes in kleinen Städten und auf dem Lande gemäß, gewährt, damit sie, nachdem sie im vierzehnten Jahre eingesegnet, und aus der Anstalt, ihren Fähigkeiten und Neigungen entsprechend, entweder zu Handwerkern in die Lehre, oder bei Landwirthen in Dienst untergebracht werden, nicht verwöhnt sind und nicht Ansprüche in ihr neues Verhältniß übertragen, welche nicht befriedigt werden können, und alsdann nur allzuleicht auf Abwege und selbst zum Verbrechen führen.

Im Laufe des Jahres wurden in dieser Anstalt 126 Kinder verpflegt und erzogen.

Im Durchschnitt betrugen die Kosten der Verpflegung und

Bekleidung eines Kindes	23 Thlr.	26 Sgr.	5 Pf.
Von den General-Kosten kam auf jedes Kind	33 "	24 "	5 "
überhaupt also	57 Thlr.	20 Sgr.	10 Pf.

Mit den aus dieser Anstalt entlassenen Zöglingen jugendlichen Alters sind bisher die Handwerks-Meister und Dienstherrschaften in der Regel sehr wohl zufrieden gewesen.

Vierter Abschnitt.

Die Unterstützung der Armen auf Kosten des Staats und der Staatsbürger.

§. 30.

Die in vielen Staaten Europa's neuerdings stets zunehmende Anzahl der Armen und Hülfsbedürftigen ist unstreitig ein Gegenstand ernster Betrachtungen und selbst Besorgnisse für die Zukunft.

Die französische Academie setzte daher im Jahre 1836 einen Preis auf die beste Beantwortung der Frage:

„Wie und in welchem Grade sollen Regierungen und Mitbürger zur Unterstützung ihrer Armen mitwirken?"

Dem Pfarrer Naville in Genf wurde für sein Werk

de la charité légale

und dem Herrn Duchatel (Finanz-Minister zu Paris) der Preis, Jedem zur Hälfte zuerkannt.

Von beiden ist bei Voigt in Weimar eine deutsche Uebersetzung erschienen.

Erstere Schrift enthält viele interessante Thatsachen und es werden daher einige derselben entnommene hier an ihrer Stelle sein, um zu beweisen, daß man überall diesem Gegenstande eine vorzügliche Aufmerksamkeit widmen sollte. Naville versteht unter

Charité légale (gesetzliche Mildthätigkeit)

diejenige Unterstützung der Armen, welche nicht von Privat-Personen, sondern ganz öffentlich vom Staate, im Namen des bürgerlichen Vereins, aus den Staats-Einkünften, geleistet wird. Nach ihm ist die Art der Verwendung fast in jedem Lande verschieden. England hat die Armentaxe, wobei bis

1834 sechs Siebentheile der Gemeinde- oder Kirchspiel-Abgaben zur Unterstützung der Gemeinde-Armen verwendet werden mußten; denn erst in jenem Jahre wurden durch die Bill vom 14ten August einige der immer zunehmenden, schreienden Mißbräuche in der Einnahme und Verwendung der Armentaxe abgeschafft.

Die öffentliche Unterstützung findet man aber nicht nur in England, sondern mit einigen Modificationen auch in Norwegen, Schweden, Dänemark, Liefland, den Niederlanden, Deutschland, in einem großen Theile Schottlands, der Schweiz, und den Vereinigten Staaten Nord-Amerikas. Ueberall aber hat sie dieselben Nachtheile. Der Arme weiß, daß er ein Recht auf Unterstützung hat, darum stützt er sich darauf und fordert sie nicht selten mit Ungestüm, Grobheit, ja zuweilen sogar mit heftigen Drohungen. Zu dieser Undankbarkeit gesellt sich bald Trägheit, Sorglosigkeit, Verschwendung und sittliches Verderben; sodann übereiltes und frühzeitiges Heirathen. Aus diesen Verbindungen entstehen dann Haufen von Kindern, die in Schmutz, Lastern und Unwissenheit aufwachsen, später aber den Gemeinden zur Last fallen *).

Diese traurigen Ergebnisse pflanzen sich bei den unterstützten Familien von Geschlecht zu Geschlecht fort, ersticken bei ihnen alles Ehrgefühl und alle Thätigkeit, ja sie arten häufig in Verbrechen aus, weshalb der Lordkanzler von England Brougham, bei der Discussion über jene Bill von 1834 in öffentlicher Parlaments-Sitzung erklärte:

> „Die englischen Armengesetze seien die vorzüglichste Ursache der sittlichen Ausartung und Verschlechterung des Volks in England."

Sehr nachtheiligen Einfluß hat auch die Art, wie die Unterstützung gewöhnlich zugestanden und vertheilt, so wie die

*) Diesem Uebel wird neuerdings durch die Kinder-Bewahr-Anstalten zweckmäßig vorgebeugt, durch die z. B. in Berlin für 2100 Kinder gesorgt wird und die in vielen Städten, z. B. in München, Dresden, Hamburg, Potsdam u. s. w., schon eingerichtet sind.

Bedingungen denen sie unterworfen wird; möge sie nun, wie gewöhnlich in England, Belgien und den Vereinigten Staaten, dem ehrlichen, wahrhaft hülfsbedürftigen und empfehlungswürdigen Armen, wie den verdorbenen und ausgearteten gegeben, oder wie in Baiern, im Canton Freiburg und im Staate Massachusetts in Nord-Amerika nur nach vorgängiger Untersuchung an verschämte, im Stillen leidende Arme vertheilt werden; mögen die Armen nach der Reihe, nach dem Loos untergebracht oder gar an die am wenigsten Fordernden abgegeben werden. Ueber letzteren Unfug, der noch jetzt in den Cantonen Bern und Waad gebräuchlich ist, erfahren wir Folgendes: „Jedes Jahr, an einem gewissen Tage, werden alle hülfsbedürftigen alten und kränklichen Leute und Kinder im Saale des Municipal-Raths versammelt, ausgestellt, besichtigt und dann ausgerufen; es wird auf sie geboten und wer am Wenigsten fordert, der bekommt sie; gewöhnlich fallen sie in die Hände ganz Unbemittelter, die in entfernten Gegenden, ohne alle Hülfsquellen, ein armseliges Leben führen und die nur darum Andere in Kost nehmen, weil sie ihr eigenes elendes Leben wohlfeiler fristen können. Greise nnd Gebrechliche verschwinden so freilich und fallen nicht mehr unangenehm auf, aber an den entlegenen Orten, wo sie hinkommen, ist ihr Leben um so trauriger und hülfloser bei Leuten, die kaum Brod und Kartoffeln genug für sich selbst haben.

Das Schicksal der Kinder ist noch trauriger und ihre Versteigerung kann man nicht ohne inniges Mitleid mit ansehen; mitten im Saal sitzen sie auf einer Bank, als wäre es für sie ein Fest; manche nimmt die sparsame Ortsbehörde von braven Leuten hinweg, wo sie es gut hatten, Liebe und Pflege fanden, um sie Anderen zu übergeben, die sie um einige Franken wohlfeiler nehmen wollen; dann weinen die Kinder bitterlich. Der neue Kostherr nimmt sie auch oft nur auf Speculation wohlfeiler, denn sie müssen auf der Straße betteln und ihm das empfangene Geld abliefern. Gewöhnlich werden sie ohne allen Unterricht im Zustande der Unwissenheit und gänzlicher Abstumpfung gelassen, damit sie leichter in Abhängigkeit gehalten und zu Sklaven-Arbeiten mißbraucht werden können."

Anderwärts geschieht noch Empörenderes, z. B. in Carlisle in der Grafschaft Cumberland und im Canton Appenzell; denn da werden Arme, Kränkliche, Alte und Kinder in Masse an die am wenigsten fordernden Gemeinden versteigert. Aehnliches geschieht an vielen Orten und es zeigt sich da, daß, bei der gesetzlichen Unterstützung, das Gefühl eben so mit Füßen getreten wird, wie die Menschenwürde. Und wo geschieht dieß? in dem durch Gesetze, Sitten, Wissenschaft, Literatur und Kunst hoch gebildeten Europa, das sich seiner Fortschritte so rühmt und vornehm auf die Zeiten herabschaut, wo doch solche Unmenschlichkeiten nicht Statt fanden und auf Völker, die sich derselben noch heute nicht schuldig machen (z. B. die Juden).

Die Armen-Taxe in ihren verschiedenen Formen wirkt aber nicht nur nachtheilig auf den sittlichen Zustand der Armen, sondern auch auf diejenigen, die keine Unterstützung erhalten und von denen sie gefordert wird. So wurden 1830 in London funfzig Familienväter desselben Kirchspiels vor Gericht gefordert, weil sie ihre Armen-Taxe nicht ganz bezahlt hatten. Einige bewiesen, daß sie ihr Haus-Geräth, ja sogar die Betten ihrer Kinder verpfändet hatten, um die Taxe nur zum Theil abtragen zu können. Sie wurden dem ohngeachtet gefänglich eingezogen, weil sie den Rest nicht bezahlen konnten. Im Canton Bern geschieht Aehnliches und der wegen der Armen-Taxe von der Obrigkeit Verfolgte borgt und verpfändet, bis er selbst den Bettelstab ergreifen muß. Die unvermeidliche Folge dieses Mißbrauchs ist, daß sich die freiwilligen Almosen und Unterstützungen in eben dem Maaße verringern, als die Armen-Taxe zunimmt. In Schottland wird an den Orten, wo diese Taxe gebräuchlich ist, viel weniger Gutes gethan, viel weniger an die wahre und rechte Unterstützung der Armen gedacht, als unmittelbar daneben, wo diese Taxe nicht Statt findet. Eben so ist es, nach amtlichen Anzeigen, in den

Niederlanden, im Nassauischen, in Florenz, in den Cantonen Bern und Luzern. Eine ehrenvolle Ausnahme machen in dieser Beziehung Dänemark und der Preußische Staat. Wird es aber immer so bleiben?

Die öffentliche Gemeinde-Unterstützung nach der Größe des Grund-Eigenthums führt zu großen Mißbräuchen, Ungleichheiten und Ungerechtigkeiten; so müssen z. B. die Einwohner von Shipley 25 bis 30 pro Cent ihres Einkommens bezahlen, in Brede, Canton Sussex, noch weit mehr, in Dorset aber, nur fünf und zwanzig Meilen von Brede, beträgt die Armen-Taxe nur fünf pro Cent *). In der Schweiz, besonders im Waadland, giebt es so reiche Gemeinden, daß ihnen, nach Erhaltung ihrer Armen und Bestreitung aller öffentlichen Ausgaben, nach Vertheilung von Wein, Getraide, Kartoffeln und Holz noch bedeutende Summen baaren Geldes übrig bleiben, die unter die Gemeindeglieder vertheilt werden. In der Nähe dieser Gemeinden sind andere, die ihre Armen nicht aus Gemeinde-Mitteln erhalten können und daher eine Armen-Taxe auflegen müssen.

Unvermeidlich ist, daß in nur etwas unbestimmten Fällen Gemeinden in Chikanen, Kampf und Streit über die Aufnahme eines Armen mit einander gerathen. Dabei werden in England keine Summen gespart. In einem Kirchspiele der Grafschaft Norfolk betrugen die Kosten zu Bestimmung der Heimath einer armen Familie 520 Thaler, die Interessen dieses verlornen Capitals würden zu ihrer Unterstützung hingereicht haben; man brachte es aber durch dieß Opfer dahin, daß die Armen auf der Landstraße durch Hunger, Frost und Elend umkamen. Ein Proceß über die Heimath eines einzigen Armen hat oft viel mehr gekostet, als die Erhaltung aller

---

*) Im Großherzogthum Oldenburg war eine Armen-Taxe nach Art der in England üblichen ohngefähr im Jahre 1787 eingeführt worden; gleich Anfangs betrug sie für einen Grundbesitzer eines Amts-Bezirks $\frac{1}{2}$ pro Cent der Einnahme; im Jahre 1807 war sie schon auf 20 pro Cent gestiegen, also schon sehr drückend

Armen in diesen Kirchspielen für ein ganzes Jahr. Ein Mann, Namens Summers in England starb Hungers, während man sich über seine Aufnahme zankte.

In England, wo in dieser Beziehung die größten Grausamkeiten und Unmenschlichkeiten geschehen und wo man dieß nicht einmal einsehen und gestehen will, fallen die Gemeinde-Inspectoren, ohne alles Mitleid, über die aus einem andern Kirchspiel eingedrungenen Armen und Hülflosen her, um sie wie Hunde fortzujagen. Haben sie in einer elenden Hütte Zuflucht gefunden, so ereignet es sich wohl, daß die Aufseher die Hütte um hohen Preis kaufen, um sie einreißen und die Armen daraus vertreiben zu können; das nennen sie dann in ihrer Kunstsprache;

„ein Nest von Bettelkindern zerstören"

(wie man ein Nest von Hornissen zerstört). In einigen Gegenden der Schweiz geschieht Aehnliches. Hochschwangere, ihrer Entbindung ganz nahe Frauen werden mit Gewalt über die Grenze gebracht, damit die Gemeinde nicht Gefahr laufe, ihr Kind aufnehmen zu müssen. Dies zwingt dann die benachbarten deutschen Länder zu ähnlicher Härte. Aehnliche Grausamkeit wird in vielen deutschen Ländern durch den sogenannten Schub *) begangen. Wer kennt nicht die „Heimathlosen" in der Schweiz und die Art, wie von einem Canton zum andern mit ihnen verfahren wird?

In anderen Ländern sind die Regierungen menschlicher; da werden die Armen nicht fortgejagt, sondern zu industrieller oder Acker-Arbeit angehalten, damit sie wenigstens einen Theil ihres Unterhalts verdienen. So sind Arbeitshäuser und Bettler-Colonien entstanden. Aber auch darüber sind Sachverständige nicht Einer Meinung. Einige glauben, daß die unbe-

*) Mir ist ein Fall bekannt, wo eine arme Wittwe mit 2 kleinen Kindern aus den Sächsischen Herzogthümern, gleich ihrem verstorbenen Gatten, gebürtig, der als freiwilliger Jäger unter Lützow für Deutschland mitgefochten hatte, dennoch das Land räumen mußte, weil ihr verstorbener Ehemann in Preuß. Diensten gestanden hatte. D. V.

grenzte Concurrenz mit Industrie-Produkten, die zu niederen Preisen verkauft werden müssen, dem Gewerbfleiß in der Umgegend großen Schaden bringe, den Arbeitslohn zu sehr herabdrücke und den Absatz ähnlicher, besser gearbeiteter Waaren zu sehr erschwere, so wie, daß die Arbeitshäuser für Arme, nach den bisherigen Erfahrungen, sehr kostspielige Anstalten und in Beziehung auf den physischen und moralischen Zustand der Armen gar nicht zu empfehlen seien. Der wohlthuende Einfluß ächter Civilisaiion, der Religion und der Achtung für Menschenrechte dringe da nicht ein und es gingen da eine Menge Dinge vor, die weder Recht noch Sitte gut heißen können. Die mehrsten Arbeitshäuser hörten auch nach einigen Jahren wieder auf oder arteten in Zwangshäuser aus, wenn sie nicht bloße Hospize oder Bettler-Asyle würden, ein Zustand, worin sie sich vollends nicht halten könnten. (Meines Erachtens sind Zwangs-Arbeitshäuser für größere Städte unentbehrlich.) Ackerbau-Anstalten für Bettler sind zwar finanziell nicht so nachtheilig', dem Armen aber bringen sie keinen wahren Nutzen. Dieß läßt sich auch von den Landbau-Colonien für Arme sagen, die seit 1822 in den Niederlanden und in Belgien gegründet und vielfach gepriesen worden sind.

Der edle General v. d. Bosch, dem sie ihre Entstehung verdanken, hatte die Absicht, allen kräftigen und gesunden Armen des Landes durch dieselben Arbeit und Verdienst zu verschaffen, um dadurch Elend und Bettelei zu verdrängen. Sachverständige, welche diese Anstalten gesehen, genau untersucht und mit aller Hochachtung für deren Gründer besprochen haben, z. B. Huerne de Pommeuse, Ducpétiaux und Andere, thun durch amtliche Zeugnisse dar, daß diese Colonien durchaus nicht gedeihen; daß sie sich vielmehr durch Anleihen zu Grunde richten und sich durchaus nicht durch sich selbst, sondern nur durch große Opfer erhalten können; das Schlimmste dabei ist aber, daß sie der von ihnen gehegten Hoffnung auch insofern nicht entsprechen, als in jener Gegend durch sie die Bettelei nicht aufgehört hat, sondern noch immer besteht.

Wenn der Staat oder Gemeinden auf irgend einem Wege so für ihre Armen gesorgt haben, daß sie vor dem Hunger-Tode gesichert sind, so wollen sie nicht weiter von ihnen belästigt sein; sie haben für ihre übrigen Leiden und Bedürfnisse keinen Sinn und wollen nicht davon reden hören; ja die Armen sind sogar dazu verdammt, ihr Elend in der Entfernung und Einsamkeit eines sogenannten Armenhauses zuzubringen, und wenn sie herausgehen, so straft man sie und nennt dieß dann „Abschaffung des Bettelns.“ Es gab eine berühmte Zeit und vielgepriesene Länder, wo dieß noch viel ärger war. In Frankreich wurden die Bettler unter Ludwig XIV. mit Ruthen gehauen, an das Halseisen gestellt, gebrandmarkt, verstümmelt, in den Regimentern fast zu Tode geprügelt, ja sogar getödtet. Noch im Jahre 1777, also unter dem milden Ludwig XVI., wurde ohne Weiteres Jeder im Alter von sechszehn bis siebenzig (!) Jahren zur Galeere verdammt, der sechs Monate lang kein Gewerbe getrieben hatte und sonst keine Subsistenzmittel nachweisen konnte. Wie ganz anders war es in der ersten Hälfte des sechszehnten Jahrhunderts in Spanien! In Zamora, Salamanca, Valladolid, wurde unter anderen 1540 verordnet, daß selbst fremde Arme nicht ohne Allmosen gelassen und gleich den einheimischen bedacht werden sollten. „Der Wandernde,“ heißt es in der Verordnung, „der Reisende in Dürftigkeit und Noth, soll gleich bei seiner Ankunft Unterstützung erhalten, ohne daß von ihm ein anderes Zeugniß verlangt wird, als seine eigene einfache Erklärung,“ und §. 5. heißt es: „es sollen auch die verschämten Armen unterstützt werden, aber heimlich, um ihnen nicht wehe zu thun; die armen Kinder sollen gut verpflegt werden und nach ihren Anlagen passende Erziehung und Unterricht erhalten.“

Solche Vorschriften aus einer arg verschrieenen Zeit und einem arg verschrieenen Lande thun der Seele wohl und söhnen wieder aus mit dem menschlichen Geschlechte.

Damals war freilich noch nicht die Rede von öffentlicher

Unterstützung, von Charité légale im heutigen Sinne, dafür aber von ächt christlicher Hülfe, von ächt christlichem Mitgefühl. Heutzutage ist gefängliche Einziehung die gewöhnliche Aushülfe gegen bettelnde Arme. In manchen Ländern kommt dazu noch gezwungenes Fasten und körperliche Strafen; so wird z. B. in einigen Schweizer-Cantonen das Härteste gegen sie verfügt, Gefängniß, gezwungener Militairdiest, Schläge, Gefängniß bei Wasser und Brod, Brandmarkung, Zwangsarbeit auf dem Felde mit schweren Holzblöcken an den Füßen. In Florenz werden sie bei der zweiten Betretung für ihr ganzes übriges Leben in's Gewerkhaus gebracht, wo sie für die Regierung arbeiten müssen.

Jedes fühlende Herz muß sich gegen diese harten Zwangsmittel und Einkerkerungen empören, denn daraus entsteht das größte, auf den Armen schwer lastende Unglück — ihre Entsittlichung und Verderbtheit in vielen der Arbeitshäuser. Indem man sie in diese einsperrt, raubt man ihnen und ihren Familien den mütterlichen und väterlichen Sinn, Ehre, Freiheit und alles bessere Gefühl; ja, es ist sogar eine Art Todesstrafe, da in den meisten Bettler-Arbeitshäusern die Sterblichkeit doppelt so groß ist, als unter den elendesten Armen in der Freiheit. Davon giebt es natürlich Ausnahmen, z. B. in Lyon, wo das Armenhaus in jeder Beziehung trefflich verwaltet ist. Auch in Deutschland sind ähnliche gute Anstalten.

Die Unterdrückung und Abschaffung des Bettelns fordert nothwendig das Verbot, Armen Almosen zu geben. Dies ist aber entsetzlich und entfremdet die Gemüther dem Mitleiden, das ein Ausfluß der Gottheit genannt werden könnte; ja es führt sogar zur Verletzung des heiligen Gastrechts, besonders wenn, wie in manchen Ländern Deutschlands, die Armen von Bettelvögten und Polizeidienern bis in's Innere der Häuser verfolgt werden, wo ihnen eine milde Hand Almosen reicht, die dann oft selbst dafür gestraft wird. Dergleichen unmenschliche Anordnungen finden jedoch große Schwierigkeiteu in ihrer Anwendung, werden häufig übertreten, nützen daher nicht nur nichts, sondern schaden selbst dem Ansehen des Gesetzes, das Viele umgehen.

Das Zunehmen der Armuth kann man besonders drei Ursachen zuschreiben, nämlich 1) der immer wachsenden Bevölkerung, mit der die Subsistenz-Mittel nicht in gleichem Maaße zunehmen, 2) dem Mangel an Arbeit oder deren Unzulänglichkeit, und endlich 3) dem Mangel an Vorsicht oder Sparsamkeit. Es ist leicht durch Zahlen darzuthun, daß in allen Ländern die Zahl der Armen im Zunehmen ist, daß Staat oder Gemeinden immer um neue und bedeutendere Unterstützungen angegangen werden, ja manch Mal selbst in einem Verhältniß, das alle Quellen des Wohlstandes zum Austrocknen bringt und, wie die schottische General-Versammlung erklärt hat, den Ruin des Landes unvermeidlich herbeiführen wird.

Zu diesem beunruhigenden Zustande, zu der immer drückender werdenden Unterstützung der Armen durch Staat oder Gemeinden wirken eine Menge Ursachen unmittelbar oder mittelbar zusammen. Zuerst das Mitleid selbst, dem es peinlich ist, Andere leiden zu sehen; dann der Wunsch, der Armen und der Bettelei loszuwerden; denn Bettler sind manch Mal zudringlich und gefährden dadurch oft die öffentliche Sicherheit; endlich kommt hinzu der Egoismus und die Bequemlichkeit so Vieler, die allenfalls, wenn es nicht anders sein kann, zur Erhaltung der Armen so viel beitragen wollen, als die Armentaxe von ihnen fordert, aber keinen Heller mehr. Sie mögen auch mit der Vertheilung der Unterstützung keine Mühe haben, und überlassen dies gerne Andern. Die Unzulänglichkeit der Armentaxe und das nothwendige Einschreiten der Obrigkeit zu weiterer Hülfe haben es endlich dahin gebracht, jene öffentliche Unterstützung in Aufnahme zu bringen, ja sogar sie für ein Glück, für eine gute Anstalt zu halten. Dies ist sie aber nicht.

Was soll nun aber geschehen? Wie soll Almosen gegeben werden? Dies deutet Naville mit folgenden Worten an:

„Der Gesetzesmann, der Staatsdiener vertheilt natürlich Alles, was durch Armentaxen und Regierungs-Unterstützung einkommt, der Geistliche nur die Gaben freiwilliger und stiller Mildthätigkeit, wobei die Geber volles, gänzliches Zutrauen in ihn setzen. Wenn er erscheint, so legt dies den Reichen oder Wohlhabenden keinen Zwang auf, sie geben ganz freiwillig und aus vollem Herzen; auch der Arme kann keine Art von Recht gegen den Geistlichen geltend machen. Wohlthun und milde Gaben sind ohnehin Attribute seines Standes, sie sind ein Theil seiner Pflicht. Seine Stellung giebt ihm auch nähere Kenntniß von der Lage, den Bedürfnissen, Verhältnissen und selbst Geheimnissen der Familien; er weiß, wodurch sie heruntergekommen sind, warum sie Armuth drückt, wie ihnen am besten wieder zu helfen ist und wie viel dazu gehört; er kennt auch die verschämten Armen, so wie den rechten Augenblick, wo ihnen zuweilen mit Wenigem Hülfe und Unterstützung gegeben werden kann; der Geistliche ist mit einem Wort der freundliche Mittler, Freund und Helfer aller offenen und geheimen Noth, ja sein Auftreten und Eingreifen ist überall willkommen und wohlthuend. Wie ganz anders ist die Stellung eines Staatsbeamten in dieser Beziehung! So wie er bei Reichen und Armen auftritt, verschwinden alle jene Vortheile." Daher dürften würdige Geistliche die vorzüglichsten Armenpfleger sein.

Der Prediger Naville will, daß mit Ausnahme von außerordentlichen Unglücksfällen und augenblicklichen Verhältnissen, die Unterstützung und Erhaltung der Armen nicht auf öffentlichem und Staats-Wege geschehe, sondern lediglich durch Privat-Mildthätigkeit. In dieser Beziehung stellt er folgende Grundsätze auf. Es handelt sich nicht allein darum, Elend und Armuth zu mildern, sondern ihnen durch kluge Mittel einer aufmerksamen, väterlichen Vormundschaft zuvorzukommen. Beim Wohlthun muß man der Stimme des Mitleids und der Mildthätigkeit folgen, ohne bei den Armen die Kraft zu erdrücken, mittelst welcher sie durch eigene Anstrengung ihren Unterhalt ganz oder zum Theil erwerben können. Man hat Unrecht, bei dem Armen nur seine materielle Dürftigkeit zu berücksichtigen; was sein moralisches Dasein fordert, hat nicht weniger Bedeutung. Gewöhnlich gehört der Arme der bürgerlichen Gesellschaft oder einer Familie durch Verhältnisse und Bande an, die nothwendig beim Wohlthun berücksichtigt und geschont werden müssen, sonst wird das Wohlthun Grausamkeit. Wenn das System der Privat-Mildthätigkeit, mit Ausschluß aller obrigkeitlichen Mittel, gelingen soll, so muß vor Allem das Publikum günstig gestimmt und gewonnen werden. Dieses System muß so organisirt sein, daß es nicht blos zum Wohlthun anregt, sondern den Wohlhabenden und Reichen auch Lust macht, selbst zu den Armen zu gehen, um ihnen mit Rath und That beizuspringen und dabei diesen Besuchen die menschenfreundliche und kluge Richtung zu geben, die auf den sittlichen und religiösen Zustand der Armen für den Augenblick und für die Zukunft günstig wirkt und ihr Elend in jeder Beziehung mindert. Dies kann nur auf dem Wege der Vereine geschehen, so daß sich deren Mitglieder in ihren Bemühungen ablösen und sich in die Geschäfte theilen, die von einem gemeinschaftlichen Mittelpunkte ausgehen und nach einem allgemeinen Plane geleitet werden, damit aller Art von Leiden und Elend abgeholfen, die Unterstützung zweckmäßig vertheilt, alle Zersplitterung vermieden, dabei aber die moralische Seite immer hervorgehoben und jedem Armen gerade nur die Art von Unterstützung zu Theil werde, die er nach Lage, Verhältnissen, Geschlecht, Alter, Gesundheitszustand u. s. w. bedarf, entweder Arbeit, oder Darlehen, oder milde Gaben;*) denn dies sind die drei materiellen Haupt-Mittel aller Hülfe und Unterstützung. Nur auf diese Weise treten Reiche und Wohlhabende wieder in das rechte menschliche und ächt-christliche Verhältniß zu ihren armen, unglücklichen Brüdern und Schwestern; nur auf diese Weise wird der bisherigen Armen-Unterstützung das Harte, Schroffe und Unmenschliche genommen, das eine offene, immer eiternde Wunde unserer egoistischen, nur nach Reich-

*) Milde Gaben, möglichst in natura, Kleidung, Holz, warme Speise, Darlehn nur in seltenen Fällen.

thum, Bequemlichkeit und Genüssen strebenden Zeit ist. Diese Vereine für Armenhülfe führen den würdigen protestantischen Geistlichen zu einer trefflichen Aeußerung über Klöster.

„Es war gewiß ein rührender und erhabener Gedanke, religiöse Zufluchts-Orte für die Unglücklichen zu öffnen, die menschliches Mitleid verdienen, nnd sie dadurch vor Demüthigungen, Gefahren und Mißhandlungen der Welt zu schützen, worauf diese Armen und Hülflosen mit jedem Schritte gestoßen wären. Hätte Frömmigkeit und Religion diese Zufluchts-Orte nicht schon verehrungswürdig gemacht, so wäre zu hoffen gewesen, bloße Humanität werde sie vor Angriffen und Zerstörung schützen. Es waren fromme Anstalten für menschliches Weh, das nichts als die Religion lindern konnte.“

In den Vereinen für Armenhülfe sieht Naville eine Erneuerung der Klöster ohne deren Uebelstände. „Gottlob! schreibt er, Vernunft, Wahrheit und Menschlichkeit treten wieder in ihre Rechte. Die von der Gesellschaft ausgestoßenen Unglücklichen, denen alle Wege zum Fortkommen in der Welt verschlagen zu sein schienen, können jetzt hoffen, menschliches Wohlthun werde ihnen wieder schützende Zufluchts-Stätten öffnen. Sollten die Vereine für Arme, Unglückliche und Reuevolle weniger nützlich und achtungswürdig sein als diejenigen, welche sich für politische Zwecke, für Genuß oder frivole Vergnügungen bilden?“

Der Verein, an dessen Spitze Fräulein Sieveking in Hamburg steht, der Familien- und der Männer-Kranken-Verein in Berlin, der Wohlthätigkeits-Verein in Potsdam, die vielen Vereine für die Kinder-Bewahr-Anstalten beweisen, daß die Liebe des Nächsten in vielen Herzen wieder feste Wurzel gefaßt hat!

Der Anhang enthält hierüber noch manches Erfreuliche.

Anhang.

Ueber

die Armen- und Krankenpflege in den Städten.

Die Art und Weise, wie die Armen- und Kranken-Pflege von einem weiblichen Vereine zu Hamburg besorgt wird, ist meiner vollen Ueberzeugung nach so höchst zweckmäßig und so vortrefflich, daß sie überall Nachahmung verdient.

Ich werde daher mit Bewilligung der edlen Vorsteherinn, die Ansichten, von denen dieser Verein ausgeht, und die Grundsätze, nach denen er geleitet wird, hier, möglichst mit den eigenen Worten der Vorsteherinn geben.

„Was zuvörderst die Aufnahme der Armen betrifft, so gilt bei uns der Grundsatz, daß wir mit solchen, die in einem Zustande moralischer Versunkenheit sich befinden, nichts wollen zu schaffen haben; — und zwar beruht dieser Grundsatz auf der Ueberzeugung, daß unsere moralische Einwirkung bei Weitem nicht durchgreifend genug ist, um in solchen Fällen mit einiger Wahrscheinlichkeit einen günstigen Erfolg vermuthen zu dürfen, daß aber die dem Laster dargereichte leibliche Unterstützung, welche über die äußerste Nothdurft, — für die ja von Seiten der Armenordnung gesorgt wird, — hinausgeht, in der Regel eher Verschlimmerung als Besserung zur Folge hat. Auszunehmen wäre allerdings die Hülfe durch nachgewiesene Arbeit; aber diese jedem sich Meldenden zu verschaffen, übersteigt bei Weitem unsere Kräfte.

So sollen also, nach unserer Idee, die von uns ausgehenden Hülfsleistungen eine Auszeichnung sein für die bessere, rechtliche Klasse der Armen, und deshalb thun wir auch so leicht nichts ohne schriftliche Empfehlung von Seiten achtbarer Personen, bei denen wir schon eine nähere Bekanntschaft mit den häuslichen Verhältnissen der Familien voraussetzen dürfen. Vor allen übrigen berücksichtigen wir die Empfehlungen der Herren Armenärzte, theils, weil wir glauben, in der Regel bei ihnen die genaueste Bekanntschaft mit jenen Verhältnissen vermuthen zu dürfen, theils auch, weil wir vorzugsweise unsere Dienste armen Kranken widmen möchten. Hier ist weniger Gefahr, die Hülfe zu verschwenden; hier kann durch sie manchmal dem Versinken des kleinen Haushalts in Schmutz und Unordnung und der gänzlichen Verarmung vorgebeugt werden, hier, bei den häufigern Besuchen am Krankenlager, ist die beste Gelegenheit, sowohl den Kranken, als seine Umgebungen kennen zu lernen. Wird aber seine Genesung herbeigeführt, oder hinterläßt er bei seinem Tode Familie, so fahren wir doch in unsern, jetzt nur seltnern Besuchen und in unserer Fürsorge fort, ausgenommen in dem Falle, daß die Noth der Leute nur eine vorübergehende, allein durch die Krankheit herbeigeführte gewesen, oder wir etwa durch ihr Verhalten bestimmt werden, uns von ihnen zurückzuziehen.

Ob sie übrigens zu den eingezeichneten Armen gehören, oder nicht, das macht hinsichtlich der Aufnahme bei uns keinen Unterschied, und möchten aus beiden Klassen wohl ungefähr eine gleiche Anzahl von Familien Unterstützung bei uns gefunden haben. In manchen Fällen haben wir bei Solchen, die ihres noch nicht vorgerückten Alters und anderer Umstände wegen nach der bei der Armenordnung gültigen Norm sich nicht zur förmlichen Einzeichnung qualificirten, die Noth wenigstens eben so drückend gefunden, wie bei den eingezeichneten Armen. Daß auf der andern Seite aber auch diese neben dem aus der allgemeinen Armenkasse ihnen zufließenden Wochengelder gar oft noch einer weitern Unterstützung sehr bedürftig sind, das wird gewiß niemand leugnen, der mit den Gesetzen unsers Armenwesens und mit den localen Verhältnissen unserer Armen nur einigermaaßen bekannt ist. Auf alle Fälle aber suchen wir uns genaue Auskunft zu verschaffen, welche Unterstützung unsere Armen von Seiten der Stadt oder von Privatleuten erhalten, um darnach richtiger berechnen zu können, welche weitere Hülfe für sie noch nöthig oder wünschenswerth.

Nächst den Empfehlungen der Herren Armenärzte berücksichtigen wir besonders auch die der Herren Armenpfleger, wie auch solcher Herren und Damen, die durch Subscriptionen ihre freundliche Theilnahme an unserer Institution bethätigen. Sehr leid ist es uns aber, nicht allen der Art an uns gemachten Anforderungen, besonders in der letzten Zeit, da sie sich sehr vervielfältigten, entsprechen zu können. So schwer es uns indessen wird, in solchen Fällen eine ablehnende Antwort zu geben, so halten wir uns doch dazu verbunden, um unsere Kräfte nicht allzusehr zu zersplittern, damit wir über dem vergeblichen Bestreben, Allen helfen zu wollen, nicht der Freude beraubt werden, Einigen recht zu helfen. Sobald das Maaß unserer Kräfte wächst, sowohl was die pecuniären Mittel, als die Zahl der Mitglieder betrifft, werden wir uns gewiß sehr willig finden lassen, unserm Wirkungskreise eine größere Ausdehnung zu geben.

Die Gesammtzahl der von allen Mitgliedern gemachten Besuche ist jetzt wöchentlich zwischen 40 und 50. Die meisten Familien werden wöchentlich einmal besucht, einige aber auch nur alle vierzehn Tage oder drei Wochen, schwer Kranke hingegen wöchentlich zweimal, und erforderlichen Falls auch öfter. Ueber die gemachten Besuche stattet jedes Mitglied schriftlichen Bericht ab, nach einem gedruckten Schema, wie ein solches zur Probe diesem Berichte angehängt ist. Am Dienstag Nachmittag läßt die Vorsteherinn sämmtliche Berichte durch einen dazu angenommenen Boten einfordern, sieht sie durch, und notirt sich daraus diejenigen Punkte, die eine gemeinschaftliche Berathung erfordern, oder deren Mittheilung doch alle Mitglieder interessiren kann. Am Mittwoch von 3—4 Uhr findet die wöchentliche Versammlung Statt. Hier werden nun den Mitgliedern die von ihnen zu machenden Besuche aufgegeben, welche Vertheilung von der Vorsteherinn ausgeht. Die Bestimmung aber, wie viele Besuche eine jede Dame im Laufe der Woche zu übernehmen, hängt von einer jeden einzelnen ab, und muß nur die Vorsteherinn davon schon am Dienstag in Kenntniß gesetzt werden, um ihre Einrichtung darnach zu machen.

Jede arme Familie wird wechselsweise wenigstens von drei, und in dem Falle, daß zwei Besuche wöchentlich gemacht werden, von sechs Mitgliedern besucht. Diesen Wechsel halten wir für nützlich, theils um jedem einzelnen Mitgliede durch Bekanntschaft mit verschiedenen Armen mehr Gelegenheit zu geben, die für den übernommenen Beruf nöthigen Erfahrungen zu sammeln, theils auch, um eine einseitige Beurtheilung der Armen und ihrer ganzen Lage möglichst zu vermeiden, da keine Einzelne von uns ihrem individuellen Urtheile eine Unfehlbarkeit zutraut, und wir es uns wohl bewußt sind, wie leicht es geschieht, daß das menschliche Urtheil über Andere verkehrt werde, bald durch zu große Partheilichkeit, bald durch einen unsere Individualität besonders unangenehm berührenden ungünstigen Eindruck. Auf der andern Seite hoffen wir, daß dieser Wechsel hinlänglich beschränkt sei, um ein gewisses Verhältniß des Vertrauens zwischen den Armen und den besuchenden Mitgliedern, wie solches nur aus einer nähern Bekanntschaft hervorgehen kann, nicht zu stören. Bei der Vertheilung der Besuche wird möglichst Rücksicht darauf genommen, daß die Wohnungen der Armen nicht zu entlegen seien von den Wohnungen der Besuchenden. Nur die Vorsteherinn ist verpflichtet, um eine gewisse Uebersicht über das Ganze zu behalten, abwechselnd alle Arme, über die die Fürsorge des Vereins sich erstreckt, in welchem Stadttheile sie auch wohnen mögen, zu besuchen, wie in der Regel auch von ihr der erste Besuch bei den neu Aufzunehmenden gemacht wird.

Für jede zwei Besuche, die eine Dame übernommen, erhält sie in der wöchentlichen Versammlung von der Kassenführerinn 4 ßl., die sie denn ganz nach ihrem Gutdünken verwenden kann. Jede größere Unterstützung muß erst gemeinschaftlich berathen werden, solche ausgenommen, die entweder das besuchende Mitglied aus eigenen Mitteln hergiebt, oder die wegen Dringlichkeit der Umstände keinen Aufschub verstatten, oder über deren Zweckmäßigkeit wir einmal allgemein einverstanden sind, z. B. nothwendige Feuerung im Winter, Verdienst durch Arbeit u. s. w.

Die Zahl der Familien, die überhaupt von uns Unterstützung genossen, beläuft sich gegenwärtig auf 84, davon der größere Theil noch fortwährend Gegenstand unsrer Fürsorge ist. Nicht mitgerechnet in diese Zahl sind mehrere Frauen, denen wir nur Spinnarbeit geben, ohne sie regelmäßig zu besuchen. Das ist übrigens die einzige Hülfe, die wir in einigen Fällen, wo wir zu persönlichen Besuchen uns nicht verpflichten können, doch unbedenklich ertheilen, in der festen Ueberzeugung, daß diese Art der Unterstützung nicht anders, als nützlich sein kann. Alles, was sonst von uns begehrt wird, wenn wir uns außer Stand sehen, den Fall der Bittenden gehörig zu untersuchen, und ihnen eine fortgesetzte Thätigkeit zu widmen, wird von uns rund und entschieden abgeschlagen, und diese abschlägige Antwort auch nicht durch eine einmalige Gabe vergütet. Würde es einmal bekannt, daß jeder sich Meldende, wo wir sein Anliegen nicht erfüllen können, von uns, wenn auch nur mit 4 ßl., gleichsam abgekauft würde, so möchte wohl bald ein neues System von Bettelei sich organisiren, und würde des Ueberlaufs kein Ende sein. Die Furcht vor diesem Uebel bestimmt uns zu jenem Verfahren, so sauer es uns mitunter auch ankommen mag.

In einzelnen Fällen sind wir von wohlhabenden Armenfreunden nur mit einmaliger Untersuchung der häuslichen Lage armer Familien, die sich an sie um Unterstützung gewandt, beauftragt, um unser Urtheil abzugeben, was am zweckmäßigsten für sie geschehen könnte, ohne daß dann weiter unsre Thätigkeit für sie in Anspruch genommen wäre. Diese Fälle sind in dem Protokolle des Vereins nicht mit aufgeführt, und also auch in der oben angegebenen Zahl nicht mitbegriffen. Ein paarmal führten jene Untersuchungen uns zur Entdeckung von Lug und Betrug, da wir denn natürlich die darin verwickelten Personen als der Unterstützung unwürdig bezeichneten. Und es scheint mir fast, daß dieser Dienst, obwohl mehr negativer Art, für das Armenwesen im Ganzen wohl eben so ersprießlich ist, als die thätige Unterstützung der würdigen Armen.

Doch nun möchte ich Ihnen auch von dieser thätigen Unterstützung, wie sie von uns ausgeht, und über den Kreis der von uns förmlich aufgenommenen Armen sich verbreitet, eine Uebersicht geben, wiewohl ich in der That fühle, daß dies kein leichtes Unternehmen ist. Wo jeder Fall so ganz speciell behandelt wird, wie es bei uns geschieht, wo die Bedürfnisse der Armen nicht so in Bausch und Bogen berechnet werden, sondern jeder durch veränderte Umstände herbeigeführte oder doch drückender gewordene Mangel durch sorgfältige Erkundigung ausgemittelt wird, da sind die möglich zu machenden Hülfsleistungen so mannichfaltiger Art, daß es schwer halten würde, sie alle namhaft zu machen. Oft kann bei dieser speciellen Armenpflege Wesentliches bewirkt werden mit geringem Aufwande, und Manches, gar Manches kann geschehen, ohne daß man überhaupt den Beutel zu ziehen braucht.

Ehe ich hier aber weiter gehe, sei es mir erlaubt, einen Blick zu werfen auf die Stellung unsers Vereins gegen die allgemeine Armenordnung. Als ich zuerst meinen Plan zur Bildung des weiblichen Vereins laut werden ließ, ward mir unter andern auch von einigen Seiten der Einwurf gemacht, daß dadurch wieder ein Theil der öffentlichen Wohlthätigkeit in einen neuen Kanal abgeleitet werden, und mithin den Mitteln der allgemeinen Armenordnung Abbruch geschehen würde, daß es also nur mit der einen Hand geben hieße, was mit der andern genommen würde. Meine Gedanken hierüber aber sind diese:

Weit entfernt bin ich von der Anmaßung, mich als Meisterinn aufwerfen zu wollen über eine Institution, die ich nicht einmal in allen ihren Verzweigungen klar übersehe, die mir aber immer wegen des vielen unleugbar Guten, das dadurch gewirkt wird, und als das Werk so vieler trefflicher Männer, die ihm einen so großen Theil ihrer Zeit, ihrer physischen und moralischen Kräfte widmen, höchst achtungswerth erscheinen wird. Aber eben diese Männer sind ja die Ersten, welche es willig eingestehen, daß auch diese, wie jede andere menschliche Anstalt, ihre Mängel habe. Einige dieser Mängel sind vielleicht unzertrennlich von einem eine große, volkreiche Stadt und alle Klassen der darin befindlichen Armen umfassenden Armenwesen. Bei einem solchen — und das erscheint mir als ein Hauptmangel — kann, glaube ich, nicht immer gehörig individualisirt, es muß ein gewisses System der Centralisation und der Generalisirung befolgt werden. Ein solches System aber wird immer in manchen einzelnen Fällen Lücken lassen, deren Ausfüllung zu wünschen, und sollte zu dieser Ausfüllung nun nicht eben unser Verein zu brauchen sein?

Möglich allerdings, daß Einiges von dem, was ihm an mildthätigen Gaben zufließt, der allgemeinen Armenanstalt entzogen wird, obgleich ich doch glaube, daß die Meisten sich um deswillen in ihrem dieser Anstalt einmal bestimmten Quotum nicht herabsetzen werden; aber gesetzt nun auch, es wäre dies mehr der Fall, als ich es mir denke, sollte nicht auf der andern Seite zu hoffen sein, daß durch unser Wirken in demselben, und ich glaube sagen zu dürfen, in größerem Maaße für die Armenordnung Ersparnisse herbeigeführt werden? Ist es doch unser Hauptaugenmerk, durch rechtzeitige Hülfe, wo sie nach den Statuten der Armenordnung entweder noch gar nicht, oder doch nicht in dem Umfange geleistet werden kann, dem völligen Versinken des kleinen Haushalts in Unordnung, Schmutz und Schulden, und also der gänzlichen Verarmung vorzubeugen. So also, däucht mir, darf niemand scheel sehen zu den Brosamlein, die von dem reichen Tische hamburgischer Mildthätigkeit abfallen für unsern kleinen Verein, dessen Bestimmung es nicht ist, das Große und Vielumfassende zu wirken, aber wohl das Kleine, das von Andern ungethan bleibt, der nicht angesehen sein möchte für das Gebäude selber, aber doch für einen Füllstein, der eben auch zur Vollendung des Ganzen gehört.

Doch nun zurück zu den verschiedenen Arten der von uns gewährten Unterstützung. Ich fange an mit dem, was wir nicht thun. Wir thun nicht, oder wollen wenigstens nicht thun, was schon von Andern gethan wird, wofür schon von anderer Seite hinlänglich gesorgt ist, oder was sonst als etwas Ueberflüssiges erscheinen dürfte; wir geben ferner in der Regel nicht baares Geld, sondern alles in natura, ausgenommen natürlich, was die Leute für die ihnen zugewiesene Arbeit als wohlerworbenen Lohn zu fordern haben; endlich bezahlen wir, mit wenigen Ausnahmen, keine Mietheschulden, theils, weil dies, bei der Beschränktheit unsrer Geldmittel uns zu weit führen würde, theils, weil wir fürchten, die Leute dadurch zum Leichtsinn zu verleiten, daß sie, zu sehr auf diese Unterstützung sich verlassend, nicht ihr Aeußerstes thun, um die Miethe zusammen zu sparen. Aus der allgemeinen Kasse haben wir deshalb zu diesem Zwecke nichts hergegeben, dagegen aber wohl in einigen Fällen, die uns besonders dringend schienen, durch Darlegung derselben von wohlgesinnten, wohlhabenden Leuten, die wir für die specielle Noth dieser Familien speciell zu interessiren wußten, die nöthigen Summen zur Abhülfe derselben erlangt.

Die Gegenstände, die den Armen von uns in natura verabreicht worden, sind folgende: Erquickungen für die Kranken, wie sie in jedem einzelnen Falle von dem behandelnden Arzte gutgeheißen werden, Betten, Kleidungsstücke, (alte und neue) Feuerung und Lebensmittel. Mehrere Damen, die nicht Mitglieder des Vereins sind, haben sich uns doch in sofern freundlich angeschlossen, daß sie sich erboten, wöchentlich oder alle vierzehn Tage einmal in ihrem Hause eine gute Mahlzeit warmes Essen bereiten zu lassen, die dann von solchen Armen, denen wir Anweisung darauf geben, abgeholt wird; so hat auch ein wohlthätiger Schlächter uns wöchentlich 4 Pfund Fleisch für diejenigen Armen, denen wir sie wollen zukommen lassen, bewilligt.

Ein Hauptziel unsers Strebens aber ist immer das, unsern gesunden Armen Arbeit zu verschaffen. Freilich wird dieser Zweck von uns nicht so völlig erreicht, wie wir es gerne möchten; indessen geschieht doch immer Manches, und wenn wir schon nicht im Stande sind, allen denen, die gerne arbeiten wollen, hinlängliche Beschäftigung zu geben, so bekommt doch keiner, der arbeiten kann, von uns nur Almosen, und es reichen unsre Mittel in dieser Hinsicht doch wenigstens so weit, daß wir bei den Leuten die Probe machen können, wie es mit ihrem Fleiße und mit ihrer Betriebsamkeit stehe. Wer eine ihm nachgewiesene Arbeit, ohne hinlänglichen Grund, ausschlägt, wer nicht arbeiten will, der macht sich dadurch ohne Weiteres aller ferneren Unterstützung von unsrer Seite verlustig.

Die Art nun, wie wir die Leute beschäftigen, ist verschieden. Frauen, die spinnen können, (welches aber jetzt in Hamburg nicht sehr häufig ist), bekommen Spinnarbeit von uns; doch muß ich dabei sagen, nicht so viel, daß sie sich allein davon unterhalten können. Diese Last würde uns zu groß, und vielleicht würden die

Leute dann auch nicht ernstlich genug darüber aus sein, auf andern Wegen sich selber Erwerb zu verschaffen, wozu die Allermeisten, wenn nicht hinreichende, doch eine gute Gelegenheit haben. Personen, die stricken, nähen, schneidern u. s. w., lassen wir theils für eigene Rechnung arbeiten, theils verschaffen wir ihnen Arbeit von Freunden, oder auch durch Empfehlung an Fremde, in Läden u. s. w. Durch unsre Empfehlungen suchen wir auch Handwerkern und andern männlichen Arbeitern Verdienst zu verschaffen, was uns in manchen Fällen auch gelungen ist.

Dabei lassen Sie mich Ihnen aber bemerken, daß jede Empfehlung uns eine Art Gewissenssache ist, und daß wir nie durch eine sogenannte Gutmüthigkeit uns werden verleiten lassen, Leute zu empfehlen, die wir nicht wirklich der Empfehlung würdig halten, oder auch unsern Empfohlenen ein besseres Zeugniß zu ertheilen, als sie nach unsrer besten Ueberzeugung verdienen. Wahrheit und Aufrichtigkeit erscheint uns als die Basis alles Gemeinwohls, wie aller christlichen Tugend; sie ist eine der ersten Forderungen, die wir an unsre Armen machen; — so müssen wir es uns ja freilich auch angelegen sein lassen, in unserm ganzen gegen sie beobachteten Verfahren nicht selbst davon abzuweichen.

Endlich noch eine von uns sorgfältig benutzte Gelegenheit, die Leute zu beschäftigen, bietet sich uns dar in den Bedürfnissen der Armen selbst, zu deren Befriedigung wir immer die Hände andrer Armen in Bewegung setzen. Arme Schuster machen die Schuhe für unsre Armen, arme Schneider und Schneiderinnen verfertigen die Kleidungsstücke für Solche, die es selbst nicht können, ein armer Tapezier stopft die Seegrasmatratzen, die wir gebrauchen; kann eine Hausfrau Krankheitshalber ihren Saal nicht rein halten, ihre Wäsche nicht selbst besorgen, so wird ihr eine Wasch- und Scheuerfrau geschickt, beides für sie zu thun; muß bei schwer Kranken gewacht werden, oder bedürfen sie auch am Tage einer Wärterinn, so wird diese wieder aus der Zahl unsrer zu solchen Dienstleistungen sich qualificirenden Frauen gewählt. Ich könnte hier noch Mehreres der Art anführen; doch wird es genug sein am Angeführten. Nur lassen Sie mich hier noch eine von unsrer Kassenführerinn mir mitgetheilte Uebersicht unsrer Einnahme und Ausgabe beifügen.

Unsre Gesammteinnahme vom Mai 1832 bis Mai 1833 betrug . . . . 1332 Mck. 10½ ßl.

Davon wurden nun folgende Ausgaben bestritten:

		Transport der Einnahme	1332 Mck.	10½ ßl.
Den Mitgliedern zu freier Verwendung	142 Mck.	8 ßl.		
Für Kleidung	206 "	8 "		
Feuerung	81 "	5½ "		
Betten	70 "	12 "		
Arbeitslohn	370 "	8½ "		
Druckerlohn	17 "	2 "		
Flachs	63 "	4 "		
Pfandzettel	47 "	10 "		
Allerlei Geräthe	56 "	1 "		
Lebensmittel	133 "	3½ "		
Suppenzeichen	46 "	14 "		
Arznei	29 "	9 "		
Kost- und Schulgeld	11 "	— "		
Atteste	3 "	12 "		
			1280 "	1½ "
		bleibt in der Kasse	52 Mck.	9 ßl.

Ein paar Bemerkungen dürften zur Erläuterung dieser Rechnung nicht überflüssig sein. Was von den Mitgliedern aus eigenen Mitteln gegeben, ist darin nicht aufgenommen, auch nicht diejenigen Summen, die uns auf specielle Verwendung für einzelne Arme bestimmt, und die deshalb gar nicht erst an die allgemeine Kasse abgeliefert wurden. Außerdem ist uns auch an Betten und Kleidungsstücken Manches geschenkt, und, wie schon oben erwähnt, von verschiedenen Hausfrauen Essen bereitet für unsre Armen, welche Kosten natürlich gleichfalls in der obigen Rechnung nicht aufgeführt werden konnten. Endlich, um doch möglichst genau Rechenschaft zu geben über alle Summen, die durch unsre Vermittelung den Armen zugeflossen sind, will ich noch das anführen, daß es uns in ein paar Fällen gelungen ist, nahe Anverwandte der Armen, die, obwohl in guten Umständen, doch der Pflicht, ihre Angehörigen zu unterstützen, vergaßen, durch unsre Vorstellungen zu einer durch unsre Hände gehenden Beisteuer zu bewegen.

Die Feuerung ward im Herbste aufgethan, und hatte eines der Mitglieder die Güte, das Local dazu herzugeben, und die Vertheilung nach den von den übrigen Damen ausgestellten schriftlichen Anweisungen zu besorgen. — Unser Arbeitslohn ist mäßig. Den Armen ihre Arbeit um den allerniedrigsten Preis abzudringen, scheint uns dem natürlichen Gefühl der Billigkeit eben so sehr entgegen, als dem Geiste einer erleuchteten Wohlthätigkeit, die sich's ja zum Zwecke setzen muß, den Leuten Lust zur Arbeit zu machen; hohe Preise dagegen sind uns nicht verstattet, wegen Beschränktheit unsrer Mittel, da dadurch zugleich ein noch viel größerer Andrang von Arbeitsuchenden bei uns veranlaßt werden würde; auch könnten wir dann wohl nicht so sicher urtheilen, ob es ihnen mit ihrer Arbeitslust ein rechter Ernst. Ein Stück Garn zu spinnen bezahlen wir mit 3 ßl.; der Tagelohn der Frauen war anfänglich auf 6 ßl. bestimmt, ist aber jetzt auf 8 ßl. erhöht; eben so viel bezahlen wir für eine Nachtwache u. s. w.

Aus der achten Rubrik der oben angeführten Ausgaben ersehen Sie, daß wir mitunter auch den Armen ihre versetzten Sachen einlösen, wobei sie denn aber immer ermahnt werden, nichts wieder zum Pfandverleiher hinzutragen, ohne uns davon zuvor in Kenntniß zu setzen, da wir denn, wo möglich auf andere Weise Rath schaffen werden; denn das Versetzen ihrer Habseligkeiten däucht uns ein fressender Krebs, dadurch die Noth der Armen nur immer größer und rettungsloser wird. In Nothfällen würden wir selbst lieber Pfand nehmen, und darauf das Nöthige vorstrecken, um die Armen nur vor dem Wuchergeiste der gewöhnlichen Pfandverleiher zu bewahren. Sonst in der Regel leisten wir keinen Vorschuß. In den Fällen, die dafür sich eignen, heißt: den Armen leihen, — im Grunde doch nicht viel anders, als ihnen schenken. Unter dem Namen von Darlehn aber ihnen Geschenke machen, das wollen wir nicht, da wir uns überzeugt halten, daß das im Ganzen einen nachtheiligen Einfluß auf ihre Moralität hat. Schulden machen und nicht bezahlen, führt gar zu leicht zur Sorglosigkeit, zum Leichtsinne, zur Undankbarkeit, daher denn auch, wenn in einigen Ausnahmefällen einzelne Mitglieder aus ihrer, nicht aus der allgemeinen Kasse, doch einmal einen Vorschuß leisten, auch auf ordentliche Abtragung der Schuld gehalten wird.

Die Arzenei ist bezahlt für eine Frau, die nicht in armenärztlicher Behandlung stand. Ihr menschenfreundlicher Arzt behandelte sie umsonst; aber sie vermochte es nicht mehr, den Apotheker zu bezahlen, und da mochten wir die schon weit vorgerückte Kur nicht durch die peremptorische Forderung, daß sie sich nun an den Armenarzt wenden möchte, unterbrechen. — Der Artikel für Kost- und Schulgeld wird Ihnen verhältnißmäßig sehr unbedeutend vorkommen. Daß wir, wo Kinder sind, unser besonderes Augenmerk auf sie richten, und nach Kräften für ihr physisches und moralisches Wohl sorgen, insbesondere auch darauf bedacht sind, sie in guten Schulen unterzubringen, das bedarf wohl kaum der Erwähnung. Wer, dem das Wohl seiner Brüder irgend am Herzen liegt, könnte kalt und theilnahmlos bleiben, wo es um einen so wichtigen Punkt, um die Bildung der aufblühenden Generation, sich handelt? Aber es ist uns, wo es noch am nöthigen Schulunterrichte für die Kinder fehlte, fast immer gelungen, ihnen denselben auf eine oder die andere Art unentgeldlich auszuwirken. Nur mitunter haben wir wöchentlich 4 ßl. für die Warteschule bezahlt, und das Kostgeld ist eigentlich nur ein Zuschuß zu dem, was für einen armen Waisen, dessen wir uns angenommen, von Seiten der Armenordnung bezahlt wird, da die brave Frau, bei der wir ihn unterzubringen wünschten, erklärte, daß sie den 7jährigen Knaben für das von der Armenordnung bewilligte Kostgeld von wöchentlich 12 ßl., nicht zu sich nehmen könne.

Hier nun, da wir auf die Bildung der Jugend gekommen, liegt es mir nahe, auch von unserer religiösen Einwirkung auf Junge und Alte zu reden. Das Meiste, bei Weitem das Meiste erwarten wir hier von dem Wirken der Liebe im Geiste des Glaubens. Ist es damit bei uns bestellt, wie es sollte, so halten wir uns fest überzeugt, daß auch ein geistlicher Segen von uns ausgehen, daß ein höherer Lebenshauch allen nicht ganz unempfänglichen Gemüthern unserer Armen sich mittheilen werde. Darum ist es unser Hauptanliegen, daß wir selber wachsen mögen im Glauben und in der Liebe; darum erscheint ein inneres Glaubens- und Liebesleben uns als Hauptbedingung der Tauglichkeit für den von uns übernommenen Beruf. Inzwischen, obwohl uns so das Thun und der im Thun sich offenbarende Geist die Hauptsache zu sein däucht, so unterlassen wir es doch auch nicht, wo sich die Gelegenheit dazu darbietet, und wo der Herr eine innere Freudigkeit und das passende Wort uns schenkt, mit den Leuten von göttlichen Dingen auch zu reden, zur Buße sie zu ermahnen und zur Ergebung, ihren von der irdischen Noth niedergedrückten Sinn zu dem, das droben ist, zu erheben, von der leidigen Selbstgerechtigkeit sie abzuführen, auf die Gnade Gottes in Christo als die alleinige rechte Trostquelle sie hinzuweisen, zur Lesung der heiligen Schrift, zum Besuch des Gotteshauses und zum Genuß des heiligen Abendmahls sie zu ermuntern. In einigen Fällen sind wir auch bemüht gewesen, ihnen den Zuspruch würdiger Geistlicher zu verschaffen. Auch theilen wir, doch nicht ohne sorgfältige Auswahl, den Leuten Erbauungsschriften mit, aber das in der Regel nur, wo ein Verlangen darnach geäußert wird; wenigstens werden wir sie niemand gegen seinen Willen aufdringen.

Aber, wenn so unsere Armen erkennen müssen, daß wir bei ihnen nach dem Glauben fragen, so kann es ihnen gleichfalls nicht lange verborgen bleiben, daß wir auch mit entschiedenem Ernste den Erweis des Glaubens in einem frommen Wandel, besonders in treuer Abwartung ihres irdischen Berufes, fordern. Wenn wir irgendwo der Schärfe gebrauchen, so ist es da, wo wir sehen, daß die Leute die Gottseligkeit zu einem Gewerbe herabwürdigen wollen, und in dem Wahne, dadurch unsere Gunst zu erwerben, ein Geschwätz treiben mit dem Christenthum, ohne doch um das Wesen desselben sich zu bekümmern; und wenn ich mich nicht sehr irre, lange soll es Einer bei uns nicht treiben mit solcher Heuchelei, ohne sie aufgedeckt und sich beschämt zu sehen.

Jetzt bleibt mir noch eine wichtige Frage zu beantworten: welche Erfahrungen wir nämlich bei den Armen gemacht? wie fern wir uns eines wirklich erfolgreichen, günstigen Einflusses auf ihre Moralität zu rühmen haben? — Resultate der Art aber, das versteht sich von selbst, lassen sich nicht mit Fingern nachweisen, wie es da geschehen kann, wo es sich nur handelt um materielle Interessen. Ich werde mich hier also mit einigen allgemeinen Erklärungen begnügen müssen. Zuvörderst glaube ich das behaupten zu dürfen, daß in keinem Falle die von uns gewährte Unterstützung einen demoralisirenden Einfluß auf die Armen gehabt, wie ein solcher Einfluß da, wo nur gegeben wird, sich ja leider nur allzu oft ganz unleugbar als höchst verderblich erwiesen hat. Ferner erkläre ich mich mit den von uns gemachten Erfahrungen im Ganzen zufrieden; sie sind wenigstens von der Art, daß wir uns damit nicht entmuthiget, sondern vielmehr zu neuen Anstrengungen freudig angetrieben fühlen.

Dabei darf es aber freilich auch nicht übersehen werden, daß Keine von uns allzu sanguinische Hoffnungen zu dem von uns unternommenen Werke mitgebracht. Wir waren alle mehr oder weniger mit den Armen schon bekannt, nicht aus Büchern und Romanen, sondern vielmehr aus dem wirklichen Leben; wir träumen nicht mit Jean Jacques Rousseau von einem unschuldigen Naturzustande des Menschen, wir haben sein tiefes inneres Verderben erkannt, und erkennen es zunächst in uns selber. Wenn wir nun also mitunter allerdings auf Verkehrtheit, Undankbarkeit und moralische Schlechtigkeit gestoßen sind, so hat uns diese Wahrnehmung wohl betrübt; aber sie ist uns nicht als etwas Unerhörtes erschienen, und in den ungünstigen Verhältnissen der Armen für ihre sittliche Bildung sahen wir immer so viele Gründe der Entschuldiguug, daß wir wenigstens vor lieblosem Verdammen uns leicht bewahren konnten. Eine gänzliche Verworfenheit ist uns eigentlich nur in zwei oder drei Fällen vorgekommen, und werden solche in Zukunft sich wohl noch seltener wiederholen, da wir jetzt noch strenger, als im Anfang, an dem Grundsatz halten, keine andere Arme aufzunehmen, als die ein achtbares Zeugniß ihrer Rechtlichkeit aufzuweisen haben.

Am meisten machen unsre Armen uns oft zu schaffen mit ihrer Verkehrtheit, ihrem Unverstande, ihrem Mangel an Energie. Aber liegt denn in diesen Gebrechen, die oft mehr als hinlänglich sich erklären aus ihrer Erziehung und äußern Lebenslage, ein Grund, den Stab zu brechen über sie? Sollten sie nicht vielmehr den von der göttlichen Vorsehung mehr Begünstigten eine dringende Aufforderung sein, ihren armen Brüdern und Schwestern eine Art vormundschaftlicher Fürsorge angedeihen zu lassen? — Aber bei einigen Armen haben wir auch Frömmigkeit und Tugend angetroffen, einen einfältigen, lautern Sinn, stille Berufstreue, Ergebung im Leiden, aufopfernde Liebe, — und bei Solchen möchte es wohl sehr zweifelhaft sein, ob die besuchenden Mitglieder mehr Segen bringen, oder mehr empfangen.

Endlich, was Dankbarkeit, Liebe und Vertrauen betrifft, so finden wir diese großentheils auch bei Solchen, mit denen wir sonst keinesweges überall zufrieden sein können. Hier tritt nun allerdings ein großer Unterschied hervor zwischen dem bloßen Geben und den persönlichen Leistungen eines von Liebe erwärmten Herzens. Nein, nein, ich glaube es nicht, und habe es nie geglaubt, daß die Herzen der Armen der Dankbarkeit und allen damit verwandten bessern Gefühlen so gar verschlossen sein sollten, wie Manche es uns überreden möchten. Nur fordert nicht, daß für ein Stückchen todtes Metall, das Ihr Euch vielleicht mühsam abdringen ließet, das Ihr kalt und ohne Theilnahme ihm hingeworfen, daß dafür der Arme das Edelste, was es giebt in der Menschenwelt, eine hingebende Liebe, Euch schenke. Liebe kann nur erworben werden durch Liebe. O! macht nur einmal den Versuch: laßt es den Armen fühlen, daß die Liebe wirklich Euch drängt zu dem, was Ihr für ihn thut, daß ihr wirklich Theil nehmt an seinen kleinen Angelegenheiten, daß sein Wohl Euch wahrhaftig am Herzen liegt, und Ihr werdet — in den meisten Fällen wenigstens — nicht mehr zu klagen haben über seine gänzliche Unempfindlichkeit, Ihr werdet wohl manchmal sein Auge sich füllen sehen mit der Thräne dankbarer Rührung, Ihr werdet aus seinem Munde fromme Segenswünsche vernehmen, und es tief im Herzen fühlen, daß das kein leeres Wort, sondern der ungekünstelte Ausdruck wahrer, tiefer Empfindung sei.

Man verzeihe mir, wenn ich hier vielleicht zu warm geworden; aber zu tief schmerzt es mich, wenn ich sehe, wie manche sonst rechtschaffne und wohlgesinnte Menschen erst ihre Wohlthaten verschwenden, und hintennach, wenn sie die gehofften Früchte ihres verkehrt angelegten Kapitals nicht erndten, ein Geschrei erheben über das grundlose, unverbesserliche Verderben der niedern Klassen, und durch dieses Vorurtheil nicht allein sich selbst um die Freuden des wahren Wohlthuns bringen, sondern auch Andere, die es wohl versuchen möchten damit, zum Voraus entmuthigen.

Um aber noch einmal auf unsern moralischen Einfluß zurückzukommen, so muß ich freilich die Bemerkung wiederholen, daß sich hier nicht, wie bei einem gegebenen Rechenexempel ein rundes Facit ziehen läßt; indessen sind mir doch mehrere Fälle gegenwärtig, wo ich eine wesentlich vortheilhafte Einwirkung von Seiten des Vereines mit Bestimmtheit nachweisen könnte. Hier ist ein armer Kranker, der von seinen frühern Freunden und fast von aller menschlichen Hülfe verlassen, mit Bitterkeit gegen Gott und Menschen erfüllt, mit dem Gedanken des Selbstmordes umging, jetzt durch die auf seinem Schmerzenslager ihn aufsuchende christliche Liebe mit der Menschheit ausgesöhnt, und zurückgeführt zu dem Glauben an eine ewige Erbarmung, die auch auf den dunkelsten Wegen sich offenbart; — dort eine junge Frau, die unfähig, sich selbst und ihr vierjähriges Kind durch ihrer Hände Arbeit zu erhalten, weil niemand ihr Arbeit anvertrauen wollte, in einer Art dumpfer Verzweiflung sich gleichsam aufgebend, in Schmutz und Unordnung versunken war, jetzt zu neuem Selbstgefühl, zu neuem Lebensmuth erwacht, von früh Morgens bis spät Abends unverdrossen arbeitend, und sich und ihr Kind sauber und ordentlich haltend; — dann eine Andere, zu wahrer, ernstlicher, fruchtbringender Reue über ein langverjährtes Vergehen erweckt; — endlich eine Sterbende, durch fleißigen religiösen Zuspruch zu einer wahrhaft seligen Heimfahrt bereitet: das sind die Fälle, die sich in diesem Augenblicke besonders lebhaft meinem innern Auge darstellen, denen ich aber wohl noch manche andere beifügen könnte.

In den allermeisten Fällen dagegen ist der geistige Segen unseres Wirkens mehr der Gegenstand stiller Hoffnung, als klarer Wahrnehmung; — und mag es doch! Wir wandeln ja hier im Glauben, nicht im Schauen, und erkennen auch darin, daß dem Menschen hienieden der Erfolg seiner Thätigkeit großentheils verborgen bleibt, eine Anordnung der ewigen Weisheit, die dadurch uns bewahren will vor den beiden Klippen der Selbstüberhebung und der Muthlosigkeit, welche uns drohen würden, je nachdem jener Erfolg, würde er jetzt schon ganz uns aufgedeckt, unsere Erwartung überträfe, oder hinter derselben zurückbliebe. Es kommt der Tag der ewigen Erndte, der wird's klar machen, welche der von uns ausgestreuten Samenkörnlein einen guten Boden gefunden. Inzwischen ruhen wir in der freudigen Zuversicht, daß in dem Reiche unsers Gottes auch das kleinste Gute, das wahrhaft Gute, nicht verloren gehen kann. Wir wollen — das ist wenigstens unser ernstes Vornehmen — das Unsere thun, und dann getrost das Gelingen in Gottes Hand stellen. Kann nicht Alles durch uns geschehen, so wollen wir uns doch freuen, wenn wir auch nur einen kleinen Beitrag zur Mehrung des Menschenglücks liefern können. Groß, ungeheuer groß ist ja freilich die Summe des geistigen und leiblichen Elends, das wir nicht zu heben vermögen; aber das überlassen wir mit Ruhe der ewigen Liebe, die ja unendlich besser zu lieben versteht, als wir, und die gewiß, ob wir das Wie gleich öfters nicht begreifen, allen leiblichen Jammer zu einem Heilmittel macht gegen das viel schrecklichere Uebel der Sünde.

Lassen Sie mich jetzt noch mit ein paar Worten unser Verhältniß zu den Herren Armenärzten berühren. Es ist uns nicht unbekannt geblieben, wie beim Beginne unsers Unternehmens ihre Stimmen hinsichtlich desselben sehr getheilt waren, und während einige uns gleich anfangs mit Freundlichkeit entgegen kamen, andere dagegen über die Zweckmäßigkeit unsers Wirkens sich sehr bedenklich äußerten, oder auch sie ganz entschieden bezweifelten. Wir haben ihnen diese Bedenklichkeiten und Zweifel nicht übel genommen. Niemand kann mehr überzeugt sein, als wir es sind, daß es ein Eingreifen in das Armenwesen giebt, welches anstatt segensvoll, höchst verderblich wirken kann; und was für ein Recht hätten wir gehabt, von Männern, die keine nähere persönliche Bekanntschaft mit uns hatten, zu fordern, daß sie ohne gemachte Probe diejenige

Weisheit und Umsicht uns zutrauen sollten, welche die rechte Armen- und Krankenpflege erfordert?

Wir schmeicheln uns indessen mit der Hoffnung, jetzt, nachdem wir die Probe abgelegt, schon ein günstigeres Urtheil für uns gewonnen zu haben. Wenigstens werden diejenigen Herren Aerzte, welche den Versuch gemacht, uns das Zeugniß nicht versagen können, daß wir die von ihnen ausgesprochenen Wünsche, so weit unsre Kräfte es erlaubten, erfüllt haben, und ihren Anweisungen mit möglichster Pünktlichkeit nachgekommen sind, wie auch, daß sie in einigen Fällen einen günstigen Einfluß unsrer Fürsorge für Ordnung und Reinlichkeit bei ihren Kranken bemerkt haben. Und dasselbe kann ich auch für die Zukunft versprechen. Immer werden die Aufträge der Herren Armenärzte von uns mit besonderer Aufmerksamkeit berücksichtigt, und wird alles von uns aufgeboten werden, durch genaue Ausführung derselben dem in uns gesetzten Vertrauen zu entsprechen, wie auch, so weit das von uns abhängt, das Ansehen der Aerzte bei den Kranken zu unterstützen. Nicht haben wir ja unsern Sinn darauf gesetzt, zu herrschen, sondern vielmehr zu dienen, den armen Brüdern und Schwestern in Liebe und Demuth zu dienen, um Deßwillen, der des Himmels Herrlichkeit verlassen, nicht daß er ihm dienen lasse, sondern daß er diene, und gebe sein Leben zu einer Erlösung für Viele. So lange dieser Sinn die Mitglieder des Vereins belebt, — und sollte er ersterben unter uns, dann wäre wohl an der Erhaltung der ganzen Institution nicht mehr viel gelegen, — so lange wird man uns auch immer willig finden, in jede zum Besten der Armen gemachte Ordnung uns zu fügen.

Zum Schlusse nun noch einige Bemerkungen über die Mitglieder des Vereins selbst. Ihre Zahl hat sich, trotz dem', daß drei derselben, nicht weil sie der Sache müde waren, sondern durch veränderte äußere Verhältnisse genöthigt, aus unserer Mitte ausgeschieden sind, von 14 auf 20 vermehrt. Sie gehören theils dem höhern, theils dem achtbaren Mittelstande an. Von dieser Mischung versprach ich mir Gutes, und meine Erwartung ist nicht getäuscht worden. Nicht die feine, noch weniger die vornehme Bildung ist es, was nach meinem Bedünken eine tüchtige Armen- und Krankenpflegerinn ausmacht; die wesentlichen Erfordernisse sind hier keine andere, als ein gesunder Menschenverstand und ein durch den Glauben zur Liebe erwärmtes Herz, und diese findet man in allen Ständen, vielleicht verhältnißmäßig in dem Mittelstande häufiger, als unter den Reichen und Vornehmen. Bei dem Ineinandergreifen unsres Wirkens ergänzen wir uns darin gegenseitig, und die verschiedenen Kräfte und Fähigkeiten gewinnen freien Spielraum, ohne durch einen zu nahen Contakt Collisionen der Eifersucht u. dgl. herbeizuführen.

Noch ist in dem Werke, wozu meine theuren Mitschwestern sich mit mir verbunden, keine ermüdet; vielmehr darf ich es wohl behaupten, daß ihre Lust und Liebe zur Sache sich mehrt, ihr Liebeseifer wächst, und daß es fürwahr nicht ein trübsinniger, sondern vielmehr ein recht fröhlicher Geist ist, der in dem von ihnen übernommenen Berufe sie treibt und beseelt. — In dem von mir zuerst nur vorläufig und ohne Wahl übernommenen Amte einer Vorsteherinn bin ich jetzt durch Wahl der Mitglieder auf das nächstfolgende Jahr bestätigt.

Somit ist denn nun die von mir beabsichtigte Darstellung unserer Institutiton vollendet. Wenn sie nur nicht zu sehr ihre Lichtseite hervorhebt, ihre Schattenseite bedeckt! Es *sollte* meine Schilderung das Gepräge ungeschminkter Wahrheit tragen; aber wie leicht täuscht uns die Eigenliebe, und macht uns, ohne daß wir es selber merken, für das Werk, das uns einmal nahe am Herzen liegt, dem wir einen Theil unsrer besten Kräfte widmen, partheilich, daß wir seine vielen Flecken und Mängel übersehen. Bei allem guten Willen, dessen wir uns bewußt sind, verbergen wir es uns nicht, daß manche Mißgriffe von uns geschehen sind. Aber wie viel mehrere mögen noch von uns begangen sein, ohne daß wir es wissen! Manche wird vielleicht erst eine weitere Erfahrung uns klar machen, manche vielleicht werden uns aufgedeckt durch die Erfahrung und den Scharfblick Anderer, und segnen, ja dankbar segnen wollen wir den ernstgesinnten Freund, der irgendwo uns nachweiset, und durch Gründe uns überzeugt, wie wir dies oder jenes hätten anders und besser machen sollen. An gutem Willen, dem erkannten guten Rath zu folgen, soll's, hoffe ich, niemals bei uns fehlen. Wir haben unser Werk ja lieb; wie könnte da je das Streben, es zu vervollkommnen, von uns aufgegeben werden?

Ich werde übrigens noch einen Einwurf zu beleuchten haben, der gegen mich erhoben worden ist und durch den der Werth aller Privat-Vereine überhaupt in Abrede gestellt wird. Er verdient um so mehr eine ernste Berücksichtigung, da er von einem höchst achtungswerthen, und dabei anerkannt wohlthätigen Manne herrührt. Ich hatte mich an ihn gewandt mit der Bitte um einen jährlichen

Beitrag; er schickte mir eine ansehnliche einmalige Gabe, mit freundlichem Bezeugen, wie er unsere gute Absicht ehre, lehnte aber die Verpflichtung zu jährlichem Beitrage ab, und bezeichnete als das ihn leitende Motiv die unausbleiblich nachtheilige Wirkung der hier sich stets mehrenden Vormundschaften für Privatwohlthun, welche den Gebern unbequem und schädlich werden müßten. „Welcher irgend bemittelte Hausstand," fragt der Schreiber, „zählt nicht ein oder einige Dutzend auf seine Hülfsleistungen angewiesene Bedürftige?" — und macht nun den Schluß, daß diese sogenannten Hausarmen nothwendig darunter leiden, die Wohlthäter aber die Freude des Selbstgebens entbehren müßten, wenn man allen Anforderungen von Seiten wohlthätiger Privatvereine entsprechen wollte.

Ich fühle ganz das Gewicht, das dieser Einwurf in den Augen Vieler haben wird. Aber das kann mich nicht abhalten, ihn klar herauszustellen. Wehe der Sache, deren Vertheidiger gegen die auf sie gemachten Angriffe keine bessere Waffe kennen, als dieselben zu ignoriren, welche vor jeder ernsten Prüfung feige zurücktreten, aus Furcht, daß dabei ihre Mängel und Blößen möchten offenbar werden! Nein, so wollen und werden wir es nie machen. Von wohlgesinnten und verständigen Menschen soll auch die tadelnde Bemerkung uns immer willkommen sein; sie soll von uns reiflich erwogen werden, und wird dann gewiß immer auf eine oder die andere Art zu unserer Belehrung beitragen, wenn wir auch nach unserer Ueberzeugung sie nicht ganz unterschreiben können. Dann aber wollen wir auch das Resultat solcher Prüfung offen und ehrlich darlegen, dem eignen Urtheile eines Jeden es überlassend, ob er uns beistimmen könne oder nicht.

Ehe ich aber weiter in diese Sache eingehe, zuerst noch eine Erklärung: Fern von uns sei der engherzige und einseitige Corporationsgeist, der Jeden, welcher sich nicht gerade getrieben fühlt, unsere Interessen zu befördern, als überhaupt der thätigen Menschenliebe und Liberalität ermangelnd verdächtigen möchte. (1) Mit Freude, mit einem Gefühl patriotischen Stolzes erkennen wir, welchen weiten Umfang das Feld gemeinnütziger Bestrebungen in unserer theuren Vaterstadt gewonnen hat. Wie sollte es uns aber da nicht auch einleuchtend sein, daß unmöglich jeder Einzelne zu jedem einzelnen löblichen Unternehmen beisteuern könne! Wie sollten wir uns nicht bescheiden lernen, wenn unsere Bitte um Unterstützung einmal abgewiesen wird mit dem Bedeuten, daß man lieber zu andern wohlthätigen Zwecken gebe, oder auch sein zu dergleichen Zwekken bestimmtes Scherflein lieber selbst verwalten wolle!

Ja, erlaubten es Jedem seine Berufsgeschäfte und sonstigen Verhältnisse, jeden Gegenstand seiner Wohlthätigkeit auch zum Gegenstand einer speciellen und fortgesetzten Aufsicht zu machen, dann allerdings wäre der Werth der Privatvereine, wenn auch nicht ganz null, doch jedenfalls ein sehr untergeordneter. Aber ist das der Fall? kann es der Fall sein, zumal in einer Stadt wie Hamburg, wo der größere Theil der wohlhabenden Einwohner in einem steten Drange von Geschäften und gesellschaftlichen Vergnügungen lebt?

Treffend ist übrigens die Stellung der Privatvereine in Mitten der allgemeinen vom Staate ausgehenden Armenordnung und der Privatwohlthätigkeit der Einzelnen dargestellt in dem Aufsatze, den Herr M. J. Haller in die wöchentlichen gemeinnützigen Nachrichten vom 23. October 1835 geliefert hat, und worin er unsere Sache mit so warmem Eifer vertreten. Es sei mir erlaubt, die darauf bezügliche Stelle hier einrücken.

„Wer jemals über das Armenwesen nachgedacht, oder die Gedanken Anderer gelesen hat, wird zu der practischen Ueberzeugung gekommen sein, daß eben so wenig die vom Staate ausgehende Hülfe das individuelle Wohlthun überflüssig macht, als die Mildthätigkeit der Einzelnen im Stande ist, die allgemeinen Anstalten entbehrlich zu machen. Der Grund zu dieser Unzertrennlichkeit liegt mehr in der verschiedenartigen, als in der vergrößerten Wirkung der beiden Hülfsquellen; beide sind nämlich auf ganz eigenthümliche, von einander abgesonderte Unterlagen gegründet, und daher ganz dazu geeignet, sich gegenseitig zu ergänzen und zu ersetzen, die Lücken und Gebrechen einer jeden derselben gegenseitig auszufüllen und ihnen abzuhelfen. Der Staat handelt hier, wie überall, unpersönlich, nach Grundsätzen. Die Gerechtigkeit erlaubt ihm weder moralische, noch gesellschaftliche Unterscheidungen in seinen Hülfsleistungen zu machen; er muß seine Zugeständnisse und seine Weigerungen mit eiserner Unpartheilichkeit gleich vertheilen, während die freiwillige Hülfe des Einzelnen keine Unbilligkeit sich zu Schulden kommen läßt, wenn sie auswählt, wenn sie sich mehr dem Gefühl, als dem Urtheil überläßt, wenn sie sich überhaupt von der Persönlichkeit des Armen, von dem, was er ist, war und empfindet, leiten läßt. Aber auch in der Ausdehnung der Hülfe ist der Unterschied beider sehr wesentlich. Die Unterstützung des Staats hilft nur dem Allerdringlichsten, und obenein kärglich, ab; sie schützt nur gegen Hunger, Nacktheit und sonstigen Mangel absoluter Lebensbedürfnisse, nicht aber, wie das individuelle Mitleiden zu thun vermag oder gewohnt ist, gegen Entbehrungen, Leiden, Demüthigungen und andere Widerwärtigkeiten des Lebens; ja der Staat darf die Arbeitslosigkeit, aus weisen Regeln der Staatswirthschaft nicht weiter unterstützen, als die äußerste Noth gebietet; er ist gewissermaßen in feindliche Verhältnisse zu denen, welche fordern, ohne zu leisten, getreten; er hat auch preventive, gebieterische Rücksichten zu beachten, er muß oft durch Verweigerungen, zur Arbeit zwingen, und das künftige Gute durch die jetzige Härte zu Tage fördern. Der Einzelne hingegen sieht nur das, was vorliegt, kümmert sich selten um die früheren Ursachen des Elends, und noch seltener um die Folgen seines Gebens, um die Schädlichkeit des mühelosen Erwerbs. Solche Gaben sind fast ausschließlich die Wirkungen des ergriffenen Herzens; sie werden gar oft gedankenlos, ohne zu untersuchen, ohne den Grad des Mangels zu messen, gespendet. Zwischen diese beiden Arten des Wohlthuns, die man füglich durch gesetzliche und menschliche unterscheiden kann, tritt nun gewöhnlich eine dritte, die gewissermaaßen den Widerspruch heben und die Vorzüge beider in sich vereinigen soll; es ist nämlich die der Privatinstitute oder der Körperschaften. Diese bilden eine Vereinigung einzelner Kräfte; sie verbinden die Freiheit der individuellen Wohlthätigkeit mit den regelmäßigen Formen der Staatshülfe; sie sind von der Gedankenlosigkeit des einzelnen Gebers eben so entfernt, als von der Gefühllosigkeit des abstracten, unpersönlichen Staats; sie untersuchen und erwägen zwar jeden Fall, beurtheilen ihn aber nach seiner eigenen Natur, nicht nach allgemeinen, engen Vorschriften. Daher fruchten ihre Leistungen mehr, als die der Einzelnen, und finden einen dankbareren Boden, als die des Staats."

Was soll ich dieser trefflichen Auseinandersetzung nun noch weiter beifügen? — Nur einen Punkt wünschte ich in specieller Beziehung auf den oben erwähnten, gegen mich ausgesprochenen Einwurf in ein helleres Licht zu stellen. In dem Aufsatze des Herrn Haller wird der einzelne Geber im Allgemeinen als gedankenlos geschildert, und unbekümmert um den Erfolg seines Gebens. Gewiß ist er das in sehr vielen Fällen, aber doch bei Weitem nicht in allen. Nun aber getraue ich mir den Beweis zu führen, daß er auch da, wo er den guten Willen hat, seine Wohlthaten nur mit verständiger Umsicht zu vertheilen, selten im Stande ist, es auf eine so wirksame Art zu thun, wie es von Seiten eines Vereins geschehen kann. Ehe ich das aber nachzuweisen versuche, möchte ich unsere Institution noch verwahren gegen den Vorwurf, daß dadurch die sogenannten Hausarmen in ihren näheren Ansprüchen beeinträchtigt werden.

Hier kommt es indessen vor Allem darauf an, daß man sich über den Begriff dieses Ausdrucks verständige. Was mich betrifft, so möchte ich diesen Titel nur zwei Klassen von Armen einräumen, die Rechte dieser dann aber auch gewiß eher erweitern, als schmälern. Ich rechne dahin nämlich theils Diejenigen, die durch verwandtschaftliche, theils Solche, die durch frühere Dienstverhältnisse mit einem Hause in Verbindung stehen.

Bei dem in einer großen Handelsstadt so häufigen Wechsel der Glücksumstände ist es, denke ich, nicht zu viel gesagt, wenn ich die Behauptung aufstelle, daß es wohl nur wenige, vielleicht keine reiche und wohlhabende Familien in Hamburg giebt, die nicht, wenn auch nur in entfernteren Graden, Verwandte haben, welche der Unterstützung bedürftig sind, und die dann, falls sie nicht durch moralischen Unwerth sich dieser Hülfe unwürdig machen, darauf gewiß immer ein näheres Anrecht haben, als ganz Fremde.

Dasselbe nähere Anrecht wird denn aber auch, däucht mir, begründet durch frühere Dienstverhältnisse. Schade nur, daß diese Art der Ansprüche nach dem bisherigen Stande der Dinge so oft nicht gehörig erwiesen werden kann! Es hat ein Mädchen vielleicht eine Reihe von Jahren in einem Hause treu und redlich gedient; sie hat in gewissenhafter Pflege der Kleinen und Wartung der Kranken, in den damit verknüpften Nachtwachen und andern Beschwerden vielleicht einen bedeutenden Theil ihrer jugendlichen Kräfte zugesetzt, vielleicht den Grund gelegt zu einem später sich erst entwickelnden Krankheitszustande. Indessen verläßt sie das Haus, weil sich ihr eine vortheilhafte Parthie anbietet. Keiner Unterstützung bedürftig, beschäftigt mit ihrem Hausstande, vielleicht auch fürchtend, ungelegen zu kommen, besucht sie ihre frühere Herrschaft anfangs nur selten, bald gar nicht mehr und das Verhältniß löst sich auf. Aber mit der Zeit ändern sich die Umstände; Erwerblosigkeit, langwierige Krankheiten oder andere Unglücksfälle bringen den kleinen Hausstand in Verfall; endlich kommt die Unfähigkeit des Alters hinzu, und nun sieht die früher so rüstige Arbeiterinn sich genöthigt, nach Unterstützung sich umzusehen. Natürlich wenden sich ihre ersten Blicke der Familie zu, deren Hausgenossinn sie gewesen in den Jahren ihrer Kraft, und der sie diese Kraft in treuem Diensteifer gewidmet. Aber ihre damalige Herrschaft ist längst gestorben; die Söhne und Töchter des Hauses, die sie noch auf dem Arm getragen, leben noch, und leben im Wohlstand; aber in ihrer Erinnerung ist das Bild der treuen Wärterinn längst erloschen, und wenn es ihr auch gelingt, durch die in ihrem Gedächtniß bewahrte Kunde von den innern Familienverhältnissen sie zu überzeugen, daß sie überhaupt einmal im Hause der Eltern gedient, wie soll sie den Beweis führen, daß sie ihren Dienst wirklich zur Zufriedenheit ihrer Herrschaft, und eine Reihe von Jahren versehen hat, worauf doch eigentlich allein ihre Ansprüche auf kräftige Unterstützung sich gründen können?

Die Mitglieder des Vereins aber sind übrigens weit entfernt, die hier bezeichneten Hausarmen in ihren Rechten beeinträchtigen zu wollen, thun vielmehr, was in ihren Kräften steht, diese Rechte zu vertreten, und mehr als einmal ist es ihrer Vermittelung gelungen, wohlhabende Verwandte und frühere Herrschaften zur Unterstützung der sie näher, als jeden Andern, angehenden Hülfsbedürftigen zu bewegen.

Ich denke hier der Erzählung einer Alten, die unerwartet einen Besuch erhalten hatte von der Mamsell, die sie groß gemacht, nun aber in langen Jahren nicht gesehen hatte. O wie ihre verwitterten Züge sich belebten, wie ihr Auge feucht wurde von der Thräne der Rührung, wie ihr ganzes Herz ihr aufging, da sie die Güte der Mamsell mir rühmte, die sie noch als ganz kleines Kind auf dem Arme getragen! Ach, daß recht Viele es gesehen hätten, wie glücklich diese Arme sich fühlte in dem Beweise freundlicher Theilnahme, die ihr von dieser Seite her geworden! Gewiß, es würde sie das geneigt machen, alten treuen Dienstboten den Zoll der Dankbarkeit — anders kann ich die im hülflosen Alter ihnen gewährte Unterstützung nicht ansehen — willig zu entrichten.

Nach dem gewöhnlichen Sprachgebrauch indessen wird der Begriff der Hausarmen nicht beschränkt auf die beiden von mir bezeichneten Klassen, sondern ausgedehnt auf alle Diejenigen, die eine regelmäßige wöchentliche, monatliche oder vierteljährliche Unterstützung in einem Hause erhalten. Sind die Ansprüche dieser nun auch so wohl begründet, daß man sich durchaus scheuen muß, ihnen auf irgend eine Weise in den Weg zu treten? Als Artwort will ich zwei Thatsachen aufstellen, nur zwei aus einer Menge ähnlicher, die sich anführen ließen.

Aus einem angesehenen Hause wurden der Vorsteherinn einmal dreizehn Addressen armer Familien aufgegeben, mit der Bitte, genaue Erkundigungen über dieselben einzuziehen, wie ferne sie der Unterstützung wirklich bedürftig und würdig seien. Alle diese Leute hatten zu bestimmten Zeiten Almosen erhalten; des ersten Ursprungs dieser fortlaufenden Pensionen wußte man sich kaum mehr zu entsinnen; doch war er meistentheils in fremder Empfehlung zu suchen, die aber keinesweges auf gehörige Untersuchung sich gründete, theils in der von den Armen selbst herrührenden mündlichen oder schriftlichen Schilderung ihres Elends; wie fern aber diese Schilderung der Wahrheit treu, das war bisher ununtersucht geblieben. Das Resultat der nun von unserer Seite angestellten Nachforschung, — so fern sich dieser Punkt ohne fortgesetzte Aufsicht ermitteln läßt — stellte allerdings mehrere jener Individuen als würdige Gegenstände einer fortgesetzten Wohlthätigkeit dar; aber mehrere Andere mußten nach der von uns gewonnenen Ueberzeugung als Solche bezeichnet werden, bei denen ferneres Almosen geben das Laster und die Trägheit befördern hieße.

Der andere Fall ist dieser: Eine wohlthätige Dame — ich habe es aus ihrem eigenen Munde — gab viele Jahre hindurch einem armen gebrechlichen Menschen wöchentlich 4 ßl. Endlich blieb er weg; es hieß, er sei erkrankt, und von nun an ward das Geld für ihn von einem Andern abgeholt. Erst nach längerer Zeit ward in der Geberinn der Verdacht rege, ob der Arme wirklich noch am Leben. Sie schickte nach seiner Wohnung, und mußte nun zu ihrem Verdruß erfahren, nicht allein, daß er schon lange gestorben, sondern auch, daß er bei seinem Leben nie in eigentlicher Noth gewesen, indem ein wohlthätiger Onkel ihm so viel Unterstützung habe zufließen lassen, daß er nach seiner Art ganz gut habe davon leben können; doch habe ihm seine gebrechliche Figur ein bequemes Mittel geschienen, seine Einkünfte noch durch fremdes Mitleid zu vermehren, was er denn auch mit so gutem Erfolge gethan, daß er bei seinem Ableben eine nicht unbedeutende Summe baaren Geldes hinterlassen.

Der Commentar über diese beiden Fälle ergiebt sich von selbst. Gehörten diese unwürdigen Armen, nach der gewöhnlichen Bestimmung, nicht alle in die Kategorie der Hausarmen, und ließe sich nun die oben angeführte Frage: „Welcher irgend bemittelte Hausstand zählt nicht ein oder einige Dutzend auf seine Hülfsleistungen angewiesene Bedürftige?“ nicht durch die Gegenfrage beantworten: Ist denn aber auch die äußere Lage, ist die moralische Beschaffenheit aller dieser Individuen sorgfältig erforscht? Hat man sich darnach einen Plan gebildet, wie sie am wirksamsten zu unterstützen? Oder giebt man ohne Plan, und am Ende fast ohne anderes Motiv, als weil man schon so lange gegeben hat? — Gewiß, wo das Erstere mit Grund behauptet werden kann, da die Mittel des Wohlthäters mit Dringlichkeit für andere Zwecke in Anspruch nehmen, mag mit Recht als eine Unbescheidenheit getadelt werden. Aber muß denn nicht Jeder, der nur einigermaßen mit den Verhältnissen zwischen Wohlhabenden und Armen in unserer Vaterstadt bekannt ist, das einräumen, daß in tausend und aber tausend Fällen ohne gehörige Prüfung, ohne Urtheil gegeben wird? O wenn nur alle Summen, die auf diese Weise verschleudert werden, und so oft statt des beabsichtigten Guten Schaden und Verderben stiften, zu unserer Verfügung gestellt würden, ich denke, wir würden nie über Ebbe in unserer Kasse zu klagen haben!

Doch nun komme ich zurück auf die Beweisführung, die ich oben versprochen. Es handelt sich um die Beantwortung der Frage: Kann die Privatwohlthätigkeit der Einzelnen, auch bei dem besten Willen, sie weislich einzurichten, dasselbe bewirken, was ein nach richtigen Grundsätzen geleiteter Verein bewirken kann? Das ist's aber, was ich, so weit meine Erfahrung und Beobachtung reicht, durchaus bezweifle, und nach meiner Schätzung wird die Summe des Guten, die eine Anzahl von Armenfreunden, deren jeder für sich handelt, zu stiften im Stande ist, wenigstens sich verdoppeln, sobald dieselben Menschen zu einem gemeinschaftlichen Wirken sich vereinigen.

Hier möchte ich zuerst auf eine, wie ich glaube, ziemlich allgemeine Schwachheit der menschlichen Natur hinweisen, wornach sie selbst in Uebung des Guten, wozu sie vielleicht am meisten hinneigt, einer gewissen äußern Nöthigung nicht wohl entbehren kann. Die Schreiberinn dieser Blätter hat wohl auch vor Gründung des Vereins, dessen Vorsteherinn sie jetzt ist, Arme und Kranke in ihren Wohnungen besucht; aber wie verhältnißmäßig selten waren diese Besuche! Wie leicht hielt sie sich entschuldigt durch irgend eine Abhaltung, schob den beabsichtigten Gang auf von einem Tage zum andern, bis er am Ende wohl ganz unterblieb. Ein ganz Anderes ist es damit jetzt, da sie eine bestimmte Verpflichtung eingegangen ist, da sie die Armenbesuche anzusehen hat als einen Theil ihres täglichen Berufs, dessen Obliegenheiten nicht ohne den Vorwurf der Untreue versäumt werden können. Und sollten nicht alle meine Mitschwestern, die sich mit mir zu gleichem Werk verbunden haben, etwas Aehnliches von sich bezeugen müssen?

Doch gesetzt auch, es wäre der Einzelne, welcher der gesetzlich bindenden Regel in dieser Hinsicht entbehrt, deshalb nicht weniger fleißig in seinen Besuchen der Armen, sollte er sich davon ganz denselben Erfolg versprechen dürfen, wie wenn er sich zu diesem Zwecke einer Gesellschaft angeschlossen? Ich glaube nicht.

Bei wie Vielen würde zuvörderst ihre Privatkasse nicht ausreichen, um die Ausgaben zu bestreiten, welche unumgänglich nothwendig sind, wenn wirksam geholfen werden soll! Und finden sich unter Diesen, die über Gold und Silber nicht zu disponiren haben, nicht gar oft Solche, denen Zeit und Kräfte, wodurch sie den Armen nützlich werden können, mehr als Andern zu Gebote stehen? Diese Kräfte aber werden, wo es ganz an pecuniären Mitteln fehlt, auch bei dem besten Willen in den meisten Fällen brach liegen müssen, und gehen also verloren für das Gemeinwohl der bürgerlichen Gesellschaft, für das sie gewonnen werden können durch eiue Association, die jenem Mangel abhilft.

Ja, *diese gegenseitige Ergänzung der Kräfte*, sie ist es vornähmlich, welche in meinen Augen der Vereinsthätigkeit ihren besondern Werth giebt. Sie findet aber keinesweges nur in der oben bezeichneten Weise, sondern vielmehr in den mannichfaltigsten Beziehungen Statt. Die Erfahrung, die Einsicht, die Geschicklichkeit, die Erfindungsgabe, die besondern Hülfsquellen, die persönlichen Verbindungen der Einzelnen, Alles, Alles wird hier zum schönen Gemeingut; *ein* Mitglied wird reich durch das andere, und in dem lebendigen Wetteifer, der durch solche Wechselwirkung entflammt wird, nach Vermögen zum Besten des Ganzen beizutragen, freut sich ein Jedes mit reiner, neidloser Freude dessen, was dem Andern in dieser Hinsicht gelingt; denn die Sache, die dadurch befördert wird, liegt ja eben Allen am Herzen, und wird von Allen als ihre eigene Sache angesehen.

Nachdem ich nun also meine Ansicht über das Wesen und den Nutzen der Privatvereine dargelegt, wird, denke ich, die Erklärung nicht befremden, daß ich im Staatsleben eben keine erfreulichere Erscheinung weiß, als die Bildung recht vieler solcher Vereine zu speciellen Zwecken, zumal, wenn diese verschiedenen Kreise sich nicht isoliren, sondern wie Glieder einer Kette in einander greifen. Nur so gewinnt jeder die rechte Stellung, und getragen und gestützt von andern, kann er selbst erst wieder mit der rechten Kraft tragen und stützen, und das große Gebäude det Staatswohlfahrt gewinnt immer mehr an innerer Festigkeit. (2)

Unter andern Verhältnissen dieser Art erlaube ich mir nur noch, unser Verhältniß zu der Vorschußanstalt etwas näher zu berühren. Von dem vielfach bewährten Nutzen dieser trefflichen Institution haben auch wir in dem Kreise unserer Armen die erfreulichsten Erfahrungrn aufzuweisen. Die Herren Vorsteher haben die Güte, unsere Empfehlungen besonders zu berücksichtigen, und setzen uns dadurch in den Stand, manchem unserer Armen, namentlich manchem verarmten Handwerker einen wichtigen Dienst zu leisten. Hiebei bitte ich zu bemerken, daß alle diese von uns Empfohlenen ohne unsere Vermittelung dieser Wohlthat nicht hätten theilhaftig werden können, da es bei ihnen an einem zureichenden Bürgen fehlte. Obgleich nun aber auch nach den Statuten der Vorschußanstalt keine Bürgschaft von Damen angenommen werden kann, so ist doch diese Schwierigkeit leicht beseitigt. Sobald wir uns überzeugt halten, daß einer Familie wesentlich genützt werden könne durch einen Vorschuß zu Anschaffung von Handwerksgeräth, rohem Material u. s. w., daß ferner die Leute den ernstlichen Willen haben, ihre Schuld richtig abzutragen, und daß sie aller vernünftigen Wahrscheinlichkeit nach dazu auch im Stande sein werden, so fällt es uns nicht schwer, irgend einen achtbaren Mann zu finden, der aus Gefäligkeit für uns die Bürgschaft übernimmt, wobei er gegen Schaden gesichert ist durch unsere Rückbürgschaft.

Zu besonderer Freude gereicht es mir, sagen zu dürfen, daß die auf diese Weise von uns ziemlich zahlreich übernommenen Rückbürgschaften uns bis jetzt noch keinen Schilling gekostet haben. Ein paarmal in der That mußte, wegen säumiger Zahlung der Armen, der Bürge, und somit auch der Verein als Rückbürge in Anspruch genommen werden; aber in diesen Fällen gebrauchte die Vorsteherinn gegen die säumigen Zahler ihren ganzen Ernst, erklärte ihnen, daß sie die fehlende Summe von ihnen beitreiben müßte, und sollten sie auch darüber ein Stück Bettzeug verkaufen oder verpfänden; sie machte von dieser Zahlung alle ferner zu hoffende Unterstützung abhängig, und siehe da! das Geld ward wirklich herbeigeschafft.

Vielleicht erscheint dies Verfahren Manchem als eine Härte; doch bitten wir dabei nicht zu vergessen, daß es sich gründet auf genaue Kenntniß der häuslichen Umstände jener Armen, auf die

Gewißheit, daß nicht etwa langwierige Krankheiten oder sonst unvorhergesehene Unglücksfälle ihnen die rechtzeitige Zahlung unmöglich gemacht. Wäre das der Fall gewesen, so möchte allerdings jene Strenge übertrieben scheinen; so aber glauben wir sie vollkommen rechtfertigen zu können, und meinen namentlich, daß sie ganz den Principien entspreche, welche die Gründer der Vorschuß-anstalt geleitet. Soll ein Darlehn dem Armen wirklich ein mächtiger Antrieb werden zur Sparsamkeit, zum Fleiße, zur Industrie, und ihm wirklich aufgeholfen werden dadurch, so muß er auch mit völliger Gewißheit wissen, daß es eben nur Darlehn ist, nicht Geschenk. Sobald er glaubt, den Vorschuß als bequem erworbenes Eigenthum ansehen zu dürfen, wird es ihm nur zu leicht die Brücke zum Müßiggang und zur Verschwendung.

Uebrigens werde ich ein paar Fälle ausheben aus unserer Armen-Chronik, um an ihnen insbesondere die Art und Weise unseres Wirkens anschaulich zu machen.

Es war am 4. November 1834, als die Vorsteherinn zum erstenmal die Familie F***** besuchte, die sie in dem größten Elende fand. Der rüstige Mann, ein Wollarbeiter, der Jahreszeit wegen in seinem Verdienst sehr beschränkt, die 35jährige Frau seit einem Vierteljahr meistens bettlägerig und ganz contract durch ein gichtisches Uebel, in Folge dessen Hände und Füße schon etwas verkrümmt waren, und verschiedene Knoten sich aufgeworfen hatten. Und in welchem Local fand ich die Armen! Die von den Leuten bewohnte Bude lag in einem der feuchtesten Theile der Stadt; vor ein paar Wochen bei einer hohen Fluth hatte das Wasser in dem Stübchen, wo die Kranke lag, ein paar Fuß hoch gestanden; sobald es sich verlaufen, hatte sie wieder hineingebracht werden müssen; aber noch waren an den Wänden die Spuren der stattgehabten Ueberschwemmung deutlich zu sehen; das Bettzeug war feucht anzufühlen, und die Luft, wie leicht zu denken, dumpfig und ungesund. Draußen auf der Diele, wo Mann und Kinder, Knaben von 2 und 7 Jahren, schliefen, war es noch schlimmer. Das Seegras in der Wiege, worauf der jüngste Knabe lag, war nicht bloß feucht, sondern förmlich naß. Daß es unter diesen Umständen, wozu noch ein höchst trauriger Mangel an Wäsche kam, mit der Reinlichkeit sehr schlecht bestellt war, ließ sich kaum anders denken; es fehlte sogar nicht an Ungeziefer.

Das Erste, was nun von unserer Seite geschah, war, daß wir für das nothdürftigste Leinenzeug sorgten, und dann eine Frau zur

Besorgung der Wäsche hinschickten. Hierauf wandte sich die Vorsteherinn an den behandelnden Arzt mit der Frage, ob er es für möglich halte, mit aller seiner Kunst, die Kranke in einem so ungesunden Locale herzustellen? Er zuckte verneinend die Achseln; er habe deshalb auch schon davon gesprochen, die Frau nach dem allgemeinen Krankenhause hinauszuschaffen; aber davon wolle sie nicht hören, weil sie sich nicht von ihren Kindern trennen möge. Und sollten wir sie dazu bereden? Ach, wir kennen zu sehr aus mehrfachen Erfahrungen die verlassene Lage solcher Kleinen, wenn ihnen die Mutter fehlt, wir sind zu sehr überzeugt von dem wirksamen Einflusse der Hausmutter, selbst wenn sie krank darnieder liegt, auf die Ordnung und Erhaltung des Ganzen, als daß wir zu ihrer Entfernung rathen könnten, wenn sie nicht durch unabweisliche Nothwendigkeit geboten wird. (3)

Unsere Aufgabe also war jetzt, den Leuten eine andere, gesundere Wohnung zu verschaffen, und diese Aufgabe zu lösen, bot sich uns eine bequeme Gelegenheit dar. Es hatte um dieselbe Zeit eine betagte Mutter unter unsern Armen ihren einzigen Sohn, und in ihm die Stütze ihres Alters, ihren Ernährer, verloren. Mit ihm hatte sie eine geräumige Bude an der hohen Seite des Pferdemarkts bewohnt, die sie jetzt aber verlassen, und sich in eine kleine Kammer einmiethen mußte, da sie einsah, daß die höhere Miethe für jene Wohnung für sie jetzt unerschwinglich sein würde. Aber der Sohn war ungefähr acht Tage nach der zur Aufkündigung der Miethswohnungen bestimmten Zeit gestorben, und nun wollte der Hauswirth sie nicht loslassen, wodurch die Alte in die größte Verlegenheit gesetzt war. Nur, wenn ihm ein guter Miethsmann geschafft würde an ihrer Stelle, wollte er sie ziehen lassen. Als einen solchen stellten wir ihm den F******* dar, indem wir für ein halbes Jahr Miethe für ihn Caution leisteten. Aber seinerseits konnte nun auch F******* nicht loskommen von seinem Hauswirthe wegen einiger Thaler rückständiger Miethe. Diese wurden ihm vorgeschossen, und so war die Sache in Ordnung. Das ihm auf diese Weise gemachte Darlehn hat er übrigens richtig abgetragen, wie auch die neue Miethe pünktlich berichtet, so daß der Verein von dieser Seite keinen Schilling Kosten gehabt hat. Und welcher wesentliche Dienst war gleichwohl den Leuten durch diese Anordnung geleistet!

Eine Dame, welche Zeuginn gewesen des anfänglichen Elends, worin wir sie getroffen, nachher aber, weil sie nur in der Neustadt zu besuchen pflegte, sie längere Zeit nicht gesehen, und erst nach einigen Monaten wieder zu ihnen kam, konnte kaum Worte finden, ihr Erstaunen auszudrücken über die Veränderung, die sich nun ihrer Beobachtung darbot. Die Frau, freilich noch nicht gänzlich hergestellt von ihrem Uebel, aber doch schon im Stande, ihren kleinen Hausstand, bis auf die Wäsche, selbst zu besorgen, und nebenher durch Händearbeit etwas zu verdienen, in der neuen, freundlichen Wohnung Alles ordentlich sauber gehalten, und statt der an Verzweiflung grenzenden Verzagtheit der Gemüther jetzt Alles zufrieden, glücklich, dankbar. O nur, wer eine ähnliche Erfahrung gemacht hat, wird es uns ganz nachempfinden können, wie bei solchen Gelegenheiten das Herz uns weit wird in Freude und Dank, innigem Dank gegen den Herrn, der durch seinen Segen unsern schwachen Kräften solche Umwandelung gelingen ließ. Die Familie hat sich uns bis auf den heutigen Tag als sehr brav und rechtlich bewährt. Die Frau, die seitdem noch ein schweres Wochenbett überstanden, wird jetzt von uns theils durch Näh- und Strickarbeit, theils durch Aufwartung bei armen Kranken beschäftigt.

Was uns in dem vorliegenden Falle noch besonders freute, das ist die glückliche Combination der Umstände, die es uns möglich machte, zwei ganz verschiedenen Bedrängnissen zugleich abzuhelfen. Aehnliche Combinationen kommen uns aber nicht selten vor, und wir nehmen sorgfältig darauf Bedacht, sie uns zu Nutze zu machen. Insbesondere lassen wir es uns angelegen sein, keine Kraft der Armen ungenutzt zu lassen. Taugt sie nicht zu einem gewöhnlichen Erwerb, so ist sie doch oft noch ausreichend, dem Bedürfnisse eines andern Armen abzuhelfen. So ist die bekannte Gellertsche Fabel von dem Lahmen und dem Blinden bei uns fast buchstäblich wahr geworden. Ein armer, unheilbar verlähmter Mann hatte seine Bude in einigen Jahren nicht verlassen können, weil er ohne Hülfe nicht zehn Schritte gehen kann, und seine Frau, viel kleiner von Statur, als er, ihm diese Hülfe nicht zu leisten im Stande ist. Und doch hatte der Mann ein so sehnliches Verlangen, einmal unter Gottes freiem Himmel sich zu ergehen, frische Luft zu athmen, und an dem Grün der Bäume sich zu erfreuen! Da hatten wir nun auch unter unsern Armen einen alten Tapezier, der halb erblindet, und dadurch zu den Arbeiten seiner Profession fast ganz untüchtig, sonst aber noch ziemlich rüstig war. Der ward nun zum Geleitsmann des Lahmen ausersehen, und so ihm Gelegenheit gegeben, wöchentlich ein paar Schillinge zu verdienen, zugleich aber das freudenarme Leben des Andern durch einen Genuß verschönert, dessen Gewährung, obgleich sie allerdings außerhalb der Grenzen einer allgemeinen Armenfürsorge liegt, uns auf unserm Standpunkte doch wohl schwerlich von irgend jemand als tadelnswürdige Verschwendung wird vorgeworfen werden. Freilich aber, um dergleichen Combinationen zu machen, und so für alle Kräfte der Armen den geeigneten Spielraum zu finden, bedarf es schon einer ziemlich ausgebreiteten Bekanntschaft unter ihnen, und so möchte denn auch hierin wohl das Wirken des Einzelnen dem Wirken eines Vereins nachstehen müssen.

Ich komme jetzt auf einen andern Fall, der gewissermaßen als ein Gegenstück zu dem oben von der F*******schen Familie berichteten anzusehen ist, da uns hier so ernstliche Ursache zur Unzufriedenheit gegeben ward, daß wir uns bewogen fühlten, die von uns gewährte Unterstützung aufhören zu lassen. Aus so vielen andern, die ein erfreulicheres Resultat lieferten, wähle ich ihn absichtlich, theils um dem Verdacht zu entgehen, als ob ich mit zu großer Partheilichkeit für unsere Sache nur die günstigen Erfolge herausstellen wolle, theils aber auch, weil er mir geeignet zu sein scheint, einige Bemerkungen einzustreuen, die wohl über einige Principien unsers Verfahrens ein helleres Licht verbreiten möchten.

Die B****sche Familie besteht aus einer 71jährigen Mutter, die an Altersschwäche und an der Brust leidet, aus einem 34jährigen verwachsenen Sohne und aus einem Knaben, der damals, als die Leute zuerst aufgenommen wurden, noch die Armenschule besuchte, ein uneheliches Kind, das von seiner Mutter früher bei der Alten in Kost gegeben war. Die Zahlung des Kostgeldes hatte freilich nach einiger Zeit aufgehört; aber die Alte hatte nun den Jungen so lieb gewonnen, daß sie sich nicht entschließen konnte, sich wieder von ihm zu trennen. Die Leute wurden von der Vorsteherinn zuerst besucht den 14. April 1834, und in einem Zustande angetroffen, der, was die Summe der Noth und des Elends betrifft, dem oben geschilderten in der F*******schen Familie gewiß wenig nachgab, in Hinsicht des Schmutzes ihn aber vielleicht noch übertraf. Es fehlte an Bettstellen und Betten, es fehlte fast an allem Hausrath und vornählich an Wäsche, und die Reinigung derselben war seit langer Zeit nur der Sorge des Sohnes überlassen, da die Alte sich zu schwach fühlte, sich damit zu befassen. Die erste Maaßregel des Vereins war also auch hier, für Anschaffung des nöthigen Leinenzeuges u. s. w. zu sorgen, einer ordentlichen Frau die Sorge für gründliche Herstellung von Ordnung und Reinlichkeit anzubefehlen, und ihr die fortdauernde Besorgung der Wäsche zu übertragen Bald gewann Alles dort ein anderes Ansehen. Die Alte beschäftigten wir durch Federnreißen und Seidenzupfen. Dem Sohne, der früher eine Anstellung als Schreiber gehabt hatte, auch nicht ungeschickt in Papparbeit war, dem es aber in der letzten Zeit durchaus an Beschäftigung gefehlt, verschafften wir Abschreibearbeit, und gaben ihm für Rechnung des Vereins vielfache Bestellungen auf Pappkasten u. dgl.

So sehr sich nun aber auch der äußere Zustand der Leute hob, die rechte Freude hatten wir doch nicht an ihnen. Gar zu in die Augen fallend war es, wie es dort an dem wahrem Christenthum fehlte. Die Alte freilich hielt wohl noch fest an dem äußerlichen Bekenntniß; aber daß sie nicht durchdrungen war von dem Geiste desselben, das zeigte uns nur zu deutlich nicht allein ihre große Selbstgerechtigkeit, sondern auch ihre beständig niedergedrückte, unzufriedene und mißmüthige Stimmung. O wir haben eben in dem Kreise unserer Armen zu schöne Erfahrungen gemacht von der fröhlich und selig machenden Kraft des Evangeliums, auch unter dem Drucke schwerer Leiden, als daß wir so leicht überredet werden könnten, es möge der lebendige Glaube daran bestehen mit einem vorherrschenden düstern Trübsinn.

Bei dem Sohne steht die Sache noch etwas anders; er ist ein entschiedener Zweifler, und dünkt sich ein starker Geist zu sein, weil er theils aus Büchern, theils im Verkehr mit Leuten aus höhern Ständen einige Brocken einer falschen Aufklärung aufgegriffen hat. O daß es mir gegeben wäre, solche Aufklärung, die dem religiösen Leben die feste Basis des Positiven entreißt, und es begründen will auf luftige philosophische Speculationen, in ihrem verderblichen Einflusse auf die untern Stände darzustellen! Den Armen vorzugsweise soll nach dem Ausspruche unsers Heilandes das Evangelium gepredigt werden. Könnt Ihr aus den höhern, gebildetern Ständen Euch ohne das behelfen, wohl! Ich kann es nicht, und unsere Armen können es wahrhaftig auch nicht. Nur ein tieferes Eingehen in das Studium der Philosophie kann, das habe ich aus dem Munde philosophisch gebildeter Männer gehört, die Philosophie unschädlich machen. Ist ein solches Studium aber dem Armen zuzumuthen, ist es ihm auch nur möglich? Ihm wird das, was er von philosophischen Ideen aufgefaßt zu haben meint, nur eine Nahrung der Eitelkeit und des Stolzes, es wird ihn nur treiben zum Verneinen und zum Niederreißen, nicht zum Bejahen und zum Aufbauen, und ist ihm das Heiligthum der geoffenbarten Religion einmal zertrümmert, habt Ihr ihn gelehrt, das Wort Gottes zu meistern und gering zu schätzen, wie wollt Ihr ihm das ersetzen, wo sonst einen Halt für ihn finden, der ihn in seinem Elend vor verzagender Muthlosigkeit schütze, und ihn stark mache, in allen den wahrlich nicht geringen Versuchungen, welche die Armuth mit sich führt, zu überwinden! — Mag es mir immerhin von Einigen zum Vorwurf gemacht werden, daß ich durch das gefärbte Glas der eignen religiösen Ueberzeugung gesehen, ich kann es doch nicht zurückhalten, das Zeugniß: die größte Ergebung im Leiden, die heiterste Zufriedenheit, die pflichtmäßigste Berufstreue, die größte Bescheidenheit, gepaart mit der dankbarsten Anerkennung und der sorgfältigsten Benutzung jeder ihnen gewährten Hülfe, — das Alles habe ich bisher noch immer am meisten angetroffen unter den Armen, die am einfältigsten festhalten am Glauben, nicht an einigen allgemeinen Vorstellungen von Gott und Vorsehung, Tugend und Unsterblichkeit, sondern vielmehr an dem schriftmäßigen Glauben, wie er verkündigt ist von den Propheten und Aposteln.

Das, was ich zugleich als Ursache und Folge des Unglaubens ansehe, der Stolz, trat denn auch bei unserm B**** oft auf eine uns unangenehm berührende Weise hervor. Der Hochmuth des Armen, das wird man mir gewiß einräumen, hat etwas besonders Widriges; aber eben deshalb, weil er für unser natürliches Gefühl so verletzend ist, müssen wir hier gewiß sehr auf unserer Hut sein, nicht einer Ungerechtigkeit uns schuldig zu machen. Oft ist das, was wir dem Armen als Stolz vorwerfen, nichts Anderes, als ein durch unzarte Behandlung gekränktes Ehrgefühl. Das möchte besonders oft der Fall sein, wenn er früher in bessern Verhältnissen gelebt; aber auch da, wo wir uns solchen Mißgriff nicht haben zu Schulden kommen lassen, dürfen wir doch das nicht verkennen, daß jener Stolz nahe zusammenhängt mit einem der edlern Triebe in der menschlichen Natur, mit dem Ehrtriebe, und daß es oft nur darauf ankommt, diesem Triebe eine andere und bessere Richtung zu geben.

Unsern B**** verleitete sein hochfahrender Sinn zu einem höchst unbesonnenen Schritte: kaum hatte er sich durch unsere Hülfe aus der drückendsten Noth ein wenig herausgearbeitet, so miethete er sich, ohne uns zuvor um Rath zu fragen, eine Wohnung, die für seine Verhältnisse viel zu gut und zu theuer war, und wobei er unausbleiblich tief in Miethschuld hätte gerathen müssen, wenn es uns nicht gelungen wäre, seine Thorheit einigermaßen wieder gut zu machen, indem wir ihm eine Einwohnerinn schafften, die nun einen Theil der Miethe trug. Wir pflegen das, wo es sich machen läßt, gern zu thun, daß wir einzelne Arme bei andern Armen unterbringen. Beiden Theilen geschieht dadurch ein Dienst, unsere persönlichen Kräfte werden gespart, indem eine Besucherinn nun mit einem Gange zwei Besuche abmachen kann, und zugleich, ohne daß wir nöthig hätten, das schlimme Wesen der Klatscherei und Angeberei zu befördern, (thäten wir das, so möchte das gute Vernehmen unter den Leuten wohl selten Bestand haben) ist doch dadurch eine gewisse gegenseitige Controlle in Gang gebracht, der wir schon manchen uns nützlichen Aufschluß verdanken. — Jene Einwohnerinn ist eine stille und wahrhaft gottesfürchtige, wenn auch in ihren Begriffen etwas unklare und beschränkte Frau, die aber deshalb von den B****s als eine Betschwester verspottet ward, welches aber keine weitere Folge hatte, als daß sie sich mehr von ihnen zurückzog, und in ihrem Kämmerchen mehr für sich blieb.

Eine Aeußerung möchte ich noch anführen, die ich verschiedentlich aus dem Munde unserer Armen gehört, die mir wohlgethan und die mir ein unverdächtiges Zeugniß zu sein scheint, daß wir in unserm Wirken bei Diesen wenigstens des rechten Weges nicht verfehlt. Sie meinten nämlich, daß, seitdem wir uns ihrer angenommen, ein rechter Segen ruhe auf Allem, was sie unternähmen. Sie wollten damit keineswegs allein die unmittelbar durch uns empfangene Wohlthat rühmen, sondern vielmehr auch die von andern Seiten ihnen zu Theil gewordene Hülfe; aber sie glaubten, zwischen dieser und jener einen gewissen Zusammenhang zu erblicken, auch wenn sie es sich sagen konnten, daß sie dieselbe großentheils der eignen Thätigkeit verdankten.

Allein ist diese Annahme nicht grundlos, und wenn die Leute in dieser Weise sich äußerten, geschah es nicht vielleicht nur, um uns etwas Angenehmes zu sagen? — Wohl weiß ich es, daß die Schmeichelei nicht allein an Höfen und in den Kreisen der vornehmen Welt zu Hause ist, sondern auch in den Wohnungen der Armen, daß auch der ungebildete Mensch oft eine große Feinheit und Schlauheit an den Tag legt, wo es darauf ankommt, durch ein kluges Wort die Gunst Derer sich zu erwerben, von denen er irgend einen Vortheil hofft, und daß es daher zu den Eigenschaften eines Armenpflegers wesentlich mit gehört, daß er sich nicht so leicht durch einnehmende Rede bestechen lasse. Aber obwohl ich das Alles weiß, glaube ich doch behaupten zu dürfen, daß jenen Aeußerungen das Gepräge der Aufrichtigkeit nicht abzusprechen. Ich hörte sie aus dem Munde von Leuten, die nur noch geringe Unterstützung von unserer Seite, und zwar meistens durch gegebene Beschäftigung erhielten. Konnte nun das von ihnen abgelegte Zeugniß wohl darauf berechnet sein, ihnen die Hülfsquellen des Vereins reichlicher fließen zu machen? Mußten sie nicht eher denken, daß wir uns dadurch würden bewogen finden, alle fernere Unterstützung als überflüssig aufhören zu lassen?

Aber dann war es doch wohl nur eine eingebildete Verbindung zwischen Ursache und Wirkung, wenn sie auch die fremde Hülfe gewissermaßen auf unsere Rechnung schrieben? — Auch das kann ich nicht ganz zugeben. Ist die Fürsorge für erwerbsfähige Arme rechter Art, so wird ihr wohlthätiger Einfluß sich gewiß nicht auf die unmittelbar von ihr ausgehende Unterstützung beschränken. In einer gewerbfleißigen Stadt, wie Hamburg, sind der Kanäle ja viele, durch welche dem Armen der nöthige Unterhalt zufließen kann; nur, daß dieser Zufluß oft durch temporaire Hindernisse gehemmt wird. Da, denke ich nun, ist es unsere Aufgabe, nicht sowohl lauter neue Kanäle zu graben, als vielmehr die vorhandenen von jenen Hemmungen zu befreien, insbesondere aber auch den Armen in die Verfassung zu setzen, ihre Zuflüsse sich zu Nutze zu machen, und in dieser Beziehung ist fast Alles gewonnen, wenn es uns gelingt, in den Leuten jenen frischen und freudigen Muth zu wecken, der im fröhlichen Vertrauen auf Gottes Beistand und Segen sein Berufswerk munter angreift, vor Schwierigkeiten nicht zurückbebt, in der Arbeit selbst seine Lust findet, und seine Ehre darin sucht, selbstständig fremder Hülfe zu entbehren.

Wer übrigens für den Fortgang unserer Sache sich interessirt, der wird mit Vergnügen hören, daß nach dem Vorgange unsers Instituts ähnliche sich gebildet haben an andern Orten, namentlich in unserer Vorstadt St. Georg, in dem benachbarten Altona und Celle. In andern Städten unsers deutschen Vaterlandes ist die Sache in Anregung gebracht, und wird hoffentlich auch bald ins Leben treten.

Bescheidenheit der Stifterinnen jener neu gebildeten Vereine verbietet mir jetzt noch nähere Angaben über ihre Wirksamkeit zu machen, der ich aus vollem Herzen einen reich gesegneten Erfolg wünsche. Nur das Eine erlaube ich mir zu bemerken, daß die freundschaftliche Verbindung, in der wir mit ihnen stehen, sich lediglich auf gegenseitige mündliche und schriftliche Mittheilungen und Berathungen beschränkt, und daß sie ihr Werk zwar nach unserm Vorgange begonnen haben, aber dasselbe keinesweges in sklavischer Nachahmung genau mit dem unsrigen modeln wollen, sondern ihm vielmehr mit verständiger Berücksichtigung der verschiedenen Localität und anderweitig gegebener Bedingungen eine eigenthümliche Form geben. Ja, liebe Mitschwestern, so ist es recht, so muß es sein, so nur läßt von irgend einer Institution der Art der rechte Segen sich erwarten. Wo ein organisches, wo ein geistiges Leben frei sich entwickeln soll, da darf man es nicht in irgend eine bestehende Form einzwängen wollen; es muß und wird die ihm gemäßeste Form schon aus sich selber herausbilden.

Im Jahre **1833** erhielt der Verein ein Legat von **1000** Mck. Nun dürfte vielleicht Einer oder der Andere es mißfällig bemerken, daß wir jenes ansehnliche Geschenk von **1000** Mck. sogleich in den Bestand unserer Casse für die laufenden Ausgaben aufgenommen, und es nicht lieber belegt haben. Zur Erwiederung darauf diene Folgendes: Eben zu der Zeit, als jene Summe uns zukam, war unsere Casse so schlecht bestellt, daß wir in dem Eingehen derselben mit freudiger Rührung eine ganz besondere providentielle Fügung erkennen mußten, da wir nur dadurch in den Stand gesetzt waren, einem armen Weber, den wir so ungerne wollten warten lassen, eine Rechnung von **83** Mck. zu bezahlen, wie auch die Auslagen zu berichtigen, welche die Mitglieder des Vereins in der letzten Woche gehabt. Angegriffen mußte das Capital also werden, das war keine Frage. Ueberdies wurden **400** Mck. gleich davon genommen, und einem unserer Mitglieder zur Verfügung gestellt, zu einem Zwecke, der weiter unten näher auseinander gesetzt werden soll, und für den wir auf die Billigung aller wahren Armenfreunde hoffen.

Uebrigens — soll ich hier meine individuelle Ansicht aussprechen, — so muß ich sagen, daß mir sehr wenig daran liegt, unserm Vereine einen bedeutenden Capitalfond zu verschaffen. Selbst wenn künftig einmal ein noch ansehnlicheres Legat uns zufallen sollte, und wir für den Augenblick uns in keiner pecuniären Verlegenheit befänden, würde ich doch vorschlagen, — ob aber die Majorität der Mitglieder mir darin beifallen würde, kann ich freilich nicht bestimmen, — die Summe nicht zu belegen, sondern sie sogleich anzulegen, zum Bau von Freiwohnungen etwa, zur Errichtung einer Arbeitsanstalt oder dgl. Es dürfte Manchem wohl die Behauptung etwas seltsam vorkommen; mir aber scheint, daß es bei einer Institution, wie die unsrige, die ganz auf Glaube und Liebe gebaut sein soll, eben ganz recht ist, wenn es, so zu sagen, immer nur aus der Hand in den Mund geht. Man fühlt dabei lebhafter, wie bei unserm Werke Alles abhängt von dem immer sich wiederholenden Segen des Herrn; das treibt zum Gebet; man erkennt es bestimmter, wie wichtig es sei, uns das Vertrauen unserer Mitbürger zu erhalten, und das erweckt ein kräftiges Streben, es wirklich zu verdienen.

Wäre unsere Anstalt so fundirt, daß wir gar nicht weiter nöthig hätten, die Wohlthätigkeit des Publikums in Anspruch zu nehmen, so würde ja allerdings von der einen Seite ihr Bestand mehr gesichert sein; aber von der andern Seite, meine ich, würde eine bedeutende Garantie fehlen für ihr Fortbestehen in dem rechten Geiste. Bei der Erkenntniß der menschlichen Schwachheit scheint es mir immer bedenklich, selbst auf dem Gebiete wohlthätiger Bestrebungen zu viel der Willkühr der Einzelnen einräumen; es scheint mir wesentlich, in Allen, die zu solchem Zwecke sich vereinigen, recht lebendig zu erhalten das Gefühl, daß sie nur Verwalter seien eines anvertrauten Gutes, also auf gewisse Weise in ein Verhältniß der Abhängigkeit gestellt gegen ihre Committenten, und diesen zu strenger Rechenschaft verpflichtet. Diese Verpflichtung im Auge behaltend, werden wir auch bei gefüllter Casse nicht abweichen von dem Princip weiser Sparsamkeit, die wir uns zum Gesetze gemacht, wie wir denn aber auf der andern Seite auch bei eingetretener Ebbe in unsern Finanzen die nothwendigen Ausgaben nicht ängstlich scheuen werden. Wir wenden uns dann vertrauensvoll an Einen oder den Andern der wohlhabenden Armenfreunde, deren Zahl in unsrer Vaterstadt ja nicht gering ist, legen ihm unser Anliegen um Unterstützung um so unbedenklicher vor, da wir kein noch allenfalls anzugreifendes Capital im Rückhalt haben, und Gottlob! daß wir es sagen dürfen: wir haben in solchem Falle noch selten eine Fehlbitte gethan.

Daß wir übrigens Beschäftigung aller unsrer Armen, so weit sie dazu irgend fähig sind, unser vorzügliches Augenmerk sein lassen, das ergiebt sich schon beim ersten Blick auf die vorstehende Berechnung unsrer Ausgaben aus dem bedeutenden Uebergewicht der Rubrik des Arbeitslohnes über alle andern Rubriken zusammengenommen. Unser Wahlspruch ist: Bete und arbeite; beides gehört zusammen, keines darf sein ohne das andere. Sollte hier aber eine Trennung Statt finden, so würde uns das Arbeiten ohne Beten noch lieber sein, als das Beten ohne Arbeiten, vorausgesetzt natürlich, daß diese Unthätigkeit nicht gerechtfertigt wäre durch ein physisches Unvermögen. Nicht als ob die dem äußern, praktischen Leben zugewendete Richtung des Gemüthes in unsern Augen an sich einen höhern Werth hätte, als das, wodurch der Mensch sich bewußt wird seiner Verbindung mit dem, was unsichtbar und ewig ist; aber es ist uns eine ganz undenkbare Sache, daß eine dem Himmel zugekehrte Richtung ohne heiligenden Einfluß bleibe auf die irdischen Verhältnisse, und namentlich auf die treue Abwartung des irdischen Berufs. Wo wir also eine äußerliche Gottesfurcht sehen ohne solchen Einfluß, da glauben wir uns zu dem Urtheil berechtigt, daß sie nur ein eitles, lügenhaftes Vorgeben sei, und mehr, als die stumpfeste Gleichgültigkeit, als der entschiedenste Widerspruch gegen heilige und göttliche Dinge ist ihre heuchlerische Profanation, ist ein jedes Gewerbetreiben mit der Gottseligkeit in tiefster Seele uns verhaßt.

Zu den schon im vorigen Berichte aufgeführten Arten der Beschäftigung für unsere Armen ist in diesem Jahr noch das Seidenzupfen gekommen, wodurch manche zu jedem andern Erwerbe durchaus unfähige Person sich zu ihrer großen Freude einen wöchentlichen Verdienst von 8 fl. verschaffen kann. Dieß ist nämlich das Maximum, daß wir einem Individuum auf diese Weise zu verdienen geben, und wofür denn ein Viertelpfund gezupfte Seide geliefert werden muß. Manche Alte, mancher Kranke könnte in 8 Tagen wohl mehr als das fertig schaffen; aber da die Personen, denen wir diese Beschäftigung zuweisen, in der Regel schon von Seiten der Armenanstalt bedeutende Unterstützung erhalten, so scheint uns jener Zuwachs ihrer Einkünfte vollkommen hinreichend; es möchte auch, falls Jeder so viel liefern könnte, wie er Lust hätte, unser Vorrath an altem Seidenzeuge zu bald erschöpft werden, und gegen unsere Absicht, die gesunden Mitglieder einer Familie, die doch einer mehr anstrengenden Arbeit fähig sind, diese leichte Beschäftigung erwählen.

Was übrigens, mit Ausnahme dieses Seidenzupfens, von unsern Armen verdient wird, ist immer unsern andern Armen wieder zu Gute gekommen, da es unser Princip ist, so viel möglich immer von dem Einen fertigen zu lassen, was wir für die Andern brauchen. Auch die für unsere Rechnung fabricirte Leinwand, die wir anfangs aller ings zu verkaufen dachten, ist bis dahin immer noch für unsere Armen verbraucht worden, und reichte kaum noch für ihre Bedürfnisse hin. Daß ein weiblicher Verein dieses Bedürfniß mit besonderer Sorgfalt berücksichtigt, wird gewiß jedermann natürlich finden. Wie könnten wir, ohne unser Geschlecht zu verleugnen, Ordnung und Reinlichkeit unbeachtet lassen? Und wie mit Erfolg darauf dringen, wo es an der nothwendigen Wäsche fehlt?

Einen bedeutenden Artikel in der Ausgabe des Arbeitslohns macht auch die Bezahlung der Wäsche für solche Arme, die wegen gichtischer oder anderer Uebel nicht im Stande sind, sie selbst zu besorgen, der Tagelohn, den wir unsere armen Frauen verdienen lassen bei armen Kranken, die ihre häuslichen Geschäfte nicht selbst wahrnehmen können, und der Aufwartung bedürfen. Zu dem Allen kommt denn aber noch, was wir unsere Armen für uns selbst, für unsere Privatrechnung arbeiten lassen, und der Verdienst, den wir ihnen durch Empfehlung bei Andern verschaffen. Sehr erfreulich ist es uns, daß die Gelegenheiten, auf diesem Wege sie zu beschäftigen, sich für uns gemehrt haben, da Manche, die einen Arbeiter oder eine Arbeiterinn, ein Dienstmädchen u. s. w. brauchen, sich an uns wenden; bei mehreren Individuen ist es uns gelungen, ihnen auf diese Weise ein bleibendes Unterkommen oder einen fortgehenden Erwerb auszuwirken.

Endlich haben wir noch 200 Mck. von dem Ertrage der oben erwähnten, zu unserm Besten veranstalteten Lotterie, und 400 Mck. von jenem uns zugefallenen Vermächtnisse einem unserer Mitglieder zur Verfügung gestellt, zu einem Zwecke, der gleichfalls nur möglichste Beschäftigung unserer Armen beabsichtigt. Wer irgend verkäufliche Waare zu fertigen im Stande ist, sich aber für den Augenblick arbeitslos sieht, und auch von uns nicht füglich auf eine der oben erwähnten Arten beschäftigt werden kann, der erhält von uns eine Bestellung in seinem Fache. Die fertigen Arbeiten werden an jenes Mitglied abgeliefert, und sogleich nach mäßiger Schätzung bezahlt. Haben wir nun von solchen Arbeiten eine hinreichende Menge beisammen, so denken wir davon in einem uns dazu schon gütigst versprochenen Locale eine Ausstellung zu machen, und den Verkauf persönlich zu besorgen, worüber denn zu seiner Zeit das Nähere angezeigt werden wird in den wöchentlichen gemeinnützigen Nachrichten.

Es könnte hier gefragt werden, ob nicht derselbe Zweck erreicht würde, wenn die Leute die Erzeugnisse ihres Fleißes in unsern Industriemagazinen, Mobilienniederlagen u. s. w. niederlegten; aber dagegen geben wir zu bedenken, wie auf diesem Wege doch immer ein bedeutender Theil des Gewinnes nicht den Arbeitern, sondern vielmehr den Verkäufern zufällt, und wir also, indem wir zu gleichen

Preisen verkaufen, unsern Armen doch einen größern Verdienst zuwenden können; und dann haben sie bei uns den großen Vortheil, daß sie ihrer Bezahlung gewiß sind und sie sogleich erhalten, da sie hingegen, wenn sie ihre Arbeiten in Commission geben, oft Monate lang darauf warten, und auch noch das Risico stehen müssen, ob sie überhaupt verkauft werden oder nicht. Auf solches Warten ist ja aber eben die Lage der Armen einmal gar nicht eingerichtet, und darum müssen sie so oft, was sie mit saurem Schweiße gefertigt, weit unter seinem wahren Werthe wegschlagen.

O wenn doch Diejenigen, die eines solchen wohlfeilen Kaufs, der nur in der höchsten Bedrängniß der Armen motivirt ist, sich freuen, es ernstlich bedenken möchten, wie viele Seufzer und Thränen an den paar Schillingen haften, die sie auf diese Weise erspart! — Ich kenne Leute, die nichts weniger als karg, wo es darauf ankommt, gemeinnützige Anstalten durch Geldbeiträge zu unterstützen, oder auch einzelnen Armen ein Almosen zufließen zu lassen, sich gleichwohl nicht enthalten können, mit den Armen, die für sie arbeiten, bis aufs Blut zu dingen. Sie meinen, es gehöre das nun einmal nothwendig zu einem guten Haushalten! O möchten sie doch einmal ernstlich erwägen, ob denn auch diese Art der Oekonomie verträglich ist mit den einfachsten Principien einer weisen Humanität, der sie ja doch sonst keineswegs ihr Herz verschließen.

Uebrigens wird Jeder einsehen, daß mit den 600 Mck., die wir zu dem hier angegebenen Zwecke ausgesetzt, nicht große Dinge ausgerichtet werden können. Es ist nur ein Versuch im Kleinen. Vom ersten Beginn unsers Unternehmens haben wir festgehalten an dem Grundsatz, es nicht von vorn herein aufs Große und Weitumfassende anzulegen, sondern Alles bescheiden im Kleinen anzufangen, den Umfang unsers Wirkens genau zu berechnen nach der Summe der uns verliehenen Kraft. Ist, so denken wir, in dem unscheinbaren Keime nur ein gesundes organisches Leben, so wird sich nach den Gesetzen der Natur und durch den Segen von oben zu seiner Zeit schon ein kräftiger schattender Baum daraus entwickeln; durch Treibhauswärme aber ihn groß ziehen wollen vor der Zeit, ist seinem Gedeihen gewiß eher schädlich als förderlich. (4)

Daß durch Beschäftigung der Armen vortheilhaft auf ihre Moralität gewirkt werde, darüber sind wohl Alle einverstanden, welche die Armenpflege jemals zum Gegenstande ihres Nachdenkens gemacht. Aber sollte nun auch wohl sonst noch von unserm Verein

ein auf die Sittlichkeit der Armen wohlthätig einwirkender Einfluß ausgehen? Ich getraue mir, diese Frage bejahend zu beantworten.

Zuvörderst rechne ich hieher die Auszeichnung, die von unsrer Seite der Classe der rechtlichen Armen zu Theil wird. Daß dieser von uns angenommene und mit möglichster Consequenz durchgeführte Grundsatz unter den Armen selbst zu ziemlich allgemeiner Kunde gekommen, glaube ich daraus schließen zu dürfen, daß wir verhältnißmäßig so wenig Zudrang haben von wirklich schlechtem Volke. Immer freilich melden sich nur allzu viele Arme um Aufnahme bei der Vorsteherinn, die wegen Beschränktheit der Mittel abgewiesen werden müssen, was ihr doppelt schwer wird in den vielen Fällen, wo die Leute nur um Beschäftigung ansuchen*); immer mögen ja

*) Der Satz, den man bisweilen aussprechen hört: „Wer in Hamburg nur arbeiten will, der kann auch Arbeit finden," ist freilich sehr bequem, unser Gewissen zu beruhigen, wenn wir einen uns überlästigen Armen von uns weisen wollen; nur Schade, daß dieses, wie so manches andere für unfehlbar ausgegebene Axiom bei näherer Untersuchung nicht Stich hält, sondern durchaus unwahr ist, wie ich das mit vielen Proben belegen könnte. Hier nur ein Beispiel aus vielen: Eine noch junge Frau kam zu der Vorsteherinn, der Verzweiflung nahe, weil sie bei dem besten Willen zu arbeiten nicht hinlängliche Beschäftigung finden könne, um für sich, ihren lahmen Mann und ihr vierjähriges Kind den nöthigen Unterhalt zu erwerben; ihr fester Verdienst belaufe sich in der Woche nur auf 10 ßl.: jeder andere Erwerb sei nur zufällig, und jetzt seit mehreren Wochen ihr ganz ausgegangen; gleichwohl könne sie, jung und arbeitsfähig, wie sie sei, von Seiten der Armenordnung keine wöchentliche Unterstützung erhalten. Sie ward aufgenommen, und ihr Beschäftigung zugewiesen. Für den doch gewiß mäßigen Tagelohn von 8 ßl. ward sie in den Haushaltungen armer Kranken zum Waschen, Scheuern und als Krankenwärterinn gebraucht. Und siehe da! sie erwies sich als die rüstigste, unermüdetste Arbeiterinn, der es z. B. nicht zu viel ward, nachdem sie den ganzen Tag auf der Bleiche gearbeitet, die Nacht noch bei armen Kranken zu wachen, die ihre Aufmerksamkeit und Sorgfalt rühmten. Nach dieser gemachten Probe konnte sie nun wohl in herrschaftliche Häuser empfohlen werden; sie ward es, und ist jetzt jeder drückenden Noth enthoben. Wie, wenn wir diese Frau nun ihrem Schicksale überlassen, ihr gesagt hätten: „Geht nur, wenn Ihr ernstlich arbeiten wollt, so werdet Ihr schon Arbeit finden"? — wäre es wohl vernünftiger Weise zu präsumiren, daß sich ihre Verhältnisse dann eben so günstig gestellt hätten? Es fehlte ihr ja durchaus an Connexionen; sie hatte sich ja schon allenthalben nach Arbeit umgesehen; aber alle ihre Bemühungen waren ver-

auch unter diesen sich vergeblich Meldenden Manche sein, die nicht viel taugen; aber doch glaube ich hinreichende Gründe zu haben zu der Annahme, daß von dem eigentlichen Armengesindel nur Wenige den Versuch machen, bei uns aufgenommen zu werden; sie wissen es, daß sie sich damit nur eine ganz vergebliche Mühe machen würden.

Nun glaube ich freilich keinesweges, daß die Aussicht auf eine bei uns zu hoffende Unterstützung für die Schlimmen ein hinreichend mächtiges Reizmitel sein könne, um sie zu bewegen, ihren bösen Weg zu verlassen; aber für die Guten, denke ich, ist jene Auszeichnung eine Aufmunterung, eine Ermuthigung, im Guten zu beharren, und damit ist nach meiner Meinung schon viel gewonnen. Die Verzagtheit, die so leicht zu einer stumpfen Apathie führt, ist auch für die bessere Classe der Armen eine der gefährlichsten Klippen. Ach, und wenn wir ihnen nicht freundlich entgegen kommen mit Rath und Hülfe, wie viel Entschuldigung haben sie da nicht, wenn sie an dieser Klippe scheitern, und wer unter uns dürfte da in stolzem Selbstvertrauen den ersten Stein aufheben wider sie, und sie richtend verdammen?

Vor solcher Verzagtheit also unsere Armen zu bewahren, und diejenige Energie in ihnen zu wecken, die erfordert wird zu einem ausdauernden Kampf gegen die Gewalt ungünstiger Umstände, darauf ist unser Streben gerichtet. Mehr aber, als man gemeiniglich glaubt, wirkt zu Erreichung dieses Zweckes schon die ihnen bewiesene herzliche Theilnahme. Wer kalt sich weggeworfen sieht von Andern, kommt, wenn nicht schon ein recht lebendiger Glaube in ihm ist, an eine höhere, denn der Menschen Liebe, leicht dahin, muthlos sich selber wegzuwerfen; wo ihm nun aber eine mitleidige, rathende und helfende Liebe entgegen tritt, mit ihm seine bedrängte Lage sorgfältig überdenkt, mit ihm den verborgenen Hülfsquellen nachspürt, die ihm bei Aufbietung eigener Kräfte noch etwa möchten eröffnet

---

geblich gewesen. Spricht also nicht die Wahrscheinlichkeit dafür, daß sie ohne unsere Vermittelung von einer Stufe der Noth zur andern hinabsinkend, sich bald würde genöthigt gesehen haben, ein Stück ihres Hausraths nach dem andern, und zuletzt auch ihre ordentliche Kleidung zu versetzen oder zu verkaufen? Und dann, wenn sie wegen Mangels an anständiger Kleidung, überdies verzagt und an aller Hülfe verzweifelnd, sich nirgends mehr hätte mögen sehen lassen, ist es zu vermuthen, daß dann ihr Schicksal eine günstigere Wendung würde genommen haben?

werden, da dringt wieder ein Strahl der Hoffnung in sein armes Herz, Muth und Vertrauen kehren in seine Brust zurück, und die ihm gegebene Ueberzeugung, daß es noch Menschen giebt, denen sein Elend nicht gleichgültig, die sich mit Wärme für ihn interessiren, erleichtert ihm den Glauben, daß er nicht aufgehört habe, Gegenstand der allerweisesten und allerliebreichsten göttlichen Fürsorge zu sein.

Es ist gegen mich die Bedenklichkeit erhoben worden, ob unsre so specielle Einmischung in die Angelegenheiten der Armen nicht auch ihre nachtheiligen Folgen haben könne, ob die Leute dadurch nicht etwa verwöhnt werden möchten, immer nur Andre für sich denken und rathen zu lassen. Dieser Einwurf, scheint mir, findet in dem oben Gesagten seine hinreichende Erledigung, da es daraus wohl zur Genüge erhellen wird, daß wir es keinesweges darauf anlegen, unsere Armen beständig an einem moralischen Gängelbande zu leiten, sondern vielmehr zu freier Selbstthätigkeit sie anzuregen. Hier indessen noch ein Wort über diesen Gegenstand: Daß alle rechte Armenpflege mehr oder minder den Charakter einer vormundschaftlichen Fürsorge tragen müsse, das wird wohl niemand in Abrede stellen, der einigermaßen bekannt ist mit der Stellung unserer Armen, und insbesondre mit der Stufe moralischer und intellectueller Bildung, auf der sie sich der großen Mehrzahl nach befinden. Nun aber giebt es in vormundschaftlicher Leitung einen großen Unterschied; es giebt eine solche, die darauf zielt, oder wenigstens den Erfolg hat, den ihrer Pflege Befohlenen in ewiger Unmündigkeit zu erhalten, dahingegen jeder weise und gewissenhafte Vormund darauf hinarbeitet, eine rechtzeitige Emancipation seines Mündels herbeizuführen. Daß es unser Wunsch wenigstens ist, in unserm Wirken diesem Letzteren zu gleichen, bedarf wohl kaum noch der Erwähnung.

Auf Eines möchte ich hier noch aufmerksam machen, wovon ich mir einen günstigen Einfluß auf die Moralität unserer Armen verspreche: es die ist Verbindung, in die wir sie unter einander setzen, die Gelegenheit, die wir ihnen geben, unter einander sich Liebe und Treue zu erweisen. Aber die von ihnen geleisteten Dienste werden ihnen ja bezahlt! Ist denn da irgend etwas Anderes im Spiel, als berechnender Eigennutz? — Ich will es nicht verhehlen, daß gerade von dieser Seite der Plan unserer Institution von einem sehr geschätzten, thätigen und verständigen Armenfreunde angegriffen ward. „Das ist es, sagte er, was mir bei meinem Verkehr mit dem Armen noch am meisten Freude macht: die Wahrnehmung, wie oft Nachbarn und Verwandte einander bei vorkommenden Krankheitsfällen in uneigennütziger Liebe beistehen; durch den von Ihnen beabsichtigten Verein werden diese Liebeserweisungen überflüssig gemacht, und wird also den Armen eine schöne Gelegenheit veredelnder Tugendübung genommen werden.“ — In der That, ein Einwurf, der wohl die ernstlichste Berücksichtigung verdient! Ich glaube es sagen zu dürfen, daß er sie bei mir gefunden, daß ich ihn reiflich erwogen, und daß ich ihn bei unserm Wirken stets im Auge behalten. Sei es mir denn nun erlaubt, die Resultate meines Nachdenkens und meiner Erfahrung in diesem Punkte darzulegen.

Zuerst muß ich sagen, daß es uns nur sehr selten vorgekommen, daß den Kranken, ohne unsere Dazwischenkunft, die ihnen nöthigen Handreichungen und Hülfsleistungen unentgeltlich geschehen: in der Regel müssen sie Alles, jeden Weg zum Arzte z. B. mit 1, auch wohl 2 ßl. bezahlen; und Ausgaben dieser Art sind es, welche großentheils dazu beitragen, daß so oft die längere Krankheit der Armen, insbesondere armer Wittwen, die Epoche wird, von der der völlige Verfall ihres kleinen Haushalts sich datirt. Und dürfen wir, wenn wir auf diejenigen sehen, die sich bezahlen lassen, hier gleich über niedrigen Eigennutz schreien? Sind die Nachbarn der Armen nicht auch Arme, denen oft sauer wird, mit ihrer Familie durchzukommen, und denen die Sorge für diese in manchen Fällen es fast zur Pflicht macht, für die Versäumniß ihres sonstigen Erwerbes eine billige Vergütigung zu forden?

Mitunter indessen haben wir es wirklich gefunden, daß die nöthige Aufwartung und Pflege der Kranken von gutmüthigen Nachbarn oder nahen Angehörigen besorgt wurde, und dann haben wir es auch dabei bewenden lassen, wie wir überhaupt nicht gerne etwas thun möchten, wofür schon von anderer Seite hinlänglich gesorgt ist, oder doch gesorgt sein sollte, daher wir auch, wo nach unserer Einsicht nahe Verwandte im Stande sind, sich einander den nöthigen Beistand zu leisten, so leicht keine bezahlte Hülfe gewähren. Aber wo nun auch diese, weil für nöthig erachtet, von uns bewilligt ist, sollte kein Raum mehr bleiben für die Uebung nachbarlicher und verwandtschaftlicher Liebe? Ach, ich dächte doch; die Bedürfnisse armer, von Krankheit heimgesuchter Familien sind ja groß und mannichfaltig, und ihnen allen abzuhelfen, würde, wenn wir es auch wollten, das Maaß unserer Kräfte bei Weitem übersteigen. Das geben wir denn auch, wenn die Gelegenheit dazu sich darbietet, gutgesinnten Nachbarn und Freunden der Armen zu erkennen, und fordern sie auf, ihre Kräfte mit den unsrigen zu möglichster Abhülfe der vorhandenen Noth zu vereinigen. In der Regel werden die Leute durch solche Aufforderung sich geehrt fühlen, und in den kleinen Hülfen, die sie gewähren können, eher eifriger werden, als lässiger.

Und nun die Frauen, die von uns für Aufwartung der Kranken u. s. w. bezahlt werden, ist ihnen nicht die schönste Gelegenheit gegeben, Liebe und Treue zu beweisen? Wie? oder sollte der bezahlte Dienst, nur darum, weil er bezahlt wird, nicht zugleich auch ein Liebesdienst seyn können? — Wo gerathen wir hin, wenn wir diesen Satz aufstellen! Müßten wir dann nicht auch dem Armenarzte, der seiner armen Kranken mit der treuesten Sorgfalt sich annimmt, dem Armenschullehrer, der Tag und Nacht darauf sinnt, wie er die ihm anvertraueten Seelen bereiten möge für das Himmelreich, das Verdienst der Liebe absprechen, weil ihnen ja für ihre Bemühungen ein, wenn auch nur sehr mäßiges Honorar zugesichert ist? Wem aber könnte es auch nur einfallen eine solche Ungereimtheit im Ernste zu behaupten?

Aber dagegen fragt es sich, ob durch jene von uns herbeigeführten Relationen der Armen unter einander nun auch wirklich die Liebe befördert, ob dadurch nicht vielmehr Neid und Eifersucht oder andere gehässige Collisionen angeregt sind. Allerdings darf ich es nicht verschweigen, daß dergleichen mitunter vorgekommen, daß es bisweilen Reibungen gegeben zwischen Denen, welche Dienste empfangen, und Denen, welche sie leisten sollten. In solchen Fällen suchten wir dem Uebel möglichst zu begegnen, indem wir uns entschieden weigerten, kleinlichen Angebereien unser Ohr zu leihen. Wie es gewiß ein Mißgriff in der Erziehung ist, wenn man jeden kleinen Streit der Kinder unter einander vor das richterliche Forum der Eltern und Lehrer bringt, so scheint es mir auch bei Erwachsenen in sehr vielen Fällen das sicherste Mittel, sie zu Frieden und Einigkeit zurückzuführen, wenn man keiner Parthei in ihren Klagen Gehör giebt, sondern nur beide ermahnt, in Liebe einander zu tragen und nachzugeben. Wollte es denn aber damit nicht gelingen, so trennten wir sie lieber, gaben der Kranken eine andere Person zur Bedienung, und der Gesunden eine andere Anstellung, Beide bedeutend, daß je nachdem in diesen neuen Verhältnissen nun wieder neue Klagen über sie einlaufen würden oder nicht, unser Urtheil sich bestimmen würde, auf welcher Seite vornähmlich die Schuld des Streits gelegen.

Doch nun darf ich auf der andern Seite auch sagen, daß diese

Streitfälle bei uns wirklich zu den Ausnahmen gehören, und daß die Erfahrungen, die als Belege dienen können, wie durch unser Wirken bei den Armen ein Sinn freundlicher Theilnahme an fremder Noth geweckt werde, überwiegend sind. Nicht selten geschah es, daß arme Frauen, die wir in die Wohnungen geschickt, die beredten Fürsprecherinnen wurden für diese, wobei sie auszugehen pflegten von der Aeußerung: ob es ihnen selbst wohl traurig gehe, so sei hier doch die Noth noch größer. In einer sehr armen Familie war eine Wiege nöthig, und die Anschaffung derselben von Seiten des Vereins schon beschlossen; ehe sie aber noch besorgt werden konnte, war dem Bedürfniß schon von anderer Seite abgeholfen; und von welcher? Von einer armen Frau, der wir die Besorgung der Wäsche für jene Familie übertragen hatten, und die ungeheißen ihre alte Wiege hergegeben, wobei sie sich bei einem Mitgliede des Vereins darüber entschuldigte, daß sie nicht früher daran gedacht, daß sie ja damit aushelfen könnte; dafür eine Vergütung in Anspruch zu nehmen, fiel ihr nicht ein. Eine alte Jungfer, die sich aufs allerkümmerlichste behilft, ward von einem besuchenden Mitgliede gefragt, was sie von Seiten des Vereins sich wünsche *)? Ihre Antwort war, daß sie für sich nichts zu wünschen habe; wollten wir ihr aber eine Liebe erweisen, so möchten wir doch einem armen Schuster in ihrer Nachbarschaft einigen Verdienst verschaffen.

Daß Züge, wie diese, denen ich Gottlob! noch manche ähnliche beifügen könnte, uns innig erfreuen, bedarf wohl nicht erst der Versicherung. Aber, möchte hier gefragt werden, steht denn dieser Lichtseite keine Schattenseite gegenüber? Ist den Mitgliedern des Vereins in ihrem Wirkungskreise unter den Armen denn nicht auch viel Schlimmes und Verkehrtes aufgestoßen? Sind sie nicht betrogen worden? Hat es da an betrübenden und niederschlagenden Erfahrungen gefehlt? — Wer, wenn wir uns vermessen sollten, diese Frage zu verneinen, wer würde wohl beschränkt genug sein, unsern Versicherungen Glauben beizumessen? Fürwahr, es gehört kein hoher Grad von Welt- und Menschenkenntniß dazu, um a priori überzeugt zu sein, daß, wer etwas wirken möchte für die leidende Menschheit, sich gefaßt halten muß, auf tausend Hindernisse

*) Bei der großen Bescheidenheit dieser Armen konnte wohl füglich die Frage an sie gestellt werden; in der Regel, versteht es sich, ist es nicht rathsam, auf so directe Weise die Leute zu Wünschen zu veranlassen.

zu stoßen, die er mit dem besten Willen nicht aus dem Wege räumen kann, weil sie eben nicht in den äußern Verhältnissen, sondern in der Persönlichkeit der Hülfsbedürftigen begründet sind.

Ja, auch wir haben solche Steine des Anstoßes gefunden auf unserm Wege, und sind betrübt worden dadurch; aber das glaube ich im Namen aller meiner Mitschwestern hinzufügen zu dürfen, eine bleibende Verstimmung gegen die Armen überhaupt, eine verzagende Muthlosigkeit in unserm Berufe haben sie in uns nicht gewirkt. Wurden doch jene betrübenden und niederschlagenden Erfahrungen durch Erfahrungen entgegengesetzter, erfreulicher Art nicht allein aufgewogen, sondern, nach meiner Schätzung wenigstens, bei Weitem überwogen? Und dann, sehen wir viel Verkehrtes und Schlimmes bei unsern Armen, so sehen wir zugleich auch in ihren früheren Lebensverhältnissen, in ihren häuslichen Umständen, in ihrer ganzen Lage, womit wir uns ja so genau als möglich bekannt zu machen suchen, immer gar Manches, was sie in unsern Augen nicht rechtfertigt, aber wohl entschuldigt, und wodurch denn das Gefühl des Unmuths in die sanftere Empfindung des Mitleids verwandelt wird.

Nur glaube man nicht, daß dieses Mitleiden den Sinn für Recht und Wahrheit in uns abstumpfe. Nein, Gott bewahre uns vor jener seinsollenden, schwächlichen, alles sittlichen Ernstes ermangelnden Liebe, die kein strafendes Wort auszusprechen vermag, die den Unterschied zwischen Recht und Unrecht aufhebt, die Böses gut und Finsterniß Licht heißt, und die niemals wehe thun mag auch wo das Wehethun gerade höchste Wohlthat ist. Wie keine gesegnete christliche Kinderzucht mag gedacht werden, ohne heilsame Strenge, so auch, meinen wir, keine gesegnete christliche Armenpflege. Nachdrückliche, ernste Verweise, temporaire, und bei fortgesetztem Mißverhalten völlige Entziehung der gewährten Unterstützung, das sind die Strafmittel, zu deren Anwendung wir uns nicht allein befugt, sondern in manchen Fällen streng verpflichtet halten, vornähmlich aber da, wo die Armen darauf ausgehen, durch Lug und Trug reichere Spenden der Wohlthätigkeit zu erpressen. In solchem Falle halten wir es für unsere Pflicht, nicht allein die aus unserer Kasse fließende Unterstützung aufhören zu lassen, sondern auch andern Gebern, deren Gutmüthigkeit von jenen Leuten gemißbraucht wird, die Augen über ihre Unwürdigkeit zu öffnen.

Nur Eines liegt mir zu nahe am Herzen, als daß ich es zum Schlusse nicht noch mit ein paar Worten berühren sollte. Es ist der Segen, nicht den wir stiften, sondern den wir in unserm Wirken selbst empfangen. Ja, ich glaube nur das treue Organ zu sein jedes einzelnen Mitgliedes unsers Vereins, wenn ich es auszusprechen wage, daß wir Alle aus den Wohnungen unserer Armen einen schönen und reichen Gewinn für uns selbst mit nach Hause bringen, einen Gewinn, der unserm Leben eine höhere Bedeutung, und eben dadurch uns selbst einen fröhlicheren Lebensmuth verleiht.

Wie Manches giebt es hier nicht zu lernen, das auch für andere Lebensverhältnisse seinen entschiedenen, praktischen Nutzen hat! Wie lernen wir hier alles Menschenwesen, dessen Eigenthümlichkeit bei unsern Armen noch nicht, wie in den höhern Ständen unter dem Firniß geselliger Ausbildung versteckt ist, richtiger würdigen! Wie manche Wahrheit unseres christlichen Glaubens tritt uns hier, weil durch das Leben bestätigt, mit siegreicher, überzeugender Kraft entgegen! Und indem wir unsern armen bedrängten Brüdern und Schwestern die Tröstungen des Evangeliums bringen, wie innig wird da von uns selbst die Himmelskraft dieser Tröstungen empfunden! Indem wir sie hinzuweisen suchen auf das Eine, das den Sinn zu erheben vermag über alle Erdennoth, wie mächtig wird da das Bedürfniß angeregt, auch für uns selber uns umzusehen nach diesem Einen, das Noth ist!

Zwar, von einer ernsten, sehr ernsten Seite lernen wir das Leben kennen; aber kann denn irgend ein denkender Mensch diesen Ernst ganz von sich abweisen? Und wenn er es könnte, sollte das der Weg sein zu wahrer Weisheit, zu wahrem Lebensgenusse? Nein, uns erscheint die heiterste Lebensweisheit bedingt durch ein inniges Ergreifen seines tiefsten Ernstes. Weder der Licht- noch der Schattenseite unserer Erdenwelt soll unser Auge ausschließend zugekehrt sein; wir fassen sie beide in einen Blick zusammen, und zwar von dem Standpunkte aus, auf den uns unsere Bibel stellt. Sie lehrt uns erkennen die nothwendige Verbindung zwischen Sünde und Elend; aber in dem leiblichen Elende zeigt sie uns zugleich die Gnadenhand unseres Gottes und Heilandes, der die gefallene Menschheit auch auf Dornenpfaden einem ewigen Heile entgegenführt. In dieser Anschauung des Glaubens lösen sich auch die dunkelsten Räthsel des Lebens, und in dem höchsten Erdenjammer erblicken wir hoffend eine Stufe künftiger Herrlichkeit. So aber kann sein Anblick uns auch nicht niederdrücken; nur eine mächtige Anforderung finden wir in ihm, zu helfen und zu dienen nach dem Maaße der Kraft, das uns der Herr verliehen, ob es ihm etwa gefallen möge, uns zu Werkzeugen des Segens zu machen, in seiner

Hand. Denn nicht die Noth allein, auch die Hülfe aus der Noth, sonderlich wo in dieser Hülfe eine Kraft der Liebe sich offenbart, bildet — das mag wohl aufgestellt werden als unbestreitbare Wahrheit — einen wesentlich integrirenden Theil in dem großen Menschenerziehungsplane unseres Vaters da droben. O wie sollen wir es ihm genug verdanken, wo er die hohe Lust uns gönnt, auch das Geringste nur zu wirken in seinem Reiche, zu seiner Ehre! Und was ist Gnade, wenn es das nicht ist!

Weit dehnt das Feld unserer Wirksamkeit sich vor uns aus; klein und gering ist die Summe dessen, was durch unsere Bemühungen auf demselben ausgerichtet ist, gegen die unendlich größere Summe dessen, was noch übrig bleibt zu thun. Ja, auch was durch uns hätte geschehen können, ist nicht immer geschehen. Wir Alle — ich glaube nicht, daß eine meiner theuren Mitschwestern von diesem Geständnisse sich wird ausschließen wollen — wir Alle haben wohl in gar manchen Fällen nicht die Liebe, die Thätigkeit, die Weisheit und Sorgfalt bewiesen, die wir hätten beweisen können und sollen; aber, das glaube ich mit Zuversicht hinzusetzen zu können, in uns Allen lebt auch der Wunsch, es künftig besser zu machen, und dem Bilde einer treuen, christlichen Armenpflegerinn, wie es in lichten Zügen unserer Seele vorschwebt, immer ähnlicher zu werden. Wer aber unsere Aufgabe uns lösen hilft, sei es durch Darreichung der materiellen Mittel oder durch fürbittendes Gebet, sei es durch freundlichen Rath oder durch zurechtweisenden Tadel, dem halten wir uns zum Dank verpflichtet, und wo wir solche Dankesschuld nicht abtragen können, da wissen wir einen reichen Vergelter; den wollen wir bitten, daß er es thue an unserer Statt!

Statuten des Vereins.

1) Die Mitglieder des Vereins verpflichten sich zu persönlichen Besuchen der Armen, um ihnen so viel möglich geistig und leiblich aufzuhelfen.

2) In der Regel werden alle Unterstützungen nicht in baarem Gelde, sondern in natura gereicht, ausgenommen natürlich, was die Leute als wohlerworbenen Lohn für die ihnen zugewiesene Arbeit zu fordern haben.

3) Es sollen die von uns ausgehenden Hülfsleistungen eine Auszeichnung sein für die bessere, rechtliche Klasse von Armen, und

deshalb thun wir auch so leicht nichts ohne schriftliche Empfehlung von Seiten achtbarer Personen, bei denen wir schon eine nähere Bekanntschaft mit den häuslichen Verhältnissen der Familie voraussetzen dürfen; vor allen übrigen werden die Empfehlungen der Herren Armenärzte berücksichtigt.

4) Ob die uns empfohlenen Armen zu den eingezeichneten gehören oder nicht, das ist bei uns kein entscheidender Grund für ihre Aufnahme oder Abweisung; nur suchen wir uns genaue Auskunft zu verschaffen, welche Unterstützung die Leute von Seiten der Stadt oder von Privatleuten erhalten, um darnach richtiger berechnen zu können, welche weitere Hülfe für sie noch nöthig oder wünschenswerth. Melden sich Arme zur Aufnahme, ohne schriftliche Empfehlung, von denen aber nach gehabter Unterredung mit ihnen wohl präsumirt werden kann, daß ihr Fall sich für unsre Wirksamkeit eigne, so läßt die Vorsteherinn, falls sie nicht Gelegenheit hat, mit dem behandelnden Arzte Rücksprache zu nehmen, demselben folgendes Schema zukommen, mit dem Ersuchen, es nach seiner Ueberzeugung auszufüllen:

Die Familie   dem weiblichen Verein für Armen- und Krankenpflege empfohlen von:

Gefälligst zu bemerken:

1. ob die Leute zu der Klasse der rechtlichen Armen gehören?
2. ob und welche Unterstützung sie von Seiten der Armenordnung genießen?
3. ob ihre Lage wirklich von der Art, daß eine weitere Unterstützung sehr wünschenswerth?
4. an welcher Krankheit der oder die Kranke leidet?
5. welche Diät dem oder der Kranken zu empfehlen?

5) So weit es irgend ausführbar, geben wir unsern gesunden Armen nicht Almosen, sondern verschaffen ihnen das wohlthuende Gefühl, durch Anwendung der eignen Kraft in nützlichen Beschäftigungen sich selbst ihren nothdürftigen Unterhalt zu erwerben, indem wir sie theils für unsere Rechnung, entweder für uns selbst oder für andere Arme arbeiten lassen, theils auch durch Empfehlung bei Freunden, in Läden u. s. w. ihnen eine Gelegenheit zum Erwerb eröffnen.

6) Was im Uebrigen unsere moralische und religiöse Einwirkung auf die Armen betrifft, so erwarten wir hier das Meiste von dem **Wirken** der Liebe im **Geiste** des Glaubens, einer Liebe also, die gepaart ist mit Wahrheit, Weisheit und Ernst, da hingegen,

nach unserer innigen Ueberzeugung, eine zu weichliche Liebe in den allermeisten Fällen mehr Schaden als Nutzen stiftet. Neben Jenem aber, was uns als Hauptsache erscheint, halten wir doch auch den eigentlichen religiösen Zuspruch nicht für überflüssig; wir ermahnen zur Buße und zur Ergebung, suchen den von der irdischen Noth niedergedrückten Sinn zu dem, das droben ist, zu erheben, ermuntern zur Lesung der heiligen Schrift, zum Besuch des Gotteshauses und zum Genuß des heiligen Abendmahls, und theilen hin und wieder auch Erbauungsschriften mit, alles dieses jedoch bei Kranken, nicht ohne Berücksichtigung ihres Krankheitszustandes, und nie gegen den erklärten Willen des behandelnden Arztes.

7) Die meisten armen Familien werden wöchentlich einmal besucht, einige aber nur alle vierzehn Tage oder drei Wochen, schwer Kranke hingegen wöchentlich zweimal, und erforderlichen Falls auch öfter. Ueber die gemachten Besuche trägt jedes Mitglied einen schriftlichen Bericht nach einem gedruckten Schema in ein für eine jede arme Familie besonders angefertigtes Heft. Dieses Heft wird dann der nächsten Besucherinn eingehändigt, die darin gleichsam eine kurze Uebersicht der Geschichte der Armen, wenigstens nach ihren Verhältnissen zu dem Vereine, findet, und falls etwas von diesen Verhältnissen ihrem Gedächtnisse entfallen sein sollte, nur einen Blick hinein zu werfen braucht, um sich wieder zu orientiren.

8) Jede arme Familie wird wechselsweise von wenigstens drei, und in dem Falle, daß zwei Besuche wöchentlich gemacht werden, von sechs Mitgliedern besucht. Die Vorsteherinn ist verpflichtet, um eine gewisse Uebersicht über das Ganze zu behalten, abwechselnd alle Arme, über die die Fürsorge des Vereins sich erstreckt, zu besuchen, wie in der Regel auch von ihr der erste Besuch bei den neu Aufzunehmenden gemacht wird.

9) Wöchentlich Mittwochs von 3—4 Uhr findet in einem von Herrn Senator Hudtwalcker uns gütigst bewilligten Locale im Stadthause eine Versammlung sämmtlicher Mitglieder Statt, da denn von der Vorsteherinn aus den am vorhergehenden Tage eingeforderten und durchgesehenen Berichten diejenigen Punkte mitgetheilt werden, die eine gemeinschaftliche Berathung erfordern, oder sonst doch ein allgemeines Interesse haben. Zugleich werden auch von ihr den übrigen Mitgliedern die von ihnen im Laufe der künftigen Woche zu machenden Besuche aufgegeben, bei welcher Vertheilung möglichst Rücksicht darauf genommen wird, daß die Wohnungen der Armen nicht zu entlegen seien von den Wohnungen der Besucherinnen.

Bericht.

Auf die vorliegenden Statuten begründete sich die Thätigkeit unsers Vereins, in dem mit dem 13. Mai 1835 abgelaufenen dritten Jahre seines Bestehens. Im Laufe desselben aber haben wir für gut befunden, jenen neun Grundgesetzen noch ein zehntes beizufügen, wovon wir uns nicht wenig für die bessere Organisirung des Ganzen versprechen. Es ist das die Erwählung eines Ausschusses von sieben Mitgliedern, der monatlich einmal von der Vorsteherinn zu einer berathenden Versammlung berufen wird. Als drückender Mangel ward es nämlich empfunden, daß in den wöchentlichen Zusammenkünften sämmtlicher Mitglieder, wo die Zeit kaum ausreichen will für die laufenden Geschäfte, für die nothwendigste Besprechung der einzelnen Fälle, so gar kein Raum blieb für einen freieren Austausch der Gedanken, für gegenseitige Erörterungen, wo es sich um Principien handelt, wo Vorschläge, die auf Verbesserungen zielen, geprüft werden sollen. In solchen Fällen mußte denn zu Vieles der einseitigen Entscheidung der Vorsteherinn überlassen bleiben. Dem ist nun abgeholfen durch jene Einrichtung, die seit November des vorigen Jahres ins Leben getreten ist. Von den durch Stimmenmehrheit erwählten sieben Mitgliedern des Ausschusses sollen jährlich zwei ausgeloost und durch neue Wahlen ersetzt werden, mit der Bestimmung, daß diese Wahlen für dieses Jahr die Ausgeloosten nicht wieder treffen dürfen.

Uebrigens ist zwischen den Mitgliedern des Ausschusses und den übrigen Mitgliedern des Vereins nur der Unterschied, daß **diesen** nur das Recht zusteht, jenen aber die Verpflichtung obliegt, den berathenden Versammlungen beizuwohnen, eine Verpflichtung, die sie, im Falle sie einmal verhindert werden sollten, sie zu erfüllen, für dasmal nach Belieben auf ein anderes Mitglied überzutragen haben. Außerdem hat auch die Vorsteherinn sich das Recht vorbehalten, falls ihr daran liegt, über einen in der nächsten Versammlung zu berathenden Gegenstand die Meinnng dieser oder jener Dame, die nicht zum Ausschusse gehört, zu vernehmen, dieselbe dann noch besonders einzuladen. Die Gegenstände aber, die in diesen Zusammenkünften nach dem Wunsche der Mitglieder zur Sprache gebracht werden sollen, müssen der Vorsteherinn vorher mit ein paar Worten angedeutet werden, damit diese die Sachen in der gehörigen Ordnung vortragen könne. Ist strenge Ordnung in den meisten Fällen wesentliche Bedingung des Gelingens schon bei dem Unternehmen des Einzelnen, so ist ohne sie der glückliche Fortgang eines gemeinsam unternommenen Werks uns ganz undenkbar, und so fürchtet die Vorsteherinn in dieser Hinsicht weniger den Vorwurf einer zu weit gehenden Pedanterie, als den einer zu großen Nachlässigkeit.

Es liegt in der Natur der Sache, wie der hamburgischen Localität, so auch der Anstalt selbst, daß die an sie gemachten Ansprüche sich immer mehr steigern, und daß in der That viel dazu gehört, wenn damit die Vermehrung der uns zu Gebote gestellten Geldmittel immer gleichen Schritt halten sollen. „Ja, wird man uns bemerken, da kommt es darauf an, sich weislich zu beschränken, und die den Armen zu gewährende Hülfe sorgfältig zu bemessen nach der Summe der Mittel, über die man zu gebieten." Gerne räumen wir die Nothwendigkeit dieser Forderung ein; wir suchen die Kunst weiser Beschränkung zu üben; aber daß es uns schwer wird damit, ja, daß sie in manchen Fällen uns eben als der schwierigste Theil unserer Aufgabe erscheint, das können und dürfen wir nicht leugnen.

Als Beweis, daß wir diesen Punkt wirklich im Auge behalten, möge ein in einer der letzten berathenden Versammlungen gefaßter Beschluß dienen, wonach in der Regel die Alten, die ohne eigentlich krank zu sein, nur an Altersschwäche leiden von der Aufnahme bei uns ausgeschlossen sein sollen. Dieser Beschluß wird Vielen auf den ersten Anblick als eine Härte erscheinen; wir glauben ihn indessen hinlänglich motiviren zu können, und zwar theils durch die unserm Vereine zum Grunde liegende moralische Tendenz, theils durch Hinweisung auf das, was von Seiten der allgemeinen Armenanstalt geschieht.

Bei Leuten von 60—70 Jahren und darüber, ist der von unsern gelegentlichen Besuchen zu erwartende moralische Einfluß, — wir sprechen hier aus Erfahrung, — wenn nicht durchaus Null, doch auf jeden Fall nur gering. Arme, die bis zu diesem vorgerückten Alter sich auf der Bahn der Rechtschaffenheit erhalten haben, werden wohl auch ohne unsere Einwirkung bis an ihr Ende auf derselben beharren; von Verkehrtheiten hingegen, die sie bis in ihr Greisenalter begleitet, werden wir sie schwerlich zu heilen im Stande sein. Es versteht sich, daß ich damit keinesweges die Möglichkeit später Bekehrungen leugnen will, noch auch, daß, durch Gottes besondere Gnade vielleicht ein zu rechter Zeit gesprochenes Wort die Veranlassung dazu werden kann: nur meine ich, daß bei dem beschränkten Maaß menschlicher Kräfte, sie nicht unbedenklich allenthalben aufgewendet werden dürfen, wo dadurch möglicher Weise etwas Gutes gewirkt werden kann, sondern vielmehr bei ihrer Verwendung immer Rücksicht darauf zu nehmen ist, wo die größeste Wahrscheinlichkeit eines günstigen Erfolges.

Und was nun die materielle Unterstützung betrifft, so wissen wir ja, daß diese von Seiten der allgemeinen Armenanstalt vorzugsweise den Alten gewährt wird. Freilich giebt es viele rechtliche alte Leute, deren Ehrgefühl sich sträubt gegen die förmliche Einzeichnung, und besonders gegen das damit verbundene Armenbegräbniß, und die deshalb eine von uns ausgehende Hülfe der von Seiten der Armenanstalt ihnen gebotenen weit vorziehen würden. Nun erscheint jenes Ehrgefühl uns allerdings von gewisser Seite achtungswerth, und selbst jenes Vorurtheil gegen das Armenbegräbniß, — wenn es uns gleich in der kaum glaublichen Stärke, die es in vielen Gemüthern hat, als ein höchst merkwürdiges psychologisches Räthsel erscheint, — möchten wir lieber schonen, als strenge richtend verdammen, wenn nicht diese Schonung einen Aufwand von persönlichen Kräften und Geldmitteln erforderte, die von andern Seiten für höhere Zwecke in Anspruch genommen werden. So bleibt es also bei uns, nicht starres, unabänderliches Gesetz, — dazu möchten wir keinen unserer derartigen Beschlüsse stempeln, — aber doch Regel, von der wir ohne ganz besondere Gründe uns keine Abweichung erlauben, daß die nur an Altersschwäche leidenden Armen, und namentlich solche, welche die von Seiten der Armenordnung dargebotene Unterstützung nicht wollen, auch von unsrer Seite nichts zu erwarten haben.

„Die Benennung allgemeine Anstalt, — heißt es in dem neulich erschienenen 50. Berichte derselben, ist es, welche so Viele verleitet, von ihr, und nur von ihr die Abhülfe jeglicher gegenwärtigen und zukünftigen Noth zu verlangen, und dabei vergißt man gewöhnlich, daß neben derselben bei uns so viele andere Wohlthätigkeitsanstalten, jede für speciellere Zwecke, als diese, bestehen, und daß unsere Anstalt nur in soferne eine allgemeine Armenanstalt ist, als ihre Bestimmung dahin geht, überall da einzugreifen, wo der Wirkungskreis jener aufhört."

Wird durch diese Worte das Wesen der allgemeinen Armenanstalt unstreitig richtig bezeichnet, so scheint mir darin zugleich eine Andeutung zu liegen, welche Stellung die richtige für jeden Privatverein. Ein jeder wirke in seinem Kreise, was seiner eigenthümlichen Bestimmung entspricht; aber er verkenne nicht die Schranken seines Gebiets, er wolle nicht thun, was schon geschieht, oder doch geschehen könnte von anderer Seite. Wo dieser Grundsatz nicht im Auge behalten wird, da entsteht, denke ich, leicht Collision und Verwirrung, da fehlt es jedenfalls an weislich berechnender Oekonomie der Kräfte; wo er hingegen aller Vereinsthätigkeit zur Richtschnur dient, da kann die Mannichfaltigkeit dieser Vereine für das Ganze nur ersprießlich sein; einer arbeitet dem andern in die Hand, und in gegenseitiger Anerkennung alles gemeinnützigen Strebens entwickelt sich jener Gemeinsinn, der im Gegensatze gegen die Engherzigkeit, die nur das will gelten lassen, was in *ihrem* Kreise geschieht, wohl als eine der schönsten Blumen anzusehen im Kranze bürgerlicher Tugenden. Nicht umhin können wir, bei dieser Gelegenheit dankbar rühmend zu erwähnen, wie in diesem Geiste die Vorsteher und Mitglieder anderer Wohlthätigkeitsanstalten unserer Vaterstadt, namentlich der Vorschußanstalt und der Warteschulen, uns freundlich die Hand bieten, unsere Empfehlungen gütig berücksichtigend, und überhaupt unsern Wünschen, so viel sich's thun läßt, bereitwillig entgegenkommend.

Hier eine Uebersicht der verschiedenen Arbeiten, für die wir unsere Armen bezahlen.

Dem Weber, Bleicher und Färber	339 Mck.	11 ßl.
(Hiebei ist freilich zu bemerken, daß diese Leute nicht eigentlich zu unsern Armen gehören.)		
Töpferarbeit	2 „	8 „
Tischlerarbeit (Bettstellen, Kinderwagen, Reparaturen u. s. w.)	139 „	— „
Tapezirerarbeit (meistens Seegrasmatratzen zu machen)	49 „	5 „
Schusterarbeit	463 „	5 „
Näh- und Schneiderarbeit	198 „	8½ „
(Alle diese verschiedenen Arbeiten sind von Armen für andere Arme gemacht.)		
Zeugnißbücher zu heften, zu liniiren u. dgl.. . .	7 „	10 „
Federn zu reißen (die Federn selbst sind uns geschenkt, von geringer Qualität, und wieder für die Armen verbraucht)	9 „	2 „
Strickarbeit (meistens Socken für unsere Armen,		
Latus	1209 Mck.	1½ ßl.

Transport	1209 Mck.	1½ ßl.
von unserm Seidengarn, das wollenähnlich, sehr warm und dauerhaft ist)	33 =	5 =
Flachs und Wolle zu spinnen	336 =	14 =
Seide zu zupfen und zu spinnen (das von diesem Garn gewebte Zeug, wie die davon gestrickten Socken sind theils zum Verkauf, theils zum Verbrauch der Armen bestimmt)	789 =	10½ =
Nachtwachen, in den Wohnungen kranker Armen zu waschen, zu scheuern und für sonstige Aufwartung derselben	726 =	15½ =
Wäsche (nicht in den Wohnungen der Armen selbst, sondern auf der Bleiche besorgt, und stückweise bezahlt)	543 =	5½ =
Wasser und Branntweinstrank zu Bädern tragen zu lassen	14 =	5½ =
Strohflechten	20 =	12 =
Botenlohn (die Beiträge einzukassiren, die wöchentlichen Berichte einzuholen u. s. w.) . . .	51 =	12 =
Wege für die Armen, (nach dem Arzt, der Apotheke u. s. w., auch einen lahmen Mann spatzieren zu führen, und rachitische Kinder in Kinderwagen spatzieren zu fahren)	115 =	7 =
	3901 Mck.	8½ ßl.

Hinsichtlich der für die kranken Armen bezahlten Dienstleistungen möchte ich noch das bemerken, daß sie mitunter auch Solchen zu Gute kommen, die nicht förmlich bei uns aufgenommen sind, wenn nämlich der behandelnde Arzt ausdrücklich den Wunsch gegen uns ausspricht, daß dafür von unserer Seite Sorge getragen werde, und er diese Art der Hülfe für ausreichend hält. Die Beköstigung der Aufwärterinnen bleibt jedenfalls immer den Armen selbst überlassen, womit wir uns denn so ziemlich gegen Mißbrauch gesichert glauben, daß nicht etwa die Kranken Dienste begehren, deren sie nicht mehr wirklich benöthigt sind.

Wer übrigens für unser Werk sich interessirt, und die darauf bezüglichen öffentlichen Anzeigen beachtet hat, wird es wissen, daß wir an den nach obiger Specification unsern Armen übertragenen Arbeiten uns nicht genügen lassen, daß wir vielmehr noch anderweitig darauf bedacht sind, sie in Thätigkeit zu setzen, und zwar vornähmlich durch Empfehlungen und durch Aufträge von Arbeiten, die zum Verkaufe bestimmt.

Mit Vergnügen bemerken wir, daß über die durch unsere Empfehlung auf öffentlichem Wege angestellten männlichen Individuen bis dahin noch keine Klage bei uns eingelaufen, mit Ausnahme eines Laufburschen, über den sein Herr sich beschwerte, daß er es an der nöthigen Reinlichkeit fehlen ließ. Wir sorgten für einige Wäsche, machten dem Jungen ernstliche Vorstellungen, und die Klage ist nicht wiederholt. Wenn aber schon mehrere Subjekte auf diese Weise eine Anstellung gefunden haben, so sind doch auch einige unserer Schützlinge, und darunter solche, die wir ganz besonders empfehlen können, noch ohne Versorgung geblieben.

Was den von uns veranstalteten Verkauf der von unsern Armen gefertigten Arbeiten betrifft, so war das Resultat uns überaus erfreulich: innerhalb 8 Tagen verkauften wir für 1309 Mck. 14½ ßl., und waren überdies noch vielfache Bestellungen bei uns gemacht.

Aus dem Munde einer reichen Dame hörte ich einmal das traurige Geständniß: je mehr sie gäbe, desto weniger Freude hätte sie am Geben. Nicht möchte ich hier den verdammenden Ausspruch thun, daß es dieser Frau ganz an Liebe gemangelt; nur auf die rechte Art des Gebens verstand sie sich gewiß nicht, und wo es fehlt an dieser Kunst, da scheint es mir sehr begreiflich, daß man auch bei viel natürlicher Gutmüthigkeit doch des Verkehrs mit den Armen herzlich überdrüssig werden könne. Freilich ist die Erlernung solcher Kunst den Reichen oft durch ihre Verhältnisse sehr erschwert, obwohl sie ihnen gerade doppelt noth ist, da zu ihnen ja gewöhnlich die unwürdigsten Armen am meisten sich hinzudrängen, und recht eigentlich darauf ausgehen, durch Lug und Trug ihnen das Geld aus der Tasche zu locken, um es dann auf eine Weise zu vergeuden, die ihnen selbst nur zum Verderben gereicht. Wer nur öfters seine Güte auf diese Art gemißbraucht sieht, wie erklärlich, daß er endlich im Wohlthun ermüdet!

Aber Gottlob! das ist unser Fall nicht. Ich denke, wir Alle können die Erklärung jener Dame umkehren, und sagen: Je länger wir unser Werk treiben, desto lieber wird es uns. Fester knüpft sich das Band der Liebe zwischen uns und unsern Armen, und mehr und mehr erkennen wir in der Verbindung mit ihnen eine Schule, worin gar Manches sich lernen läßt, das uns nützen kann in Zeit und Ewigkeit. Ja, es bringt diese nähere Verbindung zwischen den höheren und niederen Ständen, wenn sie rechter Art ist, großen

Gewinn für Beide. Oder sollte man etwa fürchten, daß bei den Armen dadurch nur immer gesteigerte Ansprüche hervorgerufen werden möchten, und daß namentlich das ohnehin schon so vorherrschende Streben, den Reichen und Vornehmen wenigstens von ferne in der Kleidung und andern äußerlichen Dingen nachzuahmen, dadurch neue Nahrung finde?

Man fürchte das nicht! — Denn wo tritt jenes verderbliche Streben immer am stärksten hervor? Unstreitig da, wo der Arme es sehen muß, daß alles Ansehen, alle Ehre an jene äußerlichen Dinge sich knüpft, wo die besser Gekleideten um deswillen schon für die Bessern gelten. Wo man hingegen den Aermsten das gelten läßt, nicht, was seine Umstände sind, sondern vielmehr, was er selbst ist als Mensch, da wird ein gewisses Selbstgefühl in ihm erwachen, das ihn mit den Beschränkungen seiner Lage aussöhnt, ihn neidlos hinblicken läßt auf die Vorzüge der höheren Stände, und ihn antreibt, nicht einen höheren Posten anzustreben, sondern vielmehr den ihm angewiesenen niedrigen würdig auszufüllen, nicht vornehmer *scheinen* zu wollen, als er wirklich ist, sondern etwas Tüchtiges wirklich zu sein und zu leisten.

Mit angenehmer Rührung erinnert sich die Schreiberinn dieser Blätter eines Besuchs bei einer armen Familie, wo der Mutter, einer raschen und sonst keinesweges weichmüthigen Frau, durch ein paar freundliche Worte das Herz so aufging, daß sie sich mit einer Thräne im Auge an ihren eilfjährigen Sohn mit der naiven, in treuherzigem Plattdeutsch ausgesprochenen Bemerkung wandte, da sehe er nun wohl, daß es wirklich Leute gebe, die das in der That *glaubten*, was er in der Schule wohl schon gehört habe, daß vor Gott alle Menschen, arm und reich, vornehm und gering, sich gleich seien. Aber vielleicht meinen Manche, daß, indem man den Armen diese Ueberzeugung giebt, man Gefahr laufe, sie die Schranken ihres Standes vergessen zu machen, daß sie sich herausnehmen, was ihnen, wenigstens nach den Regeln der Convenienz, nicht ziemt. Ich kann darauf nur erwiedern, daß mir in dem Kreise meiner Erfahrung dergleichen nicht vorgekommen ist, daß die Armen alle von mir ihnen bewiesene Freundlichkeit immer, mehr vielleicht, als es sein sollte, als Herablassung angesehen, und daß ich über eine zu weit gehende und die äußere Achtung verletzende Dreistigkeit in ihrem Bezeigen nie mich zu beklagen gehabt. Freilich, wo die Freundlichkeit nicht gepaart ist mit Ernst, wo sie einer gewissen würdigen Haltnng entbehrt, da allerdings möchte sie wohl jene verkehrten Wirkungen hervorrufen; sonst hat es damit so leicht keine Noth.

Aber, wenn das auch nicht ist, sollten nicht bei vervielfachter Berührung zwischen Reichen und Armen die Ansprüche der Letzteren auf Hülfe nnd Unterstützung gar leicht sich ungebührlich steigern? Allerdings bedarf es hier der Wachsamkeit; wo, in welcher Klasse, wäre der Mensch nicht geneigt, in seinen Anforderungen an Andre das gehörige Maaß zu überschreiten? Fest gestellter Grundsatz ist es bei uns, daß die Armen nicht verwöhnt werden dürfen, und wo etwa die Weichherzigen unter uns einmal durch Bewilligung des minder Nothwendigen von diesem Grundsatz abweichen möchten, da fehlt es doch immer nicht an verständigen Stimmen, die jene freundlich erinnernd auf die nöthige Beschränkung zurückweisen.

Leichter aber ist es unstreitig, den Armen auch in dieser Hinsicht in den Schranken der Bescheidenheit zu erhalten, wenn er in seiner Wohnung besucht wird, als wenn er seine Klagen und Wünsche immer nur in den Wohnungen der Bemittelten anzubringen hat, wie denn aus diesem Unterschiede überhaupt eine ganz verschiedene Stellung der niedern zu den höhern Ständen hervorgeht, die ich hier mit einigen Worten andeuten möchte.

Der Arme kommt aus seiner engen, dumpfigen Wohnung, wo er mit Noth und Elend zu kämpfen hat, in das Haus eines wohlhabenden Mitbürgers, wo Alles ihm auf Ueberfluß, Bequemlichkeit und Genuß zu deuten scheint. Wie natürlich, daß dieser Contrast ihm das Traurige seiner Lage doppelt fühlbar macht! Er hat die Rede, in der er sein Anliegen vorzutragen denkt, vorher sorgfältig studirt, und versteht sich, um die Wirkung seines Vortrages nicht zu verfehlen, in Schilderung seiner Bedrängniß starke, oft übertreibende Ausdrücke gewählt, die jetzt vielleicht noch verstärkt werden. Der Eindruck, den die in seinen Augen glänzende Umgebung auf ihn macht, läßt ihn den Wohlstand, den Reichthum Dessen, an den seine Bitte sich richtet, so leicht weit überschätzen, und führt ihn zu dem Schlusse, daß eine abschlägige Antwort nur aus Mangel an gutem Willen hervorgehen könne. Aber vielleicht kommt er mit seinem Gesuche gerade sehr zur ungelegenen Stunde; man hat keine Zeit, oder ist doch nicht aufgelegt, sich weitläuftig mit ihm einzulassen. Der studirte Vortrag des Armen ist gewöhnlich weitschweifig; er wird unterbrochen und erinnert, sich kürzer zu fassen; das bringt ihm aus dem Concept; er verwirrt sich, und ohne es zu wollen, wird er vielleicht noch weitläuftiger, als vorher, aber dabei unzusammenhängend und unklar, so daß man am Ende — die Ungeduld ist ohnehin keine aufmerksame Zuhörerinn — nicht einmal deutlich weiß, worauf es denn nun eigentlich ankommt. Indessen, eine Geldunterstützung, weiß man, ist dem Armen immer willkommen, und damit wird er denn abgefunden, wobei man es sich selbst gestehen muß, daß an dieser Gabe der Wunsch, seiner los zu werden, wenigstens eben so viel Antheil hat, als das wirkliche Mitleiden mit seiner Lage, die auch durch solches Almosen keinesweges wesentlich gebessert wird. Der Arme aber nimmt in solchem Falle die dargereichte Gabe nur zu oft als einen, ihm gebührenden, doch ungenügenden Tribut von dem Ueberflusse des Reichen, und in seinem Innern gedemüthigt und verletzt, wird dadurch nur zu leicht auf der andern Seite ein bis zur Unverschämtheit gehender Trotz hervorgerufen.

Weit entfernt bin ich, die thöricht übertreibende Behauptung aufstellen zu wollen, daß es mit jeder in den Häusern der Reichen gewährten Unterstützung eine solche oder doch ähnliche Bewandtniß habe; aber daß solche Fälle vorkommen, und häufig vorkommen, wer möchte das leugnen? Und wenn sie wirklich oft sich wiederholen, sollte denn nicht zum Theil daraus die betrübende Erscheinung sich erklären, die so oft in der bürgerlichen Gesellschaft uns entgegentritt, da Reiche und Arme, anstatt brüderlich mit einander verbunden zu sein, in einer Art feindseliger Opposition gegen einander stehen, indem der Arme so ziemlich jedes Angriffsmittel auf die ihm unerschöpflich scheinende Kasse des Reichen für erlaubt hält, der Reiche aber dagegen sich sichern zu müssen glaubt durch ein beständiges und allgemeines Mißtrauen? — Möchte es mir nun gelingen zu zeigen, wie anders sich die Sache gestaltet, wie Vieles von jenen Uebelständen wenigstens leichter sich vermeiden läßt, wenn die Armen in ihren Wohnungen besucht werden.

Zuvörderst möchte ich darauf aufmerksam machen, wie der Arme, — es wäre denn, daß er zu der Klasse der moralisch ganz Versunkenen gehörte, — durch solchen Besuch sich immer geehrt fühlt, darin immer eine Freundlichkeit der Besuchenden erkennt, die ihn zum Voraus einen günstigen Schluß machen läßt auf ihren guten Willen, ihm, soviel sie können, Hülfe zu gewähren. Die Besuchenden aber haben ihre Zeit sich ausgewählt; sie haben jetzt Muße, sie sind in günstiger Stimmung, mit den Armen sich zu unterhalten; diese, in ihren häuslichen Umgebungen überrascht, haben nicht Zeit, sich erst in künstliche Falten zu werfen; sie geben sich natürlicher, unbefangener; was sie anzubringen haben, wird nicht in vorher bedachter Rede, wie in feierlicher Audienz, sondern mehr gesprächsweise, wie in freundschaftlicher Besprechung mit einem guten Nachbar, vorgetragen; sie fangen an zu klagen; aber sie können sich in ihren Klagen nicht so leicht unwahrer Uebertreibungen schuldig machen, weil die Besuchenden ja so Manches auf der Stelle mit eignen Augen sehen und untersuchen können, und weil sie in ihrer Bekanntschaft mit dem Häuslichen anderer armen Familien einen Maaßstab haben, wornach sich die Lage der Leute richtiger würdigen läßt. Man läßt sich nun in die Details ihres kleinen Hauswesens ein; o wie viele Gelegenheit giebt es da, bald selbst zu lernen, bald freundlich zu rathen und zurechtzuweisen! Durch Uebung erlangt man in diesen Dingen bald einen gewissen Scharfblick, dem das Ungehörige sich so leicht nicht entzieht*). Es werden Bitten vorgetragen, die vielleicht abgeschlagen werden müssen; aber die nun schon in unsern Armen gegründete Ueberzeugung, daß wir es gut mit ihnen meinen, daß es unser aufrichtiger Wunsch ist, ihre Lage ihnen zu erleichtern, nimmt der abschlägigen Antwort wenigstens den schärfsten Stachel, verhindert wenigstens die sonst in ihrem Herzen so leicht aufkeimende Bitterkeit.

So gewinnt unser ganzes Verhältniß zu ihnen eine freundliche Gestalt; es ist nicht das vornehme Verhältniß des Patrons zu seinen Klienten; es nimmt, möchte ich sagen, wenn auch nur entfernt ihn nachbildend, etwas von dem mütterlichen Charakter an. Wir finden, das darf ich als erfreuliche Thatsache aufstellen, bei der Mehrzahl unserer Armen Liebe, Dankbarkeit und Vertrauen.

---

*) Doch bemerke ich hiebei, daß wir in den persönlichen Angelegenheiten unserer Armen, so ferne dabei nicht unmittelbar die Sittlichkeit betheiligt ist, nur eine berathende, nicht eine dictatorisch gebietende Stimme uns erlauben. Sind sie nicht frei und selbstständig, wie wir? Und sollten die kleinen Hülfsleistuugen, die wir ihnen gewähren, uns das Recht geben, willkührlich in ihre Lebensverhältnisse einzugreifen? Können wir denn immer mit Gewißheit bestimmen, was für sie das Passendste und Zweckmäßigste ist? Und wenn es wirklich das Rechte wäre, würde es ihnen nicht gehässig werden durch die damit verknüpfte Idee eines unbilligen Zwanges? Und da es uns keinesweges daran liegt, sie in einer fortdauernden Unmündigkeit zu erhalten, da wir vielmehr ihre fortschreitende Ausbildung wünschen, ist es nicht besser, sie einmal einen Fehlgriff thun und aus eigener Erfahrung klug werden lassen, als sie immer nur an dem Gängelbande unserer, wahrlich doch auch nicht untrüglichen Einsicht leiten wollen?

Nur beispielsweise sei es mir erlaubt, einen Brief hier einzurücken, der, wie mir es scheint, diese Gesinnungen auf eine unverdächtige Weise zu erkennen giebt. Der Schreiber desselben war Familienvater, seit mehreren Jahren an einer Brustkrankheit leidend. Als wir mit der Familie bekannt wurden, waren dort vier Kinder, (eines ist seitdem gestorben) von denen drei der sogenannten englischen Krankheit wegen nicht gehen konnten. Wie begreiflich, daß die junge, doch keinesweges starke Frau unter diesen Umständen, wiewohl in Handarbeiten geschickt, fast gar keine Muße fand, diese Geschicklichkeit zum Erwerb zu nutzen! Neben Anderm, das wir nun zur Erleichterung der Lage thaten, machten wir Anstalt, daß die armen Kinder täglich bei irgend erträglichem Wetter in einem dazu gefertigten Kinderwagen einige Stunden spatzieren gefahren wurden *). Wir erreichten dadurch einen dreifachen Zweck: für die Kleinen geschah, was für sie nach ärztlichem Gutachten das Zweckmäßigste war, sie zu stärken, und ihnen zum freien Gebrauch ihrer Gliedmaaßen zu verhelfen; einem armen Manne, den wir durchaus sonst nicht zu beschäftigen wußten, ward dadurch Gelegenheit gegeben, täglich einige Schillinge zu verdienen, und der Mutter der Kinder endlich wurden ein paar freie Stunden verschafft, die sie wirklich mit großer Betriebsamkeit zu einem kleinen Erwerbe nützte. Bald darauf kam der Mann nach dem allgemeinen Krankenhause hinaus. Wir schickten ihm nun nur noch bisweilen seidene Läppchen zu zupfen, theils, um sich die Zeit zu vertreiben, theils, um sich für die paar Schillinge, die er damit verdienen konnte, etwas Thee, Zucker u. dgl. verschaffen zu können. Weiter thaten wir für seine leibliche Erquikkung nichts; aber es ward die Anordnung getroffen, daß bei den Spatzierfahrten der Kinder öfters das allgemeine Krankenhaus zum Zielpunkte gewählt ward, damit der kranke Vater doch wenigstens manchmal aus dem Fenster sich an dem Anblicke seiner Kleinen erfreuen möge. Einige Monate waren vergangen; da erhielt die Vorsteherinn von dem Kranken folgenden hier wörtlich abgedruckten Brief:

*) Sollte das Entstehen oder wenigstens die längere Fortdauer des in den untern Ständen so häufig vorkommenden, traurigen rachitischen Uebels der Kinder nicht großentheils zu erklären sein aus Mangel an Bewegung in freier Luft? Von dieser Vorstellung geleitet, haben wir oben angedeutet, mehrere Kinderwagen zu ähnlichem Gebrauche machen lassen, und haben guten Erfolg davon gesehen. Wo die Mütter im Stande sind, ihre Kinder selbst zu fahren, da bleibt es natürlich auch ihnen überlassen.

An Fräulein Sieveking Wohlgebohrn!

Schon lange wünsche ich mir das Glück Ihnen und sämmtlichen Mitgliedern eines Hohen Frauenvereins für die an mir und, besonders meiner unglücklichen verlassenen Familie erwiesene Wohlthaten, meinen gerührten innigen Dank abstatten zu können. —

Aber wo nehme ich Worte her, um mein Erstaunen, meinen Trost, und meine Gefühle auszudrücken, wenn ich meine sonst ungesunde arme Kinder unter dem Seegen Ihrer Sorgfalt und Güte, jetzt blühen und gedeihen sehe; wie sehr hat mir Gott sein Angesicht zugewendet, indem er mir und den Meinigen Ihre Herzen und Ihr gütiges Wohlwollen zuwandte!

Vor Gott ist nichts unmöglich, und er kann mir meine Gesundheit und Gelegenheit geben Ihnen meine Dankbarkeit beweisen zu können, da aber mein Glaube an die Wiederherstellung meiner Gesundheit nur schwach ist, so drücken mich manchmal noch quälende Sorgen um das Schicksal meiner hinterbleibenden Wittwe und Waisen nach meinem möglichen Hinscheiden.

Wollen Sie auch dann noch Ihre Himmlische Güte fortdauern lassen, und meine Familie nach Möglichkeit schützen und schirmen?

Vollenden Sie das große Werk meines Trostes, wofür der Lohn in einer besseren Welt, wenn nicht schon hier, nachfolgen wird, und verschaffen Sie mir Gelegenheit Ihnen noch persönlich meinen innigsten wärmsten Dank für alle Wohlthaten abstatten zu könnnn. —

Ich verbleibe mit der ausgezeichnetsten Ehrfurcht und Hochachtung

G. Fr. Wm. P********.

Allgemeines Krankenhaus, den 19. September 1834.

Hoffentlich wird man uns so viel Bescheidenheit zutrauen, daß wir von unserm eignen Thun nicht so hoch halten, wie dieser Arme davon hielt in den überwallenden Gefühlen eines dankbaren Herzens; nur, mögen die Ausdrücke immer übertreibend sein, den Ton niedriger Schmeichelei können wir darin nicht finden; wer sich am Rande des Grabes fühlt, der pflegt nicht mehr zu schmeicheln, oder höchstens doch nur, wenn er sich davon noch einen unmittelbaren Gewinn verspricht, was aber hier nicht der Fall war, da der Arme für sich nichts mehr zu wünschen oder zu bitten hatte. Einige Wochen später ging er wirklich in die Ewigkeit ein. Uebrigens gehörte dieser arme P******** keinesweges zu denen, die ohne eigene Schuld in Noth und Elend kommen; vielmehr lautete der Bericht über seinen früheren Lebenswandel so wenig zu seinen Gunsten, daß wir anfänglich sehr bedenklich gewesen, ob er überhaupt sich zur Aufnahme eigne, und waren dazu vornähmlich nur bestimmt worden durch Rücksicht auf die uns als sehr rechtlich gerühmte Frau und auf die armen Kinder.

Diesen Umstand aber hebe ich hier absichtlich hervor, um daran eine Bemerkung zu knüpfen, die sich mir als innige Ueberzeugung aufdringt, daß nämlich eine treue, aufrichtige, ernste Liebe selten ihre Wirkung auf das Menschenherz, — möge es auch ein recht sündiges sein — gänzlich verfehlt; nur ganz rohe oder ganz verstockte Gemüther mögen sich ihr auf die Länge verschließen. Wo aber Dankbarkeit und Liebe und Vertrauen geweckt sind, ist denn da nicht auch der günstigste Boden gewonnen für alles andere moralisch Gute und Schöne? — Was in unsern Statuten ausgesprochen ist, daß, was unsere moralische und religiöse Einwirkung auf die Armen betrifft, wir das Meiste erwarten von dem Wirken der Liebe in dem Geiste des Glaubens, das ist bei uns mehr und mehr Erfahrungssatz geworden, und soll insbesondre von einem moralischen Einflusse geredet werden, der noch etwas tiefer, und auf etwas mehr Innerliches geht, als auf ein bloß äußeres Wohlverhalten, da ist es diese Art der Einwirkung vornähmlich, worauf wir verweisen möchten.

Indessen unterlassen wir nicht, so weit wir wissen und können, jenen Einfluß noch durch anderweitige Hülfsmittel zu verstärken. Als etwas, das in der Art im Laufe dieses Jahrs erst neu eingeführt, möchte ich die genauere Controlle nennen, die jetzt über die Kinder unserer Armen geführt wird. Für alle diejenigen, welche die Schule besuchen, haben wir Zeugnißbücher eingerichtet, worin fünf Rubriken vorkommen: sittliches Betragen, Fleiß, Reinlichkeit, gefehlt, zu spät gekommen. Diese werden monatlich den Herren Schullehrern, so wie auch den Schullehrerinnen zugeschickt, die dann die Gefälligkeit haben, unter den verschiedenen Rubriken die nöthigen Bemerkungen zu machen. Die so erhaltenen Zeugnisse werden dann hinten in die Hefte der armen Familien tabellarisch eingetragen, so daß die Besucherinn nur einen Blick hinein zu werfen braucht, um zu erfahren, wie es in dieser Hinsicht mit den Kindern steht, und darnach denn Lob und Tadel, Ermunterung und Warnung zweckmäßig auszutheilen, und wir glauben sagen zu dürfen, daß diese genaue Kenntniß, die wir von dem Wohl- oder Uebelverhalten der Kinder nehmen, wenigstens für Manche derselben ein nicht geringer Sporn ist, sich ein ehrenvolles Zeugniß zu erwerben. Einigen Familien aber, die uns ernstliche Ursache zur Unzufriedenheit gegeben, haben wir erklärt, daß alle von uns noch zu hoffende Hülfe lediglich von dem regelmäßigen Schulbesuche und dem guten Verhalten der Kinder in der Schule abhänge. Diese werden dann nur monatlich einmal besucht, und die Unterstützung beschränkt sich dann allein auf Anschaffung irgend eines nöthigen Kleidungsstücks für diejenigen Kinder, die ein gutes Zeugniß aufzuweisen haben. In einigen Fällen glauben wir auch von dieser Maaßregel eine gute Wirkung rühmen zu dürfen.

Ich ging oben von dem Satze aus, wie die nähere Verbindung zwischen den höheren und niederen Ständen, wenn sie rechter Art, von großem Nutzen sei für Beide. Bisher ist nun eigentlich nur der eine Theil, welcher freilich für den Zweck dieser kleinen Schrift auch der wichtigste sein dürfte, der für die Armen daraus hervorgehende Segen, näher beleuchtet worden. Vieles, ja recht Vieles ließe sich nun noch von der andern Seite sagen von den mannichfaltigen Vortheilen, die wir aus unserm Verkehr mit den Geringen im Volke ziehen. Aber von meinem Gegenstande hingerissen, fürchte ich ohnehin schon, die einem Jahresberichte einzuräumenden Grenzen überschritten zu haben, und darum, alles Andere beseitigend und vielleicht für künftige Mittheilung aufsparend, möchte ich jetzt nur den einen Punkt hervorheben, wie wir in manchen Fällen an den Armen unsere Lehrmeister finden, in dem von ihnen uns gegebenen Beispiele stiller Frömmigkeit, aufopfernder Treue und anspruchloser Selbstverleugnung.

Leid sollte es uns sein, wenn man uns in die Klasse gutmüthiger, aber romanhaft idealisirender Schwärmerinnen setzte, die in den sündigen gebrechlichen Menschen, und zwar vorzugsweise in den untersten Ständen, fehlerlose Engel erblicken möchten. Nein, solche Schwärmerinnen sind wir nicht, und wären wir es gewesen, ein dreijähriger fast täglicher Verkehr mit den Armen müßte, denke ich, wohl hinlänglich sein, von solcher Schwärmerei uns gründlich zu heilen. In der That wir haben sie kennen gelernt, die Gebrechen der niedern Stände, und oft sind wir schmerzlich genug von ihnen berührt worden; nur meinen wir, daß es an Gebrechen eben auch in den höheren Ständen nicht fehle, wenn sie schon vielleicht anderer Art, und oft hübscher verkleidet und geschickter versteckt sind; nur haben wir die freudige Ueberzeugung gewonnen, daß neben dem vielen Schlimmen und Verkehrten doch auch unter unsern Armen noch immer recht viel Gutes sich finde, viel wahre Gottesfurcht, und in derselben zuweilen eine stille, ungekannte und sich selber kaum bewußte Tugendgröße, von der Diejenigen, welche in ihrem ungerechten

Verdammungsurtheil über die Geringen im Volke so rasch einherfahren, vielleicht keine Ahnung haben. Ja, soll ich es sagen? Es liegt für mich in der Tugend der Armen etwas ganz eigen Rührendes, und oft schon hat ihr Anblick mich zugleich tief beschämt und freudig erhoben.

Ich denke jetzt dein, du stille fromme Seele, die du bei einem so geringen Maaß der Erkenntniß einen so überfließenden Schatz der Liebe in dir trägst. Wie oft schon hast du in deinem Leben kaum satt zu essen gehabt! Und auch jetzt noch — du bist ja immer mehr darauf bedacht, deine Noth zu verbergen, als sie zu offenbaren, — auch jetzt noch magst du wohl bisweilen nur halb gesättigt von deinem Tische aufstehen. Wir verschafften dir eine wöchentliche Mahlzeit guten warmen Essens aus einer bürgerlichen Haushaltung, und genügsam und sparsam, wie du bist, reichte das immer wenigstens für zwei Mittage hin. Da hörst du, daß ein paar alte Leute, die du weiter nicht kennst, eine ähnliche Mahlzeit für den Sommer entbehren müssen, weil die Familie, von der sie sie abzuholen pflegen, aufs Land gezogen, und siehe, von freien Stücken erbietest du dich, alle 14 Tage das dir zu Theil werdende Essen ihnen abzutreten. Wir haben dein Opfer angenommen, auch dir keine Entschädigung dafür geboten; denn warum sollten wir dir aus der Krone, womit wir dereinst dich geschmückt zu sehen hoffen, diesen schönen Edelstein rauben? Wir haben uns selbst gehütet, dich sonderlich darum zu loben, auf daß nicht etwa deine kindlich reine Seele durch eitle Selbstgefälligkeit befleckt werde. Aber wir lieben dich dafür, und fragen uns untereinander: Wer, wer von uns hat ein Liebesopfer gebracht, das mit dem deinigen sich messen könnte?

Auch deiner denke ich, du treue Schwester, die du, nachdem du in langer Pflege einer wassersüchtigen Mutter, deiner Kindespflicht Genüge geleistet, nun schon über ein Jahr mit seltener Selbstverleugnung ganz dich aufopferst für deine kranke Johanna, unermüdet in ihrer oft so beschwerlichen Wartung, willig des Schlafes und fast jeder Bequemlichkeit und jedes Genusses entbehrend, nur auf Erleichterung ihrer Leiden bedacht. Ständest du allein, — du bist ja eine rüstige und anstellige Arbeiterinn, — es würde dir nicht schwer werden, dir eine sorgenfreie Lage zu verschaffen; aber das scheint dir nicht einzufallen; wenigstens der armen Schwester soll wo möglich kein Gedanke daran kommen, wie viel ihre Pflege dich kostet; ihr zeigst du ein immer freundliches, ein immer heiteres Gesicht, das nur etwa sich trübt, wenn du den Besucherinnen von ihren schweren

Leiden erzählst. In den höheren Ständen wird gerühmt, wer mit Treue und Liebe seiner Angehörigen in Krankheiten pflegt; ob aber wohl Viele sich einen Begriff machen können von der Summe von Entbehrungen, die eine langwierige Krankenpflege in den beschränkten Verhältnissen der Armuth erheischt?

In freundlichen Zügen steht auch dein Bild jetzt vor mir, du rüstige Hausfrau, wie du in schlichter, einfacher Weise mir erzähltest von deinem kleinen Winterhaushalte, wie du da dich beschränken müßtest, weil ja der Mann nichts verdiene, und alle Bedürfnisse der Familie, wozu außer einem Säugling zwei eßlustige Knaben gehören, bestritten werden müssen von deinem täglichen Erwerb, der in der Regel nur auf 4 ßl. sich beläuft. Da hörte ich, wie deine Hauptsorge im Laufe der Woche dahin gehe, so viel Geld zurückzulegen, daß am Ende derselben ein Spintbrod gekauft werden könne wie der Kaffee dir zu theuer; statt dessen werde zur Zeit für 1 ßl. Grusthee gekauft, wovon die ganze Familie sechsmal trinke, dazu täglich für 1 Sechsling Milch; die Mittagsmahlzeiten bestehen natürlich hauptsächlich in Kartoffeln, das Spint zu 3 ßl.; (wofür im vorigen Winter bekanntlich nur die allergeringste Sorte zu haben war). Sonntags aber, da dein Verdienst dann wegfällt, müsse freilich auch das warme Essen wegfallen, und Alle sich mit Thee und Brot behelfen. Was mir aber an diesem deinem Berichte so sonderlich wohlgefiel, das war die Art, wie du ihn abstattetest, nicht in klagendem Tone, sondern mit heiterm, lachendem Munde, Gott dankend, daß ihr doch keinen eigentlichen Hunger littet, und wiederholt versichernd, wenn man nur gesund sei, so könne man ja auch bei trocknem Brod und Salz recht zufrieden und vergnügt sein. Und die fröhliche, freundliche Miene deiner Jungen war mir ein redender Beweis, daß auch sie sich nicht unglücklich fühlten, obgleich es eben Sonntag, und ihr Tisch also nicht gedeckt war. Und als ich nun die Garderobe der Kinder ein wenig musterte, wie dankbar gedachtest du da bei manchem Stücke freundlich mittheilender Geber, von denen du es erhalten! Die Jacke deines kleinen Martin, vor 2 Jahren für alt gekauft, war nun freilich in den betrübtesten Umständen; dennoch mußte ich dir den Wunsch um eine neue gewissermaßen erst in den Mund legen; unaufgefordert batest du nicht. Aber als ich nun das Versprechen gegeben hatte, was für eine Freude bei dir und bei deinem Kleinen! Wie er sich an dich anschmiegte, und mit leuchtenden Augen und in dem seligsten Tone immer wiederholte: Mutter, Mutter, ick schall ene nee Jack hebben!

Gute, glückliche Frau, du hattest keine Ahnung davon, wie hohe Weisheit du mir predigtest in deinen einfachen Worten, und wie in mir der Wunsch sich regte, daß Tausende als unsichtbare Zeugen dieser Scene hätten beiwohnen mögen, um hier ihres ungenügsamen Sinnes sich schämen zu lernen, und zu erkennen, wie wenig der Mensch von äußerlichen Gütern zu seinem Wohlsein braucht, wenn's in ihm nur wohlstehet, und wenn in seinem häuslichen Kreise Liebe und Friede waltet.

Und endlich, wie sollte ich hier deiner vergessen können, du fromme Dulderinn, die du unter schweren Körperleiden still deiner Vollendung entgegenreifst? Du hast schon in früheren Tagen deiner wohl oft sehr beschwerlichen Wallfahrt deinen Erlöser gesucht und gefunden; nun steht er auch auf deinem jetzigen Schmerzenslager als treuer Freund und Helfer dir zur Seite. Und eben darum, weil du ihn zum Tröster hast, und seinen Frieden in deinem Herzen trägst, wie bescheiden bist du in deinen Ansprüchen auf leibliche Erquickung, wie dankbar für jedes Wort der Liebe, das dich immer ja an seine Liebe erinnert! Du weißt es, daß dein Ende herannahet; aber triumphirend kannst du sprechen: Tod, wo ist dein Stachel? Hölle, wo ist dein Sieg? Gott aber sei Dank, der uns den Sieg gegeben hat durch unsern Herrn, Jesum Christum! Und wir freuen uns mit dir deines Glaubenssiegs, und es ist wohl Keine unter uns, die nicht von deinem Sterbelager einen schönen Gewinn heimbrächte, wofür wir dir noch in Ewigkeit danken weilen. Ihm, deinem Heilande, kannst du nun auch in heißem Gebete vertrauensvoll übergeben, was dir hier auf Erden wohl das Liebste und Theuerste, den einzigen Sohn, den du unter Mühe und Sorgen eben so weit gebracht, daß er sein eigen Brod verdienen kann. Hast du ihn doch auch schon frühe mit dem heiligen Gottesworte bekannt gemacht; scheint es ja doch auch, daß der gute Same in seinem Herzen einen guten Boden gefunden. Ja, so hoffen wir es mit dir, du fromme Mutter, daß dein Segen und der Segen der gottesfürchtigen Großmutter auf ihm ruhen, und ihn bewahren werde auf dem Wege des Heils.

Und nicht wahr, Ihr, meine theuren Mitschwestern und Gehülfinnen in dem Werke der Armenpflege, Ihr könntet wohl auch noch manchen schönen Beitrag liefern; Ihr wüßtet wohl auch gar Manches zu rühmen von der Freude, von der Erbauung, die ihr hie und da in den Wohnungen der Armen, an ihren Kranken- und Sterbelagern gefunden? Nun, wohlan denn, es bleibe die Erinnerung daran Euch lebhaft gegenwärtig, damit nicht etwa entgegengesetzte betrübende Erfahrungen zu sehr Euch entmuthigen und niederschlagen mögen. Zu neuem Muthe, zu neuem Liebeseifer wollen wir uns gegenseitig ermuntern! Möge es uns gelingen, in unserm Wirken immer mehr die fröhlichste Begeisterung mit der nüchternsten Besonnenheit zu verbinden! Es ist unser Zweck der Begeisterung wohl werth: es gilt ja, Menschenelend zu lindern, und einige, — ach, wenn auch nur einige! — Seelen Ihm zuzuführen, Ihm, dem guten Hirten, der auch für den Allerärmsten das Leben hat und die volle Genüge! Aber soll dieser Zweck wirklich von uns erreicht werden, so ist Besonnenheit uns unumgänglich noth, so muß mit dem feurigsten Eifer die klarste Verständigkeit sich paaren. Und daß der Eifer nicht erkalte, daß der helle Blick des Geistes uns nicht getrübt werde — Ihr kennt die menschliche Schwachheit, Ihr wißt, wie leicht das geschehen mag, — laßt uns mehr und mehr allem unserm Thun eine Beziehung geben auf den Herrn, Alles in seinem Namen beginnend, ihn anrufend, daß er mit seinem reichen Segen krönen wolle unser schwaches Werk, und immer neue Freudigkeit schöpfend aus dem freundlichen Gnadenworte seiner Verheißung: Was Ihr gethan habt Einem unter diesen meinen geringsten Brüdern, das habt Ihr mir gethan.

Erläuterungen.

Zu (1) p. XX. zu dem Worte Verdächtigen.

Bei den von mir eingerichteten vier milden Stiftungen ist es mir öfters begegnet, daß sehr wohlhabende Männer, die keine Familie hatten, meinen Wunsch, sich einer oder der andern derselben anzunehmen, nicht erfüllten und ich dachte dann wohl im Stillen:

Das ist doch unrecht — dieser Mann, der ein so reichliches Einkommen hat, daß er dasselbe nicht verzehren kann, der weder für Frau noch für Kinder zu sorgen hat, sollte sich doch der nothleidenden Mitbürger in seiner Nähe annehmen, wozu sich ihm hier die Gelegenheit darbietet.

Indessen sagte ich mir: daß er doch vielleicht im Stillen Gutes thue und ich erlaubte mir daher nie, ein tadelndes Wort auszusprechen.

Mehrmals erfuhr ich dann nach Jahren, daß eben die Männer, deren Mangel an Theilnahme ich im Stillen getadelt hatte, arme Verwandte bedeutend unterstützten. Unter andern hatte einer von ihnen sich nicht verheirathet, um für eine Schwester und ihre Kinder zu sorgen, da der Gatte und Vater früh gestorben war und ihnen kein Vermögen hinterlassen hatte.

Ein andrer Mann, der ein großes Vermögen hinterließ, hatte sehr sparsam gelebt und so viel ich weiß, nie zu milden Stiftungen gesteuert aber sein ganzes Vermögen zu Gründung eines Stipendien-Fonds für junge Leute, die sich dem Gewerbestande widmen, bestimmt; ein Vermächtniß, das höchst wahrscheinlich im Verlauf der Zeit mehrern der Zöglinge der beiden von mir gegründeten Waisen-Versorgungs-Anstalten zu Statten kommen wird.

Seitdem ich diese Erfahrungen gemacht, erlaube ich mir nie mehr, jene Nicht-Theilnahme auch nur im Stillen bei mir selbst zu tadeln.

Zu (2) p. XXVIII. zu dem Worte Festigkeit.

Wenn die Vereine zu gemeinnützigen Zwecken das Gute haben, daß diese Zwecke mehr oder weniger erreicht, daß durch sie Wittwen, Waisen, Arme, Nothleidende, versorgt werden, so ist dieß nur die eine Seite ihres wohlthätigen Einflusses auf die Verbesserung des Zustandes der menschlichen Gesellschaft. Eine andere, eben so wichtige dürfte darin bestehen, daß durch die Theilnahme an solchen Vereinen und die damit verknüpfte Thätigkeit der einzelnen Mitglieder diese selbst sittlich gehoben werden; indem sie also geben — ihre Zeit, ihre Kraft, einen kleinen oder größeren Theil ihrer Habe, empfangen sie dagegen reichlich durch das Bewußtsein, die leidenden Brüder und Schwestern unterstützt, getröstet, gerettet und selbst nicht nutzlos gelebt zu haben. Einige von ihnen standen zuvor einsam, freudenlos da — jetzt hat sich ihnen ein Kreis liebevoller Thätigkeit aufgethan, sie söhnen sich mit dem Leben aus.

Was ist aber für den Staat gedeihlicher, wichtiger, als wenn seine Glieder sittlich gehoben werden!

Zu (3) p. XXX. zu dem Worte: Allgemeinen Krankenhaus.

Der Widerwille der Armen bei eintretenden Krankheiten, gegen den Aufenthalt in den öffentlichen Krankenhäusern, wo sie eine unentgeltliche Pflege und ärztliche Behandlung finden, zeigt sich fast überall und verdient wohl nicht den Tadel, der ihm oft von den Vorstehern der Armen-Anstalten zu Theil wird.

Glieder einer Familie, die selbst längere Zeit und gefährlich krank waren, mögen sich nur selbst prüfen: Wie ihnen dabei zu Muthe war? Ob nicht die sorgsame, theilnehmende Pflege der Ihrigen, ihrem Herzen wohlgethan hat? Ob sie, ohne dieselbe, ohne das liebevolle Zuvorkommen ihrer Bedürfnisse und das Entfernen alles Unangenehmen und Störenden genesen sein würden? Ob die herzliche Theilnahme der Ihrigen nicht ihre Schmerzen gelindert und sie zum ruhigen Dulden ermuthigt hat? Ob sie in ihrem kranken Zustande in fremde ungewohnte Umgebungen unter unbekannte — wenngleich sorgfältige Pflege — hätten versetzt sein mögen?

Wollen wir also von den weniger gebildeten Armen eine größere Selbstverleugnung erwarten, als die, deren wir selbst fähig sind?

Darum wirken die Frauen-Vereine zur Verpflegung der armen Kranken in ihren Wohnungen, — wie sich kürzlich ein solcher in Berlin gebildet hat, und wie die der barmherzigen Schwestern, so wohlthätig, verdienen da, wo sie bestehen, die regste Theilnahme und Unterstützung und es sollten in allen volkreichen Städten solche Vereine gegründet werden!

Zu (4) p. XLI. zu dem Worte: förderlich.

Es ist, wie die Verfasserinn richtig bemerkt, bei ähnlichen Unternehmungen, wie die des Frauen-Vereins in Hamburg wesentlich, im Kleinen anzufangen und nur allmählich, so wie die Kräfte und die Erfahrungen über den Erfolg wachsen, ihnen eine größere Ausdehnung zu geben.

Bei dem besten Willen, bei der sorgfältigsten Prüfung aller Verhältnisse werden im Anfange einzelne Mißgriffe nicht zu vermeiden sein; je größer, umfassender die erste Anlage, je schwerer werden diese zu beseitigen sein. Ist der erste Keim sorgfältig gepflegt worden, so wird er allmählich wachsen und zum Baume erstarken.

Wer daher Aehnliches will, fange getrost im Kleinen an, leiste im Kleinen Tüchtiges — er beklage sich nicht, wenn er nicht sogleich vielseitige kräftige Hülfe findet — und fände er sie, so lasse er sich nicht verleiten, nun sogleich dem Unternehmen eine große Ausdehnung geben zu wollen.

So wie in Hamburg, so erwacht auch an vielen Orten der Geist der Nächstenliebe auf's Neue, namentlich auch in Berlin, dessen Bewohner sich von jeher durch ihre Mildthätigkeit auszeichneten. Hier haben neuerdings edle Frauen sich vereinigt, um sich der Pflege armer, kranker Schwestern zu widmen; eben so christlich gesinnte Männer, um arme, kranke Brüder zu pflegen.

Ein Aufsatz unter dem Titel:

„Der Frauen-Kranken-Verein. Berlin, 1836."
giebt Nachricht von der Veranlassung und den wohlwollenden Absichten des Vereins.

Einige Stellen aus demselben dürften hier einen angemessenen Platz finden.

„Wir leben in einer Stadt, wo viel Noth und Armuth besonders bei Kranken herrscht. Aber wer weiß und sieht das? Nur die Samariter-Augen der Liebe. Wer diese nicht hat, wie der Priester und Levit, Luc. 10, 31., der sieht und hört nicht die schreiende Noth der Tausende, die in Kellern und Dachstuben oder in schmutzigen Winkeln auf Stroh oder harten Krankenlagern, oft in derselben Straße und in demselben Hause seufzen und schmachten. Nur die christliche Liebe hat dafür Augen und Ohren und ein Herz, das Seufzen der Elenden zu hören und zu fühlen; und nicht nur das, sie eilt hin, sucht das Elend auf, naht sich ihm, ohne sich von irgend einer Entschuldigung abhalten zu lassen, sie tröstet, hilft, gießt Oel und Wein in die Wunden, verbindet sie und sorgt für die nöthige Pflege, es koste, was es wolle. Sie, die Liebe ist jedes Leidenden Nächster, weil jeder Leidende ihr nahe liegt oder ihr Nächster ist. Es geschieht in unsern Tagen viel Gutes, es entsteht ein wohlthätiger Verein nach dem andern, die alle in der Nähe nnd Ferne wirken, und mit ihren Armen die ganze Erde und all' ihre Inseln umfassen. Wir haben Bibel-, Traktat- und Missionsgesellschaften für Heiden und Türken in allen Welttheilen. — Aber — fragte unlängst Jemand — warum denn nicht auch Vereine für arme Kranke in unserer Stadt, die uns doch so nahe sind, näher als die Heiden und Juden in Afrika, Asien und Amerika? Unsere armen Kranken sind des Trostes und der Hülfe eben so bedürftig, oft so versunken und verlassen, als die armen blinden Heiden? Diese so beantwortungswerthe Frage ist die Veranlassung zu dieser Schrift, womit man endlich, so gern man ungekannt und ungenannt geblieben wäre, hervortreten und veröffentlichen muß, was bisher in stiller Bescheidenheit geschehen ist und noch geschehen soll. Die edle Fragerinn erhält hiermit die Beantwortung, und Jedermann, wem daran liegt, findet hier genügende Auskunft über eine Sache, die mehr Ausdehnung und regere Theilnahme verdient. Es ist nämlich bereits ein kleiner Anfang gemacht, von dem, was die edelmüthige Liebe vermißte; schon seit zwei Jahren bestehen Krankenvereine, die mit dem Beifalle und der Bewilligung der Königl. Behörden errichtet, und seitdem mit nicht geringem Segen fortgeführt wurden.

Von christlicher Liebe und Sorgfalt für arme Kranke durchdrungen, haben nämlich einige Menschenfreunde, die Gelegenheit hatten, das Bedürfniß und die große Noth kennen zu lernen, sich zu dem Zwecke vereinigt, für arme verlassene Kranke nach Kräften zu sorgen; fromme Männer haben einen Verein für männliche Kranke, und mitleidige, barmherzige Frauen, einen Verein für weibliche Kranke gebildet.

Der Frauen-Kranken-Verein, von dem hier allein die Rede sein kann, hat den Zweck, für die Pflege armer Kranken weiblichen Geschlechts, die immer die Mehrzahl ausmachen, liebreich zu sorgen, ihnen persönliche Dienste zu leisten, z. B. Nachtwachen, oder öftere Besuche am Tage, womit dann andere kleine Dienstleistungen, die sie gerade bedürfen, verbunden sind, nämlich, sie mit Speise, guten Suppen, mit Wäsche, Betten, Holz u. dgl. zu unterstützen, so viel die Kräfte des Vereins vermögen, und als zweckmäßig erfunden wird.

Der Verein besteht bereits aus mehreren hundert Mitgliedern, wovon aber nur wenige durch persönliche Dienste, und bei weitem die meisten blos durch regelmäßige oder außerordentliche Geldbeiträge und andere den armen Kranken nöthige Sachen, die Zwecke des Vereins zu befördern suchen. Zur Verwaltung der Geschäfte hat sich gleich Anfangs ein engerer Ausschuß des Vereins gebildet, der gegenwärtig aus sechs Bezirks-Vorsteherinnen und einigen Gehülfinnen besteht, die persönliche Dienste leisten, die Kranken besuchen und untersuchen, und wenn sie dieselben bedürftig finden, für ihre Pflege sorgen. Diese Bezirks-Vorsteherinnen, deren Wirkungskreis sich auf den Bezirk, in dem sie wohnen, beschränkt, und dessen Größe sich nach ihrer Zahl und nach dem Maaß ihrer Kräfte, Zeit und Liebe richtet, versammeln sich alle 14 Tage, um sich über ihre

Kranken gemeinschaftlich zu berathen, sich ihre Erfahrungen mitzutheilen, und wegen zu leistender Unterstützungen Beschlüsse zu fassen.

„Wie oft fanden wir Wöchnerinnen, die kein eigenes Hemde hatten, kein Kinderzeug, ja wo die Mutter durch Hunger und Elend schon so schwach geworden war, daß sie ihr neugebornes Kind zu nähren nicht im Stande war.“

1) „Eine Wöchnerinn fanden wir in der bloßen Bettstelle, ohne Stroh, ohne Hemd und selbst ohne Windeln für das neugeborne Kind, für welches nichts als alte Lumpen bereit waren.“

2) „Eine andere Wöchnerinn, lag in einem finstern, feuchten Keller; erst seit 2 Tagen entbunden, litt sie an den heftigsten Schmerzen. Die Ursache, wie sie gestand, war, daß sie nichts gehabt habe, ihren Hunger zu stillen, und da eine mitleidige Nachbarinn ihren hungernden Kindern eine Erbssuppe brachte, sie auch mit und recht satt gegessen habe. Da die Besuchende sich in dem halb dunklen Keller mehr umsah, fand sie einen Korb mit Lumpen, worin sich etwas bewegte, und entdeckte zu ihrem Erstaunen, ein ganz nacktes zweijähriges Kind, welches in diesem jammervollen Zustand vor Frost und Hunger winselte.“

3) „An einem andern Orte befand sich eine Dachstube, in welcher nichts, als ein zerbrochener Stuhl, ein ähnlicher Tisch und zwei elende Bettstellen waren, in deren einer auf altem Stroh eine kranke Frau mit alten Lumpen bedeckt, einer abgezehrten Leiche vollkommen ähnlich, die beide Hände jammernd ausstreckte und um Brod und Nahrung für ihre Kinder bat, die theils in der Stube halb nackend umherliefen, theils in den andern Bettstellen in Stroh vergraben lagen. Zwei von diesen Kindern wurden durch Mildthätigkeit in den Stand gesetzt, eine Kinderwarte-Anstalt zu besuchen. Auch die Mutter, mit welcher zugleich 4 Kinder krank lagen, ist jetzt durch Gottes Hülfe ganz wieder hergestellt.“

4) „Ein andermal fanden wir in einer Stube, wo mehrere Familien wohnten, eine Frau von Rückgrats-Entzündung, Knochengeschwulst und Lähmung ganz zusammengekrümmt, nackend in einem elenden Bette liegen. Sie konnte sich nicht bewegen, denn ihr Leib war ganz durchgelegeu, und in diesem schmerzvollen Zustande mußte sie ihr erbärmliches Lager noch mit ihrem ebenfalls kranken Manne theilen. Ihr Magen schien ganz gesund, denn sie hatte oft heftigen Hunger, aber nichts zu essen, für sich und ihre Kinder. Sie gestand nachher oft, daß, wenn sie nicht der Verein so hülfreich unterstützt hätte, sie längst verzweifelt wäre. Der Mann wurde

gesund, aber die Frau ist in das Land der ewigen Ruhe hinüber-gegangen."

5) „In einem Hause lag der Mann schon viele Wochen krank; nun erkrankte auch die Frau, die dabei ein Kind an der Brust und drei größere Kinder hatte, von welchen das älteste, 8 Jahr alt, die andern pflegen mußte. Um Brod zu erhalten, mußte das Wenige, was sie hatten, verkauft werden. Wie wohlthuend waren da die Unterstützungen des Vereins."

6) „Eine andere kranke Frau hatte nicht einen Dreier zu Brod im Hause, vergebens suchte der Mann ein Kind zum betteln zu bereden, in dem Augenblick kommt die Hülfe vom Kranken-Verein herein, und brachte ihr Suppen-Marken."

7) „Eine Familie, wo beide Eltern krank lagen, hatte für sich und 6 Kinder nur 2 Bettstellen; da wurde denn schnell wenigstens für Strohsäcke gesorgt, um doch die Kinder besonders legen zu können."

8) „Ein Mädchen, das den Krebs an der Brust hatte, mußte mit ihren Geschwistern zusammen schlafen, auch da wurde wenigstens durch einen Strohsack, und eine wollene Decke, welche der Verein geschenkt erhalten hatte, für Trennung der Kranken gesorgt."

Aus dem ersten Jahres-Berichte Novbr. 1834.

„Wer unter uns erinnert sich nicht, mit wie wenig äußern Mitteln wir voriges Jahr den Kranken-Verein begonnen haben, und nun sehen wir mit Erstaunen und mit unaussprechlichem Danke, wie sehr uns der Herr bisher geholfen, und Segen gegeben hat. Ihm allein gebührt die Ehre. Ein Jeder sehe also nur auf Ihn, und nicht auf seine Gaben und Handreichungen. Wie leicht kann der Herr seinen Segen entziehen, und das Ganze stürzt in sich zusammen. Darum lasset uns in der Demuth bleiben, und im Verborgenen wirken; wenn uns nur Einer sieht, und wenn wir es nur Dem recht machen, dann sind wir überschwenglich belohnt für unsere geringen Leistungen."

„Viel Elend fanden wir fast überall, oft geistig und leiblich, und Ersteres noch schrecklicher als das Letztere. Wir sahen Alte und Junge in Wohnungen, wo man kaum einen Menschen vermuthete; kein Stroh, geschweige ein Bett; oft waren bloße Dielen das Lager elender, schmerzlich leidender Kranken, die sich mit schmutzigen Lumpen deckten. Wie beschämt standen wir da, wenn wir unsere Vorzüge gegen dieses Elend erwogen und sehen mußten, wie sie nach einer einfachen Suppe sich sehnten, während wir — — nein, wir hatten früher keinen Begriff, von dem, was wir jetzt erlebt haben, und müssen es dem Herren von ganzem Herzen danken, daß er uns erlaubt hat, seine Kranken zu besuchen."

„Manchen ging das Heil ihrer Seele sehr nahe; viele aber waren so unwissend und verzagt, daß wir uns große Freudigkeit erbitten mußten, sie auf das Eine, das Noth thut, aufmerksam zu machen."

Dieser Verein hat sich in seiner Wirksamkeit so sehr bewährt, hat eine so lebhafte Theilnahme gefunden, daß es ihm möglich geworden ist, ein eigenes Haus mit den nöthigen Räumen und Garten anzukaufen und vorläufig daselbst 36 weibliche Kranke aufzunehmen.

Es war mir vergönnt, die innere Einrichtung zu sehen; in der That läßt sie nichts zu wünschen übrig, da auch für das Seelenheil der Kranken mit dem glücklichsten Erfolge gesorgt wird.

Herzlich freute ich mich, die Aufgabe, welche die barmherzigen Schwestern katholischen Glaubensbekenntnisses so glücklich lösen, hier durch Mitglieder der evangelischen Kirche mit gleicher Liebe und Hingebung gelöset zu sehen.

Auch der Männer-Kranken-Verein hat, während seines 6jährigen Bestehens, sehr viel Gutes bewirkt.

Aus dem vierten Jahres-Berichte mögen hier einige Andeutungen eine Stelle finden:

Es ist unsere allgemeine Erfahrung in dieser vierjährigen Zeit unseres Wirkens gewesen, daß, mit Ausnahme sehr weniger Fälle, uns überall eine freundliche, dankbare Aufnahme entgegen kam, und die leibliche Unterstützung den Weg bahnte zur Abhülfe der Seelennoth, so weit diese von menschlichen Werkzeugen ausgeheu kann. Damit bot sich dann öfters die Gelegenheit dar, bei den ärmsten Kranken die Ursache ihrer Verarmung zu entdecken, und im Falle der Wiedergenesung ihnen Mittel an die Hand zu geben, einen bessern Weg zu gehen. In vielen Kranken wurde dieser Vorsatz lebendig, und wir dürfen hoffen, daß der Herr ihnen Kraft verliehen haben wird, ihn auszuführen.

Indem auf diese Weise unsere Wirksamkeit in die allgemeine Armenpflege mit eingreift, fühlen wir uns gedrungen mit schuldigem Danke des sehr gütigen und freundlichen Entgegenkommens der Communal-Behörden, insbesondere aber der Wohllöblichen Armen-Direction hier zu gedenken. Unsere freiere, nicht an bestimmte äußere Regeln gebundene Thätigkeit hat bei dieser, die ganze Stadt gleichzeitig umfassenden Behörde nicht nur keine Mißbilligung gefunden, sondern im Gefühle der Nothwendigkeit einer solchen christlich liebenden freien Hülfe, welche allein allen Bedürfnissen abzuhelfen im Stande ist, haben wir die größte Bereitwilligkeit, die Zwecke unsers Vereins fördern zu helfen, erfahren, und die erbetene Mithülfe in einzelnen Fällen, ist immer liebevoll gewährt worden.

Was nun im Wesentlichen die Wirksamkeit des Vereins in Hinsicht der besonderen Krankenpflege betrifft, so haben wir, wie in früheren Jahren, auch in dem verflossenen jeden uns angemeldeten Kranken ohne Rücksicht auf die Krankheit sofort besucht, und ihm, nach den Umständen und den Kräften des Vereins, leibliche Unterstützungen an Geld, Mittags-Suppen, Bettwäsche und Medicin verabreicht, aber auch zugleich mit dem Worte Gottes Trost und Frieden in seine Seelen zu bringen gesucht, und ihm auf den Herrn und Heiland verwiesen, der seine Seelen selig machen kann und will. Wir haben auf diesen stillen Gängen der Pflicht und Liebe mannigfaches Elend und viel Armuth angetroffen, wovon sich ein richtiges Bild kaum liefern läßt; es muß gesehen werden, und man muß sich gewissermaßen selbst in eine solche Lage hinein versenken, um nur einigermaßen einen Begriff davon zu erhalten.

Nur ein Paar Fälle der wohlthuenden, rettenden Hülfe des Vereins soll hier erwähnt werden.

Es wurde eine Familie gefunden, in welcher der Mann an einer Brustkrankheit seit vielen Jahren so sehr litt, daß er dadurch in die größte Armuth gerathen war.

In der Wohnung war kein Ofen; ein alter Topf mit Kohlen mußte verhüten, daß die drei ganz kleinen Kinder im Winter gänzlich zu Krüppeln wurden, obgleich ihnen Hände und Füße erfroren.

Die gewöhnliche Ruhestätte der Kinder war unter dem Tische und alte Lumpen dienten als Decke und Unterlage. Der Verein that, was in seinen Kräften stand. Es wurden Suppenmarken, wöchentlich eine bestimmte Summe zu Holz, auch eine wollene Decke und einige Hemden verabreicht.

Am grünen Donnerstage wurden wir zu einer Familie gerufen, in welcher der Hausvater an offenen Fußwunden darnieder lag. Er zittette an Händen und Füßen; nicht die geringste Speise war vorhanden, um sich und den Seinigen den Hunger zu stillen; dazu hatte sich auch Ungeziefer wegen des Mangels an Hemden eingefunden. Die Wohnung sowohl als auch die Betten und sämmtliche alte noch brauchbare Kleidungsstücke wurden gereinigt, und dem

Manne, seiner Frau und ihrem kleinen Kinde einige Hemden und Kleidungsstücke gegeben, damit sie doch nicht gänzlich im Schmutz umkämen. Es wurde aber nicht allein für das Aeußerliche gesorgt, sondern ihnen auch Nahrung für ihre Seele gereicht, welche sie nicht ganz verachteten.

Im Monat Februar wurde der Verein auf ein krankes Kind aufmerksam gemacht, dessen Vater sich heimlich entfernt hatte, und dessen Mutter schon längst gestorben war. Es wurde sogleich nachgesucht, und es fand sich in einem Winkel eines unheizbaren sehr finstern Kellers ein hölzerner Kasten, worin ein sechsjähriger Knabe lag, vor dessen Anblick man sich wahrhaft entsetzen mußte; denn nicht nur hatte er sich, weil er nur auf einem wenig verfaulten Stroh lag, von allen Seiten große Löcher durchgelegen, sondern die menschliche Gestalt war bei ihm fast verschwunden. Diejenigen, die diesen Jammer ansahen, konnten sich der Thränen nicht enthalten. Erst seit acht Tagen hatte eine Nachbarinn Kunde von diesem Kinde, die ihm zuweilen etwas brachte. Das unglückliche Kind wurde sofort bekleidet, und bei einer ordentlichen Familie untergebracht, mit der Bitte, keine Kosten noch Mühe zu sparen. Es bewies eine bewundernswürdige Geduld in allen Leiden, und eine große Anhänglichkeit an seine neuen Pflege-Eltern; allein obgleich es mit mütterlicher Sorgfalt Tag und Nacht gepflegt, und ärzliche Behandlung ihm zu Theil wurde, so konnte es doch nicht erhalten werden, denn es war schon zu sehr entkräftet. Nachdem es noch nicht 14 Tage in treuer Pflege gewesen war, endete der Tod seine Leiden.

Diese Beispiele mögen genügen, die wohlthätige Wirksamkeit des Vereins zu beurkunden.

Der Verein hatte am 1. Septbr. 1836 bis dahin 1837 an milden Beiträgen die Summe von 4839 Thlr. eingenommen, und war dadurch in den Stand gesetzt worden, den armen Kranken kräftigen Beistand zu leisten.

Möchten in allen größeren Städten edle, vom Geiste der christlichen Liebe beseelte Frauen und Männer, ähnliche Vereine bilden!

Gedruckt bei den Gebr. Unger.

Weiblicher Verein für Armen- und Krankenpflege.

No. Aufgenommen den 183
Auf Empfehlung
Name des Mannes: alt Jahr, Geburtsort
der Frau: alt Jahr, Geburtsort
der Kinder:
1stes alt Jahr
2tes u. s. w. alt Jahr

Wohnung in Hof
zu Mck. jährlicher Miethe
Verheirathet zu durch
Gewerbe und Verdienst:
des Mannes:
der Frau:
der bei den Eltern seienden Kinder:
Gesundheitszustand:

Unterstützung von der Armenanstalt oder von andern Seiten,
Bezirk Quartier der Armenordnung.
Pfleger: Arzt.

Allgemeine Bemerkungen bei dem ersten Besuche,

den von

Besucht den von
Gesundheitszustand:

Ordnung und Reinlichkeit:
Gereichte Unterstützung:

Gewünscht wird:

Allgemeine Bemerkungen:

Kolibri 360 GmbH
Ferdinand-Jühlke-Straße 7
99095 Erfurt, Deutschland
produktsicherheit@kolibri360.de